체계적으로 배우는 붓다 아비담마

THE ESSENCE OF BUDDHA ABHIDHAMMA

체계적으로 배우는 붓다 아비담마

2016년 11월 11일 초판 1쇄 발행
2024년 7월 12일 초판 8쇄 발행

지은이 멤 틴 몬 • 편집인 김종수
발행인 박상근(至弘) • 편집인 류지호 • 편집이사 양동민
편집 김재호, 양민호, 김소영, 최호승, 하다해, 정유리 • 디자인 쿠담디자인
제작 김명환 • 마케팅 김대현, 김선주, 이선호 • 관리 윤정안
콘텐츠국 유권준, 정승채, 김희준
펴낸 곳 불광출판사 (03169) 서울시 종로구 사직로10길 17 인왕빌딩 301호
대표전화 02) 420-3200 편집부 02) 420-3300 팩시밀리 02) 420-3400
출판등록 제300-2009-130호(1979. 10. 10.)

ISBN 978-89-7479-329-6 (03220)

값 28,000원

잘못된 책은 구입하신 서점에서 바꾸어 드립니다.
독자의 의견을 기다립니다. www.bulkwang.co.kr
불광출판사는 (주)불광미디어의 단행본 브랜드입니다.

체계적으로 배우는

붓다 아비담마

멤 틴 몬 지음
김종수 옮김 | 전현수 감수

The Essence of
Buddha
Abhidhamma

불광출판사

모든 정신현상은 마음을 선구자로 한다.
정신현상은 마음을 우두머리로 한다.
정신현상은 마음이 만든 것이다.

어떤 사람이 사악한 마음으로 생각하거나 말하거나 행동하면,
바퀴가 마차를 끄는 황소의 발굽을 따르듯이
고통이 그를 따른다.

어떤 사람이 순수한 마음으로 생각하거나 말하거나 행동하면,
그를 결코 떠나지 않는 그림자처럼
행복이 그를 따른다.

—『담마빠다』

추천사

멤 틴 몬 박사의 이 훌륭한 책이 한국에 소개되어 기쁘기 그지없다. 이 책이 출판되는 데 내가 기여를 했다는 사실만으로도 영광스럽다.

몇 년 전, 미얀마 몰라민에 있는 국제파욱숲속명상센터에서 수행을 할 때 이 책을 처음 만났다. 수행처에서는 수행에 전념하기 때문에 특별한 경우가 아니면 대체로 책을 보지 않는다. 당시 나는 수행 중에 감기에 걸려 명상 홀에 가서 수행을 하지 못하고 꾸띠(거처)에서 휴식을 해가며 여유롭게 명상 시간을 보냈다. 그러던 중 우연히 이 책을 발견했고, 조금 보고 난 뒤 놀라움을 금치 못했다. 세상에 이런 책이 있다니! 저자를 꼭 만나서 이야기를 나누어야겠다고 생각했다.

이 책 『체계적으로 배우는 붓다 아비담마』는 미얀마의 멤 틴 몬 박사가 아비담마의 핵심을 해설한 것이다. 멤 틴 몬 박사는 미얀마의 양곤대학교에서 과학을 전공하고 미국으로 건너가 일리노이 대학교에서 화학을 전공하여 석·박사학위를 받았다. 그후 고국으로 돌아와 대학에서 화학을 가르치다 은퇴하여 현재는 불교에 전념하고 있다. 박사는 이 책 외에도 『청정도론』에 대한 책, 업에 대한 책 등 아주 좋은 책을 많이 쓴 미얀마를 대표하는 불교학자겸 불교 수행자로, 미얀마 정부로부터 '정법을 빛내는 위대한 깃발(Maha Saddhamma Jotikadhaja, 불교 포교에 업적이 큰 스님과 재가자에게 정부가 주는 칭호)'이라는 호칭을 받기도 했다.

국제파욱숲속명상센터에서 수행을 하던 중 사정이 있어 한국으로 돌아오게 되었을 때, 아는 사람에게 부탁하여 멤 틴 몬 박사와 두 시간 정도 만날 수 있었다. 양곤 시내에 있는 조그만 아파트에서 만난 박사는 크지 않은 체구를 지녔는데, 몸과 정신이 아주 유연하고 맑고 깨끗해 보였다. 당시 박사의 나이가 여든쯤이었는데 고령에도 불구하고 청년 같은 느낌을 받았다. (참고로 미얀마 사람 평균 수명은 예순 정도이다.)

그 자리에서 평소 불교에 대해 궁금해해왔던 것 몇 가지를 박사에게 물었는데, 박사는 아주 만족스럽고 유용한 답변을 해주었다. 뒤이어 내가 이 책을 보고 느낀 점을 이야기하고 한국에서 번역 출판을 하고 싶다는 뜻을 전했다. 박사는 내가 번역하는 조건으로 허락을 했다.

그리고 워크숍 이야기를 나누었다. 박사는 불교나 아비담마에 관심이 있는 단체에서 청하면 50시간 정도 일정으로 아비담마를 가르치곤 한다. (이 책은 그러한 강의의 결과물이기도 하다. 덕분에 강의 현장에서의 경험이 녹아 있어 아주 구체적이고 실제적이다.) 박사를 한국으로 초청해 워크숍을 연다면 불자를 비롯한 여러 사람들에게 큰 도움이 되겠다 싶어 의향을 물었더니 일정이 허락하면 수락하겠노라고 답했다. 하지만 여건이 성숙되지 않아 워크숍 계획은 아직 내 마음속에만 있다.

이렇게 멤 틴 몬 박사를 만나고 귀국해서는 책 번역과 출판은 뒤로 한 채 절에서 수행을 계속했다. 수행을 어느 정도 한 후, 미얀마에서 오신 우 실라 스님이 대전에 있는 지견명상원에서 수행 지도와 법회를 하는 데 동행을 하게 되었다. 거기서 지견명상원의 지도법사인 법륜 거사를 만났다. 법륜 거사는 영어를 전문으로 가르치는 분이고 아비담마 공부를 많이 했으며 오랫동안 수행도 한 터라 『체계적으로 배우는 붓다 아비담마』를 번역할 적임자로 보였다. 며칠 후 법륜 거사에게 번역을 제안했더니 흔쾌히 승낙했다. 법륜 거사가 번역을 해서 내게 보내면 내가 그 번역에 대한 의견을 내어 내용을 수정하는 방식으로 번역과 감수를 진행했다. 법륜 거사의 번역은 아주 성실하고 정확했다.

아비담마는 경·율·논 삼장 가운데 논장에 해당하며, 경장과 율장에서 볼 수 없는 것을 가지고 있다. 멤 틴 몬 박사는 다음과 같이 아비담마의 중요성을 설명한다. '아비담마는 다음과 같은 의미에서 경장보다 더 우월하고 더 고귀하고 더 경이롭다. 첫째, 아비담마는 경장과 율장보다 더 많은 법을 담고 있다. 아비담마는 42,000개의 법을 담고 있는 반면, 경장과 율장은 각각 21,000개의 법을 담고 있다. 둘째, 부처님은 아비담마를 설할 때 경장의 법을 가르칠 때보다 더 많은 방법을 사용했다. 셋째, 아비담마에서 부처님은 궁극적 실재의 관점으로 아주 상세하게 마음과 물질을 분석했다.'

아비담마는 부처님의 가르침임에도 불구하고, 부처님이 직접 설하신 것이 아니라 후대에 제자들에 의해 기술된 거라고 보는 이도 있다. 하지만 멤 틴 몬 박사는 아비담마를 부처님의 궁극적 가르침으로 보면서 아비담마를 궁극적 진리의 과학이자 최고의 심리학이자 최고의 철학이라고 말한다. 이 책의 제목에 '붓다 아비담마'가 들어간 것은 아비담마가 부처님의 가르침임을 분명히 밝히려는 박사의 의도 때문인 듯 보인다. 나는 이러한 박사의 견해에 전적으로 동의한다.

『체계적으로 배우는 붓다 아비담마』는 궁극적 실재인 마음과 마음부수, 물질에 대해서 자세히 그리고 구체적으로 설명한다. 단순히 부처님이 말씀하셨으니 믿으라는 식이 아니라 보통 사람들이 납득할 수 있게 설명한다. 그리고 그렇게 말하는 근거를 가능하면 제시한다. 또 어렵고 복잡한 마음을 실제로 관찰할 수 있도록 도와준다. 예를 들어 '어떤 소녀가 업과 업의 결과를 알고 있지만 친구들의 요청에 따라 현대 음악을 즐겁게 듣는다.'고 할 때 어떤 마음이 작용하는지를 설명해준다.

궁극적 실재인 마음과 마음부수, 물질은 육안으로 볼 수 없다. 선정을 닦아 그것을 볼 수 있는 상태가 되어야 보인다. 박사는 그에 이르는 구체적인 수행 방법도 자세히 설명한다. 수행을 해서 궁극적 실재인 마음, 마음부수, 물질을 보는 것뿐만 아니라 수행으로 도달할 수 있는 경지에 대해서도 차근차근 일러준다.

이 책은 아비담마의 내용을 하나도 빼지 않고 모두 다루고 있다. 그것도 아주 구체적이고 실제적으로 다루고 있어, 제대로 이해만 한다면 실생활에 바로 적용할 수 있을 정도이다. 이는 책이 박사의 아비담마에 대한 탁월한 이해와 수행을 바탕으로 하기 때문일 것이다. 이 책을 여러 번 읽어 이해하면 수행을 하지 않고도 자신의 몸과 마음, 존재에 대해서 잘 알게 되고 의문이 없어지며, 어떻게 살아야 하는지 깨달을 수 있다.

이 책은 수행자와 불자를 비롯한 모든 사람에게 도움이 될 것이다. 올바른 수행법과, 수행을 통해 경험하게 되는 것과 알게 되는 것을 설명하고 있어 수행자에게 도움이 될 것이고, 부처님 가르침과 불교에 대한 정확한 설명이 있어 불자에게 도움이 될 것이며, 우리의 몸과 마음이란 실제로 어떤 것이고 인간이 지닌 보편적 능력이 무엇인지를 알 수 있도록 안내하기 때문에 모든 사람에게 도움이 되는 것이다.

우리는 자신이 지닌 능력의 일부만 발휘하면서 살고 있다. 자기 자신에 대해 정확히 알면 그 앎에 따라 살 수 있고, 그러면 훨씬 힘을 덜 들이고도 어렵지 않게 살게 된다. 그렇게 되는 데 이 책이 도움이 될 것이다. 이 책을 읽고 도움을 받았다면, 다른 사람에게도 읽기를 권했으면 한다.

정신과전문의 전현수

한글판 서문

친애하는 한국 독자 여러분.

제가 영어로 쓰고, 법륜 김종수 법사가 번역하고, 정신과전문의 전현수 박사가 감수한 이 책이 여러분에게 가장 훌륭한 담마(Dhamma, 法)의 선물이 되고, 여러분이 이 책을 읽어서 큰 이익과 큰 지혜를 얻게 되기를 진심으로 바랍니다.

아비담마는 붓다의 매우 심오하고 경이롭고 높은 가르침입니다. 그것은 붓다의 모든 관습적인 가르침을 설명하고, 궁극적 실재의 관점으로 우주의 모든 정신·물질 현상을 설명합니다. 궁극적 실재는 우주에 있는 모든 생물과 무생물의 궁극적이고 나눌 수 없는 구성 요소를 말합니다.

아비담마가 매우 심오하고, 세상에 알려지지 않은 궁극적 실재의 관점으로 설명하기 때문에 상좌부(Theravāda) 불교 국가에서는 아비담마를 주로 출가 수행자가 공부하고 재가자는 공부하지 않습니다. 저도 처음에는 아비담마가 저와 상관이 없다고 생각했습니다. 그러나 마흔여섯 살에 아비담마를 공부하기 시작했을 때 아비담마야말로 세상에서 가장 흥미롭고 가장 유익하다는 것을 알게 되었습니다.

아비담마는 붓다가 설한 것이 아니며 일상생활에서는 유익하지 않다고 말하는 이들도 있습니다. 하지만 이것은 옳지 않은 말입니다. 붓다 외에는 아무도 아비담마를 가르칠 수 없습니다. 붓다 외에는 아무도 자연에 실제로 존재하지만 지금까지 어떤 과학적인 도구로도 탐지할 수 없었던 궁극적 실재로 마음과 몸을 분석할 수 없기 때문입니다.

마음은 우리의 생각과 우리의 말과 우리의 행위를 통제하여 세상을 다스립니다. 비도덕적인 마음부수는 마음을 비도덕적이고 해롭게 만들어 사악한 행위를 하도록 합니다. 그리하여 그 마음은 세상의 모든 사악한 행위와 모든 고통의 근본 원인이 됩니다. 아름다운 마음부수는 마음을 도덕적이고 유익하게 만들어 선한 행위를 하도록 합니다. 그리하여 그 마음은 세상의 모든 선한 행위와 모든 행복의 근본 원인이 됩니다.

사악한 행위를 할 때는 수십억 가지의 비도덕적인 마음이 일어났다가 사라지면서 정신의 흐름에 수십억 가지의 '나쁜 업(kamma)'을 남기게 됩니다. 마찬가지로 좋은 행위를 할 때는 수십억 가지의 도덕적인 마음이 일어났다가 사라지면서 정신의 흐름에 수십억 가지의 '좋은 업'을 남기게 됩니다.

업은 나무의 씨앗과 같습니다. 망고 씨가 망고나무를 자라게 하고 사과 씨가 사과나무를 자라게 하듯이, 나쁜 업은 악처에 비참한 존재를 생기게 하고 좋은 업은 선처에 행복한 존재를 생기게 합니다. 그리하여 수십억 가지의 업은 수십억 가지의 존재들을 생기게 하는 것입니다. 그래서 업과 업의 과보에 대한 바른 견해를 갖는 것과 도적적인 마음을 갖고 현명하게 살아가는 것이 매우 중요합니다. 그렇게 살아야 사악한 생각과 사악한 행위를 피하게 되고 선한 생각과 선한 행위를 계발할 수 있습니다.

또한 붓다께서는 성스러운 팔정도를 수행하라고 권고하십니다. 성스러운 팔정도는 최상의 지혜를 계발할 수 있는, 마음에서 비도덕적인 마음부수를 완전히 제거할 수 있는, 열반(Nibbāna)의 영원한 평화와 유일무이한 행복을 누릴 수 있게 하는 계·정·혜의 성스러운 삼학으로 구성되어 있습니다. 혜학에서 우리는 아비담마가 설명하는 바와 같은 궁극적 실재의 관점으로 우리에게 일어나는 정신·물질 현상을 식별하여 통찰해야 합니다. 이 식별과 통찰은 무상·고·무아라는 3가지 특성을 반복해서 드러냅니다.

그리하여 아비담마는 큰 이익을 얻기 위해 매일의 삶에서도, 명상에서도, 붓다의 가르침을 완전하게 이해하는 데도, 반드시 필요한 것입니다.

처음으로 붓다 아비담마의 정수를 이해하게 되었을 때, 저는 붓다의 일체지와 가르침에 대해 더 이상 의심하지 않게 되었습니다. 저는 기쁨에 휩싸였고 불(Buddha), 법(Dhamma), 승(Saṅgha)에 대한 믿음이 아주 강해졌습니다.

저는 1983년부터 미얀마에서 아비담마를 가르치고 있고 말레이시아, 싱가포르, 인도네시아, 타이완에서도 여러 번 가르쳤습니다. 또한 일본, 영국, 미국에서도 아비담마를 가르칠 수 있는 기회를 가졌습니다. 저의 모든 가르침에 참석한 사람들은 아비담마를 대단한 정도까지 이해했습니다.

이 책이 여러분에게 큰 기쁨과 큰 이익과 큰 행복을 가져다주고, 한국 불교와 미얀마 불교의 관계를 좋게 하기를 바랍니다.

멤 틴 몬

서문

붓다의 45년 동안의 가르침은 문자 그대로 '3가지 바구니'를 뜻하는 빠알리어 띠삐따까(Tipiṭaka), 즉 3가지 모음〔三藏〕으로 나뉜다.

첫 번째의 모음은 경장(Sutta piṭaka)이다. 그것은 붓다가 자신의 가르침을 일반적인 어휘를 사용해 설명한 관습적인 가르침(Vohāra desanā)이다. 고요명상(사마타)과 통찰명상(위빳사나)의 실제적인 측면들이 이 모음에 있다.

두 번째의 모음은 율장(Vinaya piṭaka)이다. 그것은 출가자가 따라야 하는 규율을 정하기 위해서 붓다가 자신의 권위를 바탕으로 수행승들에게 전한 권위 있는 가르침(Ānā-desanā)이다. 이 규율들은 가장 높은 윤리 강령을 구체적으로 말하고 사람의 행동, 말, 생각을 확실하게 정화시킬 수 있어서 사람을 고귀하고 존경받을 수 있도록 만든다.

세 번째의 모음은 논장(Abhidhamma piṭaka)이다. 이것은 붓다의 더 높은 가르침이다. 여기에서 붓다는 우주의 궁극적 실재(paramattha)와 불교의 최고선이며 가장 높은 목표인 열반을 묘사하기 위해서 추상적인 용어들을 사용했다. 아비담마는 이 논장으로 분류되는 붓다의 궁극적 가르침(Paramattha desanā)이다.

붓다가 아비담마에서 설한 원리와 인과관계는 놀랄 만큼 자연스럽고 논리적이고 아름다워서 세상에 있는 고통의 근본 원인과 그 고통을 제거할 수 있는 길을 정확하게 제시한다.

붓다의 가르침과 관련해 가장 놀라운 것은 그 가르침이 이론과 실제를 포함할 뿐 아니라 인간의 가치, 가장 훌륭한 윤리 강령, 그리고 영원한 평화와 그 평화에 이르는 팔정도를 분명하고 정확하게 정의한다는 점이다. 이 모든 가치 있는 가르침은 그 길을 걸어간 고귀한 사람들인 수백만의 성자들에 의해서 계속해서 검증되었으며, 그 길을 진지하고 꾸준히 걸어가려는 유능한 사람에 의해서 언제 어디서라도 여전히 검증될 수 있다.

경장과 논장을 총괄하여 빠알리어로 담마(Dhamma)라 하는데, 이 말은 붓다의 '교리나 가르침'을 의미한다. 담마는 그것을 따르는 사람을 4가지 악처(apāya)에 떨어지는 것으로부터 구하고, 영원한 평화와 행복을 성취하기 위하여 오염원으로부터 마음을 정화할 수 있는 교리이다. 아비담마(Abhidhamma)에서 접두사 '아비(Abhi)'는 '우세한, 훌륭한, 탁월한, 고귀한, 독특한, 놀라운' 등을 의미한다.

논장은 다음과 같은 의미에서 경장보다 더 우월하고 더 고귀하고 더 경이롭다.

① 논장은 경장과 율장보다 더 많은 법의 무더기(Dhamma-kkhandha, 法蘊)를 포함하고 있다. 〔아비담마는 42,000개의 법의 무더기를 포함하고 있는 반면, 경장과 율장은 각각 21,000개의 법의 무더기를 포함하고 있다.〕

② 붓다는 아비담마를 설할 때 경법(Sutta Dhamma)을 가르칠 때보다 더 많은 수의 방법들을 사용했다.

③ 아비담마에서 붓다는 '빠라맛타(paramatha)'로 알려진 궁극적 실재들의 관점으로 아주 상세하게 마음과 물질을 분석했다. 이 궁극적 실재들은 도입 장에서 설명될 것이다.

아비담마는 마음의 본질과 작용을 상세하게 설명하고, '사성제'로 알려진 최고의 보편 진리를 포함하고 있는 자연의 진리들을 드러내고, 정신·물질을 궁극적이고 근본적인 수준까지 분석한다. 이에 따라 아비담마는 붓다의 최고의 심리학, 최고의 철학, 궁극의 과학으로 표현되어야 한다.

철학자들은 '정신·물질'을 현실 세계의 두 가지 기본 원리로 언급하곤 했다. 하지만 철학자들은 정신이란 무엇인가에 대해서 일치되는 결론에 도달하지 못하고 있다.

심리학자들은 마음의 본질을 탐색하는 것으로 자신들의 과업을 시작했다. 그러나 마음을 명시하거나 마음의 속성을 묘사할 수 없게 되었을 때, 그들은 동물과 사람의 행동으로 돌아섰다. 그리하여 심리학은 '마음의 과학'보다는 '행동주의 연구'가 되었다.

오늘날의 과학은 마음을 탐지할 수 있는 어떤 도구도 갖고 있지 않다. 그리하여 과학자들은 마음의 존재를 부정하는 경향이 있고 뇌가 마음으로 작용한다는 이론을 애지중지하고 있다. 이 이론은 오늘날 과학이 부정할 수 없는 텔레파시, 예지력, 초감각적 지각, 염력, 유체이탈, 사후의 삶 같은 기이한 현상들을 설명할 수 없다. 게다가 비록 뇌가 슈퍼컴퓨터로서 기능한다 할지라도, 보통의 컴퓨터들이 인간에 의해서 프로그래밍될 필요가 있는 것처럼 뇌도 외부의 행위주체(agent)를 필요로 한다. 이 사실은 가장 탁월한 신경학 교수인 존 엑클레스(John Eccles) 경이 수행한 특별한 뇌 연구에서 드러났다. 그 외적인 행위주체는 마음이 아니겠는가? 맞다. 바로 그것, 마음이다.

아비담마는 정신을 마음(citta)과 마음부수(cetasika)의 결합으로 묘사한다. 52가지 마음부수가 있다. 몇몇은 마음을 오염시키고 몇몇은 마음을 정화시키며 몇몇은 중립적이다. 마음과 마음부수 사이에 가능한 결합의 총수는 121가지이다.

이 결합은 마음의 다양한 상태를 설명해준다. 그 결합은 마음이 때때로 나쁘고 때때로 좋으며, 때때로 슬프고 때때로 행복하며, 때때로 사악하고 때때로 고상한 등의 이유를 충분히 설명한다.

가르침의 실제적인 측면에서, 붓다는 삼매(samādhi)를 계발하기 위한 몇 가지 방법들을 설명하였다. 탐욕(lobha), 성냄(dosa), 들뜸·후회(uddhacca-kukkucca), 의심(vicikicchā), 해태·혼침(thina-middha)과 같은 해로운 정신적 요소들이 가라앉아 마음에서 일어나지 않을 때, 마음은 동요하지 않고 평화롭고 분명한 상태에 있게 된다. 이것이 몰입(jhāna, 선정)에 가깝다는 것을 의미하는 근접삼매(upacāra-samādhi)의 상태이다.

근접삼매 상태에서는 오염원이 마음에 없기 때문에, 수행자는 감각적인 즐거움과는 비교될 수 없는 고요와 평화를 누리게 된다. 수행자는 집중의 정도를 선정(jhāna) 삼매까지 좀 더 높이 올리게 될 때 더욱 높은 지복을 누리게 된다. 선정 상태에서는 마음이 수 시간 동안 명상 주제에 계속 집중되고 고정된다.

4가지 색계 선정(rūpa-jhāna)과 4가지 무색계 선정(arūpa-jhāna)을 계발한 후에, 수행자는 신통지(abhiññā)를 계발하기 위해 한 단계 더 나아갈 수 있다. 5가지 세간적(lokiya) 신통지가 있는데, ① 신족통(iddhi-vidha), ② 천이통(dibba sota), ③ 천안통(dibba-cakkhu), ④ 타심통(ceto-pariya-ñāṇa), ⑤ 숙명통(pubbe-nivāsānussati)이다.

이 신통지들은 텔레파시, 예지력, 염력 등의 힘들을 훨씬 능가한다. 신족통이 있는 사람은 방해받지 않고 벽이나 산을 통과할 수 있고, 땅으로 들어갈 수 있으며, 물 위에서 걸을 수 있고, 하늘에서 날 수 있다. 천안통이 있는 사람은 천신(deva)과 범천(brahmā)의 천상세계뿐 아니라 악처도 볼 수 있고, 스스로 행한 의도적 행위(kamma)에 따라서 31가지 존재계에 태어나는 존재들도 볼 수 있다. 타심통이 있는 사람은 다른 사람의 마음을 볼 수 있고 그들의 생각도 알 수 있다.

하지만 이러한 신통력들을 얻는 것이 불교의 목표는 아니다. 근접삼매 혹은 선정 삼매와 함께하는 마음의 통찰력은 몸에서 정신(마음과 마음부수)과 물질(궁극 물질)의 일어남과 사라짐을 관찰하기 위해서 활용된다. 이 정신·물질은 전자현미경으로도 볼 수 없지만, 삼매에 든 마음의 눈으로는 볼 수 있다.

정신·물질의 3가지 공통된 특성인 무상(anicca), 고(dukkha), 무아(anatta)에 대해서 명상하고 또 정신·물질 사이의 인과관계들에 대해 명상함으로써, 수행자는 팔정도를 따라 걸으며 조만간 첫 번째 도(Magga)와 과(Phala)를 얻게 될 것이다. 그때 수행자는 원하는 만큼 열반의 유일무이한 지복을 향유할 수 있는 예류자(첫 번째 성자)가 되고 악처에는 결코 다시 태어나지 않는 것이 완전히 보장된다.

예류자(sotāpanna)는 원할 때마다 열반의 초월적인 평화를 누릴 수 있다. 만약 통찰명상을 계속하면, 그는 적절한 과정을 밟아서 3가지 더 높은 도·과를 깨달아 바로 금생에 아라한(arahant, 완전한 사람)이 된다. 비록 통찰명상을 계속하지 않더라도, 예류자인 그는 적절한 과정에 따라 자동으로 아라한이 된다.

아라한에게서는 모든 오염원이 완전히 근절되고 파괴된다. 이 오염원이 모든 고통의 진정한 원인이기 때문에, 그 오염원의 완전한 파괴는 아라한에게 완전한 행복과 영원한 평화를 의미한다.

그리하여 고통의 원인이 되고 사람의 가치를 떨어뜨리는 모든 오염원으로부터 마음을 정화함으로써, 수행자는 인간과 천신의 세계에서 가장 고귀한 존재에 속하게 되고 열반의 가장 높고 끝없는 평화를 영원히 즐길 수 있는 아라한이 될 수 있다.

따라서 아라한이 되는 것은 인간과 천신의 바른 목표이고, 이와 같은 삶의 가장 높은 목표는 붓다가 아비담마에서 가르친 대로 정신·물질에 대한 정확한 분석과 이해를 통해서만 얻어질 수 있다.

여기서 강조해야 하는 것은 붓다가 자신의 일체지와 행동으로 우리에게 가르친 것은 무엇이든지 유능한 수행자 자신의 경험을 통해 실험되고 입증될 수 있다는 것이다.

아비담마는 자연에 실제로 존재하는 실재들을 다룬다. 아비담마는 인간이라는 복잡한 기계를 구성하는 정신과 몸 두 가지 모두를 정확하고 극히 세밀하게 분석한다. 아비담마는 인간에게 있는 6가지 감각의 문, 외부에서 오는 6가지 감각, 그리고 감각들이 감각의 문에 접촉하게 될 때 일어나는 인식과정을 분석한다.

또 아비담에서는 이 정신 상태의 원인과 더불어 다양한 정신 상태가 생생하게 열거된다. 유익하고 해로운 생각과 그것의 결과가 정교하게 설명된다. 또한 업력 하에 있는 다양한 세계에서의 삶과 죽음의 과정과 재생의 과정이 명료하게 설명된다.

정신·물질 둘 다 매우 수명이 짧다. 그것들은 초당 1조(10^{12}) 번의 속도로 순서대로 일어나서 소멸한다. 그리하여 윌리엄 제임스(William James)와 같은 몇몇의 현대 심리학자들이 제기한 바와 같이, 의식이 물줄기처럼 흐른다는 관점은 아비담마를 이해하는 사람에게는 매우 분명하게 인식된다.

연기의 법칙과 인과관계의 법칙이 아비담마에서 체계적이고 철저하게 다루어진다. 이 법칙들은 다른 어떤 서양철학에서도 찾아볼 수 없는 것들이다.

마지막으로 네 가지 위대한 성스러운 진리〔四聖諦〕인 괴로움의 성스러운 진리〔苦聖諦〕, 괴로움의 원인의 성스러운 진리〔集聖諦〕, 괴로움의 소멸의 성스러운 진리〔滅聖諦〕, 괴로움의 소멸로 인도하는 도닦음의 성스러운 진리〔道聖諦〕가 아비담마를 공부함으로써 분명해진다. 이 네 가지 성스러운 진리는 세간적인 수준에서뿐만 아니라 출세간적인 수준에서 모든 인과관계를 포괄하는 궁극적이며 보편적인 진리이다. 집중된 마음의 눈으로 이 성스러운 진리를 생생하게 볼 수 있는 사람들은 깨달아서 성자가 될 것이다.

자연과학이 자연과정을 통제하는 자연법칙을 조사하듯이, 아비담마는 자연과정을 통제하는 자연의 진리를 조사한다. 그러나 취급하는 수준이 다르다.

물리학, 화학, 생물학, 기하학, 지리학, 공학, 전자공학, 의학과 같은 모든 자연과학은 물질과 에너지, 즉 자연의 물질적인 면을 다룬다. 행동주의 다음에 나온 심리학도 아직 마음을 정확하게 설명할 수도 없고 분석할 수도 없다.

그러나 세상과 모든 존재들의 삶을 이끌어가는 것은 마음이다. 모든 과학과 철학은 마음에 의해 만들어지고 마음에 의해 통제되며 마음의 산물들이다. 그리하여 마음은 의심할 여지없이 세상에서 가장 강력한 힘이다!

아비담마는 마음을 정확하게 설명한다. 마음을 분석하고 마음의 특성을 설명하며, 마음의 기능을 묘사하고 마음을 적절한 위치에 놓는다. 모든 사람의 진정한 능력은 그의 마음에 있다. 그리하여 아무도 하늘을 올려다보고 도움을 요청할 필요가 없다. 가장 강력한 힘들이 그 자신 안에 있기 때문이다.

아비담마는 또한 마음과 관련하여 물질에 대해 말한다. 아비담마는 또한 마음과 물질로부터 자유로운 열반을 기술한다. 자연과학은 한 악당을 성자로 바꿀 수 없지만 아비담마는 할 수 있다. 과학자와 철학자는 고통의 소멸에 이르는 길과 영원한 평화에 이르는 길을 보여줄 수 없지만 아비담마는 할 수 있다.

과학자, 철학자, 심리학자, 그리고 모든 진리를 사랑하는 사람은 아비담마가 특별히 지적인 큰 기쁨거리가 된다는 것을 알게 될 것이다.

정등각자의 궁극적 가르침인 아비담마보다 더 가치 있는 어떤 지혜가 우리의 삶에 있겠는가.

2010년 개정판

이 개정판의 제목과 부제목에 있는 빠알리 단어는 그 단어와 동등한 의미를 갖고 있는 영어 단어로 바뀌었고, 그 단어의 설명에 쓰인 몇몇의 빠알리 단어도 쉽게 읽고 쉽게 이해할 수 있도록 그 빠알리 단어와 동등한 의미를 갖고 있는 영어 단어로 바뀌었다.

더 나아가 글이 분명하지 않고 쉽게 이해될 수 없는 곳은 어디든지 그 글의 의미를 분명하고 정확하게 하기 위해 다시 썼다. 마지막으로 이 책에 나오는 모든 빠알리 단어의 리스트를 추가해 독자와 학습자가 쉽게 빠알리 단어의 의미를 알 수 있도록 했다.

이 책이 전 세계적으로 많은 독자에게 받아들여지고 있으며, 몇몇 학자가 이 책을 다른 언어로 번역하고 있다는 사실이 만족스럽다.

2015년 제3판

제3판에서는 아비담마의 가르침에 대한 설명을 개선하고 보다 명료하게 하기 위해 전체 텍스트가 수정되었다. 필자는 독자들이 세상에서 진정으로 가장 가치 있는 황금 같은 지혜인 아비담마에 제시된 붓다의 놀라운 가르침을 제대로 인식하길 바란다.

독자들이 우리의 마음, 우리의 존재, 우리의 세계에 대한 정확하고 중요한 지혜를 이해하고 삶에서 가장 훌륭한 것을 얻기 위해 아비담마의 지혜를 사용할 수 있기를 기원한다.

2015년 1월 18일

멤 틴 몬

차례

도입

논장은 7가지 논서〔七論〕인 법집론(Dhammasaṅgaṇī, 法集論), 분별론(Vibhaṅga, 分別論), 계론(Dhātukathā, 界論), 인시설론(Puggalapaññtti, 人施設論), 논사(Kathāvatthu, 論事), 쌍론(Yamaka, 雙論), 발취론(Paṭṭhāna, 發趣論)으로 구성되어 있다.

아비담마의 주제는 4가지 궁극적 실재와 그 실재들 사이의 인과관계이다. 그 주제를, 절대적으로 진리인 순수 철학 용어들을 이용하여 매우 기술적이고 놀랄 만큼 체계적으로 다룬다.

만약 어떤 이가 아비담마에 관한 논서들을 끈기 있게 공부한다면, 그는 붓다의 심오한 지혜와 통찰력을 찬양하지 않을 수 없게 된다. 그러나 추상적인 용어들과 이상한 방법론의 황야에서 쉽게 길을 잃을 수 있기 때문에, 자기 자신만의 노력으로 아비담마를 공부한다는 것은 쉽지 않다.

그러나 아비담마에 다가갈 수 있는 가장 적합한 입문서인 『아비담맛타 상가하』(Abhidhammattha Saṅgaha, 아비담마 주제 개요)라 불리는 잘 알려진 논서가 있다. 인도 깐찌뿌라 태생 출가 수행승인 아누룻다(Anuruddha) 장로가 쓴 이 논서는 아비담마의 모든 중요한 주제들을 매우 체계적으로 요약하고 있다.

원래 빠알리어로 쓴 이 논서는 몇몇의 언어로 번역되었다. 미얀마에서는 이 논서의 주제가 사미와 비구의 공부 과정에 포함되어 있고, 미얀마 종교부 주관으로 미얀마 전역에서 열리는 아비담마 시험 과정에 사용된다.

필자는 단순하고 체계적인 방법으로 과학적인 관점들과 실제적인 측면들을 연관시켜 『아비담맛타 상가하』에서 제시된 주제를 더욱 정교하게 다룬다. 이 책은 필자가 아비담마 단기 코스를 진행할 때 강의 가이드로 사용하는 형식으로 작성되었다.

아비담마는 실로 모든 고통으로부터 완전한 해탈을 얻기 위해 그릇된 견해〔邪見〕를 버리고 바른 견해〔正見〕를 얻도록 도와줄 금과 같은 지혜이다.

1. 2가지 종류의 실재

1.1. 관습적 실재 또는 개념(Paññatti)

모든 생물과 무생물 그리고 그것들에 붙여진 이름은 관습적 실재다. 생물과 무생물은 우리의 감각지각을 따를 때 실제로 존재하는 것처럼 보인다. 우리는 생명과 무생물을 볼 수 있고 심지어 만질 수도 있다. 우리는 일상의 의사소통에서 생물과 무생물을 일컫기 위해 그것들에 이름을 부여했다.

우리가 '남자, 여자, 나, 너, 그, 그녀, 개, 고양이, 집, 식탁, 나무'와 같은 이름을 사용할 때, 우리는 그 이름이 일컫는 대상이 실제로 존재한다고 확실하게 느낀다. 하지만 이 대상들은 당연히 더 이상 환원할 수 없는 실재들로 존재하지 않는다. 그것들의 존재 양식은 개념적인 것이지 사실적인 것이 아니다. 그것들은 자신의 내재적 성품으로 존재하는 실재들이 아니라 정신적 구성의 산물들이다.

지혜로 분석해서 조사하면 생물과 무생물은 사라진다. 예를 들어 식탁에 쓰인 나무 조각들이 분해되면 '식탁'은 사라지기 때문에 식탁은 실재가 아니고 실제로 존재하는 것도 아니다. 마찬가지로 '집'은 지붕과 벽들이 분해되면 사라지기 때문에 집은 실재가 아니고 실제로 존재하는 것도 아니다.

또한 '남자', '여자', '개', '고양이'도 머리카락, 털, 손발톱, 이빨, 피부, 살, 피, 뼈, 심장, 간, 허파, 장 등으로 나뉘면 사라지기 때문에 실제로는 존재하지 않는다. 결국 이 구성 요소들은 소각되면 재로 변하기 때문에 실제로 존재하는 것이 아니다.

또한 '이름'도 그 자체의 내재적 성품으로 실제로 존재하는 것이 아니다. 어떤 특정한 것에 누군가 자기 맘에 드는 이름을 붙일 수도 있고, 언어마다 다른 이름이 붙여질 수도 있기 때문이다.

그러므로 생물과 무생물과 그것들의 이름은 관습적 실재 또는 개념이다. 생물과 무생물은 실제로 존재하는 것처럼 보이지만 정말로 더 이상 환원할 수 없거나 변화할 수 없는 실재로서 존재하는 것은 아니다.

불교 기록을 보면 두 명의 현명한 사람인 밀린다 왕과 나가세나 존자 사이에 있었던 한 가지 재미있는 일화가 있다.

왕이 "제가 어떤 이름으로 당신을 알겠습니까?"라는 질문을 하자, 나가세나 존자는 "나의 도반들은 나를 나가세나라고 부릅니다. 하지만 그 이름과 그것이 나타내는 사람은 실제로 존재하지 않습니다."라고 대답했다.

왕은 "만약 나가세나와 그 사람이 존재하지 않는다면, 사람들은 누구에게 공양을 드리고 누가 공양을 받습니까? 당신이 그것을 받기 때문에, 당신은 실제로 존재합니다. 왜 당신은 당신의 고귀함에 걸맞지 않게 거짓말을 했습니까?"라고 반박했다.

그러자 나가세나 존자는 "폐하, 폐하께서는 이 사원에 걸어서 오셨습니까? 아니면 마차를 타고 오셨습니까?"라고 물었다.

왕은 "나는 마차를 타고 왔습니다."라고 답했다.

나가세나 존자는 "그렇다면 저에게 폐하의 마차를 보여주십시오. 말이 마차입니까? 바퀴가 마차입니까? 차축이 마차입니까? 말이 끄는 수레가 마차입니까?"라고 계속 질문을 했다.

왕은 모든 질문에 대해 "아닙니다."라고 답했다.

나가세나 존자는 "말, 바퀴, 차축, 수레 등을 제외하고 마차가 존재합니까?"라고 물었다.

왕은 "존재하지 않습니다."라고 답했다.

이에 나가세나 존자는 "폐하, 폐하께서는 마차로 이곳에 오셨다고 했습니다. 그런데 저에게 마차를 보여줄 수 없었습니다. 폐하의 높은 명예에 걸맞지 않게 어찌하여 저에게 거짓말을 하십니까?"라고 말했다.

왕은 "말, 바퀴, 차축, 수레 외에 마차라는 것은 없습니다. 단지 이것들의 결합이 마차라는 이름을 가졌습니다."라고 동의했다.

나가세나 존자는 "좋습니다. 폐하, 폐하께서는 마차를 이해했던 것처럼 나가세나를 이해해야 합니다."라고 말했다.

1.2. 궁극적 실재(Paramattha)

궁극적 실재는 관습적 실재와는 대조적으로 그 자신의 내재적 성품으로 실제로 존재하는 것이다. 이것이 마지막으로 더 이상 환원할 수 없는 존재의 구성 요소인 담마이며, 생물과 무생물을 정확하게 분석했을 때 나오는 궁극적 실재이다. 궁극적 실재는 생물과 무생물의 궁극적 구성 요소이다. 그 궁극적 요소는 실제로 존재하지만 볼 수는 없다.

더 이상의 분석을 허용하지 않는 궁극적 실재는 '빠라맛타(paramattha)'라고 불린다. 이 단어는 '빠라마(parama, 궁극적인, 최종의)'와 '앗타(attha, 실재)'에서 나왔다.

그리하여 '궁극적 실재'라는 말은 보다 더 단순한 것으로 변화될 수 없고 다른 것으로 나뉠 수 없는 어떤 것을 의미한다. 궁극적 실재는 인간에 의해 창조되거나 파괴될 수 없다. 궁극적 실재는 자연에 실제로 존재하고, 소멸할 때까지 자신의 특성을 유지한다. 궁극적 실재가 실제로 존재한다는 것은 입증될 수 있다.

아비담마는 4가지 부류의 궁극적 실재를 말한다.

(1) 마음(Citta)

마음은 감각대상에 대한 의식 혹은 감각대상에 대한 앎이다. 개미와 같은 작은 곤충들을 포함하여 모든 지각 있는 존재들은 감각대상인 형색, 소리, 냄새, 맛, 감촉대상을 알 수 있기 때문에 '의식'을 소유하고 있다.

(2) 마음부수(Cetasika)

마음부수는 마음과 함께하는 것이다. 마음부수는 마음과 함께 일어나고 함께 소멸한다. 마음부수는 일어나기 위해서 마음에 의존하고, 각각의 감각대상에 대한 전체적인 인식 행위에서 마음을 돕고, 여러 가지 방법으로 마음에 영향을 끼친다. 52가지 종류의 마음부수가 있다.

소위 정신(mind)이라고 부르는 것은 마음과 마음부수의 결합이다. 다양한 정신적 상태를 나타내는 마음과 마음부수의 결합은 121가지가 가능하다. 마음이나 마음부수는 독립적으로 일어날 수 없다. 따라서 마음과 마음부수는 총괄적으로 '정신(nāma)'이라고 불린다.

6가지 중요한 마음부수는 다음과 같다.

① 탐욕(Lobha) : 갈망, 집착

② 성냄(Dosa) : 증오, 악의

③ 미혹(Moha) : 무지, 어리석음

④ 탐욕 없음(Alobha) : 관대함

⑤ 성냄 없음(Adosa) : 증오 없음, 선의, 관용, 자애

⑥ 미혹 없음(Amoha) : 통찰지, 지혜

처음 3가지(탐욕, 성냄, 미혹)는 해로운 원인이고 해로운 마음의 뿌리이며 세상의 모든 사악한 행위와 고통의 주된 원인이다.

다음의 3가지(탐욕 없음, 성냄 없음, 미혹 없음)는 유익한 원인이고, 유익하고 아름다운 마음의 원인이며, 세상의 모든 선한 행위와 행복의 주된 원인이다.

(3) 물질(Rūpa)

물질은 추위나 더위와 같은 불리하거나 반대되는 물리적 조건으로 인해 형태, 색깔, 상태를 바꾸는 것으로 정의된다.

아비담마는 4가지 주된 요소[四大]와 24가지 파생된 물질의 유형으로 구성되어 있는 28가지 물질의 유형을 제시한다.

4가지 주된 요소는 딱딱함과 부드러움의 특성을 갖고 있는 견고성의 요소(paṭhavī, 地), 접착성과 유동성의 특성을 갖고 있는 액체성의 요소(āpo, 水), 따뜻함과 차가움의 특성을 갖고 있는 열의 요소(tejo, 火), 밂과 지탱의 특성을 갖고 있는 움직임의 요소(vāyo, 風)다. 그것들은 형태와 모양을 가지고 있지 않은 에너지와 흡사하다. 물질과 에너지는 상호 전환이 가능하여 동일한 것이다.

28가지 유형의 물질은 과학에서 알려진 모든 유형의 물질 및 에너지와 일치한다. 과학이 단지 물질과 에너지에 대해서만 알고 있고 마음에 대해서는 무지해서 물질적인 현상들만을 설명할 수 있는 반면, 아비담마는 모든 정신·물질 현상들을 상세하게 설명할 수 있다는 차이는 있다.

이것이 위대한 과학자 알베르트 아인슈타인이 다음과 같이 말한 이유이다.

> "종교 없는 과학은 맹목적이고, 과학 없는 종교는 절름발이다."

하지만 아인슈타인이 다음과 같은 말을 추가한 것으로 보아 불교는 절름발이도 아니고 맹목적이지도 않다.

> "현대의 과학적 요구에 대처할 수 있는 어떤 종교가 있다면, 그것은 불교가 될 것이다."

그는 또한 불교가 미래의 우주적 종교(Cosmic Religion)가 될 것이라고 말했다.

(4) 열반(Nibbāna)

열반은 고통의 원인과 탐욕·성냄·미혹의 세속적인 '불'이 완전히 제거되었을 때 실현되는 영원한 평화와 유일무이한 지복이다.

열반은 출세간이다. 그것은 고통의 세계인 정신·물질의 영역을 넘어서 있다. 열반은 4가지 도(道) 지혜와 4가지 과(果) 지혜를 아는 것에 의해서 실현된다. 그것은 수행자가 성스러운 팔정도를 나타내는 계·정·혜라는 3가지 성스러운 공부를 성공적으로 수행한다면 바로 금생에서 실현될 수 있다.

열반은 언제나 자연적으로 존재한다. 그러나 마음을 오염시키고 태우는 오염원인 탐욕·성냄·미혹에 의해서 우리의 마음이 눈멀어 있기 때문에 우리는 그것을 볼 수 없다. 그것은 보름날에 뜬 달과 같다. 달은 하늘에 확실하게 존재하더라도 두꺼운 구름으로 덮이면 보이지 않는다. 하지만 구름을 강한 바람이 불어 날리면 달을 즉시 눈으로 볼 수 있게 된다.

이와 마찬가지로 우리는 오염원으로 눈먼 상태이기 때문에 열반을 볼 수 없다. 모든 오염원이 4가지 도 지혜에 의해 완전히 제거되면, 열반은 분명하게 보인다.

2. 2가지 종류의 진리

2.1. 관습적 진리(Sammuti-sacca)

관습적 진리관에서는 관습적 실재가 실제로 존재하는 것으로 여기고 관습적 실재의 견지에서 말한다. 거짓말하려는 어떤 의도 없이 관습적으로 수용되는 생물과 무생물의 이름을 사용하는 어떠한 말이나 표현은 관습적 진리라 불린다.

일상적인 삶에서 우리는 말하고 싶은 것을 표현하기 위해 관습적인 이름이나 어휘를 사용한다. 우리는 관습적 진리를 받아들이고 '남자, 여자, 아버지, 어머니, 아들, 딸, 선생, 학생, 올바른 사람, 사악한 사람, 나, 너, 그것' 등이 실제로 존재하는 것으로 여긴다.

그리하여, 어떤 사람이 사람을 죽이거나 다른 사람의 재산을 훔치면 그것은 범죄가 된다. 부모가 아이를 적절하게 양육하지 못하면 그것은 부모의 의무를 저버리는 것이 된다. 아들과 딸이 나이 든 부모를 돌보지 않으면 그것도 자식의 의무를 저버리는 것이 된다.

따라서 우리는 일상에서 관습적 진리들을 받아들이고 존중해야 한다. 부모님과 선생님과 연장자를 존경해야 한다. 모든 존재를 향해 자애〔慈〕, 연민〔悲〕, 기쁨〔喜〕을 계발해야 한다. 모든 생명이 적절한 존중을 받을 만하기 때문에 우리는 그것들을 방치하지 말고 존중해야 한다.

과학에서도 비록 전자, 양자, 에너지만이 궁극적인 의미에서 존재하지만 전자와 분자에 의해 형성된 세포, 기관, 생물, 무생물의 존재뿐만 아니라 아원자 미립자의 결합에 의해 형성된 원자와 분자의 존재도 우리는 부정하거나 방치할 수 없다.

그러나 모든 것과 모든 현상의 성품을 설명할 때, 우리는 궁극적 실재라고 불리는 궁극적이고 근본적인 실재의 특성을 고려해야 한다. 이런 고려가 모든 것과 모든 현상의 성품을 이해할 수 있도록 우리에게 도움을 줄 것이기 때문이다.

2.2. 궁극적 진리(Paramattha-sacca)

궁극적 진리관에서는 관습적 실재가 궁극적인 의미에서는 존재하지 않는다고 여기고, 궁극적 실재만이 궁극적인 의미에서 존재한다고 간주한다. 궁극적 실재의 관점에서 말하는 것이 궁극적 진리다.

"남자, 여자, 나, 너는 존재한다."라고 말하는 것은 관습적 진리에 따르면 진실이지만, 궁극적인 진리에 따르면 잘못이다.

"단지 마음, 마음부수, 물질만이 우주 전체에 존재한다."라고 말하는 것은 궁극적 진리에 따른 진리이다.

시간과 경우에 따라 변하지 않고 항상 진리인 원리와 자연법칙이 궁극적 진리이다.

마음의 법칙(Citta-niyāma), 업의 법칙(Kamma-niyāma), 연기(Paticca-samuppāda), 네 가지 성스러운 진리(Ariya-sacca, 四聖諦) 등과 같이 자연 현상을 다루는 붓다의 가르침은 궁극적 진리이다.

2.3. 환영의 세계와 실재의 세계

많은 오염원을 갖고 있는 보통 사람은 범부라고 불린다. 범부이기에 우리의 마음은 오염원으로 눈이 멀고, 그래서 우리는 감각대상의 진정한 성품을 볼 수 없다. 그리하여 우리는 생물과 무생물이 실제로 존재한다고 보고, 그것들이 영원하고, 즐겁고, 사람과 사물이며, 아름답고, 바람직하다고 여긴다.

즐거운 감각대상이 감각기관인 눈, 귀, 코, 혀, 몸과 접촉할 때 즐거운 느낌이 일어난다. 우리는 희열과 행복으로 이 느낌을 즐긴다. 심지어 우리는 감각적 즐거움을 느끼는 것이 삶의 진정한 행복이라고 생각한다. 그리하여 가능한 한 많은 돈을 벌고 감각적 즐거움을 가능한 한 많이 즐기기 위해서 평생 동안 열심히 일한다.

그러나 우리는 감각적 즐거움이 잠깐 동안 존재하며 일시적이라는 것을 알지 못한다. 그것은 일어난 후에 곧 사라지고, 더 많은 즐거움을 얻기 위한 갈구와 목마름과 갈망을 남긴다. 그래서 감각적 즐거움은 붓다가 '조건의 변화에 기인하는 괴로움(Viparināma dukkha)'이라고 명명한 괴로움의 형태다.

셰익스피어의 희곡에 나오는 로미오와 줄리엣은 사랑에 빠졌을 때 매우 행복했고 '사랑은 너무 멋진 것'이라고 생각했다. 그러나 부모에 의해 헤어지게 되었을 때 그들은 너무 불행해져서 자살했다. 상심한 많은 연인들이 자살한다. 주가가 떨어져 하룻밤 사이에 수백만 달러를 잃고 탐욕의 마음으로 잃어버린 돈에 집착하고 있기 때문에, 많은 백만장자들도 경제 불황기에 자살한다.

실제로 감각적 즐거움을 갈망하는 것은 내가 아니라 탐욕이다. 탐욕이라는 욕망이나 갈애가 만족되면 우리는 자신이 원하는 것을 얻었다는 환상에 빠져 행복을 느낀다. 그러나 탐욕은 갈애라는 특성을 결코 포기하지 않는다. 많은 것을 얻을수록 더 많이 갈망한다. 만족되지 않는 욕망은 괴로움이기에 우리는 결코 진정 행복할 수 없다.

더욱이 우리는 가장 뜨거운 불이고 오염원이며 세상 모든 괴로움의 주된 원인이 되는 탐욕과 미혹에 뿌리박은 해로운 마음으로 감각적 즐거움을 즐긴다. 그것이 감각적 즐거움에 대한 환영의 세계와 즐김을 만들어낸다.

실제로 모든 살아 있는 존재는 마음, 마음부수, 물질로 구성되어 있다. 무생물은 물질로만 구성되어 있다. 이 모든 궁극적 실재는 형태가 없고 모양이 없으며 매우 빠르게 끊임없이 일어나서 소멸한다. 그리하여 그것들은 실제로 무상하다.

무상한 것은 '불만족스러운' 것이고 정신(마음과 마음부수)과 물질의 소멸에 의해 끊임없이 괴롭힘을 당하는 것은 실제로 '괴로움(dukkha)'에 해당한다.

더욱이 정신·물질은 형태와 모양이 없고 아주 빠르게 끊임없이 일어나서 소멸하기 때문에, 어떤 '사람', 어떤 '자기', 어떤 '영혼', 어떤 '에고', 어떤 '영혼의 생명(jīva)', 어떤 '자아(atta)', 어떤 '창조자', 어떤 영원한 실체도 실제로 존재하지 않는다. 이 현상은 '무아'라고 불린다.

더욱이 모든 생물과 무생물은 실제로 궁극적인 의미에서는 존재하지 않기 때문에 아름답지도 바람직하지도 않다. 만약 우리가 미스 유니버스와 같이 아름다운 여인을 머리털, 몸털, 손발톱, 이빨, 피부, 살, 피, 뼈, 심장, 간, 폐, 창자, 고름, 오줌 등으로 나누고 각각의 부분을 주의 깊게 조사한다면, 우리는 어떤 부분도 아름답다고 하지 않을 것이고 모든 부분들이 혐오스럽고 역겨운 것이라고 알게 될 것이다.

"아름다움은 피부 두께만큼."이라는 속담은 옳다. 만약 미스 유니버스의 피부를 벗겨낸다면, 그것은 단지 얼마 안 되는 피로 물든 완전히 역겨운 것에 불과해진다. 어떤 신사도 그것을 받아들이는 것을 좋아하지 않을 것이다. 나머지 몸도 정육점에 있는 피부가 벗겨진 양의 시체처럼 역겨울 것이다.

그리하여 모든 생물과 무생물은 무상(anicca, 無常), 괴로움(dukkha, 苦), 무아(anatta, 無我), 부정(asubha, 不淨)의 특성을 가지고 있다.

이것이 우리가 살고 있는 '실제 세계'의 진정한 성품이다. 우리의 마음이 순수하고 오염원이 없으면, 우리는 이와 같은 실제 세계를 볼 수 있다. 이것이 붓다가 제자들에게 법을 있는 그대로 보기 위해 바른 삼매를 계발하라고 권고했던 이유이다. 「대념처경」(Mahāsatipṭṭhāna Sutta)에 언급되어 있는 바와 같이, 바른 삼매는 '들숨날숨에 대한 마음챙김(Ānāpānassati)' 명상을 함으로써 계발될 수 있는 색계 선정(rūpāvacara jhāna)과 관련된 삼매이다.

실제 세계에는 갈망하거나 집착할 생물도 감각대상도 아름다운 형상도 없다. 단지 원인과 결과라는 보편적인 법칙 아래서 매우 빠르게 일어나서 사라지는 형태가 없는 궁극적 실재만이 존재한다.

만약 우리가 어떤 것에도 집착하지 않으면, 우리는 슬픔과 걱정과 두려움과 감각적 욕망에서 자유로워진다. 그리하여 우리는 매우 행복하게 살 수 있다.

> 갈애로부터 슬픔이 생기고,
> 갈애로부터 두려움이 생긴다.
> 갈애로부터 완전히 벗어난 이에게는
> 슬픔이 없고 두려움은 더욱 없다.
>
> – 『담마빠다』 게송 216

그러나 우리가 무명에 의해 눈이 먼 상태이기에, 우리의 세계관은 전도되어 있다. 우리는 우리 주변에 있는 감각대상을 영원하고(nicca), 행복하며(sukha), 자아이고(atta), 아름답다(subha)고 본다.

그리하여 우리는 그 감각대상들을 갈망하고 그에 집착한다. 그러나 갈애와 집착으로부터 슬픔, 걱정, 두려움, 절망이 생긴다. 그럼에

도 불구하고 우리는 감각적 즐거움을 향유하면서 환영적인 세상에서 살아간다. 우리가 해로운 마음으로 감각적 즐거움을 즐기고 탐욕, 성냄, 미혹이라는 가장 나쁜 세속적인 불에 의해 타고 있기 때문에, 우리는 감각적인 즐거움이 천하고 저열하다는 것을 모른다. 그것은 불속으로 뛰어드는 나방과 비슷하다. 우리는 죽은 후에 악처에 태어날 것이다.

만약 우리가 현명한 숙고(yoniso manasikāra)를 할 수 있다면, 유익한 마음이 일어날 것이고, 우리의 행위와 언어는 나무랄 것이 없게 될 것이다. 그리하여 우리는 긴장과 압박 없이 행복하게 살 수 있게 된다. 현명한 숙고를 하기 위해서는 무상·고·무아·부정(不淨)의 관점으로 감각대상의 진정한 성품이 분명하게 이해되어야 하고 종종 숙고되어야 한다.

가장 저명한 위대한 정신적 스승인 칸 띠 사야도는 다음과 같이 조언하였다.

> "단지 관습적 실재나 개념을 보고 아는 것은 우리에게 그릇된 견해와 그릇된 지혜를 준다.
>
> 궁극적 실재를 보고 아는 것은 우리에게 바른 견해와 바른 지혜를 준다.
>
> 개념은 실제로 존재하는 것이 아니고, 단지 궁극적 실재만이 실제로 존재한다.
>
> 개념의 견지에서 보통의 어휘를 사용하여 말하라. 그러나 궁극적 실재의 관점에서 알도록 하라."

3. 궁극적 분석의 목적

사물을 있는 그대로 보는 것은 철학자와 과학자를 포함하여 진리를 사랑하는 모든 이들이 품고 있는 목표이다. 우리가 사물의 진정한 모습을 볼 수 없을 때, 우리는 사물의 왜곡된 모습을 보게 되고 그 사물에 대해 그릇된 견해를 유지하게 된다.

수 겁 동안 사람들을 괴롭혔던 하나의 기본적인 그릇된 견해는 몸과 마음의 결합을 '개인', '나', 또는 '자아'로 해석하는 유신견(sakkāyadiṭṭhi)이다.

유신견 때문에 모든 사람이 대단히 중요한 사람이 되기를 원하고, '나'의 이익을 위해 재산을 축적하길 원하며, 이기적인 방식으로 행동한다. 사실 모든 종류의 문제와 고통은 이와 같은 그릇된 견해에서 생긴다.

다른 사람을 남자, 여자, 개인 등으로 보는 것 또한 유신견이다. 유신견은 오늘날 세계에서 무수한 다른 그릇된 견해들을 일으킨다.

유신견이 두려운 이유는 그것이 나쁜 업(kamma)과 결합하여 사람을 악처로 계속 내던지기 때문이다. 붓다의 가르침에 따르면, 유신견을 제거하는 것이 가장 중요하고 가장 긴급하다. 그것은 머리에 불이 붙었을 때 머리에 붙은 불을 끄는 것만큼 긴급하고, 가슴에 창이 박혔을 때 그 창을 제거하고 가슴에 난 상처를 치료하는 것만큼 긴급하다.

아비담마 공부는 '나' 또는 '자아'가 존재하지 않고, 실제로 존재하는 것은 매우 빠르게 일어나서 사라지는 마음과 마음부수와 물질이라는 바른 견해를 제공한다. 정신적인 상태를 이해하는 것은 자신의 기질을 제어하고 해로운 정신적 상태를 피하는 데 도움을 주어 정신적인 긴장을 줄여주고 많은 정신적인 질병을 치료한다.

자신의 행위와 말과 생각을 지시하는 의도(cetanā)가 재생을 일으키고 존재들의 운명을 형성하는 업을 일으킨다는 것을 이해할 때, 해로운 의도를 피하기 위해 유의하는 마음챙김을 하게 된다.

더욱이 아비담마에서 기술된 인과관계를 이해하게 될 때, 모든 그릇된 견해를 버리고 세상의 일에 대한 바른 이해를 견지하게 된다.

자신을 모든 괴로움으로부터 자유롭게 하기 위해 성스러운 팔정도를 따르기로 결정할 때, 바른 견해로부터 시작하여 계(sīla, 戒), 정(samādhi, 定), 혜(paññā, 慧)를 단계적으로 계발한다. 그렇게 할 때 고요명상과 통찰명상을 수행해야 하고, 아비담마에서 설명된 모든 현상들이 실제로 어떻게 일어나는지를 관찰하려고 노력해야 한다.

그러므로 아비담마의 궁극적 분석은 독서의 즐거움을 위해서도 아니고 지식만을 얻기 위함도 아니다. 그것은 도의 지혜와 과의 지혜에 이르는 열반이라는 영원한 평화와 유일무이한 지복에 이르는 통찰지를 얻기 위해 집중된 마음의 눈으로 면밀히 검토되어야 한다.

제1장
마음

'마음(citta)'은 '의식', 즉 감각대상을 의식하거나 아는 것으로 정의된다.

마음은 4가지 세상(bhūmi) 혹은 세계(avacara)에 따라 4가지 부류로 나뉠 수 있다.

① 욕계 세상(kāmāvacara-loka)에서 주로 경험되는 마음: 욕계 마음(kāmāvacara citta)

② 색계 세상(rūpāvacara-loka)에서 주로 경험되는 마음: 색계 마음(rūpāvacara-citta)

③ 무색계 세상(arūpāvacara-loka)에서 주로 경험되는 마음: 무색계 마음(arūpāvacara-citta)

④ 출세간의 수준에서 경험되는 마음: 출세간 마음(lokuttara-citta)

위에서 언급한 4가지 부류의 마음은 간단하게 욕계 마음(kāma citta), 색계 마음(rūpa citta), 무색계 마음(arūpa citta), 출세간 마음(lokuttara citta)으로 불릴 수 있다.

욕계 마음은 욕계에서뿐만 아니라 다른 세계에서도 경험된다. 색계 마음과 무색계 마음도 마찬가지다.

욕계는 4가지 악처, 인간계, 6가지 천신의 세계를 일컫는다. 이 모든 세계에서의 존재들은 감각적 욕망을 누린다.

색계는 형상이나 몸을 갖고 있는 범천(brahma)인 색계 범천(rūpa-brahma)이 거주하는 16가지 세계를 일컫는다.

무색계는 형상이나 몸을 갖고 있지 않은 범천인 무색계 범천(arūpa-brahma)이 거주하는 4가지 세계를 일컫는다.

범천이 천신보다 더 강력하다. 범천은 천신보다 더 훌륭한 평화와 더 긴 수명을 누린다.

1. 욕계 마음(Kāmāvacara Citta)

욕계 마음에는 3가지 종류로 나뉠 수 있는 54가지 마음이 있다.

① 해로운 마음(akusala citta) 12가지

② 원인 없는 마음(ahetuka citta) 18가지

③ 욕계 아름다운 마음(kāma-sobhaṇa citta) 24가지

욕계 마음의 전체 수는 54(12+18+24)가지다. 아래에서 욕계 마음의 이름을 말하고 설명할 것이다.

독자나 학습자는 이 책에서 언급된 빠알리어 이름에 익숙해지는 게 좋다. 빠알리어 이름은 짧고 정확하다. 빠알리어 이름은 다른 불교 서적이나 논문의 번역물이나 글을 이해하는 데도 도움을 줄 것이다.

1.1. 해로운 마음(Akusala citta)

'아꾸살라(akusala)'는 '해로운(부도덕한)'을 의미한다. 사람들은 보통 해로운 마음으로 못되고 사악한 행위를 저지른다. 그리하여 해로운 마

음은 나쁜 과보를 가져온다. 어떤 행위가 어떤 살아 있는 존재에게 해를 끼치고 자신과 남에게 나쁜 과보를 가져오면 해로운 것이다.

12가지 해로운 마음은 3종류로 세분될 수 있다.

① 탐욕에 뿌리박은 마음(lobha-mūla citta) 8가지

② 성냄에 뿌리박은 마음(dosa-mūla citta) 2가지

③ 미혹에 뿌리박은 마음(moha-mūla citta) 2가지

1.1.1. 탐욕에 뿌리박은 마음 (Lobha-mūla citta)

탐욕에 뿌리박은 마음 8가지의 이름을 쉽게 기억할 수 있도록 다음 기호를 부여한다.

diṭṭhi-sam	diṭṭhi-vi	diṭṭhi-sam	diṭṭhi-vi
+ +	+ +	- -	- -
a sa	a sa	a sa	a sa

'+' 표시는 '기쁨이 함께한(somanassa-sahagataṁ)'을 의미한다.

'-' 표시는 '평온이 함께한(upekkhā-sahagataṁ)'을 의미한다.

① 기쁨이 함께한, 사견과 결합한, 자극받지 않은 마음
(Somanassa-sahagataṁ diṭṭhigata-sampayuttaṁ asaṅkhārikam ekaṁ)

② 기쁨이 함께한, 사견과 결합한, 자극받은 마음
(Somanassa-sahagataṁ diṭṭhigata-sampayuttaṁ sasaṅkhārikam ekaṁ)

③ 기쁨이 함께한, 사견과 결합하지 않은, 자극받지 않은 마음

(Somanassa-sahagataṁ diṭṭhigata-vippayuttaṁ asaṅkhārikam ekaṁ)

④ 기쁨이 함께한, 사견과 결합하지 않은, 자극받은 마음

(Somanassa-sahagataṁ diṭṭhigata-vippayuttaṁ sasaṅkhārikam ekaṁ)

⑤ 평온이 함께한, 사견과 결합한, 자극받지 않은 마음

(Upekkhā-sahagataṁ diṭṭhigata-sampayuttaṁ asaṅkhārikam ekaṁ)

⑥ 평온이 함께한, 사견과 결합한, 자극받은 마음

(Upekkhā-sahagataṁ diṭṭhigata-sampayuttaṁ sasaṅkhārikam ekaṁ)

⑦ 평온이 함께한, 사견과 결합하지 않은, 자극받지 않은 마음

(Upekkhā-sahagataṁ diṭṭhigata-vippayuttaṁ asaṅkhārikam ekaṁ)

⑧ 평온이 함께한, 사견과 결합하지 않은, 자극받은 마음

(Upekkhā-sahagataṁ diṭṭhigata-vippayuttaṁ sasaṅkhārikam ekaṁ)

* somanassa : 즐거운 정신적인 느낌, 기쁨
* sahagataṁ : 함께하는, 동반하는
* diṭṭhi : 업과 업의 결과가 존재하지 않는다고 하는 그릇된 견해
* sampayuttaṁ : 결합한, 연결된
* vippayuttaṁ : 결합하지 않은
* asaṅkhārikam : 자발적인, 자극받지 않은, 자발적으로 능동적인
* sasaṅkhārikam : 자기 자신이나 다른 이들에 의해 자극받은, 자발적으로 행동하지 않는
* upekkhā : 무관심이나 중립적인 느낌
* ekaṁ : 하나의 마음

아침에 일어나는 시간부터 밤에 잠드는 시간까지 우리는 항상 5가지 감각(형색, 소리, 냄새, 맛, 감촉)과 접촉하고 우리 자신의 생각과도 접촉한다. 만약 그 감각이나 생각이 좋으면, 우리는 그것을 원하게 되고, 그것에 집착하는 느낌을 갖게 되고, 그것을 좀 더 많이 즐기기를 원한다. 이때 탐욕(집착, 욕망)이 우리의 마음에 일어나고 탐욕에 뿌리박은 마음이 뒤따르게 될 것이다.

만약 우리가 그때 또한 기뻐하고 즐거워하면, 탐욕에 뿌리박은 마음은 기쁨이 함께한(somanassa-sahagataṁ) 것이 될 것이다. 만약 우리가 그때 무관심하면, 그 마음은 평온이 함께한(upekkhā-sahagataṁ) 것이 될 것이다. 만약 탐욕에 뿌리박은 마음이 일어나고 있고 우리가 그것들이 나쁜 과보를 가져올 것이라는 사실을 알지 못하면, 그때에는 우리의 탐욕에 뿌리박은 마음은 사견과 결합한(diṭṭhigata-sampayuttaṁ) 것이 될 것이다. 반면에 해로운 마음이 일어나고 있고 그것들이 나쁜 과보를 가져올 것임을 알게 되면, 그때 탐욕에 뿌리박은 마음은 사견과 결합하지 않은(diṭṭhigata-vippayuttaṁ) 것이 될 것이다.

더 나아가 만약 우리가 자신이나 다른 사람들에 의해 자극받지 않고 감각대상을 갈망하면, 그때 우리의 탐욕에 뿌리박은 마음은 자극받지 않은(asaṅkhārikam) 것이 될 것이다. 만약 우리가 어떤 사람에게 자극받은 후에 감각대상을 갈망하면, 그 탐욕에 뿌리박은 마음은 자극받은(sasaṅkhārikam) 것이 될 것이다. 자극받지 않은 마음이 자극받은 마음보다 더 강력하고 자발적으로 일어난다.

연습 1 업과 업의 결과를 생각하지 않고 즐거운 노래를 흥겹게 듣고 있는 사람에게 일어나고 있는 마음의 이름은 무엇인가?

답 기쁨이 함께한, 사견과 결합한, 자극받지 않은, 탐욕에 뿌리박은 마음

연습 2 어떤 사람이 업과 업의 나쁜 결과에 대해서 알고 있기 때문에 자신을 많이 설득한 후에 핸드백을 훔치고 있다. 그의 마음은 무엇인가?

답 평온이 함께한, 사견과 결합하지 않은, 자극받은, 탐욕에 뿌리박은 마음

8가지 유형의 탐욕에 뿌리박은 마음을 예를 들어 설명하면 다음과 같다.

- **유형** ①: 어떤 사람이 업에 전혀 주의를 기울이지 않고 즐겁게 음식과 음료들을 즐기고 있다.
- **유형** ②: 어떤 사람이 업에 전혀 주의를 기울이지 않고 그의 친구에게 설득을 받은 후에 영화를 즐겁게 본다.
- **유형** ③: 한 여자가 유쾌하게 새 옷을 입지만 그 옷에 대한 집착이 해로운 마음을 일으킨다는 것을 알고 있다.
- **유형** ④: 한 소녀가 업과 업의 결과를 알고 있지만 친구들의 요청에 순응하여 현대적인 음악을 즐겁게 듣는다.
- **유형** ⑤: 한 소년이 약간의 집착을 가지고 있지만 기쁨이 없이 업에 대한 지혜도 없이 소박한 밥을 소금과 함께 먹는다.
- **유형** ⑥: 한 소녀가 그녀의 새 옷이 아름답다는 설명을 어머니가 한 후에 그 옷에 대한 진가를 인정하지만 중립적인 느낌을 갖고 있고 업에

대한 지혜를 갖고 있지 않다.

- **유형** ⑦: 당신은 업에 대해 생각하면서 평온한 느낌을 가지고 커피를 마시지만, 여전히 그 맛을 감상하고 있다.
- **유형** ⑧: 한 여자가 업에 대한 지혜를 가지고 있지만 한 여성 판매원에게서 많은 설득을 받은 후에 마지못해 새 옷을 산다.

1.1.2. 성냄에 뿌리박은 마음 (Dosa-mūla citta)

성냄에 뿌리박은 마음에는 오직 2가지 유형만이 있다.
성냄에 뿌리박은 마음의 기호와 이름은 다음과 같다.

paṭigha-sam	
*	*
a	sa

'*' 표시는 '불만족이 함께한(domanassa-sahagataṁ)'을 의미한다.

① 불만족이 함께한, 적의와 결합한, 자극받지 않은 마음
(Domanassa-sahagataṁ paṭigha-sampayuttaṁ asaṅkhārikam ekaṁ)

② 불만족이 함께한, 적의와 결합한, 자극받은 마음
(Domanassa-sahagataṁ paṭigha-sampayuttaṁ sasaṅkhārikam ekaṁ)

* domanassa : 고통스런 정신적인 느낌, 불만족
* paṭigha, dosa : 증오, 성냄, 악의

화가 나거나 불만족스럽거나 슬프거나 우울한 느낌이 들 때마다, 성냄에 뿌리박은 마음이 일어날 것이다. 그리고 그것이 일어날 때마다, 그것은 악의와 정신적으로 고통스러운 느낌과 결합한다. 만약 그것이 어떤 사람에 의해서도 자극받지 않고 자연스럽게 일어나면, 그것은 자극받지 않은 것이다. 만약 그것이 자기 자신이나 다른 이들에게서 자극을 받은 후에 천천히 일어난다면, 그것은 자극받은 것이다.

연습 1 지금 어떤 어머니가 딸에 대해 걱정하고 있다. 어떤 마음이 어머니에게 일어나고 있는가?

답 불만족이 함께한, 적의와 결합한, 자극받지 않은, 성냄에 뿌리박은 마음

연습 2 한 아버지가 아들에게 그 아들이 사기당했다고 말했다. 어떤 부류의 마음을 아들은 갖게 될 것인가?

답 불만족이 함께한, 적의와 결합한, 자극받은, 성냄에 뿌리박은 마음

1.1.3. 미혹에 뿌리박은 마음 (Moha-mūla citta)

어리석음 혹은 미혹(moha)에 뿌리박은 마음에는 2가지 유형이 있다. 미혹에 뿌리박은 마음의 기호와 이름은 다음과 같다.

vici-sam	uddhac-sam
–	–

① 평온이 함께한, 의심과 결합한 마음

(Upekkhā-sahagataṁ vicikicchā-sampayuttaṁ ekaṁ)

② 평온이 함께한, 들뜸과 결합한 마음

(Upekkhā-sahagataṁ uddhacca-sampayuttaṁ ekaṁ)

* vicikicchā : 불·법·승·수행에 대한 회의적인 의심
* uddhacca : 동요, 들뜸

이 2가지 마음이 동등한 힘을 가지고 있어서 어느 하나가 다른 하나보다 더 자발적이지 않기 때문에 미혹에 뿌리박은 마음은 자극받지 않은 것과 자극받은 것에 의해서 구별되지 않는다.

연습 1 업과 업의 결과에 대해 의심하고 있는 사람은 다음과 같은 이름의 미혹에 뿌리박은 마음을 갖게 될 것이다.

답 평온이 함께한, 의심과 결합한, 미혹에 뿌리박은 마음

연습 2 어떤 사람이 강의를 듣고 있지만, 마음이 들떠 있기 때문에 한 마디도 이해할 수 없다. 그 사람의 마음은 무엇인가?

답 평온이 함께한, 들뜸과 결합한, 미혹에 뿌리박은 마음

1.1.4. 하루에 조사하기

비록 해로운 마음의 수가 단지 12가지 유형에 불과하지만, 해로운 마음은 매일의 삶에서 사람에게 유익한 마음보다 훨씬 더 빈번하게 일어난다. 그 이유는 마음이 대부분의 시간 동안에 탐욕·성냄·미혹의 지배 아래 있기 때문이다. 이 3가지 해로운 마음부수를 해로운 원인이라고 한다.

미혹과 탐욕 때문에 우리는 항상 즐기기를 원하고, 즐기고 있는 동안에 탐욕에 뿌리박은 마음이 초당 수십억 번의 속도로 일어나고 있는 것이다. 우리가 즐겁게 옷을 입고 있을 때, 음식과 음료를 즐기고 있을 때, 음악을 듣고 TV를 보고 있을 때, 소설을 읽고 있을 때, 소득과 재산에 대해 생각하고 있을 때, 탐욕에 뿌리박은 마음들이 수십억 번씩 일어나고 있다.

마주치는 장면이나 감각에 만족하지 않을 때, 다시 성냄에 뿌리박은 마음이 수십억 번씩 일어날 것이다. 때때로 그 감각이 매력적인 것이 아닐 때, 우리는 무관심하고 마음이 산란한 느낌을 갖게 된다.

그리하여 하루 동안에 일어나는 유익한 마음과 해로운 마음을 조사하면, 해로운 마음의 수가 유익한 마음의 수보다 수백 배 더 많게 될 것이다. 해로운 마음이 불리한 과보와 불행한 운명이나 재생을 가져올 불건전한 업의 씨앗들을 남기기 때문에, 그런 마음이 자유롭게 진행되도록 허용하는 것은 현명하지 못하다.

유익한 마음과 해로운 마음을 구별할 수 있을 때, 우리 자신에게 이익을 가져오는 방향으로 유익한 마음과 해로운 마음을 통제할 수 있다.

1.2. 원인 없는 마음(Ahetuka citta)

원인 없는 마음에는 18가지가 있다. 원인 없는 마음은 다음과 같이 3가지 그룹으로 분류될 수 있다.

① 해로운 과보의 마음(akusala-vipāka citta) 7가지 : 과거의 해로운 업의 불가피한 결과로 일어나는 해로운 과보의 마음

② 원인 없는 유익한 과보의 마음(ahetuka kusala vipāka citta) 8가지 : 과거의 유익한 업의 불가피한 결과로 일어나는 원인 없는 유익한 과보의 마음

③ 원인 없는 작용만 하는 마음(ahetuka kiriya citta) 3가지 : 원인 없는 작용만 하는 마음

* vipāka : 업의, 과보의
* kiriya / kriyā : 작용만 하는

과보의 마음(vipāka citta)과 작용만 하는 마음(kiriya citta)은 업의 효력이 없는, 즉 어떠한 업의 결과도 가져오지 않는, 업에서 중립적인 마음이다.

1.2.1. 해로운 과보의 마음(Akusala vipāka citta)

해로운 과보의 마음 7가지는 다음과 같은 기호와 이름을 가진다.

cakkhu		ghāna		kāya		santī
–	–	–	–	∧	–	–
	sota		jivhā		sampa	

'∧' 표시는 '고통이 함께한(dukkha-sahagataṁ)'을 의미한다.

① 평온이 함께한 안식(Upekkhā-sahagataṁ cakkhuviññāṇaṁ)

② 평온이 함께한 이식(Upekkhā-sahagataṁ sotaviññāṇaṁ)

③ 평온이 함께한 비식(Upekkhā-sahagataṁ ghānaviññāṇaṁ)

④ 평온이 함께한 설식(Upekkhā-sahagataṁ jivhāviññāṇaṁ)

⑤ 고통이 함께한 신식(Dukkha-sahagataṁ kāyaviññāṇaṁ)

⑥ 평온이 함께한 받아들이는 마음(Upekkhā-sahagataṁ sampaṭicchana-cittaṁ)

⑦ 평온이 함께한 조사하는 마음(Upekkhā-sahagataṁ santīraṇa-cittaṁ)

위에서 언급된 7가지 마음 가운데 처음 5가지는 오식(pañca-viññāṇa, 五識), 즉 5가지 감각을 의식하는 5가지 마음으로 알려져 있다.

마지막 2가지, 즉 받아들이는 마음(sampaṭichana-citta)과 조사하는 마음(santīraṇa-citta)은 인식과정(대상에 대한 앎)에서의 2가지 연결하는 단계를 나타낸다.

예를 들어 보이는 한 대상이 눈에 나타날 때 일련의 마음이 그 대상을 보기 위해 일어나서 소멸해야 한다. 먼저 오문전향(pañca-dvārāvajjana)이 대상을 향하여 마음의 흐름을 인도한다. 다음에 안식(cakkhu-viññāṇa)이 대상을 보고 그 대상을 다음 마음으로 전달한다.

다음에 받아들이는 마음(sampaṭichana)이 감각대상을 받아들인다. 다음에 조사하는 마음(santīraṇa)이 그 감각대상을 조사한다. 다음에 의문전향(mano-dvārāvajjana)이 감각대상이 좋은지 나쁜지를 결정한다. 이 단계에서 감각대상을 대략적으로 안다.

이와 마찬가지로 어떤 목소리가 고막을 때릴 때, 그 목소리를 들을 수 있기 전에 일련의 마음, 즉 오문전향, 이식(sota-viññāṇa), 받아들이는 마음, 조사하는 마음, 의문전향 등이 일어나서 소멸해야 한다.

그리하여 오문전향 및 의문전향과 함께 받아들이는 마음과 조사하는 마음은 오문(눈, 귀, 코, 혀, 몸)에서 감각을 인식하기 위해 필수적이다.

1.2.2. 원인 없는 유익한 과보의 마음 (Ahetuka Kusala Vipāka Citta)

원인 없는 유익한 마음은 위에서 방금 설명한 해로운 과보의 마음과 기호와 이름이 비슷한 8가지 마음이다.

cakkhu		ghāna		kāya		santī	
-	-	-	-	V	-	-	+
	sota		jivhā		sampa		sanī

'V' 표시는 '즐거움이 함께한(sukha-sahagataṁ)'을 의미한다.

① 평온이 함께한 안식(Upekkhā-sahagataṁ cakkhuviññānaṁ)

② 평온이 함께한 이식(Upekkhā-sahagataṁ sotaviññāṇaṁ)

③ 평온이 함께한 비식(Upekkhā-sahagataṁ ghānaviññāṇaṁ)

④ 평온이 함께한 설식(Upekkhā-sahagataṁ jivhāviññāṇaṁ)

⑤ 즐거움이 함께한 신식(Sukha-sahagataṁ kāyaviññāṇaṁ)

⑥ 평온이 함께한 받아들이는 마음(Upekkhā-sahagataṁ sampaṭicchana-cittaṁ)

⑦ 평온이 함께한 조사하는 마음(Upekkhā-sahagataṁ santīraṇa-cittaṁ)

⑧ 기쁨이 함께한 조사하는 마음(Somanassa-sahagataṁ santīraṇa-cittaṁ)

아비담마에 따르면, 사람은 자기 자신의 과거의 해로운 업(akusala kamma) 때문에 마음에 들지 않는 감각과 접촉하게 되고, 이 경우에 해로운 과보의 마음(akusala vipāka citta)이 인식과정에서 일어나게 된다.

반면에 사람은 자기 자신의 과거의 유익한 업(kusala kamma) 때문에 마음에 드는 감각과 접촉하게 되고, 이 경우에 유익한 과보의 마음(kusala vipāka citta)이 인식과정에서 일어나게 된다.

그리하여 한 쌍의 안식, 한 쌍의 이식, 한 쌍의 비식, 한 쌍의 설식, 한 쌍의 신식이 있게 된다. 이 5가지 쌍은 통틀어 '한 쌍의 전오식(dvipañcaviññāṇa)'이라고 불린다.

물론 2가지 받아들이는 마음과 3가지 조사하는 마음이 있다.

모든 해로운 과보의 마음과 원인 없는 유익한 과보의 마음은 아직 감각대상을 유익하거나 해로운 것으로 알지 못하기 때문에, 비교적 약한 상태여서 중립적인 느낌(평온)과 함께한다. 예외적인 것은 2가지 신식이 괴롭거나 즐거운 느낌과 함께한다는 것이다. 그리고 감각대상이 아주 좋은 것일 때 '기쁨이 함께한 조사하는 마음'이 일어난다.

1.2.3. 원인 없는 작용만 하는 마음 (Ahetuka kiriya citta)

3가지 원인 없는 작용만 하는 마음은 다음과 같은 기호와 이름을 가진다.

pañcadvāra	manodvāra	hasitup
-	-	+

① 평온이 함께한 오문전향의 마음
(Upekkhā-sahagataṁ pañcadvārāvajjana-cittaṁ)

② 평온이 함께한 의문전향의 마음
(Upekkhā-sahagataṁ manodvārāvajjana-cittaṁ)

③ 기쁨이 함께한 미소 짓는 마음
(Somanassa-sahagataṁ hasituppāda-cittaṁ)

인식과정에서 일어나는 위에서 언급된 2가지(1번, 2번) 전향의 마음(āvajjana-citta)의 기능은 앞에서 설명되었다. 만약 감각대상이 5가지 감각의 문 중 하나에 나타나면, 오문전향이 마음을 감각대상으로 인도한다. 오문전향의 마음은 라디오의 파장 선택장치와 비슷하게 작용한다. 우리는 이것으로 감각대상을 차례로 알게 된다.

만약 감각대상이나 생각대상이 마음의 문에 나타나면, 의문전향(mano-dvārāvajjana)이 마음을 감각대상으로 인도한다.

미소 짓는 마음(hasituppāda-citta)은 붓다나 아라한이 미소 지을 때 그들에게만 일어난다. 이 미소 짓는 마음은 즐거운 정신적인 느낌과 함께하는 반면, 2가지 전향의 마음은 중립적인 느낌과 함께한다는 사실에 주목하라.

12가지 해로운 마음과 18가지 원인 없는 마음은 함께 30가지 아름답지 않은 마음(asobhaṇa citta)이라고 불린다. 나머지 마음은 아름다운 마음(sobhaṇa citta)이라고 불린다.

1.3. 욕계 아름다운 마음(Kāma-sobhaṇa Citta)

욕계 아름다운 마음에는 24가지가 있다. 그 마음은 3가지 부류로 나뉜다.

① 욕계 유익한 마음(kāmāvacara kusala citta) 또는 큰 유익한 마음(mahā kusala citta) 8가지

② 욕계 과보의 마음(kāmāvacara vipāka citta) 또는 큰 과보의 마음(mahā vipāka citta) 8가지

③ 욕계 작용만 하는 마음(kāmāvacara kiriya citta) 또는 큰 작용만 하는 마음(mahā kiriya citta) 8가지

여기에서 '큰(mahā)'은 '수가 더 큰'을 의미한다. 큰 유익한 마음은 욕계 유익한 마음으로도 알려져 있다. 8가지 욕계 유익한 마음, 5가지 색계 유익한 마음(rūpāvacara-kusala citta), 4가지 무색계 유익한 마음(arūpāvacara-kusala citta), 4가지 출세간 유익한 마음(lokuttara kusala citta) 가운데 욕계 유익한 마음의 수가 가장 크다〔많다〕. 욕계 과보의 마음으로 알려진 큰 과보의 마음과 욕계 작용만 하는 마음으로 알려진 큰

작용만 하는 마음도 마찬가지다. '아름다운(sobhaṇa)'은 아름다운 마음(sobhaṇa citta)이 좋은 특성을 만들어내고 그것들이 탐욕 없음(alobha, 관대함), 성냄 없음(adosa, 선의), 미혹 없음(amoha, 지혜)과 같은 유익한 원인〔뿌리〕과 연결된다는 것을 암시한다.

큰 유익한 마음은 아라한을 제외하고 범부와 성자가 보시(dāna), 지계(sīla), 수행(bhāvanā)을 할 때 일어난다.

큰 과보의 마음은 과거 생의 큰 유익한 마음의 업의 결과다. 이 마음은 인간과 천신의 현재 생에서 재생연결심(paṭisandhi-citta), 생명연속심(bhavaṅga-citta), 죽음의 마음(cuti-citta)의 기능을 한다.

큰 작용만 하는 마음은 아라한이 공덕이 되는 행위를 할 때 일어난다. 아라한은 어떤 것에도 집착하지 않는다. 아라한은 유익한 행위로부터 어떤 보답도 기대하지 않는다. 그리하여 아라한의 작용만 하는 마음은 작용만 하고 미래 생에서 어떤 업의 과보도 갖지 않는다.

1.3.1. 큰 유익한 마음 (Mahā kusala citta)

8가지 큰 유익한 마음은 8가지 탐욕에 뿌리박은 마음(lobha-mūla citta)의 기호와 이름을 닮은 표시를 가진다.

ñāṇa-sam + + a sa	ñāṇa-vi + + a sa	ñāṇa-sam - - a sa	ñāṇa-vi - - a sa

① 기쁨이 함께한, 지혜와 결합한, 자극받지 않은 마음

(Somanassa-sahagataṁ ñāṇa-sampayuttaṁ asaṅkhārikam ekaṁ)

② 기쁨이 함께한, 지혜와 결합한, 자극받은 마음
(Somanassa-sahagataṁ ñāṇa-sampayuttaṁ sasaṅkhārikam ekaṁ)

③ 기쁨이 함께한, 지혜와 결합하지 않은, 자극받지 않은 마음
(Somanassa-sahagataṁ ñāṇa-vippayuttaṁ asaṅkhārikam ekaṁ)

④ 기쁨이 함께한, 지혜와 결합하지 않은, 자극받은 마음
(Somanassa-sahagataṁ ñāṇa-vippayuttaṁ sasaṅkhārikam ekaṁ)

⑤ 평온이 함께한, 지혜와 결합한, 자극받지 않은 마음
(Upekkhā-sahagataṁ ñāṇa-sampayuttaṁ asaṅkhārikam ekaṁ)

⑥ 평온이 함께한, 지혜와 결합한, 자극받은 마음
(Upekkhā-sahagataṁ ñāṇa-sampayuttaṁ sasaṅkhārikam ekaṁ)

⑦ 평온이 함께한, 지혜와 결합하지 않은, 자극받지 않은 마음
(Upekkhā-sahagataṁ ñāṇa-vippayuttaṁ asaṅkhārikam ekaṁ)

⑧ 평온이 함께한, 지혜와 결합하지 않은, 자극받은 마음
(Upekkhā-sahagataṁ ñāṇa-vippayuttaṁ sasaṅkhārikam ekaṁ)

위에 있는 8가지 마음은 8가지 탐욕에 뿌리박은 마음에서 '사견(diṭṭhi)'을 '지혜(ñāṇa)'로 대체한 것이다. 이 지혜는 기본적으로 업과 업의 과보를 아는 지혜이다.

업의 씨앗을 맺고 업의 과보를 일으키게 될 마음은 오직 2가지다. 그것들은 해로운 마음(akusala citta)과 유익한 마음(kusala citta)이다. 그리하여 만약 우리의 마음을 탐욕(lobha), 성냄(dosa), 미혹(moha)에서 벗어나도록 통제할 수 있다면, 우리는 유익한 마음을 갖게 될 것이다.

보시할 때 우리는 보시에 대해 어떤 집착도 하지 않고(alobha) 보시를 받는 사람의 복지를 원하는 선의(adosa)를 가진다. 더욱이 만약 우리가

보시할 때 업과 업의 과보에 대한 지혜(amoha, 미혹 없음)를 가지고 있다면, 우리는 우리의 마음과 함께하는 3가지 모든 유익한 뿌리를 가지고 있게 된다. 유익한 뿌리들은 항상 아름다운 마음(sobhaṇa citta)을 일으킬 것이다.

연습 1 만약 우리가 어떤 사람에 의해서도 자극받지 않고 보시하고, 또한 우리가 보시할 때 기쁨을 느낀다면, 그 유익한 마음은 다음과 같을 것이다.

답 기쁨이 함께한, 지혜와 결합한, 자극받지 않은, 큰 유익한 마음

연습 2 만약 어린아이가 업과 업의 과보에 대한 지혜 없이 부모에게 자극을 받은 후에 출가 수행승이나 붓다의 상에 기쁘게 예경한다면 그 유익한 마음은 다음과 같을 것이다.

답 기쁨이 함께한, 지혜와 결합하지 않은, 자극받은, 큰 유익한 마음

다음의 예를 통해 8가지 유형의 유익한 마음을 좀 더 분명하게 이해해보자.

- **유형 1** : 한 여자가 업에 대한 지혜를 가지고 즐겁게, 자발적으로 탑에 꽃을 바친다.
- **유형 2** : 한 소녀가 친구에 의해 설득을 받은 후에 즐겁게, 업에 대한 지혜를 가지고 법문을 들으러 간다.
- **유형 3** : 한 소년이 거지에게 기쁘게 자발적으로 얼마간의 돈을 주지만 업에 대한 지혜는 가지고 있지 않다.

- **유형** 4 : 어떤 사람이 교장으로부터 학교에 약간의 돈을 기부하라는 요청을 받은 후에 업과 업의 과보에 대한 지혜 없이 100달러를 기부한다.
- **유형** 5 : 한 소녀가 중립적인 느낌으로 바닥을 청소하지만 그것이 해야 할 유익한 일이라는 것을 알고 있다.
- **유형** 6 : 한 남자가 어떤 출가 수행승에 의해서 자극을 받고 중립적인 느낌으로 나무를 쪼개지만 그것이 공덕이 되는 행위라는 것을 알고 있다.
- **유형** 7 : 한 여자가 담마를 논하는 책을 의미도 모르고, 업과 업의 과보도 모른 채 읽는다.
- **유형** 8 : 한 소녀가 어머니에 의해서 자극을 받고 기쁨 없이 업과 업의 과보에 대해 생각하지도 않고 부모의 옷을 세탁한다.

1.3.2. 큰 과보의 마음과 큰 작용만 하는 마음
(Mahā-Vipāka Citta & Mahā-Kiriya Citta)

8가지 큰 과보의 마음과 8가지 큰 작용만 하는 마음은 8가지 큰 유익한 마음(mahā-kusala citta)과 같은 방법으로 이름 짓는다. 이 세 부류의 마음을 구별하고 싶으면, 다음과 같이 말할 수 있다.

① 기쁨이 함께한, 지혜와 결합한, 자극받지 않은 큰 유익한 마음 (Somanassa-sahagataṁ ñāṇa-sampayuttaṁ asaṅkhārika mahā-kusala citta)

② 기쁨이 함께한, 지혜와 결합한, 자극받지 않은 큰 과보의 마음 (Somanassa-sahagataṁ ñāṇa-sampayuttaṁ asaṅkhārika mahā-vipāka citta)

③ 기쁨이 함께한, 지혜와 결합한, 자극받지 않은 큰 작용만 하는 마음 (Somanassa-sahagataṁ ñāṇa-sampayuttaṁ asaṅkhārika mahā-kiriya citta)

일반적으로 첫 번째 큰 유익한 마음은 첫 번째 큰 과보의 마음에 과보를 주고, 두 번째 큰 유익한 마음은 두 번째 큰 과보의 마음에 과보를 준다. 나머지도 마찬가지다.

아라한의 큰 작용만 하는 마음이 일어나기 위한 조건은 큰 유익한 마음에서 설명한 조건과 동일하다.

1.3.3. 사람에게 있는 보통의 마음

비록 54가지 유형의 욕계 마음(kāmāvacara citta) 모두가 인간계의 사람들에게 일어날 수 있지만, 미소 지은 마음(hasituppāda citta)과 8가지 큰 작용만 하는 마음(mahā-kiriya citta)은 오직 아라한에게만 일어날 수 있다.

어떤 사람이 더 나아가 고요명상(samatha-bhāvanā)을 하여 선정을 얻을 수 있다면 5가지 색계 유익한 마음인 색계 선정(rūpa-jhāna)과 4가지 무색계 유익한 마음인 무색계 선정(arūpa-jhāna)을 얻을 수 있다.

2. 색계 마음(Rūpāvacara Citta)

욕계 아름다운 마음(kāmāvacara-sobhaṇa citta)들이 동등하게 유익한(kusala), 과보의(vipāka), 작용만 하는(kiriya) 마음으로 나뉘는 것과 같은 방법으로 3가지 부류로 나뉘는 15가지 색계 마음이 있다.

① 색계 유익한 마음(rūpāvacara kusala citta) 5가지 : 색계 선정(rūpa-jhāna)의 유익한 마음

② 색계 과보의 마음(rūpāvacara vipāka citta) 5가지 : 색계 선정의 과보의 마음

③ 색계 작용만 하는 마음(rūpāvacara kiriya citta) 5가지 : 색계 선정의 작용만 하는 마음

재생연결심이 지혜와 결합하고 아직 아라한이 아닌 사람은 까시나(kasiṇa) 또는 호흡 등을 대상으로 하는 고요명상을 수행함으로써 연속해서 5가지 색계의 유익한 마음을 계발할 수 있다.

색계 과보의 마음은 색계 유익한 마음의 업의 과보이다. 그 마음은 색계 범천(rūpa-brahma)의 재생연결심이다. 첫 번째 색계 유익한 마음을 얻고 그것을 죽을 때까지 유지할 수 있는 사람은 그의 재생연결심, 생명연속심, 죽음의 마음으로 색계 과보의 마음을 가지고 첫 번째 색계 선정의 영역에 재생한다.

아라한은 고요명상을 함으로써 연속해서 색계 작용만 하는 마음을 계발할 수 있다. 작용만 하는 마음(kiriya citta)이 아라한에게는 유익한 마음(kusala citta)을 대신하여 일어난다는 것에 주목하라.

이런 이유로 색계 유익한 마음과 색계 작용만 하는 마음은 색계에서뿐만 아니라 욕계에서도 경험되는 반면, 색계 과보의 마음은 오직 색계에서만 경험된다.

2.1. 선정(Jhāna)이란 무엇인가?

선정은 마음이 수 시간 동안 명상의 닮은 표상에 집중되어 있을 때의 정신적인 몰입이다. 그것은 선정의 요소(jhānaṅga)들이 결합된 것이다. 이 요소는 수가 모두 5가지이다. 선정의 요소들은 다음과 같다.

① 일으킨 생각(vitakka) : 마음을 감각대상에 적용하는 것

② 지속적 고찰(vicāra) : 대상을 계속해서 조사하는 것

③ 희열(pīti) : 대상에 대한 즐거운 관심

④ 느낌(vedanā) 2가지
- 행복(sukha) : 즐거운 느낌, 지복
- 평정(upekkhā) : 중립적 느낌

⑤ 집중(ekaggatā) : 심일경성, 삼매(samādhi)

일으킨 생각, 지속적 고찰, 희열, 행복 또는 평정, 집중은 마음을 대상에 계속 고정시킬 수 있는 마음부수(cetasika)들이다. 이 요소들은 고요 명상에 의해서 계발되고 강화될 수 있다.

우리의 마음은 보통 평온하지도 않고 고요하지도 않다. 우리의 마음은 5가지 장애(nīvaraṇa)인 감각적 욕망(kāmacchanda), 악의(vyāpāda), 해태와 혼침(thina-middha), 들뜸과 후회(uddhacca-kukkucca), 회의적 의심(vicikicchā)에 의해 끊임없이 동요한다.

감각적 욕망은 마음에 영향을 주어 마음이 전에 즐겼던 감각적 대상들의 주변을 방황하도록 한다. 악의는 고통스런 느낌이나 마음에 들지 않는 대상을 인식하여 마음을 동요시킨다. 해태와 혼침, 들뜸과 후회,

회의적 의심은 정신의 눈을 멀게 하고 삼매를 방해한다.

붓다는 감각적 욕망을 많은 색이 섞인 물, 악의를 끓고 있는 물, 해태와 혼침을 이끼로 덮인 물, 들뜸과 후회를 바람에 의해 휘저어진 물, 회의적 의심을 탁하고 진흙투성이 물에 비유했다. 그런 물에서는 자기 자신의 모습을 인지할 수 없듯이, 이 5가지 장애 속에서는 자기 자신의 이익이나, 다른 사람들의 이익이나, 둘 다의 이익을 분명하게 볼 수 없다.

이러한 장애들은 고요명상에 의해 극복되고 일시적으로 떨쳐버릴 수 있다. 우리는 명상대상으로 흙 원반을 선택할 수 있다. 흙 원반은 캔버스 천이나 매트 위에 흙을 발라 만들 수 있다. 이 캔버스 천을 땅 위에 놓고 그 흙 원반을 바라본다.

30센티미터쯤 높이의 의자에 편안히 앉아서 흙 원반에서 1미터 남짓 떨어져, 마음으로 '흙, 흙'이라고 하면서 흙 원반에 집중한다. 선정의 요소들과 함께하는 유익한 마음이 매초 수십억 개씩 일어난다.

이제 5가지 선정의 요소가 천천히 계발되고 있다. 일으킨 생각은 마음을 흙 원반에 적용시키고, 일시적으로 해태와 혼침이 일어나지 못하도록 억제한다. 지속적 고찰은 반복해서 대상을 조사함으로써 마음을 흙 원반에 유지시키고, 일시적으로 회의적인 의심이 일어나지 못하도록 억제한다.

희열은 기쁨이나 대상에 대한 즐거운 관심을 계발하고, 일시적으로 악의를 억제한다. 희열은 또한 행복의 선구자이다. 행복은 지복에 의해 마음이 대상에 더 오랫동안 머물도록 유지시키고, 일시적으로 들뜸과 후회를 몰아낸다.

집중은 집중 상태에 이르도록 마음과 마음부수를 대상에 결속시키고, 일시적으로 감각적 욕망이 일어나지 않도록 억제한다.

그러한 장애들이 일시적으로 가라앉을 때, 마음은 이전처럼 빈번히 대상으로부터 방황하지 않고 약한 정도의 삼매를 얻게 된다. 이 단계에서는 눈을 뜨고 보았던 것처럼 눈을 감고도 흙 원반을 볼 수 있다. 이렇게 영상화된 이미지는 익힌 표상 혹은 습득된 표상(uggaha-nimitta)이라고 불린다.

이제 눈을 감고 이전처럼 마음으로 '흙, 흙'이라고 하면서 익힌 표상에 집중한다. 수행자가 근접삼매에 도달하면, 표상은 갑자기 그것의 색과 모습을 바꾼다. 그것은 몇 배 더 선명해지고 거울의 표면처럼 매끈해진다. 이 변화는 거친 가죽 케이스에서 거울을 꺼내는 것과 비슷하다. 새 표상은 닮은 표상(paṭibhāga-nimitta)으로 알려져 있다.

두 표상의 차이점은 매우 분명하다. 익힌 표상은 원래 대상의 정확한 정신적 복제물이다. 그것은 원래의 대상에 존재했던 모든 결함을 포함하고 있다. 닮은 표상에는 어떤 결함도 없다. 그것은 매우 밝고 매끈하다. 후자는 뚜렷한 형태나 색깔을 가지고 있지 않다. "그것은 단지 모습의 한 양상이고, 인식에서 생겨난다."

닮은 표상이 일어나자마자, 삼매는 근접삼매(upacāra-samādhi)로 알려진 상태에 이른다. 이 단계에서는 5가지 선정의 요소가 뚜렷하고 강해진다. 희열과 행복이 너무 지배적이어서 명상 수행자는 전에 경험한 적이 없는 환희와 지복을 경험한다.

이제 그 수행자는 의지를 사용하여 닮은 표상을 모든 방향으로 끝없이 퍼지도록 하고, 이전처럼 '흙, 흙'이라고 하면서 명상한다. 마음이 한 시간, 두 시간 혹은 더 많은 시간 동안 확대된 닮은 표상에 계속 몰입하면, 수행자는 첫 번째 색계 선정(rūpāvacara jhāna)을 얻는다. 다음에 수행자는 닮은 표상을 명상하여 반복해서 선정을 계발할 수 있다. 수행자가 명상이 잘되면 몰입〔본삼매〕에 한 시간, 두 시간, 하루, 이틀, 혹은 이레까지 머물 수 있다. 이런 몰입〔본삼매〕 동안에는 5가지 감각 활동과 5가지 장애의 완전하고 철저한 일시적인 중지가 있게 된다. 그러나 그런 마음의 상태는 완전히 깨어 있고 밝다.

감각적인 즐거움보다 더 큰 환희로운 지복을 즐기고 싶은 사람들은 고요명상을 시작해야 한다. 국제파욱숲속명상센터와 같은 명상센터들이 미얀마에 있다. 그곳에서 삼매를 선정 수준까지 계발하기 위한 적절하고 체계적인 지도를 받을 수 있다.

초선정에서는 5가지 모든 선정의 요소가 존재한다. 그다음에 흙 까시나의 닮은 표상을 더욱 명상하고 하나씩 선정의 요소들을 제거함으로써 더 높은 선정들을 얻을 수 있다. 일으킨 생각이 제거될 때 이선정을 얻고, 지속적 고찰이 제거될 때 삼선정을 얻고, 희열이 제거될 때 사선정을 얻고, 마지막으로 행복이 평정으로 대체될 때 오선정을 얻는다.

2.2. 색계 유익한 마음(Rūpāvacara Kusala Citta)

5가지 색계 유익한 마음은 다음과 같은 기호와 이름으로 표시된다.

tak	cā	pī	su/up	ek
+	+	+	+	–
pa	du	ta	ca	pañ

① 일으킨 생각, 지속적 고찰, 희열, 행복, 집중이 함께하는 초선정의 유익한 마음(Vitakka, vicāra, pīti, sukh' ekaggatā sahitaṁ paṭhamajjhāna kusala-cittaṁ)

② 지속적 고찰, 희열, 행복, 집중이 함께하는 이선정의 유익한 마음(Vicāra, pīti, sukh' ekaggatā sahitaṁ dutiyajjhāna kusala-cittaṁ)

③ 희열, 행복, 집중이 함께하는 삼선정의 유익한 마음(Pīti, sukh' ekaggatā sahitaṁ tatiyajjhāna kusala-cittaṁ)

④ 행복과 집중이 함께하는 사선정의 유익한 마음(Sukh' ekaggatā sahitaṁ catutthajjhāna kusala-cittaṁ)

⑤ 평정과 집중이 함께하는 오선정의 유익한 마음(Upekkh' ekaggatā sahitaṁ pañcamajjhāna kusala-cittaṁ)

처음 4가지 마음은 기쁨(somanassa)과 같은 행복(sukha)을 포함하고 있기 때문에 '+' 기호를 가진다. 다섯 번째의 마음은 '평정(upekkhā)'을 포함하고 있기 때문에 '−' 기호를 가진다.

2.3. 색계 과보의 마음(Rūpvacara Vipāka Citta)

5가지 색계 과보의 마음은 5가지 색계 유익한 마음과 같은 기호와 유사한 이름으로 표시된다.

tak + pa	cā + du	pī + ta	su/up + ca	ek − pañ

색계 과보의 마음을 이름 지을 때 색계 유익한 마음에 있는 '유익한(kusala)'을 '과보의(vipāka)'로 바꾸기만 한다.

2.4. 색계 작용만 하는 마음(Rūpāvacara Kiriya Citta)

색계 과보의 마음은 다시 색계 유익한 마음과 같은 기호와 유사한 이름으로 표기된다. 여기에서 '유익한(kusala)'이 '작용만 하는(kiriya)'으로 바뀌어야 한다.

2.5. 4가지 선정의 방법

실제로 대부분의 명상 수행자는 첫 번째 색계 선정을 얻은 후에 두 번째 색계 선정을 계발하기 위해 일으킨 생각과 지속적 고찰을 동시에 제거할 수 있다. 그들은 세 번째 색계 선정을 계발하기 위해 희열을 제거하고 다음에 네 번째 색계 선정을 계발하기 위해 행복을 제거한다. 이것은 4가지 선정의 방법이라고 불리는 일반적인 방법이다. 4가지 선정 방법의 사선정은 5가지 선정 방법의 오선정과 동일하다. 경장에는 색계 선정이 4가지 선정의 방법에 따라 언급되어 있다.

3. 무색계 마음(Arūpāvacara Citta)

무색계 마음에는 유익한(kusala), 과보의(vipāka), 작용만 하는(kiriya)의 3가지 그룹으로 나뉘는 12가지 마음이 있다.

① 무색계의 유익한 마음(arūpāvacara kusala citta) 4가지 :
무색계 선정의 유익한 마음

② 무색계의 과보의 마음(arūpāvacara vipāka citta) 4가지 :
무색계 선정의 과보의 마음

③ 무색계의 작용만 하는 마음(arūpāvacara kiriya citta) 4가지 :
무색계 선정의 작용만 하는 마음

무색계 유익한 마음은 아직 아라한이 아닌 사람도 얻을 수 있는 반면에, 무색계 작용만 하는 마음은 오직 아라한에게만 일어날 수 있다. 이 2가지 유형의 무색계 마음은 무색계뿐만 아니라 욕계에서도 경험될 수 있다.

4가지 무색계 과보의 마음은 무색계에서만 경험된다. 이 마음은 무색계 유익한 마음의 업의 과보이다. 무색계 선정을 얻고 그것을 죽을 때까지 유지하는 사람은 재생연결심, 생명연속심, 죽음의 마음으로 무색계 과보의 마음을 가지고 무색계에 태어날 것이다.

3.1. 무색계 선정(Arūpa Jhāna)

5가지 색계 선정(rūpa-jhāna)을 계발한 사람은 삼매의 사다리를 올라가서 무색계 선정에 이를 수 있다. 그렇게 할 때 기반으로 색계 선정과 연관된 삼매를 이용한다.

또한 수행자는 몸의 불만족스러움에 대해서 생각해야 하고 열과 차가움, 곤충에게 물린 상처, 배고픔과 갈증, 질병, 노령과 죽음 때문에 몸이 일으키는 문제에 대해서 생각해야 한다. 그는 몸에 의·식·주를 공급해주기 위해 평생 일해야 한다.

수행자가 몸과 물질로부터 분리되는 것을 느낄 때, 먼저 흙 까시나의 닮은 표상에 대해 명상함으로써 오선정을 계발한다. 그 다음 오선정에서 나와서 비록 그 확장된 닮은 표상이 보이더라도 그것을 무시하고 그것을 넘어 있는 무한한 허공(ākāsa)에 집중하려고 노력하고, '허공'을 반복하여 명상한다.

닮은 표상에 대한 그의 가벼운 집착(nikanti)이 사라질 때, 닮은 표상은 갑자기 끝없는 허공을 펼치면서 사라진다. 무한한 허공에 마음챙김을 집중함으로써, 그는 첫 번째 무색계 선정을 얻을 때까지 '허공, 허공'을 계속 명상한다. 이 선정은 무한한 허공에 집중하기 때문에 공무변처의 유익한 마음(ākāsānañcāyatana kusala citta)이라고 불린다.

그 다음에 공무변처의 유익한 마음에 마음챙김을 집중함으로써 계속 명상하고, 그가 두 번째 무색계 선정을 얻을 때까지 '의식(viññāṇa)'을 반복해서 명상한다. 이 선정은 식무변처의 유익한 마음(viññāṇañcāyatana kusala citta)이라고 불린다.

세 번째 무색계 선정을 계발하기 위해서 수행자는 주의를 공무변처의 유익한 마음에 집중하지 않고 아무것도 없음에 집중하고, 그가 선정을 얻을 때까지 '무소유(natthi kiñci)'를 반복해서 명상한다. 이 선정은 무소유처의 유익한 마음(ākiñcaññāyatana kusala citta)이라고 불린다. '무소유'는 '아무것도 없음'을 의미한다.

세 번째 무색계 선정의 마음을 명상의 대상으로 가짐으로써, 수행자는 네 번째 무색계 선정을 더 계발할 수 있다. 이 선정은 비상비비상처의 유익한 마음(nevasaññā-nāsaññāyatana kusala citta)이라고 불린다. 비상비비상처는 문자 그대로 '인식이 존재하는 것도 아니고 존재하지 않는 것도 아님'을 의미한다. 그것은 네 번째 무색계 선정의 마음이 너무 미묘하고 정제된 상태여서 마음이 있는지 없는지를 말할 수 없다는 사실을 언급하는 것이다. 마음은 이 선정의 단계에서는 더 이상 뚜렷하지 않다.

4가지 모든 무색계 선정은 다섯 번째 색계 선정에 기반을 두고 있기 때문에 오선정의 범주에 속한다. 4가지 무색계 선정 모두는 오직 2가지 선정의 요소인 평정과 집중을 가진다.

5가지 색계 선정은 선정의 요소들의 수가 서로 다른 반면, 4가지 무색계 선정은 명상의 대상이 서로 다르다.

3.2. 무색계 유익한 마음(Arūpāvacara Kusala Citta)

4가지 무색계의 유익한 마음은 다음과 같은 기호로 표시된다.

ākāsā	viññā	ākiñ	n'eva
–	–	–	–

① 평정과 집중이 함께하는 공무변처의 유익한 마음
(Upekkh' ekaggatā sahitaṁ ākāsanañcāyatana-kusala cittaṁ)

② 평정과 집중이 함께하는 식무변처의 유익한 마음
(Upekkh' ekaggatā sahitaṁ viññāṇañcāyatana-kusala cittaṁ)

③ 평정과 집중이 함께하는 무소유처의 유익한 마음
(Upekkh' ekaggatā sahitaṁ ākiñcaññāyatana-kusala cittaṁ)

④ 평정과 집중이 함께하는 비상비비상처의 유익한 마음
(Upekkh' ekaggatā sahitaṁ n'eva-saññā-nāsaññāyatana-kusala cittaṁ)

3.3. 무색계 과보의 마음(Arūpāvacara Vipāka Citta)

4가지 무색계의 과보의 마음은 4가지 무색계의 유익한 마음과 같은 기호로 표시된다. 그 이름도 비슷하다. 단지 '유익한(kusala)' 자리에 '과보의(vipāka)'를 넣기만 하면 된다.

3.4. 무색계 작용만 하는 마음(Arūpāvacara Kiriya Citta)

이 마음도 기호는 같고 이름도 비슷하다. 단지 '유익한(kusala)' 자리에 '작용만 하는(kiriya)'을 넣기만 하면 된다.

3.5. 신통의 마음(Abhiññāṇa Citta)

흙 원반 명상에서 색계의 유익한 마음과 무색계의 유익한 마음을 얻은 사람은 다른 9가지 까시나 명상에서 9가지 선정의 마음(jhāna-citta)을 쉽게 계발할 수 있다. 다음에 마음을 매우 능숙하고 강력하게 만들기 위해서 〔『청정도론』에서 설명된 바와 같이〕 14가지 방법으로 10가지 까시나와 9가지 선정을 수행할 수 있다. 다음에 다섯 번째 색계의 유익한 마음에 기반을 둔 5가지 세간의 신통력을 계발할 수 있다.

흙 까시나 명상에서 5가지 색계의 작용만 하는 마음과 4가지 무색계의 작용만 하는 마음을 얻은 아라한은 또한 다른 9가지 까시나 명상에서 9가지 선정을 계발할 수 있다. 10가지 까시나와 9가지 선정에 대해 14가지 방법으로 수행함으로써, 5가지 색계의 작용만 하는 마음에 기반을 둔 5가지 세간의 신통력을 계발할 수 있다.

그리하여 신통지와 연관되어 있을 때, 다섯 번째 색계의 유익한 마음은 유익한 신통의 마음(kusala abhiññāṇa citta)이라고 불리고, 다섯 번째 색계의 작용만 하는 마음은 작용만 하는 신통의 마음(kiriya abhiññāṇa citta)이라고 불린다.

4. 출세간의 마음(Lokuttara Citta)

출세간의 마음은 통찰명상에 의해서 얻어질 수 있다. 도의 마음(magga-ñāṇa, 도 지혜)에 이르는 다음과 같은 2가지 길이 있다.

① 위빳사나 야니까(vipassanā-yānika) : 통찰명상을 수단으로 하는 것
② 사마타 야니까(samatha-yānika) : 고요명상을 수단으로 하는 것

어떤 사람은 고요명상에 의해 먼저 근접삼매(upacāra-samādhi)를 계발하고 다음에 통찰명상(vipassanā bhāvanā)으로 나아갈 수 있다. 이 사람은 궁극적인 정신·물질(nāma-rūpa)을 조사하고 정신·물질의 공통된 특성인 무상(anicca), 고(dukkha), 무아(anatta)를 조사하기 위해 지혜의 눈을 토대로 삼아 '근접삼매'를 사용하고 있는 것이다. 만약 끝까지 성공한다면 4가지 도와 4가지 과를 얻게 될 것이다. 그리하여 이 길에는 오직 8가지 출세간 마음, 즉 4가지 출세간의 유익한 마음

(lokuttara kusala citta)과 4가지 출세간의 과보의 마음(lokuttara vipāka citta)이 있다.

두 번째 길에서 어떤 사람은 먼저 고요명상에 의해 선정삼매(jhāna-samādhi)를 계발하고 이 삼매를 그의 통찰명상의 기반으로 사용한다. 만약 수행자가 첫 번째 선정삼매를 그의 기반으로 사용하면, 그의 첫 번째 도의 마음은 또한 첫 번째 선정삼매와 함께한다. 그리하여 그것은 첫 번째 선정의 예류도의 마음으로 알려져 있다.

마찬가지로 두 번째 선정삼매를 통찰명상을 위한 기반으로 사용하는 사람에게는, 그의 첫 번째 도의 마음은 두 번째 선정의 예류도의 마음으로 알려져 있다. 같은 방법으로 세 번째 선정삼매, 네 번째 선정삼매, 그리고 선정삼매 각각을 통찰명상을 위한 기반으로 사용하는 사람들에게는, 그들의 첫 번째 도의 마음은 각각 세 번째 선정의 예류도의 마음, 네 번째 선정의 예류도의 마음, 다섯 번째 선정의 예류도의 마음으로 알려지게 될 것이다.

그리하여 5가지 예류도의 마음이 있다. 다시 말해서 5가지 색계 선정 각각에 따라 예류도의 마음도 5가지가 되는 것이다. 같은 방법으로 5가지 일래도의 마음, 5가지 불환도의 마음, 5가지 아라한도의 마음이 있다. 그리하여 도 마음들의 총계는 20가지이다.

과가 도를 시간 간격 없이 뒤따르기 때문에, 또한 20가지 과의 마음이 있다.

그리하여 고요명상을 수단으로 하는 길에는 40가지 유형의 출세간의 마음이 있다.

4.1. 출세간의 유익한 마음(Lokuttara Kusala Citta)

기본적으로 통찰명상을 수단으로 하는 길에서 얻어질 수 있는 것으로 다음과 같은 4가지 출세간의 유익한 마음이 있다.

① 예류도의 마음(Sotāpatti-magga cittaṁ)
② 일래도의 마음(Sakadāgāmi-magga cittaṁ)
③ 불환도의 마음(Anāgāmi-magga cittaṁ)
④ 아라한도의 마음(Arahatta-magga cittaṁ)

이 4가지 기본적인 도의 마음 각각이 차례로 5가지 색계 선정과 결합할 수 있기 때문에, 고요명상을 수단으로 하는 길에서 깨달아지는 선정의 도의 마음은 20가지가 있게 된다.

4.2. 5가지 선정의 예류도의 마음(Jhāna Sotāpatti Magga Citta)

tak	cā	pī	su/up	ek
+	+	+	+	-
pa	du	ta	ca	pañ

① 일으킨 생각, 지속적 고찰, 희열, 행복, 집중이 함께하는 첫 번째 선정의 예류도의 마음(Vitakka vicāra pīti sukh' ekaggatā sahitaṁ paṭhama-jjhāna sotāpatti magga cittaṁ)

② 지속적 고찰, 희열, 행복, 집중이 함께하는 두 번째 선정의 예류도의 마음(Vicāra pīti sukh' ekaggatā sahitaṁ dutiyajjhāna sotāpatti magga cittaṁ)

③ 희열, 행복, 집중이 함께하는 세 번째 선정의 예류도의 마음(Pīti sukh' ekaggatā sahitaṁ tatiyajjhāna sotāpatti magga cittaṁ)

④ 행복과 집중이 함께하는 네 번째 선정의 예류도의 마음(Sukh' ekaggatā sahitaṁ catutthajjhāna sotāpatti magga cittaṁ)

⑤ 평정과 집중이 함께하는 다섯 번째 선정의 예류도의 마음(Upekkh' ekaggatā sahitaṁ pañcamajjhāna sotāpatti magga cittaṁ)

5가지 일래도의 마음, 5가지 불환도의 마음, 5가지 아라한도의 마음도 유사하게 이름 지어진다.

4.3. 출세간의 과보의 마음(Lokuttara Vipāka Citta)

기본적으로 4가지 출세간의 유익한 마음(lokuttara kusala citta)의 과(果)로 4가지 출세간의 과보의 마음이 있다. 이 4가지 출세간의 과보의 마음은 통찰명상을 수단으로 하는 길에서 깨달아진다.

① 예류과의 마음(Sotāpatti-phala cittaṁ)

② 일래과의 마음(Sakadāgāmi-phala cittaṁ)

③ 불환과의 마음(Anāgāmi-phala cittaṁ)

④ 아라한과의 마음(Arahatta-phala cittaṁ)

이 4가지 기본적인 과의 마음은 5가지 색계 선정과 결합할 수 있어서, 모두 20가지 과의 마음을 일으킨다. 이것들은 고요명상을 수단으로 하는 길에서 깨달아진다.

4.4. 5가지 선정의 아라한과의 마음(Jhāna Arahatta Phala Citta)

tak	cā	pī	su/up	ek
+	+	+	+	-
pa	du	ta	ca	pañ

① 일으킨 생각, 지속적 고찰, 희열, 행복, 집중이 함께하는 첫 번째 선정의 아라한과의 마음(Vitakka vicāra pīti sukh' ekaggatā sahitaṁ paṭhama-jjhāna arahatta-phala cittaṁ)

② 지속적 고찰, 희열, 행복, 집중이 함께하는 두 번째 선정의 아라한과의 마음(Vicāra pīti sukh' ekaggatā sahitaṁ dutiyajjhāna arahatta-phala cittaṁ)

③ 희열, 행복, 집중이 함께하는 세 번째 선정의 아라한과의 마음(Pīti sukh' ekaggatā sahitaṁ tatiyajjhāna arahatta-phala cittaṁ)

④ 행복과 집중이 함께하는 네 번째 선정의 아라한과의 마음(Sukh' ekaggatā sahitaṁ catutthajjhāna arahatta-phala cittaṁ)

⑤ 평정과 집중이 함께하는 다섯 번째 선정의 아라한과의 마음(Upekkh' ekaggatā sahitaṁ pañcamajjhāna arahatta-phala cittaṁ)

5. 마음에 대한 빠른 검토

이 책의 끝에 첨부되어 있는 〈도표 1〉 '마음의 모든 것'을 참조하면 한눈에 파악할 수 있다.

(1) 해로운 마음(akusala citta) - 12

12가지 해로운 마음은 8가지 탐욕에 뿌리박은 마음(lobha-mūla citta), 2가지 성냄에 뿌리박은 마음(dosa-mūla citta), 2가지 미혹에 뿌리박은 마음(moha-mūla citta)이다.

(2) 원인 없는 마음(ahetuka citta) - 18

18가지 원인 없는 마음은 7가지 해로운 과보의 마음(akusala vipāka citta), 8가지 원인 없는 유익한 과보의 마음(ahetuka kusala vipāka citta), 3가지 원인 없는 작용만 하는 마음(ahetuka kiriya citta)으로 구성되어 있다.

(3) 욕계 아름다운 마음(kāma-sobhaṇa citta) - 24

24가지 욕계 아름다운 마음은 8가지 큰 유익한 마음(mahā-kusala citta), 8가지 큰 과보의 마음(mahā-vipāka citta), 8가지 큰 작용만 하는 마음(mahā-kiriya citta)으로 나뉜다.

(4) 욕계 마음(kāmāvacara citta) - 54

54가지 욕계 마음은 12가지 해로운 마음, 18가지 원인 없는 마음, 24가지 욕계 아름다운 마음으로 구성되어 있다.

(5) 고귀한 마음 (mahaggata citta) – 27

15가지 색계 마음(rūpāvacara citta)과 12가지 무색계 마음(arūpāvacara citta)은 총괄적으로 고귀한 마음으로 알려져 있다.

'마학가따(mahaggata)'는 문자 그대로 하면 '크게 성장한', 즉 '계발된, 격상된'을 의미한다. 고귀한 마음은 색계와 무색계의 몰입〔본삼매〕에서 얻어지는 '계발된 마음의 상태'이다. 고귀한 마음은 욕계 마음보다 더 많이 계발되고 더 많이 격상된 마음이다.

(6) 세간의 마음 (lokiya citta) – 81

54가지 욕계 마음(kāmāvacara citta)과 27가지 고귀한 마음(mahaggata citta)은 총괄적으로 81가지 세간의 마음으로 알려져 있다.

(7) 출세간의 마음 (lokuttara citta) – 8 또는 40

4가지 도의 마음(magga-citta)과 4가지 과의 마음(phala-citta)이 8가지 출세간의 마음을 구성한다. 여기에 5가지 색계 선정이 곱해지면 40가지 출세간의 마음이 얻어진다.

8가지 출세간의 마음은 열반과 함께 '9가지 출세간의 법(nava-lokuttara-dhamma)'을 구성한다.

(8) 마음의 총계 – 89 또는 121

81가지 세간의 마음과 〔통찰명상을 수단으로 하는〕 8가지 출세간의 마음은 총 89가지 마음을 구성한다. 한편 81가지 세간의 마음과 〔고요명상을 수단으로 하는〕 40가지 출세간의 마음을 결합하면 총 121가지 마음을 얻게 된다.

(9) 아름답지 않은 마음(asobhaṇa citta) – 30

아름답지 않은 마음은 12가지 해로운 마음과 18가지 원인 없는 마음으로 구성되어 있다. 해로운 마음은 사악한 원인인 탐욕, 성냄, 미혹과 연관되어 있기 때문에 '아름답지 않은' 것이다. 원인 없는 마음은 유익한 원인인 탐욕 없음, 성냄 없음, 미혹 없음[지혜]과 연관되어 있지 않기 때문에 '아름답지 않은' 것이다.

(10) 아름다운 마음(sobhaṇa citta) – 59 또는 91

89가지 마음에서 30가지 아름답지 않은 마음을 빼면 59가지 아름다운 마음이 남는다. 121가지 마음에서 30가지 아름답지 않은 마음을 빼면 91가지 아름다운 마음이 남는다. 아름다운 마음은 아름다운 원인과 관련되어 있다.

(11) 선정의 마음(jhāna citta) – 67

27가지 고귀한 마음은 세간의 선정의 마음으로 알려져 있다. 이 마음들을 40가지 출세간의 선정의 마음과 결합하여 67가지 선정의 마음이 얻어진다. 이것들은 11가지 초선정의 마음, 11가지 이선정의 마음, 11가지 삼선정의 마음, 11가지 사선정의 마음, 23가지 오선정의 마음이다. 이 마음들은 〈도표 1〉로부터 쉽게 계산될 수 있다. 고귀한 마음에 3가지 초선정의 마음이 있고 출세간의 마음에 8가지 초선정의 마음이 있다. 합해서 그것들은 11가지 초선정의 마음이 된다. 이선정의 마음,

삼선정의 마음, 사선정의 마음도 같은 방법으로 계산된다. 오선정의 마음을 계산할 때는 12가지 모든 무색계 마음이 계산에 포함되어, 23(11+12=23)가지 오선정의 마음이 얻어진다.

(12) 종류(jāti)에 따른 구분

마음은 종류, 즉 '해로운, 유익한, 과보의, 작용만 하는'에 따라 4가지 부류로 나뉜다. 〈도표 1〉을 보면, 54가지 욕계 마음이 종류에 따라 12가지 해로운 마음, 8가지 유익한 마음, 23가지 과보의 마음, 11가지 작용만 하는 마음으로 나뉨을 알 수 있다. 23가지 과보의 마음은 총괄적으로 욕계 과보의 마음으로 알려져 있고, 작용만 하는 마음은 욕계 작용만 하는 마음으로 알려져 있다.

더욱이 27가지 고귀한 마음은 종류에 따라 9가지 유익한 마음, 9가지 과보의 마음, 9가지 작용만 하는 마음으로 나뉠 수 있다. 이 마음의 그룹은 또한 9가지 고귀한 유익한 마음, 9가지 고귀한 과보의 마음, 9가지 고귀한 작용만 하는 마음으로도 일컬어진다.

81가지 세간의 마음은 종류에 따라 12가지 해로운 마음, 17가지 세간의 유익한 마음, 32가지 과보의 마음, 20가지 작용만 하는 마음으로 나뉠 수 있다. 세간의 마음인 후자의 마음의 그룹은 각각 17가지 세간의 유익한 마음, 32가지 세간의 과보의 마음, 20가지 세간의 작용만 하는 마음으로 알려져 있다.

89가지 마음(간단한 총계)은 12가지 해로운 마음, 21가지 유익한 마음, 36가지 과보의 마음, 20가지 작용만 하는 마음으로 나뉠 수 있다. 121가지 마음(전체 총계)은 종류에 따라 12가지 해로운 마음, 37가지 유익한 마음, 52가지 과보의 마음, 20가지 작용만 하는 마음으로 나뉠 수 있다.

(13) 느낌(vedanā)에 따른 분류

〈도표 1〉에 있는 별개의 기호들에 의해 표시될 수 있는 다음과 같은 5가지 부류의 느낌이 있다.

① 즐거운 정신적인 느낌(somanassa, 기쁨) (+)
② 괴로운 정신적인 느낌(domanassa, 슬픔) (*)
③ 즐거운 육체적인 느낌(sukha, 행복) (∨)
④ 괴로운 육체적인 느낌(dukkha, 고통) (∧)
⑤ 중립적인 느낌(upekkhā, 평정) (−)

〈도표 1〉에서 8가지 출세간의 마음, 즉 4가지 도와 4가지 과가 이중의 기호인 ±로 표시되어 있는 것을 알 수 있을 것이다. ±는 즐거운 정신적인 느낌 또는 중립적인 느낌과 관련될 수 있다는 것을 보여준다. 그러나 40가지 출세간의 마음은 느낌에 의해 구별될 수 있다. 느낌에 따라서 마음을 별개의 그룹들로 나누면 〈표 1.1〉과 같다.

54가지 욕계 마음에는 18가지 즐거운 정신적인 느낌, 2가지 괴로운 정신적인 느낌, 32가지 중립적인 느낌, 1가지 즐거운 육체적인 느낌과 1가지 괴로운 육체적인 느낌이 있다.

81가지 세간의 마음에는 30가지 즐거운 정신적인 느낌, 2가지 괴로운 정신적인 느낌, 47가지 무관심하거나 중립적인 느낌, 1가지 즐거운 육체적인 느낌의 마음과 1가지 괴로운 육체적인 느낌의 마음이 있다.

마지막으로 전체 121가지 마음에는 62가지 즐거운 정신적인 느낌,

2가지 괴로운 정신적인 느낌, 55가지 무관심하거나 중립적인 느낌, 1가지 즐거운 육체적인 느낌의 마음과 1가지 괴로운 육체적인 느낌의 마음이 있다.

<표 1.1> 느낌에 따른 마음의 분류

마음(Citta)의 이름	기쁨 (Somanassa)	정신적 괴로움 (Domanassa)	평정 (Upekkhā)	행복 (Sukha)	신체적 괴로움 (Dukkha)	총계
해로운 (Akusala)	4	2	6	–	–	12
원인 없는 (Ahetuka)	2	–	14	1	1	18
욕계 아름다운 (Kāma sobhaṇa)	12	–	12	–	–	24
욕계 마음 (Kāma citta)	18	2	32	1	1	54
고귀한 (Mahaggata)	12	–	15	–	–	27
세간의 (Lokiya)	30	2	47	1	1	81
출세간의 (Lokuttara)	32	–	8	–	–	40
마음의 총계	62	2	55	1	1	121

제2장
마음부수

마음부수(cetasika)는 마음(citta)과 함께 일어나서 소멸하고, 마음에 의지하여 일어나며, 마음이 해롭거나 유익하거나 중립적이 되도록 마음에 영향을 준다.

마음부수는 다음과 같은 4가지 특성을 가진다.

① 마음부수는 마음과 함께 일어난다.

② 마음부수는 마음과 함께 소멸한다.

③ 마음부수는 마음이 취하는 동일한 대상(ārammaṇa)을 취한다.

④ 마음부수는 마음과 공통의 물질적인 토대(vatthu)를 공유한다.

어느 것이 더 강력한가?

마음이 세상에서 가장 강력한 행위주체이고 세상을 인도한다고 말할 때, 마음을 가장 강력한 것으로 만드는 것은 마음만의 수행능력이 아니라 마음과 마음부수가 함께하는 수행능력이다.

그러면 마음과 마음부수 중에서 어느 것이 더 강력한가? 마음은 의심할 여지없이 그룹의 지도자이자 선도자이지만, 마음부수가 마음에 영향을 주고, 유익하거나 해로운 행위와 말과 생각을 하도록 마음을 인도한다. 이 행위와 말과 생각이 매일 세상을 변화시키고 그 업력이 미래에 새로운 세상을 만들어낼 것이다.

마음과 마음부수 중에서 어느 것이 더 강력한가를 결정하기 위해

2가지 비유를 살펴보자.

① 가족에서는 아버지가 지도자이지만 어머니가 아버지에게 완전한 영향을 끼친다. 그래서 아버지는 어머니가 요청하는 것을 한다. 그러면 아버지와 어머니 중에서 누가 더 중요한가?

② 제재소에서는 코끼리가 자기를 타고 있는 사람에게 지시를 받는 대로 목재를 옮긴다. 코끼리는 혼자 일할 수 없고 코끼리를 타고 있는 사람도 마찬가지다. 코끼리에게는 목재를 옮길 수 있는 힘이 있다. 코끼리를 타고 있는 사람은 목재를 옮길 수는 없지만 코끼리를 일하도록 명령할 수 있다. 코끼리와 코끼리를 타고 있는 사람 중에서 누가 더 중요한가?

첫 번째 비유에 나오는 아버지와 어머니, 두 번째 비유에 나오는 코끼리와 코끼리를 타고 있는 사람 둘 다 필수적이라는 것을 알 수 있다. 그래서 그 둘은 동등하게 중요하다.

마음은 코끼리와 같고, 마음부수는 코끼리를 탄 사람에 비유된다. 어떤 마음도 그것의 마음부수와 떨어져 존재할 수 없고, 어떤 마음부수도 마음과 떨어져 존재할 수 없다. 마음과 마음부수는 함께 생겨서 함께 작용한다. 마음과 마음부수는 우리의 진정한 힘이자 능력이다. 우리가 마음과 마음부수를 더 많이 계발할수록 우리는 더 강해질 것이다.

1. 마음부수들의 분류

마음부수 (Cetasika) 52	중립적 (Aññasamāna) 13	① 모든 마음에 필수 (Sabba-citta sādhāraṇa) 7 ② 특정 (Pakiṇṇaka) 6
	해로운 (Akusala) 14	① 미혹 관련 (Moha-catukka) 4 ② 탐욕 관련 (Lobha-tika) 3 ③ 성냄 관련 (Dosa-catukka) 4 ④ 마지막 (End-tri) 3
	아름다운 (Sobhaṇa) 25	① 아름다운 필수 (Sobhaṇa-sādhāraṇa) 19 ③ 절제 (Virati) 3 ③ 무량 (Appamaññā) 2 ④ 통찰지 (Paññindriya) 1

마음부수는 모두 52가지이다. 마음부수는 먼저 다음과 같이 3가지 부류로 나뉜다.

① 중립적 마음부수 13가지

② 해로운 마음부수(우리의 나쁜 자질) 14가지

③ 아름다운 마음부수(우리의 좋은 자질) 25가지

1.1. 중립적 마음부수(Aññasamāna Cetasika)

13가지 중립적인 마음부수는 아름다운 마음(sobhaṇa citta)과 아름답지 않은 마음(asobhaṇa citta) 둘 다와 결합할 수 있다. 그 마음부수들은 중립적이며, 결합하는 마음부수의 속성을 증진시킬 수 있다.

그 마음부수들은 다시 2가지 하위 그룹으로 나뉜다.

① 필수(sabbacitta-sādhāraṇa) : 모든 마음과 결합하는 필수적인 것

② 특정(pakiṇṇaka) : 몇몇 아름답지 않은 마음뿐만 아니라 몇몇 아름다운 마음과도 선택적으로 결합하는 특정한 것

1.1.1. 모든 마음에 필수적인 마음부수(Sabbacitta-sādhāraṇa cetasika)

모든 마음에 필수적인 7가지 마음부수는 모든 마음과 결합한다. 마음이 대상을 의식하는 것은 이 7가지 마음부수의 도움으로 이루어진다.

① 접촉(phassa)

② 느낌(vedanā)

③ 인식(saññā)

④ 의도(cetanā)

⑤ 집중(ekaggatā)

⑥ 정신적 생명기능(jīvitindriya)

⑦ 주의(manasikāra)

(1) 접촉(phassa)

접촉은 감각대상과 감각기관 사이에서 마음의 접촉을 제공한다. 예를 들어 시각대상과 안식(cakkhu-viññāna)의 접촉은 접촉에 의해서 성취된다. 접촉이 없다면, 감각인상은 없게 될 것이고 따라서 어떤 인식도 없게 될 것이다. 접촉은 느낌을 일으킨다.

(2) 느낌(vedanā)

느낌은 감각대상의 맛을 즐긴다. 그것은 맛있는 음식을 즐기는 왕과 같다. 5가지 유형의 느낌이 있다(97쪽 〈표 1.1〉 참조). 느낌을 즐기는 것은 다름 아닌 느낌 자체이다.

느낌은 세속적인 사람들에게는 매우 중요하다. 사람들은 주로 즐거운 느낌인 감각적인 즐거움을 누리기 위해서 끊임없이 버둥거리고 있다.

연기법(paṭiccasamuppāda)의 인과관계에서 접촉은 느낌이 일어나기 위한 조건이고, 느낌은 갈애(taṇhā)가 일어나기 위한 조건이다.

과거의 느낌, 현재의 느낌, 미래의 느낌, 자기 자신의 느낌, 외부 느낌의 전체 느낌 그룹은 5가지 존재의 그룹〔오온〕 가운데 하나인 느낌의 무더기(vedanākkhandha, 受蘊)로 표기된다.

(3) 인식(saññā)

인식은 감각대상을 색깔, 형태, 모양, 이름 등으로 알아차린다. 그것은 기억으로 작용한다. 감각을 통해서 마음이 전에 한 번 지각했던 대상을 알아볼 수 있게 하는 것이 인식이다. 마음은 슈퍼컴퓨터처럼 작동한다. 인식에 의해 생성된 자료는 마음에서 마음으로 전달된다. 그리하여 그 자료는 마음의 흐름 속에 남아 있게 된다. 이 오래된 자료들은 마음챙김에 의해 회상될 수 있다. 이것이 우리가 배운 것을 기억하는 이유이고, (마음의 흐름이 죽을 때에도 끊어지지 않기 때문에) 사람들이 과거의 존재〔전생〕를 기억할 수 있는 이유이다.

과거의 인식, 현재의 인식, 미래의 인식, 자기 자신의 인식, 외부 인식의 전체 인식 그룹은 또한 5가지 존재의 그룹〔오온〕 가운데 하나인 인식의 무더기(saññākkhandha, 想蘊)로 표기된다.

(4) 의도(cetanā)

의도는 함께하는 마음부수를 조정하고, 자신의 의무를 다하고 다른 사람들의 일도 조정하는 농장주인과 같이 작용한다. 의도는 각각의 행위를 성취하기 위해 마음부수가 각각의 기능을 하도록 촉진시킨다.

의도는 함께하는 마음부수에 영향을 주고, 대상을 파악하는 작용을 하고, 과업을 성취하는 데 영향을 준다. 그리하여 의도는 행위를 결정한다.

의도는 행위를 수행할 의도를 마련하고 함께하는 마음부수로 하여금 행위를 성취하기 위해 각각의 기능을 하도록 촉진시킨다. 그리하여 의도는 행위를 성취하는 데 책임이 있고 행위와 동일시된다.

『앙굿따라 니까야』(vi, 13)에서 붓다는 "비구들이여, 나는 의도를 업이라고 말한다. 의도로써 업을 짓나니 몸과 말과 마음의 업이다."라고 말했다.

그리하여 의도는 모든 행위에서 중요한 역할을 한다. 의도는 세간 마음에서 가장 중요한 마음부수인 반면, 통찰지(paññā)는 출세간 마음에서 가장 중요한 마음부수이다.

느낌과 인식을 제외하고, 나머지 50가지 마음부수는 의도를 선두로

하여 5가지 존재의 그룹〔오온〕 가운데 하나인 정신적 형성의 무더기(saṅkhārakkhandha, 行蘊)로 표기된다.

(5) 집중(ekaggatā)

집중은 마음과 그것의 마음부수들을 조화롭게 결합하고 하나의 대상에 집중시킨다. 집중은 함께하는 마음부수들이 소실되지 않도록 막고 마음부수들을 하나의 대상에 고정시킨다. 집중은 하나의 구체적인 덩어리를 형성하기 위해서 몇 개의 물질들을 함께 묶는 물과 비슷하다.

집중은 5가지 선정의 요소 가운데 하나이다. 명상에 의해 계발되고 함양될 때, 집중은 삼매라 한다. 집중은 모든 주의가 기울여진, 선택된, 초점이 맞춰진, 집중된 마음의 씨앗이다.

(6) 정신적 생명기능(jīvitindriya)

정신적 생명기능은 '생명(jīvita) + 지배하는 능력(indriya)'이다. 정신적 생명기능은 함께하는 마음부수들을 살아가도록 하기 때문에 '생명'이라고 불린다. 정신적 생명기능은 함께하는 마음부수를 지배하기 때문에 '지배하는 능력'이라고도 불린다.

연꽃이 물에 의해 살아가게 되듯이, 유아가 유모에 의해 살아가게 되듯이, 마음부수들은 정신적 생명기능에 의해 지탱된다.

(7) 주의(manasikāra)

주의는 마음이 처음 '대상과 마주하는 것'이고 '관련된 마음부수들을 대상으로 인도'한다. 그러므로 주의는 2가지 전향의 마음(āvajjana-citta)인 오문전향의 마음(pañca-dvārāvajja-citta)과 의문전향의 마음(manodvārāvajjana-citta)에서 두드러진 요소이다. 이 2가지 마음은 생명연속심(bhavaṅga)을 뚫고 나와 인식과정의 첫 번째 단계를 형성한다.

배의 방향타가 배를 목적지로 인도하듯이 주의는 마음, 그것과 결합한 마음부수들을 감각대상으로 인도한다. 주의가 없다면, 마음은 방향타가 없는 배와 같고 대상을 알 수 없다.

보다 일반적인 의미에서, 주의는 경(sutta)에 현명한 주의 또는 반조(yoniso-manasikāra)와 현명하지 못한 주의 또는 반조(ayoniso-manasikāra)로 빈번하게 나온다.

현명한 반조는 유익한 마음을 가져오는 반면, 현명하지 못한 반조는 해로운 마음을 가져온다.

1.1.2. 필수적인 마음부수들의 중요성

위에서 설명했듯이, 7가지 필수적인 마음부수 모두는 중요한 과업들을 수행하고 마음이 대상을 인식하기 위해서 필수적이다. 주의가 먼저 대상과 직면하고 마음, 그것과 결합한 마음부수들을 대상으로 인도한다.

의도는 대상을 파악하거나 아는 과업이 완성될 때까지 각각의 의무를 효율적으로 수행하도록 마음, 그것과 결합한 마음부수들에 영향을 준다.

접촉은 마음, 그것과 결합한 마음부수들이 감각대상과 접촉하도록 한다.

느낌은 접촉으로부터 일어나는 감각의 맛을 즐긴다.

인식은 대상을 알아차리고 그 대상을 식별하는 데 도움이 된다.

집중은 마음, 그것과 결합한 마음부수들을 대상에 집중시킨다. 집중은 또한 대상의 인식에 필수적인 조건인 대상과 하나가 된 상태가 되도록 마음부수들을 마음에 묶는다.

정신적 생명기능은 마음, 그것과 결합한 마음부수들이 계속 살아 있도록 하고 완전한 생명에 맞게 활동적이 되도록 마음, 그것과 결합한 마음부수들의 활력을 유지한다. 그렇지 않으면 그 마음과 마음부수는 대상을 파악하거나 아는 과업이 완성되기 전에 소멸할 것이다.

1.1.3. 특정한 마음부수(Pakiṇṇaka Cetasika)

이 6가지 마음부수는 아름다운 마음과 아름답지 않은 마음 둘 다와 결합할 수 있지만, 그것들 모두와는 결합하지 않는다. 특정한 마음부수는 결합되어야 하는 마음과만 결합한다.

① 일으킨 생각(vitakka) : 마음을 대상에 처음 적용하는 것, 생각의 구상
② 지속적 고찰(vicāra) : 마음을 대상에 지속적으로 적용하여 그 대상을 반복하여 조사하는 것, 산만한 사유
③ 결정(adhimokkha) : 감각대상이 좋은지 나쁜지를 결정하는 것
④ 정진(vīriya) : 노력, 에너지, 분투
⑤ 희열(pīti) : 기쁨, 환희, 관심
⑥ 열의(chanda) : 소망, 바람, 의지

(1) 일으킨 생각(vitakka) : 최초의 적용

최초의 적용은 마음, 그것과 결합한 마음부수들을 감각대상에 적용한다. 위에서 설명했듯이, 주의는 마음, 그것과 결합한 마음부수들을 대상에 인도하는 반면에 최초의 적용은 마음부수들을 대상에 적용한다.

최초의 적용, 주의, 의도는 승리의 깃발까지 가는 보트 레이싱에 참가한 다양한 사람들과 비교함으로써 구별할 수 있다. 주의는 배의 방향타와 같고, 최초의 적용은 선체에서 노를 젓는 사람들과 같으며, 의도는 자신이 노를 저을 뿐만 아니라 또한 다른 사람들에게 노를 젓도록 촉구하고 보트가 목적지에 도착할 때 승리의 깃발을 꽂는, 맨 앞에서 노를 젓는 사람과 같다.

최초의 적용이 다양한 생각의 구상으로 인도하는 다양한 대상들에 마음, 그것과 결합한 마음부수들을 적용하기 때문에 그것은 또한 생각의 구상으로 알려져 있다. 최초의 적용은 5가지 선정의 요소 중 하나이다. 그것은 해태와 혼침(thina-middha)을 억제한다.

(2) 지속적 고찰(vicāra) : 지속적 적용

지속적 적용은 마음, 그것과 결합한 마음부수들을 대상에 지속시켜 대상을 계속해서 조사하도록 한다. 최초의 적용처럼 그것은 선정의 한 요소이다. 지속적 적용은 의심(vicikicchā)이 일어나는 것을 억제한다.

최초의 적용은 지속적 적용의 선구자이다. 이 둘은 다음과 같이 구별되어야 한다. 막 날려고 하는 새의 퍼덕임과 같은 것이 최초의 적용이고, 하늘에서 날개를 펴고 움직이는 것이 지속적 적용과 같다. 북이나 종을 치는 것은 최초의 적용과 같고, 북이나 종의 울림은 지속적 적용과 같다.

(3) 결정(adhimokkha) : 결심

결정은 감각대상이 좋은지 나쁜지를 결정한다. 결정은 소송사건을 결정하는 판사와 같다. 그것은 결정을 내릴 때 흔들리지 않는 상태 때문에 확고한 기둥에 비유된다. 결정은 의심 또는 우유부단(vicikicchā)과 반대이다.

(4) 정진(vīriya) : 노력

정진은 노력, 에너지, 분발, 남자다움, 혹은 영웅다움과 다소 동등하다. 정진은 원기왕성하거나 용기 있는 상태로 정의될 수 있다.

정진은 함께하는 마음부수를 지원하고 유지하는 특성이 있다. 기울고 있는 오래된 집이 새 기둥으로 지지를 받으면 무너지지 않듯이, 마음부수도 정진으로 지지를 받으면 넘어지지 않을 것이다.

강력한 증강 병력이 군대가 후퇴하지 않도록 하는 것처럼, 강한 정진은 함께하는 마음부수를 유지시키고 고양시킨다.

정진은 게으름[해태]을 제어하고 극복하기 때문에 정신적인 기능(indriya)으로 간주된다. 정진은 또한 수행자의 목적을 성취하는 4가지 수단(iddhipāda) 가운데 하나의 역할을 한다. 『앗타살리니』에 따르면, 정진은 모든 성취의 뿌리로 간주되어야 한다. 정진은 성공의 열쇠이다.

(5) 희열(pīti) : 기쁨, 관심

희열은 일반적으로 '환희, 기쁨, 관심' 또는 '열정' 등으로 번역된다. 희열은 환희(pāmojja), 행복(sukha, 즐거운 느낌)과 관련이 있다. 희열은 행복의 선구자이다. 피곤한 여행자가 호수를 보는 것은 희열과 같고, 호수에서 물을 마시고 목욕하는 것은 행복과 같다.

대상에 대한 즐거운 관심을 만드는 것이 희열의 특성이다. 희열은 악의(vyāpāda)를 억제한다.

5가지 단계의 희열이 있다.

① 작은 희열(khuddaka pīti) : 살을 떨리게 만드는 희열

② 순간적인 희열(khaṇika pīti) : 번갯불과 같은 순간적인 희열

③ 되풀이해서 일어나는 희열(okkantikā pīti) : 해안에 부서지는 물결과 같은 희열

④ 용약하는 희열(ubbegā pīti) : 몸을 들어 올려 공중에 뛰어 오르도록 할 만큼 강한 희열

⑤ 충만한 희열(phāranā pīti) : 완전히 꽉 찬 방광, 기름에 젖은 목화 덩어리, 개울이나 연못에 흘러넘치는 물처럼 온몸에 스며드는 희열

(6) 열의(chanda) : 바람, 욕구, 의지

열의는 '바람, 욕구' 혹은 '의지'로 번역된다. 열의의 주된 특성은 '하려는 바람'이다.

또한 집착이 없는 '어떤 것에 대한 바람'도 열의이다. 열의는 윤리적으로 중립적인 심리학 용어이다. 그것은 '집착이 있는 욕구'인 해로운 탐욕과 구별되어야 한다.

모든 행위는 열의와 함께 시작된다. 예를 들어 일어서는 행위는 일어서려는 바람과 함께 시작된다. 1,000마일의 여행은 한 걸음부터 시작된다. 여기서 첫 번째 걸음이 열의이다. 가려는 바람이 없이 갈 수 없고 어딘가 도착하려는 바람이 없다면 어떤 장소에도 도달할 수 없다.

열의가 강화되면 '의지'가 되고 "뜻이 있는 곳에 길이 있다."는 속담과 같이 성공으로 이끌어진다. 그리하여 정진처럼 열의는 자신의 목적을 성취하는 4가지 수단(iddhipāda)에 포함된다. 열의는 또한 성공의 열쇠이다.

1.2. 해로운 마음부수(Akusala Cetasika)

윤리적으로 해로운 14가지 마음부수가 있다. 이 마음부수는 다음과 같이 4가지 하위 그룹으로 나뉠 수 있다.

① 미혹을 선두로 하는 4가지 마음부수(moha-catukka) : 해로운 필수(akusala-sādhāraṇa)

1) 미혹(moha) : 무명(avijjā)

2) 도덕적 부끄러움 없음(ahirika)

3) 도덕적 두려움 없음(anottappa)

4) 들뜸(uddhacca)

② 탐욕을 선두로 하는 3가지 마음부수(lobha-tika) : 희론법(papañca-dhamma)

5) 탐욕(lobha) : 욕망(rāga), 갈애(taṇhā)

6) 사견(diṭṭhi)

7) 자만(māna)

③ 성냄을 선두로 하는 4가지 마음부수(dosa-catukka)

8) 성냄(dosa) : 악의(paṭigha)

9) 질투(issā)

10) 인색(macchariya)

11) 후회(kukkucca)

④ 마지막 3가지 : 우둔하고 동요하는 것들

12) 해태(thina)

13) 혼침(middha)

14) 회의적 의심(vicikicchā)

(1) 미혹(moha)

미혹은 감각대상의 성품에 대한 무지이다. 생물과 무생물은 무상(anicca), 괴로움(dukkha), 무아(anatta), 부정(asubha)의 4가지 공통된 특성을 부여받은 정신·물질(nāma-rūpa)로 구성되어 있다.

미혹이 우리의 정신적인 눈을 가리고 사물의 진정한 본질을 보지 못하게 하기 때문에, 우리는 정신·물질이 매우 빠르게 끊임없이 일어나고 사라지는 것과 그 결과로 생기는 위에서 언급한 4가지 특성을 볼 수 없다. 우리가 사물의 진정한 본질을 볼 수 없을 때, 우리는 혼동하게 되고 반대의 특성을 사실로 받아들인다. 그리하여 우리는 사물을 영원함(nicca, 常), 행복(sukha, 樂), 자아(atta, 我), 깨끗함(subha, 淨)으로 받아들인다.

미혹으로 인한 이런 그릇된 견해 때문에, 고통과 불행을 포함하는 일련의 바람직하지 못한 결과들이 계속해서 일어난다. 예를 들면 미혹은 영화감독과 같다. 그는 모든 것을 감독하지만, 우리는 영화감독을 영화 스크린에서 볼 수 없는 것과 같이 미혹을 볼 수 없다. 미혹은 세상의 모든 사악함과 고통의 주된 뿌리이다.

미혹은 모든 해로운 마음부수를 이끄는 것이다. 어리석음과 그것의 3가지 동료인 부끄러움 없음, 두려움 없음, 들뜸은 모든 해로운 마음과 결합한다. 그리하여 그것들은 '해로운 필수(akusala-sādhāraṇa)'라고 알려져 있다.

어리석음이 통찰지 또는 지혜와 반대이기 때문에 그것은 '무명(avijjā)'으로 알려져 있다. 미혹은 업과 업의 과보와 사성제를 못 보게 한다.

(2) 도덕적 부끄러움 없음(ahirika)

도덕적 부끄러움 없음은 사람이 해로운 행위와 말과 생각을 범하는 것을 부끄러워하지 않도록 한다. 집돼지가 분뇨를 먹을 때 혐오스러운 느낌을 갖고 있지 않듯이 도덕적인 부끄러움 없음은 사악한 행위를 범할 때 혐오스러운 느낌을 갖지 않는다.

(3) 도덕적 두려움 없음(anottappa)

도덕적 두려움 없음은 사람이 해로운 행위와 말과 생각을 범하는 것을 두려워하지 않도록 한다.

도덕적 두려움 없음은 불의 신호를 받은 나방에 비유된다. 나방은 결과들을 알지 못하기 때문에 불에 이끌려 불속에 뛰어든다. 마찬가지로 도덕적 두려움 없음도 과보를 알지 못하기 때문에 사악하고 불건전한 것에 이끌려 사악한 행위에 뛰어든다.

(4) 들뜸(uddhacca)

들뜸은 바람에 펄럭이는 깃발이나 돌에 맞은 잿더미가 흩어지는 것에 비유되는 마음의 들뜬 상태이다. 들뜬 마음은 사악한 행위의 결과를 볼 수 없다. 들뜸은 또한 마음을 혼란시키고 그 결과로 산란함을 일으키는 미혹의 추종자이다.

(5) 탐욕(lobha) : 갈망, 집착

탐욕은 감각적 욕망, 돈, 부, 명성, 권력 등을 욕심내거나 갈망한다. 탐욕은 제아무리 많은 것을 소유해도 이런 내재적인 욕망의 속성을 포기하지 않을 것이다. 더 많이 가질수록 더 많이 원한다. 심지어 지상에 있는 모든 재물로도 탐욕의 욕망을 충족시킬 수 없다. 탐욕은 언제나 새로운 어떤 것을 밖에서 찾고 있다. 그리하여 탐욕을 제거하지 않으면 진정으로 행복해질 수 없다.

탐욕의 두 번째 성격은 감각적 욕망의 대상이나 선정과 선정의 행복에 집착하거나 매달리는 것이다. 이런 집착의 성격은 원숭이를 잡는 접착제의 끈적끈적한 성질에 비유된다.

원숭이 사냥꾼은 끈적끈적한 고무나무로 만든 접착제 덩어리를 몇몇 나무의 몸통에 바른다. 햇빛이 고무나무 접착제에 비치면, 다양한 색깔의 스펙트럼이 나타난다. 호기심이 생긴 원숭이가 팔 하나를 고무나무 접착제에 댄다. 그러면 팔이 고무나무 접착제에 단단히 달라붙는다. 이 팔을 떼어내려고 버둥거리다가 원숭이는 다른 팔로 나무를 밀고 두 발로 나무를 찬다. 그리하여 두 팔과 두 다리가 고무나무 접착제에 달라붙게 된다.

다음에 원숭이는 머리로 나무를 밀어내어 자신을 떼어내려고 애쓴다. 그러면 머리도 고무나무 접착제에 달라붙게 된다. 이제 원숭이 사냥꾼은 숨어 있던 장소에서 나와 쉽게 그 원숭이를 잡거나 죽인다.

세속적인 사람들이 세속적인 재산뿐만 아니라 감각대상에 대한 탐욕에 단단히 집착하고 있다는 사실을 기억하라. 그들은 이 세상과, 아내, 남편, 아들, 딸을 포함한 세속적인 소유를 포기할 수 없다. 그리하여 그들은 생을 거듭하여 늙음과 질병과 죽음에 붙잡혀 있다.

탐욕은 2가지 큰 추종자인 사견과 자만과 함께 윤회(saṃsāra)로 알려진 삶의 회전이나 재생의 회전을 연장시키는 원인이 된다. 이런 사실 때문에 탐욕과 사견과 자만은 함께 '희론법(papañca dhamma)'이라고 불린다.

(6) 사견(diṭṭhi) : 그릇된 견해

사견(diṭṭhi)은 보통 견해, 믿음, 의견 등으로 번역된다. 바른 견해(sammā-diṭṭhi)와 그릇된 견해(micchā-diṭṭhi)가 있다. 여기에서 해로운 마음부수인 사견은 그릇된 견해의 의미로 사용된다.

미혹이 마음을 가리고 눈을 멀게 하여 사물을 있는 그대로 보지 못하게 한다는 것을 위에서 설명했다. 그것은 사물을 영원함, 행복, 자아, 깨끗함으로 보도록 만든다. 이런 그릇된 관점 때문에, 탐욕은 이러한 '자아 또는 사람'에 매달리고 집착하며, 사견은 '자아'와 '사람'이 정말로 존재한다는 그릇된 견해를 받아들인다.

가장 기본적이고 보편적인 그릇된 견해는 '유신견(sakkāya-diṭṭhi, 有身見)' 혹은 '자아 환상(atta-diṭṭhi, 我見)'이다. 유신견은 마음과 몸의 결합이 '나', '너', '그', '그녀', '남자', '여자', '사람' 등이라고 믿는다. 아견은 '자아 또는 영혼' 혹은 '에고'가 몸속에 있다고 믿는다.

또 다른 기본적인 그릇된 견해는 업과 업의 과보가 존재하지 않는다는 것이다. 이 그릇된 견해로 인해 사람들은 모든 종류의 사악한 행위를 한다.

미혹에서뿐만 아니라 이 기본적인 그릇된 견해와 유신견에서 수천 가지의 그릇된 견해가 생겨난다.

(7) 자만(māna) : 자부심

자만은 사견처럼 미혹과 탐욕의 부산물이다. 미혹은 '사람'이 존재하고 그 사람이 영원하고 즐겁고 아름답다는 그릇된 견해를 준다. 그리고 탐욕은 이 사람에 집착하게 한다. 그리하여 자만은 자아를 가진 사람으로 하여금 '나는 최고다. 나는 가장 많이 안다. 나는 세상에 비할 사람이 없다.'로 여기도록 만든다.

자만은 평등 자만(māna), 열등 자만(omāna), 우월 자만(atimāna)으로 3가지이다. "자만은 추락한다."는 속담도 있듯이, 자만은 자랑할 만한 미덕이 아니다.

(8) 성냄(dosa) : 증오, 악의

성냄은 '증오, 악의, 혐오'로 번역된다. 성냄은 세상에서 가장 파괴적인 요소이다. 성냄은 원자폭탄보다 더 두려운 것이다. 물론, 어떤 사람이 원자폭탄의 방아쇠를 당길 때는 성냄의 영향을 받아 그렇게 한다.

보통, 바람직한 감각대상과 마주치면 탐욕이 일어나고, 바람직하지 않은 대상과 마주치면 성냄이나 혐오감이 일어난다. 성냄은 다른 사람을 파괴하기 전에 먼저 자신을 파괴한다.

화난 사람에게 존재하는 것과 같은 의기양양한 성냄뿐만 아니라 슬프고 우울한 사람에게 존재하는 것과 같은 의기소침한 성냄도 파괴적이다. 성냄은 많은 질병을 일으키는 스트레스, 정신적인 우울과 정신적인 긴장을 생기게 한다.

성냄은 단지 나쁜 결과만을 가져오기 때문에 성냄이 절대로 일어나지 않도록 하는 것이 현명하다. 성냄이 일어나는 순간 성냄을 쫓아내기 위해 자애를 계발해야 한다.

(9) 질투(issā)

질투는 다른 사람의 성공이나 번영을 시기하는 특성을 가진다. 그것은 매우 대상 지향적이어서 자신을 보지 않고 남을 본다.

(10) 인색(macchariya) : 물욕

인색은 자신의 재산을 숨기는 특성을 가진다. 인색은 자신의 재산이나 특권을 남과 공유하는 것의 가치를 높이 평가하지 않는다. 자선을 위해 돈을 내는 것을 꺼려할 때 인색의 형태를 띤다.

『앙굿따라 니까야』(ix, 49)에 언급되어 있듯이 거주지, 가족, 이득, 인정, 지혜에 대한 5가지 종류의 인색이 있다.

질투와는 반대로 인색은 주관적이다. 질투와 인색은 질투하지 말고 인색하지 않도록 하는 다른 사람의 권유가 없으면 사람을 불행하게 만든다. 자신의 마음에서 질투와 인색을 몰아내면 즉시 행복한 느낌이 들 것이다.

(11) 후회(kukkucca)

후회는 행한 악한 것과 행하지 않은 선한 것에 대해 슬퍼하는 특성을 가진다. 엎질러진 물은 도로 담을 수 없듯이 잘못한 것들에 대해서 후회하거나 안타까워하는 것은 소용없는 일이다.

질투와 인색과 후회는 성냄의 3가지 동반자이다. 이 3가지는 생각의 방향이 다르기 때문에 따로 일어나지만, 그것들 가운데 하나가 일어나면 그것은 항상 성냄과 함께한다.

(12) 해태(thina)

해태는 불 앞에 있는 수탉의 깃털처럼 마음이 움츠러드는 상태이다. 정진의 부족으로 게을러지면 해태의 영향을 받게 된다. 해태는 마음의 병든 상태이다.

(13) 혼침(middha)

혼침은 마음부수의 병적이거나 활발하지 않은 상태이다. 사람이 활발하지 못하고 기력이 없는 느낌을 가질 때, 그는 혼침의 영향을 받고 있는 것이다. 혼침은 마음부수가 병든 상태이다. 혼침은 사람을 게으르고 졸리게 만든다. 해태와 혼침 둘 다는 정진의 반대이다. 해태와 혼침이 있는 곳에는 정진이 없다.

(14) 회의적 의심(vicikicchā)

회의적 의심은 불(붓다), 법(담마), 승(승가), 수행에 대한 회의적 의심, 과거 생과 미래 생에 대한 회의적 의심, 연기법에 대한 회의적 의심, 마지막으로 사성제에 대한 회의적 의심이다.

1.3. 아름다운 마음부수(Sobhaṇa Cetasika)

아름다운 마음부수는 편의상 4가지 하위그룹으로 나눌 수 있는 25가지 종류가 있다.

① 아름다운 필수(Sobhaṇa-sādhāraṇa) 19가지 : 모든 아름다운 마음과 결합하는 마음부수

③ 절제(Virati) 3가지 : 해로운 행위와 해로운 말과 해로운 생계를 삼가는 것

③ 무량(Appamaññā) 2가지 : 무량한 것 또는 한없는 상태

④ 통찰지(Paññindriya) 1가지 : 지혜

1.3.1. 아름다운 필수 마음부수 (Sobhaṇa-sādhāraṇa Cetasika)

다음의 19가지 마음부수 전부는 모든 아름다운 마음과 결합한다.

① 믿음(saddhā) : 확신

② 마음챙김(sati) : 유념

③ 도덕적 부끄러움(hirī)

④ 도덕적 두려움(ottappa)

⑤ 탐욕 없음(alobha) : 무집착, 관대함

⑥ 성냄 없음(adosa) : 증오 없음, 선의, 관용, 자애

⑦ 평정(tatramajjhattatā) : 정신적 균형

⑧ 마음부수들의 고요함(kāya-passaddhi)

⑨ 마음의 고요함(citta-passaddhi)

⑩ 마음부수의 가벼움(kāya-lahutā)

⑪ 마음의 가벼움(citta-lahutā)

⑫ 마음부수들의 부드러움(kāya-mudutā)

⑬ 마음의 부드러움(citta-mudutā)

⑭ 마음부수들의 적합함(kāya-kammaññatā)

⑮ 마음의 적합함(citta-kammaññatā)

⑯ 마음부수들의 능숙함(kāya-pāguññatā)

⑰ 마음의 능숙함(citta-pāguññatā)

⑱ 마음부수들의 올곧음(kāya-ujjukatā)

⑲ 마음의 올곧음(citta-ujjukatā)

(1) 믿음(saddhā) : 확신

믿음은 삼보인 불·법·승에 대해 잘 확립된 확신이다.

불자가 삼보에 귀의할 때, 그의 믿음은 불·법·승의 속성들에 대한 이해를 동반해야 한다. 불자의 믿음은 조사의 정신과 모순되지 않는다. 미심쩍은 것들에 대한 어떠한 의심도 허용되고, 그 속성들에 대한 조사는 권장된다.

믿음은 세계의 군주가 갖고 있는 독특한 에메랄드에 비유된다. 이 에메랄드는 미지근하고 더러운 물속에 놓이면 모든 더러움을 가라앉히고 모든 열이 나가도록 만들어서 시원하고 정화된 물을 남겨 놓는다. 마찬가지로, 믿음이 마음과 결합할 때에는 마음이 시원하고 깨끗해지는 결과로 탐욕과 성냄과 미혹 같은 모든 오염원이 사라진다.

또한 믿음은, 넉넉한 행운 덕에 보석으로 가득 찬 산에서 보석을 잡을 수 있는 손에 비유된다. 사실, 보석 산에 있는 것보다 붓다의 가르침을 만나는 것이 더 큰 행운이다. 왜냐하면 믿음이 있는 사람은 붓다로부터 보석보다 더 귀중한 것을 많이 얻을 수 있기 때문이다. 손이 없는 사람이 보석을 잡을 수 없듯이 믿음이 없는 사람은 좋은 공덕을 얻을 수 없다.

미혹이 해로운 마음부수들을 인도하듯 믿음은 아름다운 마음부수들을 인도한다. 믿음은 가장 귀중한 보석이고 5가지 정신적인 기능 중 하나이면서 5가지 정신적인 힘 중 하나이다.

(2) 마음챙김(sati) : 유의

마음챙김은 현재 일어나고 있는 것에 유의하는 것이다. 마음챙김의 주된 특성은 '떠돌지 않는 것', 즉 사물을 알아차리지 못한 채 놔두는 것이 아닌 것이다. 충분히 마음챙김하지 않을 때, 보거나 들은 것을 기억하지 못한다. 그것은 물살에 떠다니는 통이나 호박과 같다.

마음챙김하면 과거의 사건을 기억할 수도 있다. 마음챙김은 계발될 수도 있는데, 마음챙김이 고도로 계발되면 과거의 태어남을 기억하는 힘을 얻는다. 마음챙김은 가장 유익하고 가장 필수적인 것이다. 공덕이 되는 행위를 마음챙김하면 매초마다 〔공덕이 되는〕 수십억 가지의 업을 얻는다.

붓다는 제자들에게 매일 공덕이 되는 행위를 잊지 않도록 상기시키고 모든 고통으로부터 해탈하기 위해 노력하겠다는 서약을 성취하도록 상기시켰다.

관찰하는 것을 단지 '봄, 봄' 혹은 '들음, 들음' 등으로 알아차리기 위해서 육문에서 마음챙김하면, 오염원이 마음으로 들어오는 것을 막을 수 있다. 이런 의미에서 마음챙김은 도둑과 강도가 도시로 들어오는 것을 막는 문지기에 비유된다.

마음챙김은 5가지 정신적인 기능 중 하나이면서 5가지 정신적인 힘 중 하나이다. 그것은 또한 성스러운 팔정도의 일곱 번째 요소이다.

(3) 도덕적 부끄러움(hirī)

도덕적 부끄러움은 부도덕한 행위를 하는 것으로부터 움츠러들게 만든다. 수탉의 깃털이 불 앞에서 움츠러들듯이 도덕적 부끄러움을 갖고 있는 사람은 사악한 것으로부터 움츠러든다.

"부끄러워해야 하는 것을 부끄러워하고 사악하고 불건전한 일을 하는 것을 부끄러워하는 것을 도덕적 부끄러움이라고 부른다."(『뿍갈라빤냣띠』, para. 79)에서 보듯이 도덕적 부끄러움은 도덕적 부끄러움 없음의 반대이다.

(4) 도덕적 두려움(ottappa)

옷땁빠(ottappa)는 많은 사악함의 결과를 알고 있기 때문에 사악한 행위를 하는 것에 대한 도덕적 두려움이다.

도덕적 부끄러움이 일반적인 부끄러움과는 다르듯이, 도덕적 두려움도 일반적인 두려움과는 다르다. 불교는 알려지지 않은 것에 대한 두려움에 기반을 두고 있지 않기 때문에 불자는 어떤 개인이나 심지어 신도 두려워하지 않을 것으로 예상된다.

도덕적 두려움은 도덕적 두려움 없음의 반대이고 후자를 몰아낼 수 있다. 도덕적 부끄러움은 자신에 대해서 일어나고 도덕적 두려움은 타인에 대해서 일어난다.

매우 수준이 낮은 문명의 시기에도 어머니와 아들 사이에서의 성적인 관계, 아버지와 딸 사이에서의 성적인 관계와 같은 비도덕적인 행위들에 탐닉하지 않았다는 점에서, 도덕적 부끄러움과 도덕적 두려움은 인간과 짐승을 구별하게 한다. 그리하여 도덕적 부끄러움과 도덕적 두려움은 세계의 수호자(Lokapāla Dhamma)로 알려져 있다.

(5) 탐욕 없음(alobha) : 무집착, 관대함

감각대상에 집착하거나 욕망하지 않는 것이 탐욕 없음의 주된 특성이다.

물방울이 연꽃잎에 들러붙어 있지 않고 떨어지듯이, 탐욕 없음은 감각대상에 들러붙지 않고 떨어진다. 이런 의미에서 탐욕 없음은 탐욕이 전혀 없고 어떤 것도 자신의 것이라고 여기지 않는 아라한과 같다. 자신의 재산에 집착하지 않으면 자선단체에 돈과 물건을 기부할 수 있다. 여기에서 탐욕 없음은 관대함의 형태로 드러난다.

탐욕 없음은 탐욕과 반대이고 탐욕을 극복할 수 있다. 탐욕 없음은 3가지 도덕적 원인〔뿌리〕 중 하나이다. 탐욕 없음은 적극적 이타주의를 포함하는 긍정적 미덕이다. 탐욕은 사람을 이기적으로 만들고 탐욕 없음은 사람을 이타적이고 자애롭게 만든다. 탐욕 없음을 계발하기 위해 보시(dāna)를 실천한다.

(6) 성냄 없음(adosa) : 증오 없음, 관용, 자애

성냄 없음은 성냄과 반대이고 성냄을 극복할 수 있다. 성냄 없음은 증오나 혐오감이 없는 것일 뿐만 아니라 긍정적인 미덕이기도 하다. 성냄 없음은 가장 건설적인 요소인 반면, 성냄은 가장 파괴적인 요소이다. 성냄 없음을 계발하기 위해 오계(pañca-sīla)와 자애(mettā)를 실천한다.

성냄은 거침과 잔인함의 특성을 가지고 있는 반면, 온화함과 용서는 성냄 없음의 주된 특성이다. 성냄은 적과 같은 반면, 성냄 없음은 기분 좋은 선한 친구와 같다. 성냄 없음은 성냄을 제압할 때 '관용(khantī)'으로 드러나고, "용서는 신성하다."는 격언에도 있듯이 결과적으로 '용서'라는 매우 고귀한 자질로 드러난다. 성냄 없음은 또한 친절함과 유익함이라는 속성 때문에 선의로 나타난다. 성냄 없음은 3가지 도덕적인 원인〔뿌리〕 중 하나이다.

성냄 없음의 대상이 살아 있는 존재들이 되어 그들이 행복하기를 바랄 때, 이는 세계평화를 부르는 가장 아름다운 자질 가운데 하나인 자애가 된다. 실로 모든 사람이 관용과 자애를 실천하면 우리는 영원한

세계평화를 얻게 될 것이다.

(7) 평정(tatramajjhattatā) : 정신적 균형

평정의 주된 특성은 집착과 혐오 없이 모든 사물을 공정하게 보는 것, 즉 '모든 것의 중간을 유지하는 것'이다.

평정은 같은 속도로 달리도록 두 마리 말을 모는 마부에 비유된다. 평정은 또한 회의 참석자들에게 활동할 수 있는 동등한 기회를 주는 의장과 같은 역할을 한다. 평정은 마음과 마음부수의 균형을 맞춰서 같은 속도로 함께 작용하도록 하고, 어떤 과도함이나 부족함도 예방한다.

평정은 대체로 평온(upekkhā)으로 알려져 있다. 평정은 연민(karunā)과 기쁨(muditā)의 중간에 있는 상태이다. 평정은 무관심한 느낌인 쾌락적 평온과는 다르다.

(8) 마음부수들의 고요함(kāya-passaddhi)

(9) 마음의 고요함(citta-passaddhi)

여기에서 '마음부수들(kāya)'이란 마음부수들의 '그룹'을 말한다.

고요함(passaddhi)은 조용함 또는 평화로움이다. 마음부수들의 고요함과 마음의 고요함이 있다.

고요함에서 올곧음까지는 접두사 '마음부수들(kāya)', '마음(citta)'과 함께하는 6가지 쌍의 마음부수들이다. 붓다가 쌍으로 그 마음부수들을 설한 이유는 그 마음부수들이 함께 일어나서 함께 그것들의 반대요소들과 맞서기 때문이다.

믿음, 마음챙김, 도덕적 부끄러움, 도덕적 두려움, 탐욕 없음, 성냄

없음, 평정은 개별적으로 반대요소들에 대항할 수 있기 때문에 홀로 설명된다.

마음의 고요함에서는 마음만이 고요하다. 마음부수들의 고요함에서는 마음부수들뿐만 아니라 유익한 마음에서 만들어진 물질이 확산되기 때문에 몸도 고요하다.

고요함은 열정의 열을 억제하거나 가라앉히는 주된 특성을 가진다. 그것은 태양열로 병이 난 사람에게 시원한 나무 그늘이 되어주는 역할을 한다. 고요함은 후회의 반대이다.

(10) **마음부수들의 가벼움**(kāya-lahutā)

(11) **마음의 가벼움**(citta-lahutā)

가벼움은 떠오르는 성질이나 민첩한 성질이다. 마음부수들의 가벼움과 마음의 가벼움이 있다. 마음부수들의 무거움을 억제하는 것이 마음부수들의 가벼움의 주된 특성이고, 마음의 무거움을 억제하는 것이 마음의 가벼움의 주된 특성이다. 그것은 무거운 짐을 내려놓는 것과 같다.

마음부수들의 가벼움과 마음의 가벼움은 마음부수들과 마음의 무거움과 경직성을 일으키는 해태와 혼침의 반대이다.

(12) **마음부수들의 부드러움**(kāya-mudutā)

(13) **마음의 부드러움**(citta-mudutā)

이 2가지 마음부수는 각각 마음부수들의 부드러움과 마음의 부드러움을 말한다. 이 마음부수들은 사견 또는 자만과 같은 해로운 마음부수가 일으키는 마음의 단단함을 제거한다.

부드러움은 기름, 물 등을 발라서 잘 관리된 부드러운 피부에 비유된다. 부드러움은 사견과 자만의 반대이다.

(14) **마음부수들의 적합함**(kāya-kammaññatā)

(15) **마음의 적합함**(citta-kammaññatā)

이 2가지 마음부수는 마음부수들과 마음의 적합성과 그것들의 의무를 수행하는 데서의 우수함을 말한다. 그것들의 주된 특성은 마음과 마음부수들을 사용하거나 실행할 때의 부적절함을 억제하는 것이다.

(16) **마음부수들의 능숙함**(kāya-pāguññatā)

(17) **마음의 능숙함**(citta-pāguññatā)

이 2가지 마음부수는 일을 수행하는 데서의 마음부수들과 마음의 능숙함을 말한다. 그것들의 주된 특성은 마음부수들과 마음의 병든 상태를 억제하는 것이다.

(18) **마음부수들의 올곧음**(kāya-ujjukatā)

(19) **마음의 올곧음**(citta-ujjukatā)

이 2가지 마음부수는 각각 마음부수들과 마음의 올곧음을 말한다. 그러므로 그것들은 환영이나 기만(māyā) 그리고 배반(sātheyya)에 기인한 비뚤어짐, 사기, 교활함의 반대이다.

지금까지 언급한 19가지 아름다운 마음부수는 보시 · 지계 · 수행을 규칙적으로 실행하는 사람에게 두드러진다. 그것들은 모든 아름다운 마음과 결합하기 때문에 아름다운 필수 마음부수로 알려져 있다.

1.3.2. 절제의 마음부수 (Virati Cetasika)

절제의 마음부수는 성스러운 팔정도의 3가지 도의 요소를 나타낸다. 이 마음부수들은 성스러운 팔정도의 기반이 되는 계의 공부(sīla-sikkhā, 戒學)를 구성한다.

(1) 바른 말(sammā-vācā)

바른 말은 다음 4가지의 그릇된 말을 절제한다.

① 거짓말(musāvādā)
② 중상모략(pisunavācā)
③ 욕설(pharusavācā)
④ 잡담(samphappalāpa)

위에 언급한 그릇된 말 가운데 하나를 범하는 상황에 직면하게 될 때 그것을 말하는 것을 절제하면, 그 절제의 순간에 바른 말을 얻게 된다.

(2) 바른 행위(sammā-kammanta)

여기에서의 바른 행위는 다음과 같은 3가지 그릇된 행위를 절제하는 몸의 행위를 의미한다.

① 살생(pānātipātā)
② 도둑질(adinnādānā)
③ 삿된 음행(kāmesu-micchācārā)

위에 언급된 3가지 해로운 행위 가운데 하나를 범하려는 상황에 직면하여 그것을 범하는 것을 절제할 때, 그 절제의 순간에 바른 행위를 얻게 된다.

(3) 바른 생계(sammā-ājīva)

바른 생계는 무기, 사람, 살아 있는 동물이나 독약이나 술이나 마약의 거래, 도살, 어업, 군대 생활, 사기, 배반, 점술, 협잡 등과 같이 살아 있는 존재들에게 해가 되는 생계를 절제하는 것을 의미한다. 생계를 영위할 때 4가지 사악한 말과 3가지 사악한 행위를 절제해야 한다.

1.3.3. 무량의 마음부수(Appamaññā Cetasika)

(1) 연민(karuṇā, 悲)

(2) 기쁨(muditā, 喜)

4가지 무량이 있다. 보통 수행하는 순서대로 말하면, 자애(mettā), 연민(karuṇā), 기쁨(muditā), 평정(upekkhā)이다. 자애는 성냄 없음에 포함되고 평정은 정신적 중립에 포함된다는 것을 위에서 설명했다. 그러므로 나머지 2가지만 여기서 설명한다.

4가지 무량 가운데 어떤 하나를 수행할 때, 우리는 한 사람이나 전 세계에 있는 모든 살아 있는 존재에게 주의를 집중할 수 있다. 그리하여 그것들의 이름이 '무량'이다.

자애를 수행할 때, 우리는 "모든 존재가 행복하기를."이라고 명상한다. 연민을 계발할 때, 우리는 "모든 존재가 고통에서 벗어나기를."이라고 명상한다. 기쁨을 수행하기 위해서, 우리는 존재들의 번영에 대해 기뻐하고 "그들이 얻은 것이 오랫동안 그들과 함께하기를."이라고 명상한다. 평정을 수행할 때, 우리는 균형 잡힌 마음을 유지하고 "모든 존재들은 그들의 업의 조건에 따라 존재한다."라고 명상한다.

온 세상을 자애[慈], 연민[悲], 기쁨[喜], 평정[捨]으로 가득 차게 하는 사람은 누구라도 '고귀한 거주' 혹은 '범주(梵注)'에서 살고 있다고 한다. 그리하여 4가지 무량은 또한 범주(brahma-vihāra), 즉 고귀한 삶의 양식이라 한다.

자애는 모든 존재의 행복을 진정으로 원하는 것이다. 자애는 직접적인 적(enemy)인 악의를 버린다. 자애의 간접적인 적은 애정이다. 자애로운 태도는 자애의 주된 특성이다.

연민은 다른 사람이 슬픔으로 괴로워할 때 선한 사람의 마음을 떨리게 만든다. 다른 사람의 고통을 제거하기를 원하는 것이 연민의 주된 특성이다. 연민은 직접적인 적인 잔인함을 버린다. 연민의 간접적인 적은 슬픔이다.

기쁨은 단순한 동정이 아니라 함께 기뻐하는 것이다. 기쁨의 주된 특성은 다른 사람의 번영에 대해 기뻐하는 것이다. 기쁨의 직접적인 적은 질투이고 기쁨의 간접적인 적은 의기양양함이다. 기쁨은 싫어함을 버린다.

평정은 살아 있는 존재들을 공평하게, 즉 집착하지도 않고 싫어하지도 않는 마음으로 본다. 평정은 균형 잡힌 마음의 상태이다. 평정의 직접적인 적은 탐욕이고 평정의 간접적인 적은 우둔한 무관심이다. 공평한 태도는 평정의 주된 특성이다.

1.3.4. 통찰지 또는 지혜(Paññindriya, 慧根)

빤냐(paññā)는 지혜이고, 인드리야(indriya)는 지배하는 것이다.

통찰지의 기능〔慧根〕은 사물을 있는 그대로, 즉 무상, 괴로움, 무아로 이해하는 것에 대한 지배력을 가진다. 통찰지는 무명을 극복하기 때문에 미혹 없음(amoha)이라고 불린다. 통찰지가 사람의 정신적인 눈을 가리지 못하도록 미혹(moha)의 장막을 제거할 수 있고 미혹, 즉 무명에 드리워진 어둠을 내던지기 때문에, 통찰지는 명지(vijjā, 明知, 보다 높은 지혜)라고도 불린다.

통찰지의 기능은 보통 '통찰지의 마음부수'로 불린다. 아비담마에서 통찰지(paññā)와 지혜(ñāṇa)와 미혹 없음(amoha)은 동의어이다. 미혹 없음은 3가지 유익한 원인〔뿌리〕 중 하나이다. 자신의 목적을 성취하기 위한 수단들 중 하나로서의 통찰지는 분석적인 지혜라는 이름을 갖는다.

통찰지는 궁극적 실재, 과거의 존재와 미래의 존재, 업과 업의 과보, 연기법, 사성제를 이해한다.

삼매에 의해 정화되고 계발될 때, 통찰지는 신통지(abhiññā)의 강력한 역할을 맡는다. 고도로 계발될 때, 통찰지는 법의 조사(dhamma-vicaya)라는 이름의 깨달음의 요소가 되고, 또한 바른 견해(sammā-diṭṭhi)라는 이름의 성스러운 팔정도의 요소가 된다. 통찰지의 정점은 붓다의 일체지이다.

1.4. 각 마음부수와 다양한 마음과의 결합

일반적으로 다음과 같이 말할 수 있다.

① 7가지 필수 마음부수는 모든 마음과 결합한다.

② 6가지 특정 마음부수는 특정한 아름다운 마음 또는 아름답지 않은 마음과 결합한다.

③ 14가지 해로운 마음부수는 오직 해로운 마음과만 결합한다.

④ 4가지 해로운 필수(미혹 관련) 마음부수는 모든 해로운 마음과 결합한다.

⑤ 19가지 아름다운 필수 마음부수는 모든 아름다운 마음과 결합한다.

⑥ 나머지 아름다운 마음부수는 오직 아름다운 마음과만 결합한다.

각각의 마음부수와 다양한 마음과의 결합에 대하여 상세하게 조사하기 위해서는, 이 책의 뒤에 있는 〈도표 2〉의 결합 방법을 참조하면 된다.

1.4.1. 중립적 마음부수의 결합

(1) 7가지 필수 마음부수는 모든 마음과 결합한다.

(2) 최초의 적용(vitakka, 일으킨 생각)은 〔10가지 한 쌍의 전오식을 제외한〕 44가지 욕계의 마음과 11가지 초선정의 마음으로 구성되는 55가지 마음과 결합한다.

(3) 지속적 적용(vicāra, 지속적 고찰)은 〔10가지 한 쌍의 전오식을 제외한〕 44가지 욕계의 마음, 11가지 초선정의 마음, 11가지 이선정의 마음으로 구성되는 66가지 마음과 결합한다.

(4) 결심(adhmokkha)은 10가지 한 쌍의 전오식과 의심과 결합한 마음을 제외하고, 〔통찰명상을 수단으로 하는〕 간단한 방법에서는 78

가지 마음과 결합하고, 〔고요명상을 수단으로 하는〕 넓은 방법에서는 110가지 마음과 결합한다.

(5) 정진(vīriya)은 10가지 한 쌍의 전오식, 2가지 받아들이는 마음, 3가지 조사하는 마음, 1가지 오문전향의 마음을 제외하고, 간단한 방법에서는 73가지 마음과 결합하고, 넓은 방법에서는 105가지 마음과 결합한다.

(6) 희열(pīti)은 4가지 탐욕에 뿌리박은 마음, 1가지 기쁨이 함께한 조사하는 마음, 1가지 미소 짓는 마음, 12가지 욕계의 아름다운 기쁨이 함께한 마음, 11가지 초선정의 마음, 11가지 이선정의 마음, 11가지 삼선정의 마음으로 구성되는 51가지 기쁨이 함께한 마음과 결합한다.

(7) 열의(chanda)는 2가지 미혹에 뿌리박은 마음과 18가지 원인 없는 마음을 제외하고, 간단한 방법에서는 69가지 마음과 결합하고, 넓은 방법에서는 101가지 마음과 결합한다.

1.4.2. 해로운 마음부수의 결합

(1) 4가지 해로운 필수 마음부수인 미혹(moha), 도덕적 부끄러움 없음(ahirika), 도덕적 두려움 없음(anottappa), 들뜸(uddhacca)은 12가지 모든 해로운 마음과 결합한다.

(2) 탐욕(lobha)은 8가지 탐욕에 뿌리박은 마음과 결합한다. 사견(diṭṭhi)은 4가지 사견과 결합한 마음과 결합한다. 자만(māna)은 4가지 사견과 결합하지 않은 마음과 결합한다.

(3) 성냄(dosa), 질투(issā), 인색(maccchariya), 후회(kukkucca)는 2가

지 성냄에 뿌리박은 마음과 결합한다.

(4) 해태(thina)와 혼침(middha)은 5가지 해로운 자극받은 마음과 결합한다.

(5) 의심(vicikicchā)은 미혹에 뿌리박은, 의심과 결합한 마음과 결합한다.

1.4.3. 아름다운 마음부수의 결합

(1) 19가지 아름다운 필수 마음부수는 모든 아름다운 마음과 결합하여, 간단한 방법에서는 수가 59가지가 되고, 넓은 방법에서는 수가 91가지가 된다.

(2) 3가지 절제의 마음부수인 바른 말(sammā-vācā), 바른 행위(sammā-kammanta), 바른 생계(sammā-ājīva)는 8가지 큰 유익한 마음과는 간헐적으로 또는 개별적으로 결합하고 8가지 출세간의 마음과는 한결같이 뭉쳐서 결합한다.

(3) 2가지 무량의 마음부수인 연민(karuṇā)과 기쁨(muditā)은 15가지 오선정의 마음을 제외하고 8가지 큰 유익한 마음, 8가지 큰 작용만 하는 마음, 12가지 고귀한 마음으로 구성되는 28가지 마음과 결합한다.

(4) 통찰지의 기능(paññindriya)인 통찰지의 마음부수는 12가지 욕계의 아름다운 지혜와 결합한 마음, 27가지 고귀한 마음, 8가지 출세간의 마음으로 구성되는 47가지 마음과 결합한다.

1.5. 다양한 마음과 마음부수의 조합

이 책의 뒤에 있는 〈도표 3〉의 마음부수 조합 방법에 관한 도표를 참고할 것을 권한다.

1.5.1. 해로운 마음의 마음부수

기쁨이 함께한 마음이면, 13가지 모든 중립적 마음부수는 그 마음과 조합할 것이다. 평온이 함께한 마음이거나 불만이 함께한 마음이면, 희열은 그 13가지 중립적 마음부수에서 제외될 것이다. 자극받지 않고 탐욕에 뿌리박은 4가지 마음을 먼저 살펴보자.

(1) 탐욕에 뿌리박고 자극받지 않은 첫 번째 마음은 19가지 마음부수, 즉 13가지 중립적 마음부수, 4가지 해로운 필수 마음부수, 탐욕, 사견과 조합한다.
(2) 탐욕에 뿌리박고 자극받지 않은 두 번째 마음은 19가지 마음부수, 즉 13가지 중립적 마음부수, 4가지 해로운 필수 마음부수, 탐욕, 자만과 조합한다.
(3) 탐욕에 뿌리박고 자극받지 않은 세 번째 마음은 18가지 마음부수, 즉 〔희열을 제외한〕 12가지 중립적 마음부수, 4가지 해로운 필수 마음부수, 탐욕, 사견과 조합한다.
(4) 탐욕에 뿌리박고 자극받지 않은 네 번째 마음은 18가지 마음부수, 즉 〔희열을 제외한〕 12가지 중립적 마음부수, 4가지 해로운 필수 마음부수, 탐욕, 자만과 조합한다.

탐욕에 뿌리박고 자극받은 마음 4가지는 그것과 상응하는 자극받지 않은 마음, 해태와 혼침과 같은 마음부수와 조합한다는 사실에 주목하라.

(5) 탐욕에 뿌리박고 자극받은 첫 번째 마음은 21가지 마음부수, 즉 13가지 중립적 마음부수, 4가지 해로운 필수 마음부수, 탐욕, 사견, 해태, 혼침과 조합한다.
(6) 탐욕에 뿌리박고 자극받은 두 번째 마음은 21가지 마음부수, 즉 13가지 중립적 마음부수, 4가지 해로운 필수 마음부수, 탐욕, 자만, 해태, 혼침과 조합한다.
(7) 탐욕에 뿌리박고 자극받은 세 번째 마음은 20가지 마음부수, 즉 〔희열을 제외한〕 12가지 중립적 마음부수, 4가지 해로운 필수 마음부수, 탐욕, 사견, 해태, 혼침과 조합한다.
(8) 탐욕에 뿌리박고 자극받은 네 번째 마음은 20가지 마음부수, 즉 〔희열을 제외한〕 12가지 중립적 마음부수, 4가지 해로운 필수 마음부수, 탐욕, 자만, 해태, 혼침과 조합한다.
(9) 성냄에 뿌리박고 자극받지 않은 마음은 20가지 마음부수, 즉 〔희열을 제외한〕 12가지 중립적 마음부수, 4가지 해로운 필수 마음부수, 성냄과 연관된 4가지 마음부수와 조합한다.
(10) 성냄에 뿌리박고 자극받은 마음은 22가지 마음부수, 즉 〔희열을 제외한〕 12가지 중립적 마음부수, 4가지 해로운 필수 마음부수, 성냄과 연관된 4가지 마음부수, 해태, 혼침과 조합한다.
(11) 미혹에 뿌리박고 의심과 결합한 마음은 15가지 마음부수, 즉 〔결정, 희열, 열의를 제외한〕 10가지 중립적 마음부수, 4가지 해로

운 필수 마음부수, 의심과 조합한다.

(12) 미혹에 뿌리박고 들뜸과 결합한 마음은 15가지 마음부수, 즉 〔희열과 열의를 제외한〕 11가지 중립적 마음부수, 4가지 해로운 필수 마음부수와 조합한다.

1.5.2. 원인 없는 마음의 마음부수

(1) 10가지 한 쌍의 전오식은 오직 7가지 모든 마음에 필수적인 마음부수와만 조합한다.

(2) 기쁨이 함께한 조사하는 마음은 〔정진과 열의를 제외한〕 11가지 중립적 마음부수와 조합한다.

(3) 의문전향의 마음은 〔희열과 열의를 제외한〕 11가지 중립적 마음부수와 조합한다.

(4) 미소 짓는 마음은 〔열의를 제외한〕 12가지 중립적 마음부수와 조합한다.

(5) 오문전향의 마음, 2가지 받아들이는 마음, 2가지 평온이 함께한 조사하는 마음은 〔정진, 희열, 열의를 제외한〕 10가지 중립적 마음부수와 조합한다.

1.5.3. 큰 유익한 마음의 마음부수

(1) 첫 번째 큰 유익한 마음의 쌍은 각각 38가지 마음부수, 즉 13가지 중립적 마음부수, 25가지 아름다운 마음부수와 조합한다.

(2) 두 번째 큰 유익한 마음의 쌍은 각각 37가지 마음부수, 즉 13가지 중립적 마음부수, 〔통찰지를 제외한〕 24가지 아름다운 마음부수와

조합한다.

(3) 세 번째 큰 유익한 마음의 쌍은 각각 37가지 마음부수, 즉 〔희열을 제외한〕 12가지 중립적 마음부수, 25가지 아름다운 마음부수와 조합한다.

(4) 네 번째 큰 유익한 마음의 쌍은 각각 36가지 마음부수, 즉 〔희열을 제외한〕 12가지 중립적 마음부수, 〔통찰지를 제외한〕 24가지 아름다운 마음부수와 조합한다.

해태와 혼침은 해로운 마음부수여서 자극받은 아름다운 마음과 조합하지 않는다는 것에 주목하라. 그러므로 각각의 쌍으로 자극받지 않은 마음과 자극받은 마음과 조합하는 마음부수는 같다. 2가지 마음의 강도 차이는 그 2가지 의도의 강도 차이 때문이다.

1.5.4. 큰 과보의 마음의 마음부수

과거 업의 과보인 과보의 마음(vipāka-citta)은 어떤 공덕이 되는 행위도 행하지 않는다. 그리하여 과보의 마음은 3가지 절제의 마음부수 및 2가지 무량의 마음부수와는 조합하지 않는다. 그 이유는 이 마음부수들이 공덕이 되는 행위를 일으키기 때문이다.

(1) 첫 번째 큰 과보의 마음의 쌍은 각각 33가지 마음부수, 즉 13가지 중립적 마음부수, 〔절제와 무량을 제외한〕 20가지 아름다운 마음부수와 조합한다.

(2) 두 번째 큰 과보의 마음의 쌍은 각각 32가지 마음부수, 즉 13가지 중립적 마음부수, 19가지 아름다운 필수 마음부수와 조합한다.

(3) 세 번째 큰 과보의 마음의 쌍은 각각 32가지 마음부수, 즉 〔희열을 제외한〕 12가지 중립적 마음부수, 〔절제와 무량을 제외한〕 20가지 아름다운 마음부수와 조합한다.

(4) 네 번째 큰 과보의 마음의 쌍은 각각 31가지 마음부수, 즉 〔희열을 제외한〕 12가지 중립적 마음부수, 19가지 아름다운 필수 마음부수와 조합한다.

1.5.5. 큰 작용만 하는 마음의 마음부수

3가지 절제의 마음부수는 유익한 법(kusala-dhamma)이어서 무기법(avyākata-dhamma, 無記法, 업에 중립인 법)인 큰 작용만 하는 마음과는 조합하지 않는다.

하지만 2가지 무량의 마음부수는 큰 작용만 하는 마음과 조합한다. 그 이유는 아라한이 연민과 기쁨을 명상하기 때문이다.

(1) 첫 번째 큰 작용만 하는 마음의 쌍은 각각 35가지 마음부수, 즉 13가지 중립적 마음부수, 〔절제를 제외한〕 22가지 아름다운 마음부수와 조합한다.

(2) 두 번째 큰 작용만 하는 마음의 쌍은 각각 34가지 마음부수, 즉 13가지 중립적 마음부수, 〔절제와 통찰지를 제외한〕 21가지 아름다운 마음부수와 조합한다.

(3) 세 번째 큰 작용만 하는 마음의 쌍은 각각 34가지 마음부수, 즉 〔희열을 제외한〕 12가지 중립적 마음부수, 〔절제를 제외한〕 22가지 아름다운 마음부수와 조합한다.

(4) 네 번째 큰 작용만 하는 마음의 쌍은 각각 33가지 마음부수, 즉 〔희열을 제외한〕 12가지 중립적 마음부수, 〔절제와 통찰지를 제외한〕 21가지 아름다운 마음부수와 조합한다.

1.5.6. 고귀한 마음의 마음부수

고귀한 마음과 조합하는 마음부수를 열거할 때, 선정의 요소가 고려되어야 한다. 일으킨 생각은 이선정부터 제거되어야 하고, 지속적 고찰은 삼선정부터 제거되어야 하며, 희열은 사선정부터 제거되어야 한다. 오선정에서는 행복을 평정으로 대체함으로써 마음부수의 수의 변화는 없다. 그 이유는 평정과 행복은 느낌의 마음부수를 나타내기 때문이다.

더욱이 3가지 절제의 마음부수는 고귀한 마음과 조합하지 않는다. 왜냐하면 이 마음은 까시나 등의 닮은 표상에 집중해서 3가지 절제와 연결된 대상을 취할 수 없기 때문이다.

연민과 기쁨은 초선정부터 사선정까지 결합할 수 있다. 왜냐하면 이 선정들은 연민과 기쁨을 명상함으로써 계발될 수 있기 때문이다. 오선정에서는 평정과 결합하기 때문에 연민과 기쁨 둘 다 제거되어야 한다.

(1) 3가지 초선정의 고귀한 마음은 각각 35가지 마음부수, 즉 13가지 중립적 마음부수, 〔절제를 제외한〕 22가지 아름다운 마음부수와 조합한다.

(2) 3가지 이선정의 고귀한 마음은 각각 34가지 마음부수, 즉 〔일으킨 생각을 제외한〕 12가지 중립적 마음부수, 〔절제를 제외한〕 22가지 아름다운 마음부수와 조합한다.

(3) 3가지 삼선정의 고귀한 마음은 각각 33가지 마음부수, 즉 〔일으킨 생각과 지속적 고찰을 제외한〕 11가지 중립적 마음부수, 〔절제를 제외한〕 22가지 아름다운 마음부수와 조합한다.

(4) 사선정의 고귀한 마음은 각각 32가지 마음부수, 즉 〔일으킨 생각, 지속적 고찰, 희열을 제외한〕 10가지 중립적 마음부수, 〔절제를 제외한〕 22가지 아름다운 마음부수와 조합한다.

(5) 오선정의 고귀한 15가지 마음은 각각 30가지 마음부수, 즉 〔일으킨 생각, 지속적 고찰, 희열을 제외한〕 10가지 중립적 마음부수, 〔절제와 무량을 제외한〕 20가지 아름다운 마음부수와 조합한다.

1.5.7. 출세간 마음의 마음부수

40가지 출세간의 마음은 선정의 마음이어서 선정의 요소는 위에서 언급한 대로 제거되어야 한다.

3가지 절제의 마음부수는 성스러운 팔정도의 요소여서 모든 출세간의 마음과 모두 조합한다.

그러나 2가지 무량의 마음부수는 열반에 집중하는 것이어서 연민, 기쁨과 연관된 대상을 취할 수 없는 출세간의 마음과는 조합하지 않는다.

(1) 8가지 첫 번째 초선정의 출세간의 마음은 각각 36가지 마음부수, 즉 13가지 중립적 마음부수, 〔무량을 제외한〕 23가지 아름다운 마음부수와 조합한다.

(2) 8가지 이선정의 출세간의 마음은 각각 35가지 마음부수, 즉 〔일

으킨 생각을 제외한] 12가지 중립적 마음부수, [무량을 제외한] 23가지 아름다운 마음부수와 조합한다.

(3) 8가지 삼선정의 출세간의 마음은 각각 34가지 마음부수, 즉 [일으킨 생각과 지속적 고찰을 제외한] 11가지 중립적 마음부수, [무량을 제외한] 23가지 아름다운 마음부수와 조합한다.

(4) 8가지 사선정의 출세간의 마음은 각각 33가지 마음부수, 즉 [일으킨 생각, 지속적 고찰, 희열을 제외한] 10가지 중립적 마음부수, [무량을 제외한] 23가지 아름다운 마음부수와 조합한다.

(5) 8가지 오선정의 출세간의 마음도 각각 33가지 마음부수, 즉 [일으킨 생각, 지속적 고찰, 희열을 제외한] 10가지 중립적 마음부수, [무량을 제외한] 23가지 아름다운 마음부수와 조합한다.

1.5.8. 고정된 마음부수와 고정되지 않은 마음부수

52가지 마음부수 가운데 41가지는 고정된 마음부수라고 불리고, 나머지 11가지는 고정되지 않은 마음부수라고 불린다.

고정된 마음부수는 그것들이 결합한다고 알려진 마음과 언제나 결합한다. 고정되지 않은 마음부수는 그것들이 결합한다고 알려진 마음과 언제나 결합하는 것은 아니다. 고정되지 않은 마음부수는 일어나야 할 때만 일어난다.

11가지 고정되지 않은 마음부수는 질투, 인색, 후회, 자만, 해태, 혼침, 3가지 절제, 2가지 무량이다. 고정되지 않은 마음부수가 마음과 결합하는 방법은 다음과 같다.

(1) 비록 〈도표 3〉에서 질투, 인색, 후회가 성냄에 뿌리박은 2가지 마음과 결합한다고 언급되어 있지만, 그것들은 성냄에 뿌리박은 마음이 일어날 때마다 일어나는 것은 아니다.
질투는 남의 성공이나 번영을 시기할 때만 일어나고, 그렇지 않으면 일어나지 않는다. 질투가 일어날 때 인색과 후회는 일어나지 않는다. 인색은 자신의 재산을 숨기고 인색한 느낌을 가질 때만 일어나고, 그렇지 않으면 일어나지 않는다. 인색이 일어날 때 질투와 후회는 일어나지 않는다. 후회는 오직 행한 악한 일이나 행하지 않은 좋은 일에 대해 슬퍼할 때만 일어나고, 그렇지 않으면 일어나지 않는다. 후회가 일어날 때 질투와 인색은 일어나지 않는다. 질투, 인색, 후회는 동시에 일어나지 않고, 따로 조건들이 충족될 때만 일어난다. 마음부수가 이렇게 결합하는 방법을 '따로 때때로(nānā-kadāci)'라고 한다.

(2) 비록 자만이 탐욕에 뿌리박고 사견과 결합하지 않은 4가지 마음과 결합한다고 하지만, 자만은 자신을 높게 생각하고 남을 업신여길 때만 일어난다. 그것은 자만을 갖고 있지 않을 때는 일어나지 않는다.

(3) 비록 해태와 혼침이 5가지 해로운 자극받은 마음과 결합한다고 하지만, 해태와 혼침은 이 마음들과 그것들의 마음부수들이 둔하고 활기가 없고 병적일 때만 일어나고, 그렇지 않으면 일어나지 않는다.

(4) 3가지 절제의 마음부수, 즉 바른 말, 바른 행위, 바른 생계도 '따로 때때로'의 방식으로 일어난다. 바른 말은 그릇된 말을 절제할 때만 일어나고, 그렇지 않으면 일어나지 않는다. 바른 행위는 그

릇된 행위를 절제할 때만 일어나고, 그렇지 않으면 일어나지 않는다. 바른 생계는 그릇된 생계를 절제할 때만 일어나고, 그렇지 않으면 일어나지 않는다.

(5) 2가지 무량의 마음부수, 즉 연민과 기쁨도 '따로 때때로'의 방식으로 일어난다. 연민은 어떤 사람에 대해 연민을 가질 때만 일어나고, 그렇지 않으면 일어나지 않는다. 기쁨은 어떤 사람의 성공이나 번영에 대해 기뻐할 때만 일어나고, 그렇지 않으면 일어나지 않는다.

2. 적용

질문 어떤 사람이 아내가 차려준 음식이 좋지 않다며 화를 낸다. 이 남자의 마음의 유형은 무엇이고 그 마음과 조합하는 마음부수는 무엇인가?

답 그 마음의 이름은 다음과 같다.

"불만족이 함께한, 적의와 결합한, 자극받지 않은, 성냄에 뿌리박은 마음."

이 마음과 결합하는 마음부수는 〔희열을 제외한〕 12가지 중립적 마음부수, 4가지 해로운 필수 마음부수, 성냄이다. 〔질투와 인색과 후회는 이 마음에서는 일어나지 않는다.〕

질문 어떤 사람은 다른 사람이 자신의 직업보다 더 좋은 직업을 가졌기 때문에 슬픔을 느낀다. 이 마음의 유형은 무엇이고 그것의 마음부수는 무엇인가?

답 이 마음의 이름은 위에서 언급한 것과 동일하다. 그러나 이제 그 사람이 다른 사람의 성공을 시기하고 있으므로 질투가 또한 위에서 언급한 마음부수들에 더하여 그 마음과 결합할 것이다.

질문 어떤 사람은 자신의 사무실을 새로 온 다른 사람과 공유하기를 원하지 않기 때문에 불편한 느낌을 갖는다. 이 마음의 유형은 무엇이고 그 마음과 조합하는 마음부수는 무엇인가?

답 그 마음은 다음과 같다.

"불만족이 함께하는, 적의와 결합한, 자극받지 않은, 성냄에 뿌리박은 마음."

이 마음과 결합하는 마음부수는 〔희열을 제외한〕 12가지 중립적 마음부수, 4가지 해로운 필수 마음부수, 성냄, 인색이다.

질문 어떤 남자가 나쁜 일을 한 후에 후회하는 느낌을 갖는다. 이 마음의 유형은 무엇이고 그 마음과 조합하는 마음부수는 무엇인가?

답 그의 마음은 다음과 같다.

"불만족이 함께하는, 적의와 결합한, 자극받지 않은, 성냄에 뿌리박은 마음."

이 마음과 결합하는 마음부수는 〔희열을 제외한〕 12가지 중립적 마음부수, 4가지 해로운 필수 마음부수, 성냄, 후회이다.

질문 어떤 가난한 사람이 업과 업의 과보를 알고 있다. 그는 마지못해 다른 사람의 핸드백을 훔친다. 그의 마음은 무엇이고 그것과 조합하는 마음부수는 무엇인가?

답 그 가난한 사람의 마음은 다음과 같다.

"평온이 함께한, 사견과 결합하지 않은, 자극받은, 탐욕에 뿌리박은 마음."

그 마음과 결합하는 마음부수는 〔희열을 제외한〕 12가지 중립적 마음부수, 4가지 해로운 필수 마음부수, 탐욕, 해태와 혼침이다.

질문 멋진 옷을 입은 아름다운 여성이 네 명의 남자가 그녀를 보고 있는 것을 알고 위풍당당하고 흥겹게 걷는다. 그녀의 마음은 무엇이고 그 마음과 조합하는 마음부수는 무엇인가?

답 그녀의 마음은 다음과 같다.

"기쁨이 함께한, 사견과 결합하지 않은, 자극받지 않은, 탐욕에 뿌리박은 마음."

그 마음과 결합하는 마음부수는 13가지 중립적 마음부수, 4가지 해로운 필수 마음부수, 탐욕, 자만이다.

질문 한 숙녀가 기쁨과 업에 대한 지혜를 가지고 탑에 예경하고 있다. 그녀의 마음은 무엇이고 그 마음과 조합하는 마음부수는 무엇인가?

답 그녀의 마음은 다음과 같다.

"기쁨이 함께한, 지혜와 결합한, 자극받지 않은, 큰 유익한 마음."

그 마음과 결합하는 마음부수는 13가지 중립적 마음부수, 19가지 아름다운 필수 마음부수, 통찰지의 기능이다. 〔절제와 무량은 이 마음과는

결합하지 않는다.]

질문　어떤 사람은 업과 업의 과보를 알고 있어 거짓말을 하고 싶지 않기 때문에 소득세 서류에 마지못해 자신의 소득의 바른 액수를 쓴다. 그 사람의 마음은 무엇이고 그 마음과 조합하는 마음부수는 무엇인가?

답　그 사람의 마음은 다음과 같다.

"평온이 함께한, 지혜와 결합한, 자극받은, 큰 유익한 마음."

그 마음부수는 [희열을 제외한] 12가지 중립적 마음부수, 19가지 아름다운 필수 마음부수, 바른 말, 통찰지이다.

질문　업과 업의 과보를 알자마자, 어떤 어부는 비록 마지못해서이지만 그의 생계를 위한 어업을 그만두었다. 그 어부의 마음은 무엇이고 그것의 마음부수는 무엇인가?

답　그 어부의 마음은 다음과 같다.

"평온이 함께한, 지혜와 결합한, 자극받은, 큰 유익한 마음."

그 마음부수는 [희열을 제외한] 12가지 중립적 마음부수, 19가지 아름다운 필수 마음부수, 통찰지의 기능, 바른 생계이다.

질문　어떤 아이가 차에 치인 개에게 동정심을 느낀다. 그 아이는 그때 기쁨이 없고 업에 대한 지혜를 갖고 있지 않았다. 그 아이의 마음은 무엇이고 그것의 마음부수는 무엇인가?

답　그 아이의 마음은 다음과 같다.

"평온이 함께한, 지혜와 결합하지 않은, 자극받지 않은, 큰 유익한 마음."

그 마음과 결합하는 마음부수는 〔희열을 제외한〕 12가지 중립적 마음부수, 19가지 아름다운 필수 마음부수, 연민이다.

질문 어떤 아버지는 시험에서 아들이 성공한 것에 대해 기쁘게 축하한다. 그 아버지는 그 경우에 업과 업의 과보에 대해 생각하지 않는다. 그 아버지의 마음은 무엇이고 그것의 마음부수는 무엇인가?

답 그 아버지의 마음은 다음과 같다.

"기쁨이 함께하는, 지혜와 결합하지 않은, 자극받지 않은, 큰 유익한 마음."

그 마음부수는 13가지 중립적 마음부수, 19가지 아름다운 필수 마음부수, 기쁨이다.

질문 어떤 남자는 흙 까시나의 닮은 표상을 명상하여 사선정에 몰입하고 있다. 그 마음의 이름은 무엇이고 그 마음과 조합하는 마음부수는 무엇인가?

답 그 마음은 "색계 사선정의 유익한 마음"이다.

그것은 또한 다음과 같이 불리기도 한다.

"행복과 집중이 함께한 사선정의 유익한 마음."

그 마음과 결합하는 마음부수는 〔일으킨 생각, 지속적 고찰, 희열을 제외한〕 10가지 중립적 마음부수, 19가지 아름다운 필수 마음부수, 통찰지이다.

질문 기쁜 느낌이 함께한 예류과의 마음과 조합하는 마음부수는 무엇인가?

답 그 마음부수는 13가지 중립적 마음부수, 19가지 아름다운 필수 마음부수, 3가지 절제의 마음부수, 통찰지의 기능이다.

3. 마음과 마음부수를 분석하는 이유

아비담마에서 붓다는 정신을 마음과 마음부수라고 불리는 궁극적 구성 요소로 분석했다. 이 구성 요소를 궁극적 실재(paramattha)라 한다. 그것들은 매우 미묘하고 어떤 형태나 모양도 갖고 있지 않아서 심지어 가장 강력한 전자현미경으로도 볼 수 없다.

우리는 이제 마음이 대상에 대한 앎이라는 특성을 갖고 있는 궁극적 실재라는 것을 알고 있다. 52가지 마음부수도 다른 특성을 갖고 있는 다른 궁극적 실재이다. 마음부수가 마음과 다양하고 체계적으로 결합함으로써, 간단하게는 89가지 마음의 유형, 넓게는 121가지 마음의 유형이 존재하게 된다.

원래의 마음은 유리잔에 담긴 순수한 물과 같다. 한 방울의 빨강 잉크가 그 물에 추가되면 물 전체가 빨강이 된다. 한 방울의 검정 잉크가 그 물에 추가되면 전체 물 덩어리가 검정이 된다. 마찬가지로 마음이 해로운 마음부수와 조합하면 전체 덩어리인 마음은 해롭고 추하게 된다. 마음이 아름다운 마음부수와 조합하면 마음은 아름답고 유익하게 된다.

마음과 마음부수의 조합은 아비담마 주석서에서 언급된 대로 눈 깜짝할 사이에 1조 번 이상의 엄청난 속도로 일어나서 소멸한다. 이 빠르게 변하는 조합의 구성 요소들을 알 수 있겠는가? 강에서 떠 온 물 한 잔에서, 강에 흘러 들어온 다양한 시내와 개울에서 온 물방울을 구별하는 것은 가능하지 않을 것이다. 그렇지만 이 일은 마음과 마음부수의 보이지 않고 빠르게 변화하는 조합에 대한 분석과 비교하면 훨씬 더 쉬울 것이다.

붓다는 마음의 궁극적 분석에서 불가능한 것을 해냈다. 그렇다면 이런 분석의 목적은 무엇인가?

그것은 궁극적 의미에서 사물을 있는 그대로 보려는 것을 목적으로 한다. 이와 같이 사물의 궁극적인 기능을 볼 수 있으면, 자아도 영혼도 사람도 없다는 것을 이해할 수 있고, 그리하며 유신견(sakkāya-diṭṭhi, 有身見)을 버릴 수 있다. 성스러운 길〔팔정도〕을 따라가면 곧 열반이 실현될 것이다.

마음과 마음부수의 이런 조합들은 일어나자마자 소멸하는데, 그것을 볼 수 있고 구별할 수 있는가? 물론 그렇게 할 수 있다. 그렇다면 어떻게 볼 수 있는가?

우리는 먼저 삼매를 계발해야 한다. 근접삼매 또는 선정삼매와 함께 할 때, 의식은 마음과 마음부수의 조합을 볼 수 있고 분석할 수 있다.

분석방법은 『상윳따 니까야』(ⅱ, 12), 「삼매경」, 『청정도론』(ⅱ, 222), 미얀마의 레디 사야도가 쓴 『보리분법 해설서』(Bodhipakkhiya Dīpanī) 등에 설명되어 있다. 이 방법들은 국제파욱숲속명상센터와 같은 여러 나라의 명상센터에서 성공적으로 수행되고 있다.

그리하여 아비담마의 지식〔지혜〕은 추측에 근거한 지식도 아니고 지식 자체를 위한 수준 높은 지식도 아니다. 아비담마의 지혜는 모든 괴로움에서의 해탈과 깨달음을 위해 학습되고 소화되고 수행되어야 한다.

제3장

혼합 항목

우리는 마음과 마음부수가 다르면서 명확한 특성들을 가진 53가지 궁극적 실재라는 것을 보았다. 제3장에서는 느낌, 원인〔뿌리〕, 기능, 문(門), 대상, 토대에 따라 마음과 마음부수를 분류할 것이다.

제3장의 제목인 빠낀나까(Pakiṇṇaka)는 '여러 가지의, 혼합된'을 의미한다. 우리는 제3장에서 정신·물질 사이의 내적 관계들도 보게 될 것이다.

1. 느낌(Vedanā)의 개요

여기에서는 마음과 마음부수를 느낌에 따라 간략하게 엮을 것이다. 먼저 느낌은 2가지 방법으로 분류된다.

A. 감각대상에 따른 분류

① 행복한 느낌(sukha vedanā) : 즐겁고 바람직한 대상과 접촉할 때 경험되는 즐거운 느낌

② 고통스런 느낌(dukkha vedanā) : 불쾌하고 바람직하지 않은 대상과 접촉할 때 경험되는 고통스러운 느낌

③ 중립적인 느낌(upekkhā vedanā) : 즐겁지도 않고 괴롭지도 않은 대상과 접촉할 때 경험되는 즐겁지도 않고 괴롭지도 않은 중립적인 느낌

B. 지배하는 기능에 따른 분류

① 기쁜 느낌(somanassa vedanā) : 즐거운 정신적인 느낌

② 불만족한 느낌(domanassa vedanā) : 괴로운 정신적인 느낌

③ 행복한 느낌(sukha vedanā) : 즐거운 몸의 느낌

④ 고통스런 느낌(dukkha vedanā) : 괴로운 몸의 느낌

⑤ 중립적인 느낌(upekkhā vedanā) : 무관심한 또는 중립적인 느낌

분류 A에서 행복은 마음과 몸 둘 다에서의 즐거운 느낌을 의미하는 반면, 고통은 마음과 몸 둘 다에서의 괴로운 느낌을 의미한다.

분류 B에서 행복은 기쁨과 행복으로 나뉘는 반면, 고통은 불만족과 고통으로 나뉜다. 그리하여 마음에서의 느낌과 몸에서의 느낌은 다르다는 것, 사람은 비록 그의 몸이 고통의 상태에 있어도 행복할 수 있다는 것, 부유한 사람이 매우 사치스럽게 살아도 불행할 수 있다는 것에 주목해야 한다.

느낌에 따른 마음의 분류

〈도표 1〉 '마음의 모든 것'에서 5가지 부류의 느낌에 따라 5가지 종류의 기호가 지정되었다. 그리고 우리는 〈표 1.1〉(97쪽)에서 이미 5가지 유형의 느낌에 따라 마음을 분류했다.

〈표 1.1〉을 보면서 다음과 같이 말할 수 있다.

(1) 행복한 느낌은 오직 하나의 마음, 즉 원인 없고 유익한 과보이며 행복이 함께한 신식(身識)의 마음과 결합한다.

(2) 고통스런 느낌도 오직 하나의 마음, 즉 해로운 과보이고 고통이

함께한 신식의 마음과 결합한다.

(3) 불만족한 느낌은 2가지 성냄에 뿌리박은 마음과 결합한다.

(4) 기쁜 느낌은 62가지 마음, 즉 18가지 욕계의 기쁜 마음, 12가지 고귀한 기쁜 마음, 32가지 출세간의 기쁜 마음과 결합한다.

(5) 중립적인 느낌은 55가지 마음, 즉 32가지 욕계의 중립적인 마음, 15가지 고귀한 중립적인 마음, 8가지 출세간의 중립적인 마음과 결합한다.

위에 있는 마음의 분류는 또한 느낌에 따른 마음부수의 분류를 포함하고 있다고 볼 수 있다.

그 이유는 행복이 함께한 마음과 결합하는 마음부수가 행복한 느낌과도 결합하고, 고통이 함께한 마음과 결합하는 마음부수가 고통스런 느낌과도 결합하며, 불만족한 마음과 결합하는 마음부수가 불만족한 느낌과도 결합하기 때문이다.

2. 원인(Hetu)의 개요

여기에서는 마음과 마음부수를 원인에 따라 간략하게 엮을 것이다. 6가지 유형의 원인이 있다.

① 3가지 해로운 원인(akusala hetu) : 탐욕, 성냄, 미혹

② 3가지 유익한 원인(kusala hetu) : 탐욕 없음, 성냄 없음, 미혹 없음

③ 3가지 무기의 원인(avyākata hetu) : 탐욕 없음, 성냄 없음, 미혹 없음

해로운 원인은 해로운 마음과 결합하는 원인이다. 유익한 원인은 유익한 마음과 결합하는 원인이다. 무기의 원인은 과보의 마음 또는 작용만 하는 마음과 결합하는 원인이다. 무기의 원인은 유익한 원인과 동일하다.

'무기(無記)'는 '유익한' 업으로도 '해로운' 업으로도 '결정되지 않는 것'을 의미한다. 과보의 마음과 작용만 하는 마음은 그것들의 마음부수와 함께 업의 속성을 갖고 있지 않기 때문에 '무기'라고 명명된다.

원인에 따른 마음의 분류

(1) 원인 없는 마음(ahetuka citta) 18가지 : 원인 없는 마음은 7가지 해로운 과보의 마음, 8가지 원인 없는 유익한 과보의 마음, 3가지 원인 없는 작용만 하는 마음이다.

(2) 원인 있는 마음(sahetuka citta) 71가지

① 1가지 원인 있는 마음(ekahetuka citta) 2가지 : 1가지 원인 있는 마음은 원인으로 오직 미혹만을 가진 2개의 미혹에 뿌리박은 마음이다.

② 2가지 원인 있는 마음(dvihetuka citta) 22가지 : 2가지 원인 있는 마음은 원인으로 탐욕과 미혹을 가진 8가지 탐욕에 뿌리박은 마음, 원인으로 성냄과 미혹을 가진 2가지 성냄에 뿌리박은 마음, 원인으로 탐욕 없음과 성냄 없음을 가진 12가지 욕계의 아름답고 지혜와 결합하지 않은 마음이다.

③ 3가지 원인 있는 마음(tihetuka citta) 47가지 : 3가지 원인 있는 마음은 12가지 욕계의 아름답고 지혜와 결합한 마음, 27가지 고귀한 마음, 8가지 출세간의 마음이다.

각각의 마음과 결합하는 마음부수는 그 마음과 같은 부류에 속할

것이다. 이 책의 뒤에 있는 원인에 관한 도표(〈도표 4.1〉)를 참고하면 원인에 기초한 분류를 빠르게 검토할 수 있다.

3. 기능(Kicca)의 개요

여기에서는 기능에 따라 마음과 마음부수를 간결하게 엮을 것이다.

다양한 마음이 수행하는 14가지 기능이 있다. 각각의 마음이 적어도 1가지 유형의 기능을 수행하는 것을 아는 것은 훌륭한 일이다. 이 기능은 삶에서 중요하다.

① 재생연결 기능(paṭisandhi-kicca) : 재생 기능 또는 과거의 삶을 현재의 삶과 연결하는 것

② 생명연속 기능(bhavaṅga-kicca) : 생명 흐름의 형성을 죽을 때까지 끊임없이 계속하는 생명연속 기능

③ 전향 기능(āvajjana-kicca) : 감각대상에 직면하여 의식의 흐름을 대상으로 인도하는 전향 기능

④ 봄 기능(dassana-kicca) : 대상을 보는 기능

⑤ 들음 기능(savana-kicca) : 소리를 듣는 기능

⑥ 냄새 맡음 기능(ghāyana-kicca) : 대상의 냄새를 맡는 기능

⑦ 맛봄 기능(sāyana-kicca) : 대상의 맛을 보는 기능

⑧ 닿음 기능(phusana-kicca) : 대상에 닿는 기능

⑨ 받아들임 기능(sampaṭicchana-kicca) : 대상을 받아들이는 기능

⑩ 조사 기능(santīraṇa-kicca) : 대상을 조사하는 기능

⑪ 결정 기능(voṭṭhapana-kicca) : 대상이 좋은지 나쁜지를 결정하는 기능

⑫ 속행 기능(javana-kicca) : 대상의 맛을 즐기는 통각 기능

⑬ 등록 기능(tadālambaṇa-kicca) : 대상의 맛을 계속 즐기는 등록 기능

⑭ 죽음 기능(cuti-kicca) : 죽음의 기능

3.1. 각각의 기능을 수행하는 마음

각 기능을 수행하는 마음을 빨리 보려면 이 책의 뒤에 있는 〈도표 4.2〉를 참고하라.

(1) 재생 기능을 수행하는 19가지 마음이 있다. 이 마음은 2가지 평온한 조사하는 마음, 8가지 큰 과보의 마음, 9가지 고귀한 과보의 마음이다. 이 마음은 재생 기능을 하는 동안에는 재생연결심이라고 불린다.

(2) 생명연속 기능을 수행하는 19가지 마음이 있다. 이 마음은 19가지 재생연결심과 동일하다. 그 19가지 마음은 생명연속 과정을 수행하는 동안에는 생명연속심이라고 한다.

(3) 전향 기능을 수행하는 2가지 마음이 있다. 이 마음은 오문전향의 마음과 의문전향의 마음이다.

(4) 봄의 기능을 수행하는 2가지 마음이 있다. 이 마음은 2가지 안식이다.

(5) 들음의 기능을 수행하는 2가지 마음이 있다. 이 마음은 2가지 이식이다.

(6) 냄새 맡음의 기능을 수행하는 2가지 마음이 있다. 이 마음은 2가

지 비식이다.

(7) 맛봄의 기능을 수행하는 2가지 마음이 있다. 이 마음은 2가지 설식이다.

(8) 닿음의 기능을 수행하는 2가지 마음이 있다. 이 마음은 2가지 신식이다.

(9) 받아들임의 기능을 수행하는 2가지 마음이 있다. 이 마음은 2가지 받아들이는 마음이다.

(10) 조사의 기능을 수행하는 3가지 마음이 있다. 이 마음은 3가지 조사하는 마음이다.

(11) 결정의 기능(voṭṭhapana-kicca)을 수행하는 1가지 마음이 있다. 이 마음은 의문전향의 마음이다.

(12) 통각〔속행〕 기능(javana-kicca)을 수행하는 55가지 마음이 있다. 이 마음은 12가지 해로운 마음(akusala citta), 21가지 유익한 마음(kusala citta), 4가지 과 지혜의 마음(phala-ñāṇa citta), 〔2가지 전향의 마음을 제외한〕 18가지 작용만 하는 마음(kiriya citta)이다. 이 마음은 'ku-ku-kri-phala'의 구문으로 쉽게 기억할 수 있다.

① 29가지 욕계 속행의 마음(kāma-javana citta) : 12가지 해로운 마음 + 8가지 큰 유익한 마음 + 8가지 큰 작용만 하는 마음 + 1가지 미소 짓는 마음

② 26가지 본삼매 속행의 마음(appanā-javana citta) : 9가지 고귀한 유익한 마음 + 9가지 고귀한 작용만 하는 마음 + 4가지 도(magga) 마음 + 4가지 과(phala) 마음

(13) 등록 기능(tadālambana-kicca)을 수행하는 11가지 마음이 있다. 이 마음은 3가지 조사하는 마음과 8가지 큰 과보의 마음이다.

(14) 죽음 기능(cuti-kicca)을 수행하는 19가지 마음이 있다. 이 마음은 2가지 평온한 조사하는 마음, 8가지 큰 과보의 마음, 9가지 고귀한 과보의 마음이다.

교차 검토

(1) 각자 단 하나의 기능을 수행하는 68가지 마음이 있다. 이 마음은 10가지 한 쌍의 전오식, 3가지 의계(意界), 55가지 속행의 마음이다. 의계는 오문전향의 마음과 2가지 받아들이는 마음으로 구성되어 있다.

(2) 각자 2가지 기능을 수행하는 2가지 마음이 있다. 이 마음은 기쁜 조사의 마음과 의문전향의 마음이다.

(3) 3가지 기능을 수행하는 9가지 마음이 있다. 이 마음은 재생연결 기능, 생명연속 기능, 죽음 기능을 수행하는 9가지 고귀한 과보의 마음이다.

(4) 4가지 기능을 수행하는 8가지 마음이 있다. 이 마음은 재생연결 기능, 생명연속 기능, 죽음 기능, 등록 기능을 수행하는 8가지 고귀한 과보의 마음이다.

(5) 5가지 기능을 수행하는 2가지 마음이 있다. 이 마음은 재생연결 기능, 생명연속 기능, 죽음 기능, 조사 기능, 등록 기능을 수행하는 2가지 평온한 조사하는 마음이다.

3.2. 기능하는 장소(Ṭhāna)

우리가 특별한 일을 수행할 수 있는 장소나 사무실이 필요하듯이,

마음도 기능을 하는 장소가 필요하다. 마음의 기능을 수행하는 장소의 역할을 하는 것은 각 마음의 핵심이다.

'각 마음의 핵심'이란 마음 자체를 의미한다. 그리하여 각 마음의 기능하는 장소는 그 마음과 동일하다.

5가지 관련된 기능(즉 5가지 감각인상)이 '전오식 장소(pañca-viññāṇa ṭhāna)'라고 불리는 하나의 장소에서 차례로 수행되기 때문에 10가지 장소가 있다. 10가지 장소는 다음과 같다.

① 재생연결의 장소: 19가지 재생연결심

② 생명연속의 장소: 19가지 생명연속심

③ 전향의 장소: 2가지 전향의 마음

④ 전오식의 장소: 10가지 한 쌍의 전오식

⑤ 받아들이는 장소: 2가지 받아들이는 마음

⑥ 조사하는 장소: 3가지 조사하는 마음

⑦ 결정하는 장소: 의문전향의 마음

⑧ 속행의 장소: 55가지 속행의 마음

⑨ 등록의 장소: 11가지 등록의 마음

⑩ 죽음의 장소: 19가지 죽음의 마음

4. 문(Dvāra)의 개요

여기에서는 마음과 마음부수를 6가지 감각의 문에 근거하여 간략하게 엮을 것이다. 외부의 감각이 우리의 몸 안으로 들어올 수 있는 6가지 문이 있다.

① 안문(cakkhu-dvāra) : 눈의 감성(cakkhu-pasāda)

② 이문(sota-dvāra) : 귀의 감성(sota-pasāda)

③ 비문(ghāna-dvāra) : 코의 감성(ghāna-pasāda)

④ 설문(jivhā-dvāra) : 혀의 감성(jivhā-pasāda)

⑤ 신문(kāya-dvāra) : 몸의 감성(kāya-pasāda)

⑥ 의문(mano-dvāra) : 마음의 감성(mano-pasāda, 19가지 생명연속심)

오른쪽 것(○○의 감성)은 각 문의 필수 요소이다. '감성'은 감각대상이 나타나는 '투명한 물질'이다.

앞의 5가지 문은 물질의 문(rūpa-dvāra)인 반면, 여섯 번째 문은 정신의 문(nāma-dvāra)이다.

각 문의 마음

이 책의 뒤에 있는 〈도표 4.3〉을 참고하면 각 문의 마음을 한눈에 파악할 수 있다.

(1) 안문과 관련하여 46가지 마음이 일어난다.*

① 오문전향(pañca-dvārāvajjana) 1가지

② 안식(cakkhu-viññāṇa) 2가지

---

* 11가지 등록의 마음 가운데 3가지 조사는 이미 (1)번의 ④에 포함되었다. 그리하여 8가지 큰 과보의 마음만이 (1)번의 ⑦에 포함된다.

③ 받아들임(sampaṭicchana) 2가지

④ 조사(santīraṇa) 3가지

⑤ 결정(voṭṭhapana) 또는 의문전향(mano-dvārāvajjana) 1가지

⑥ 욕계의 속행(kāma-javana) 29가지

⑦ 등록(tadālambaṇa) 8가지

(2) 이문과 관련하여 46가지 마음이 일어난다. 이문의 46가지 마음은 (1)번과 같다. 단지 이식이 안식을 대신한다.

(3) 비식과 관련하여 46가지 마음이 일어난다. 비문의 46가지 마음은 (1)번과 같다. 단지 비식이 안식을 대신한다.

(4) 설문과 관련하여 46가지 마음이 일어난다. 설문의 46가지 마음은 (1)번과 같다. 단지 설식이 안식을 대신한다.

(5) 신문과 관련하여 46가지 마음이 일어난다. 신문의 46가지 마음은 (1)번과 같다. 단지 신식이 안식을 대신한다.

(6) 의문에서 67가지 마음이 일어난다.

① 의문전향(mano-dvārāvajjana) 1가지

② 욕계의 속행(kāma-javana) 55가지

③ 등록(tadālambaṇa) 11가지

교차 검토

(1) 오문 또는 5가지 물질의 문에서 일어나는 마음의 총수는 54가지, 즉 1가지 오문전향, 10가지 한 쌍의 전오식, 2가지 받아들임, 3가지 조사, 1가지 결정 또는 의문전향, 29가지 욕계의 속행, 8가지 등록이다. 이것들은 주로 욕계에서 일어나는 54가지 욕계의 마음

이다.

(2) 오문에서 일어날 수 있는 마음은 오문전향과 2가지 받아들이는 마음이다. 이 3가지 마음이 의계(mano-dhātu, 意界)라고 알려져 있다.

(3) 6가지 문에서 항상 일어나는 마음은 기쁜 조사, 의문전향, 욕계 속행의 마음이다(총 31가지).

(4) 6가지 문에서 때때로 일어나고 6가지 문에서 때때로 일어나지 않는 마음은 2가지 평온한 조사하는 마음과 8가지 큰 과보의 마음이다.

(5) 문이 없이 일어나는 마음은 9가지 고귀한 과보의 마음이다.

(6) 19가지 재생연결식, 19가지 생명연속심, 19가지 죽음의 마음은 '문에서 벗어난(dvāravimutti)'이라고 불리는데 그 이유는 다음과 같다.

① 문에서 벗어난 마음은 안문 같은 감각의 문 중 어떤 곳에서도 일어나지 않는다.

② 생명연속심 자체는 의문의 역할을 한다.

③ 문에서 벗어난 마음은 금생과 관련이 있는 어떤 새로운 외부의 대상을 받아들이지 않고 존재한다.

5. 대상(Ārammaṇa)의 개요

'알람바나(ālambaṇa)' 또는 '아람마나(ārammaṇa)'는 감각대상을 의미한다. 마음과 마음부수는 6가지 감각대상에 따라 다음과 같이 간략하게 엮을 수 있다.

① 형색 대상(rūpārammaṇa) — 보이는 대상(vaṇṇa)

② 소리 대상(saddārammaṇa) — 소리(sadda)

③ 냄새 대상(gandhārammaṇa) — 냄새(gandha)

④ 맛 대상(rasārammaṇa) — 맛(rasa)

⑤ 감촉 대상(phoṭṭhabbārammaṇa) — 감촉 대상〔땅(paṭhavī), 불(tejo), 바람(vāyo)〕

⑥ 법 대상(dhammārammaṇa) — 마음의 대상

마음의 대상은 6가지, 즉 (a) 5가지 투명한 물질(pasāda rūpa), (b) 미세한 물질(sukhuma rūpa), (c) 89가지 마음, (d) 52가지 마음부수, (e) 열반, (f) 까시나 표상(kasiṇa-nimitta)과 같은 개념이 있다. 마음의 대상은 오문에서 일어나지 않고 의문에서 일어난다.

앞의 5가지 감각에 해당하는 오른쪽의 것들은 감각의 필수 요소이다. 마음의 대상으로는 위에서 언급한 6가지 대상이 필수 요소이다.

5.1. 문에 따른 마음과 감각대상

(1) 안문과 관련하여 일어나는 46가지 마음은 안문에 들어가는 마음(cakkhu-dvārika citta)이라고 한다. 안문의 마음은 현재 보이는 대상만을 안다.

(2) 이문과 관련하여 일어나는 46가지 마음은 이문에 들어가는 마음(sota-dvārika citta)이라고 한다. 이문의 마음은 현재의 소리만을

안다.

(3) 비문과 관련하여 일어나는 46가지 마음은 비문에 들어가는 마음(ghāna-dvārika citta)이라고 한다. 비문의 마음은 현재의 냄새만을 안다.

(4) 설문과 관련하여 일어나는 46가지 마음은 설문에 들어가는 마음(jivhā-dvārika citta)이라고 알려져 있다. 설문의 마음은 현재의 맛만을 안다.

(5) 신문과 관련하여 일어나는 46가지 마음은 신문에 들어가는 마음(kāya-dvārika citta)이라고 한다. 신문의 마음은 현재의 감촉대상만을 안다.

(6) 의문과 관련하여 일어나는 67가지 마음은 의문에 들어가는 마음(mano-dvārika citta)이라고 한다. 의문의 마음은 과거나 미래나 현재 또는 시간과 관계없는 6가지 모든 감각대상을 안다.

5.2. 각각의 마음과 감각대상

이 책의 뒤에 있는 〈도표 5.1〉을 참고하면 한눈에 파악할 수 있다.

(1) 안식 2가지는 현재의 보이는 대상만을 안다. 이식 2가지는 현재의 소리만을 안다. 비식 2가지는 현재의 냄새만을 안다. 설식 2가지는 현재의 맛만을 안다. 신식 2가지는 현재의 감촉만을 안다.

(2) 3가지 의계인 오문전향과 받아들임 2가지는 현재와 관련된 위에서 언급한 5가지 감각을 안다.

(3) 11가지 등록과 미소 짓는 마음은 54가지 욕계의 마음과 52가지

욕계의 마음부수와 28가지 유형의 물질로 이루어진 6가지 욕계의 대상을 안다.

(4) 12가지 해로운 마음과 4가지 지혜와 결합하지 않은 큰 유익한 마음과 4가지 지혜와 결합하지 않은 큰 작용만 하는 마음은 81가지 세간의 마음, 52가지 세간의 마음부수, 28가지 유형의 물질, 그리고 개념으로 이루어진 6가지 세간의 감각대상을 안다.

(5) 4가지 지혜와 결합한 큰 유익한 마음과 색계의 유익한 신통지는 아라한도와 아라한과를 제외한 6가지 모든 감각대상을 안다. 이 대상들은 〔아라한도와 아라한과를 제외한〕 87가지 마음, 87가지 마음과 결합하는 52가지 마음부수, 28가지 유형의 물질, 개념, 열반으로 이루어져 있다.

(6) 4가지 지혜와 결합한 큰 작용만 하는 마음과 작용만 하는 신통지와 의문전향의 마음은 89가지 마음, 52가지 마음부수, 28가지 유형의 물질, 개념, 열반으로 구성되어 있는 6가지 모든 감각대상을 안다.

(7) 신통지 2가지를 제외한 15가지 색계의 마음은 대상으로 개념을 가진다.

(8) 3가지 공무변처의 마음과 3가지 무소유처의 마음은 대상으로 각각 무한한 허공과 아무것도 없음을 가진다.

(9) 3가지 식무변처의 마음과 3가지 비상비비상처의 마음은 대상으로 각각 공무변처의 유익한/작용만 하는 마음과 무소유처의 유익한/작용만 하는 마음을 가진다.

(10) 8가지 출세간의 마음은 대상으로 열반을 가진다.

(11) 19가지 재생연결심, 19가지 생명연속심, 19가지 죽음의 마음은

대상으로 죽음 직전의 표상을 가진다. 이 표상은 '업' 또는 '업의 표상' 또는 '태어날 곳의 표상'의 형태일 수 있다.

6. 토대(Vatthu)의 개요

'토대(vatthu)'는 '물질적인 토대'이며 그 토대에 의지하여 다양한 마음들, 그 마음들과 결합한 마음부수들이 일어난다. 다음과 같은 6가지 물질적인 토대가 있다.

① 눈의 토대 : 눈의 감성
② 귀의 토대 : 귀의 감성
③ 코의 토대 : 코의 감성
④ 혀의 토대 : 혀의 감성
⑤ 몸의 토대 : 몸의 감성
⑥ 심장토대 : 심장의 피 속에 존재하는 물질적인 토대

앞의 5가지 물질적인 토대는 감성물질인 반면, 여섯 번째는 심장토대이다.

'성냥 긋기'라는 비유가 있다. 성냥은 긋는 요소이고, 성냥갑의 거친 표면은 받아들이는 요소이며, 불꽃은 결과의 요소이다. 성냥을 긋기 전에는 불꽃이 어디에도 존재하지 않는다. 불꽃이 일어나기 위한 조건들이 충족되었을 때 불꽃이 일어난다.

마찬가지로 눈에 보이는 대상은 눈에 띄는 요소이고, 감각기관은 받

아들이는 요소이며, 안식은 결과[과보]의 요소이다. 안식은 눈에 보이는 대상과 감각기관 사이에 접촉이 있기 전과 후에는 존재하지 않는다. 안식은 단지 접촉의 순간에만 일어나고 그 다음에는 사라진다.

눈의 투명한 물질인 눈의 감성은 눈에 보이는 대상이 마음에 들어오는 문이다. 그리하여 눈의 감성은 '안문'이라고 불린다.

안식은 7가지 마음부수와 함께 접촉의 순간, 즉 물질적인 토대로 눈의 감성에 의지하여 일어난다. 그러므로 눈의 감성은 눈의 토대로 알려져 있다.

나머지 4가지 감각기관 또는 감성물질도 마찬가지다. 각 감성물질은 물질적인 토대로 기능을 할 뿐만 아니라 감각의 문으로도 기능을 한다.

6.1. 3가지 영역에서의 물질적인 토대

(1) 11가지 욕계에서는 6가지 모든 물질적인 토대가 존재한다.

(2) 색계에서는 오직 3가지 물질적인 토대, 즉 눈의 토대, 귀의 토대, 심장토대만이 존재한다. 고요명상을 하는 동안 색계 선정에 들기 위해 명상 수행자는 자신의 마음이 감각대상의 주변을 배회하지 못하도록 통제함으로써 감각적 욕망의 즐거움을 제거해야 한다. 그리하여 선정의 유익한 업이 그를 색계에 태어나도록 조건 지을 때, 그는 코의 토대와 혀의 토대와 몸의 토대를 부여받지 못한다. 범천은 선정의 행복으로 살아간다. 하지만 그들은 붓다를 보기 위해 눈이 필요하고 담마를 듣기 위해 귀가 필요하고 의식의 마음, 그것과 결합하는 마음부수가 일어나기 위해 심장토대가 필요하다.

(3) 무색계에서는 어떤 물질도 존재하지 않기 때문에 어떤 토대도 존재하지 않는다. 물론 고요명상의 수행력 때문에 무색계 선정에 들어가게 된다.

6.2. 의식의 요소(Viññāṇa-Dhātu, 識界)

윈냐나(viññāṇa, 의식, 識)는 마음을 의미하고 다뚜(dhātu, 界)는 요소나 그것 자체의 특성을 갖고 있는 것을 의미하지만 살아 있는 존재는 아니다.

요소로서의 마음은 7가지 부류로 나뉜다.

① 안식계(cakkhu-viññāṇa-dhātu) : 눈의 토대에 의존하여 일어나는 2가지 안식

② 이식계(sota-viññāṇa-dhātu) : 귀의 토대에 의존하여 일어나는 2가지 이식

③ 비식계(ghāna-viññāṇa-dhātu) : 코의 토대에 의존하여 일어나는 2가지 비식

④ 설식계(jivhā-viññāṇa-dhātu) : 혀의 토대에 의존하여 일어나는 2가지 설식

⑤ 신식계(kāya-viññāṇa-dhātu) : 몸의 토대에 의존하여 일어나는 2가지 신식

⑥ 의식(mano-dhātu) : 심장토대에 의존하여 일어나는 오문전향과 2가지 받아들임

⑦ 의식계(mano-viññāṇa-dhātu) : 심장토대에 의존하여 일어나는 나머

지 76가지 마음

6.3. 물질적 토대에 따른 마음의 분류

이 책의 뒤에 있는 〈도표 5.2〉를 참고하면 물질적 토대에 따른 마음의 분류를 한눈에 파악할 수 있다.

(1) 마음이 일어나기 위해 5가지 토대, 즉 눈의 토대, 귀의 토대, 코의 토대, 혀의 토대, 몸의 토대에 의존하는 10가지 마음이 있다. 그것들은 한 쌍의 전오식이다.

(2) 마음이 일어나기 위해 심장토대에 의존하는 33가지 마음이 있다. 그것들은 2가지 성냄에 뿌리박은 마음, 3가지 의계의 마음, 3가지 조사하는 마음, 미소 짓는 마음, 8가지 큰 과보의 마음, 15가지 색계의 마음, 1가지 예류도의 마음이다.

(3) 마음이 일어나기 위해서 때때로 토대에 의존하고 때때로 토대에 의존하지 않는 42가지 마음이 있다. 그것들은 〔2가지 성냄에 뿌리박은 마음을 제외한〕 10가지 해로운 마음, 8가지 큰 유익한 마음, 8가지 큰 작용만 하는 마음, 4가지 무색계의 유익한 마음, 4가지 무색계의 작용만 하는 마음, 〔예류도를 제외한〕 7가지 출세간의 마음, 의문전향의 마음이다.

이 마음들은 물질계(욕계와 색계)에서 일어날 때는 토대에 의존하고 비물질계(무색계)에서 일어날 때는 토대에 의존하지 않는다.

(4) 토대에 결코 의존하지 않고 일어나는 4가지 마음이 있다. 그것들은 무색계에서만 일어나는 4가지 무색계의 과보의 마음이다.

무색계에서 일어나는 46가지 마음은 위의 (3)번과 (4)번에서 언급된 바와 같이 있다.

제4장
인식과정

'인식과정(vīthi)'은 감각의 문들 중 하나에 어떤 감각대상이 나타날 때 그 대상을 알기 위해 일어나는 '마음의 연쇄' 혹은 '인식의 연속'을 의미한다.

도로가 어떤 마을도 빼지 않고, 마을의 순서를 바꾸지 않고, 마을을 차례로 통과하듯이, 마음도 마음의 법칙에 따라 일어나야 하는 순서대로 일어난다.

마음의 수명

마음은 눈 깜짝할 사이에 1조 번 이상의 엄청난 속도로 일어나서 사라진다. 따라서 마음의 수명은 1초의 1조분의 1 이하이다.

마음의 수명 혹은 지속기간은 마음이 일어나고 사라질 때의 뚜렷한 특성이 있는 3가지 순간에 의해 측정된다.

① 일어남(uppāda) : 일어나는 아순간

② 머무름(ṭhīti) : 머무르는 아순간

③ 무너짐(bhaṅga) : 무너지는 아순간

이 3가지 아순간(khaṇa)은 한 마음순간(cittakkhaṇa)과 동등하다고 한다.

그리하여 한 마음의 수명은 한 마음이 일어나 머무르고 무너지는 3가지 아순간과 동등하다. 다시 말해서 그것은 한 마음순간과 동등하다. 한 마음순간은 몇몇의 번역가가 만들어 쓴 '한 생각순간'보다 더 좋은 표현이다.

한 마음순간의 지속기간은 과학이 증명하기 어려울 테지만, 우리는 단 1초 동안에 수많은 것을 꿈꾸는 것이 가능함을 경험으로 알고 있다.

물질의 수명

물질의 수명은 마음의 수명보다 17배 더 길다. 그리하여 우리는 물질의 수명이 17가지 마음순간 또는 51가지 아순간(17×3=51)과 동등하다고 말할 수 있다.

따라서 물질은 1초에 58억 번 이상의 엄청난 속도로 일어났다가 무너진다. 마음과 물질은 일어나는 방식에서 차이가 있는데, 마음이 차례대로 하나씩 일어나는 반면, 물질은 한 아순간에 여러 개가 동시다발로 끊임없이 계속 일어난다. 그러므로 물질은 큰 덩어리로 함께 뭉쳐서 맨눈에 보이지만, 마음의 무상한 흐름은 맨눈으로 볼 수 없다.

물질이 일어나는 아순간과 무너지는 아순간은 각각 한 아순간 동안 지속된다. 그리하여 물질이 머무는 순간은 49가지 아순간(51-2=49) 동안 지속된다.

6가지 유형의 마음

마음은 6가지 감각의 문과 6가지 물질적인 토대에 따라 다음과 같이 분류될 수 있다.

① 안식(cakkhu-viññāṇa) 2가지

② 이식(sota-viññāṇa) 2가지

③ 비식(ghāna-viññāṇa) 2가지

④ 설식(jivhā-viññāṇa) 2가지

⑤ 신식(kāya-viññāṇa) 2가지

⑥ 의식(mano-viññāṇa) 79가지

안식은 눈의 토대에 의지하여 눈의 문에서 일어난다는 것에 주목하라. 이식에서 신식까지도 마찬가지다. 의식은 심장토대에 의지하여 마음의 문〔意門〕에서 일어난다.

6가지 유형의 인식과정

마음의 인식과정도 다음과 같이 6가지 감각의 문이나 6가지 유형의 마음에 따라 이름 지을 수 있는 6가지 부류로 나뉠 수 있다.

① 안문 인식과정 = 안식 인식과정
이것은 안문이나 안식과 관련된 마음의 인식과정이다.

② 이문 인식과정 = 이식 인식과정
이것은 이문이나 이식과 관련된 마음의 인식과정이다.

③ 비문 인식과정 = 비식 인식과정
이것은 비문이나 비식과 관련된 마음의 인식과정이다.

④ 설문 인식과정 = 설식 인식과정
이것은 설문이나 설식과 관련된 마음의 인식과정이다.

⑤ 신문 인식과정 = 신식 인식과정
이것은 신문이나 신식과 관련된 마음의 인식과정이다.

⑥ 의문 인식과정 = 의식 인식과정
이것은 의문이나 의식과 관련된 마음의 인식과정이다.

1. 인식과정이 일어나는 원인

(1) 안문 인식과정이 일어나기 위해서는 다음과 같은 4가지 조건이 존재해야 한다.

① 눈의 감성이 있어야 한다.

② 형색 대상이 있어야 한다.

③ 빛이 있어야 한다.

④ 주의가 있어야 한다.

(2) 이문 인식과정이 일어나기 위해서는 다음과 같은 4가지 조건이 존재해야 한다.

① 귀의 감성이 있어야 한다.

② 소리 대상이 있어야 한다.

③ 허공이 있어야 한다.

④ 주의가 있어야 한다.

(3) 비문 인식과정이 일어나기 위해서는 다음과 같은 4가지 조건이 존재해야 한다.

① 코의 감성이 있어야 한다.

② 냄새 대상이 있어야 한다.

③ 냄새를 나르는 공기 요소가 있어야 한다.

④ 주의가 있어야 한다.

(4) 설문 인식과정이 일어나기 위해서는 다음과 같은 4가지 조건이 존재해야 한다.

① 혀의 감성이 있어야 한다.

② 맛 대상이 있어야 한다.

③ 침과 같은 액체 요소가 있어야 한다.

④ 주의가 있어야 한다.

(5) 신문 인식과정이 일어나기 위해서는 다음과 같은 4가지 조건이 존재해야 한다.

① 몸의 감성이 있어야 한다.

② 감촉 대상이 있어야 한다.

③ 단단한 고체 요소가 감촉을 전달하기 위해 있어야 한다.

④ 주의가 있어야 한다.

(6) 의문 인식과정이 일어나기 위해서는 다음과 같은 4가지 조건이 존재해야 한다.

① 의문이 있어야 한다.

② 법 대상이 있어야 한다.

③ 심장토대가 있어야 한다.

④ 주의가 있어야 한다.

각 유형의 인식과정이 일어나기 위해 필요한 4가지 원인 중 앞의 3가지는 과학에서 알려진 필요조건들과 다소 유사하다. 네 번째 주의라는 원인은 과학에서는 알려져 있지 않다. 하지만 감각대상을 인식하기 위해서는 이 원인이 필수불가결하다.

예를 들어 설명하면, 어린아이가 딸린 어머니는 아이에게 젖을 먹이기 위해 매일 밤 여러 번 일어나야 한다. 몇 날 밤을 뜬눈으로 새운 후에 어머니는 때때로 너무 곤하게 잠에 곯아떨어진 나머지 집을 흔드는 큰 천둥소리에도 깨어나지 않을지 모른다. 하지만 아이의 부드러운 울음소리는 어머니를 즉시 깨울 수 있다. 이만큼 주의는 인식과정에서 중요한 역할을 한다.

1.1. 감각의 문에 6가지 유형의 감각대상이 나타남 (Visayappavatti)

'위사얍빠왓띠(visayappavatti)'는 감각의 문에 감각대상이 나타나는 것이다. 6가지 유형의 감각대상의 나타남이 있는데, 4가지는 5개의 감각의 문에서 나타나고 2가지는 의문에서 나타난다.

1.1.1. 5가지 감각의 문에 감각대상이 나타남

① 매우 큰 대상(atimahantārammaṇa) : 마음의 매우 긴 인식과정을 일어나게 하는 매우 큰 강도를 가진 5가지 감각대상

② 큰 대상(mahantārammaṇa) : 마음의 긴 인식과정을 일어나게 하는 꽤 큰 강도를 가진 5가지 감각대상

③ 작은 대상(parittārammaṇa) : 마음의 짧은 인식과정을 일어나게 하는 작은 강도를 가진 5가지 감각대상

④ 매우 작은 대상(atiparittārammaṇa) : 어떤 인식과정도 일어나게 하지 못하는 매우 작은 강도를 가진 5가지 감각대상

매우 큰 대상은 문에 부딪친 후에 감각의 문에서 뚜렷해지는 데 한

마음순간이 걸린다. 큰 대상은 2가지 내지 3가지 마음순간이 필요하고, 작은 대상은 4가지 내지 9가지 마음순간이 필요하며, 매우 작은 대상은 문에 부딪친 후에 감각의 문에서 뚜렷해지는 데 10가지 내지 15가지 마음순간이 필요하다.

1.1.2. 의문에 감각대상이 나타남

① 선명한 대상(vibhūtārammaṇa) : 감각대상이 선명하게 나타남

② 희미한 대상(avibhūtārammaṇa) : 감각대상이 희미하게 나타남

1.2. 인식과정의 마음과 인식과정에서 벗어난 마음

인식과정에 참여하는 마음은 인식과정의 마음(vīthi-citta)이라고 불리고, 마음의 인식과정에 참여하지 않는 마음은 인식과정에서 벗어난 마음(vīthi-vimutti citta)이라고 불린다.

19가지 마음, 즉 2가지 평온한 조사의 마음, 8가지 큰 과보의 마음, 9가지 고귀한 과보의 마음은 인식과정에 관여하지 않고 재생연결의 기능, 생명연속의 기능, 죽음의 기능을 한다. 그리하여 그것들은 인식과정에서 벗어난 마음으로 알려져 있다. 인식과정에서 벗어난 마음의 수는 19가지이다. 〔이 19가지 문에서 벗어난 마음은 제3장에서 언급되었다.〕

위에서 언급한 19가지 마음 가운데 평온한 조사의 마음은 조사의 기능과 등록의 기능을 수행할 때 인식과정에 관여한다. 그리고 8가지 큰 과보의 마음은 등록 기능을 수행할 때 인식과정에 참여한다. 그리하여 이 10가지 마음은 인식과정의 마음을 계산할 때 포함되어야 한다.

오직 9가지 고귀한 과보의 마음만이 인식과정에서 벗어나 있기 때문에, 욕계의 인식과정의 마음은 모두 80(89-9=80)가지이다.

1.3. 3가지 유형의 동일한 마음

살아 있는 존재의 삶은 재생연결심으로 시작된다. 이 마음이 무너진 후에 죽음이 생명연속심의 기능을 수행할 때까지 생명연속심이 계속해서 일어났다가 무너진다.

마지막 생명연속심은 죽음의 기능을 수행하기 때문에 죽음의 마음으로 알려져 있다.

살아 있는 존재들에게 이 3가지 마음, 즉 재생연결심, 생명연속심, 죽음의 마음은 세상 또는 종류(jāti)에서, 마음부수에서, 그것들이 취하는 감각대상에서 동일하다. 보통 사람들에게는 8가지 큰 과보의 마음 가운데 하나가 재생연속심, 생명연속심, 죽음의 마음의 기능을 한다. 이 3가지 마음은 한 가지 큰 유익한 마음과 결합한 동일한 '업'의 과보이기 때문에 한 사람에게는 동일하다. 만약 '기쁨이 함께하고 지혜와 결합하며 자극받지 않은 큰 유익한 마음'이면, '기쁨이 함께하고 지혜와 결합하며 자극받지 않은 큰 과보의 마음'이 재생연결심, 생명연속심, 죽음의 마음의 기능을 할 것이다.

이 마음들이 취하는 감각대상은 전생의 죽음 직전에 나타났던 죽음 직전의 표상(maraṇāsanna-nimitta)이다. 이 표상은 '업' 또는 '업의 표상' 또는 '태어날 곳의 표상'의 형태이다. 이 현상들을 아래에서 더 설명할 것이다.

1.4. 죽음 직전의 표상(Maraṇāsanna-nimitta)

금생에서 어떤 사람은 그에게 금생의 재생연결을 부여했던 유익한 업이 그를 계속 지원하는 동안, 즉 생명연속심과 업의 과보로 업에서 생긴 물질을 계속 생산하는 동안에는 살아 있을 것이다.

그 지원하는 업이 사라지기 직전에, 업의 과보를 맺을 기회를 갖기 위해 서로 경쟁하는 정신의 흐름 속에 있는 많은 유익한 법과 해로운 업 가운데 하나의 업이 승자로 남을 것이다.

이렇게 성공한 업이 대상으로 사람의 의문에 나타날 수 있다. 이런 일이 일어날 때 그 사람은 성공한 업과 관련되어 과거에 행했던 좋거나 나쁜 행위를 기억할 수 있다. 그 특별한 순간에 경험했던 유익하거나 해로운 마음이 지금 새로운 마음으로 일어난다.

다시 말해서 그 사람이 그 행위를 할 때 경험했던 마음이 다시 일어나는 것이다.

때때로 그것은 감각의 문 가운데 하나에 나타나는 성공적인 업과 연관된 표상이나 상징일 수 있다. 그것은 현재의 대상으로 5가지 감각의 문 가운데 하나를 통하여 보이거나 과거의 대상으로 의문을 통해 보이는 5가지 물질적인 대상 가운데 하나일 수 있다. 성공적인 업과 연관된 이와 같은 과거나 현재의 대상은 '업의 표상'이라고 불린다.

예를 들어 어떤 사람이 죽어가고 있는 순간에 담마를 듣는다고 가정해보자. 이 선한 업은 다음 생을 위한 업의 과보를 맺을 수 있는 성공적인 업이 된다. 이 경우에, 귀를 통해서 현재에 파악되는 담마의 말씀은 '업의 표상'이 된다.

또 다른 경우에, 어떤 죽어가고 있는 교사가 자신이 가르쳤던 학생들을 마음의 눈을 통해 본다고 가정하자. 이것도 마음의 문을 통해 나타나는 과거 대상의 형태인 '업의 표상'이다.

또 다른 경우에, 어떤 죽어가고 있는 도살업자가 자신이 죽였던 소들의 신음소리를 듣는다고 가정해보자. 이와 같이 들리는 대상도 마음의 문을 통해 그에서 나타나는 '업의 표상'이다.

때때로 성공적인 업에 따라 재생할 장소의 어떠한 상징이 마음의 문에 나타난다.

예를 들어 만약 죽어가고 있는 사람이 천상들 가운데 한 곳에 재생할 것이라면 천상의 존재들이나 천상의 저택 등이 그에게 나타날 수 있다. 또한 만약 그가 지옥에 재생할 것이라면 지옥에 있는 비참한 존재들이나 악마와 같은 존재 등이 그에게 나타날 수 있다. 재생의 장소와 관련된 이런 대상은 '태어날 곳의 표상(gati-nimitta)'이라고 알려져 있다.

그러므로 어떤 사람이 죽어가고 있을 때, 3가지 유형의 죽음 직전의 표상 가운데 하나, 즉 '업' 또는 '업의 표상' 또는 '태어날 곳의 표상'이 항상 6가지 감각의 문 가운데 하나에 나타난다. 그 사람은 곧 죽어서 다음 생에 재생할 것이다. 그 다음에 새로운 삶에서 그의 재생연결심, 생명연속심, 죽음의 마음 모두는 전생의 죽음 직전의 표상을 취할 것이다.

3가지 유형의 죽음 직전의 표상인 '업' 또는 '업의 표상' 또는 '태어날 곳의 표상'이 재생연결심, 생명연속심, 죽음의 마음에 나타나는 것은 인식과정을 벗어난 마음(vīthi-vimutti citta)을 위한 3가지 유형의 감각대상의 나타남이다.

1.5. 3가지 유형의 생명연속심(Bhavaṅga Citta)

금생의 생명연속심은 대상으로 전생의 죽음 직전의 표상을 취한다. 이 대상이 인식과정을 일으키는 금생의 6가지 감각의 문 가운데 하나에 나타나는 새로운 외부의 대상이 아니기 때문에, 우리는 그 대상을 알지 못한다. 그리하여 우리가 잠들어 있을 때나 아무것도 모르고 있을 때, 이 생명연속심이 눈 깜짝할 사이에 1조 번 이상의 엄청난 속도로 일어나서 무너질 것이다.

이제 어떤 감각대상이 감각의 문들 가운데 하나에 나타난다고 가정해보라. 우리가 필요할 때 이 새로운 대상에 반응하기 위해서는 그 감각대상을 알아야 한다. 마음의 흐름을 이 새로운 대상으로 돌리기 위해서는 생명연속심이 먼저 멎거나 끊어져야 한다.

생명연속심은 새로운 감각대상이 감각의 문들 가운데 하나에 나타나자마자 멎거나 끊어지지 않는다. 어떤 사람이 매우 빨리 달리다가 한 지점에서 갑자기 설 수 없어서 몇 발을 더 가야하듯이, 감각대상이 나타난 후에 생명연속심의 흐름이 멈출 수 있기 전에 2가지 생명연속심이 지나가야 한다.

이 2가지 생명연속심은 과거의 죽음 직전의 표상을 버리고 새로운 감각대상을 취하려고 할 때, 정상적인 상황에서 약간 동요하게 된다. 그리하여 그 마음은 생명연속심의 동요(bhavaṅga-calana)라고 알려져 있다. 그러나 생명연속심의 흐름이 두 번째 생명연속심의 동요 후에 멎거나 끊어질 때, 이 마음은 생명연속심의 끊어짐(bhavaṅgupaccheda)이라는 다른 이름으로 불린다.

5가지 물질적인 감각대상은 감각의 문과 접촉하자마자 감각의 문에 나타나거나 거기에서 뚜렷해지지 않는다. 심지어 매우 큰 강도를 가진 대상도 감각의 문에 나타나서 뚜렷해지는 데 한 마음순간이 필요하다.

그리하여 감각대상이 감각의 문과 접촉하는 순간부터 그 대상이 문에 나타나는 순간까지 하나의 생명연속심이 지나가야 한다. 이 마음은 지나간 생명연속심(atīta-bhavaṅga)이라고 불린다.

감각대상이 큰 대상일 때는 감각대상이 감각의 문과 접촉하는 순간부터 그 대상이 문에 나타나는 순간까지 2가지 내지 3가지 생명연속심이 지나가야 한다. 이 2가지 내지 3가지 생명연속심도 지나간 생명연속심이라고 불린다. 그러므로 3가지 종류의 생명연속심이 있다.

① 지나간 생명연속심(atīta-bhavaṅga): 감각대상이 감각의 문과 접촉하는 순간부터 그 대상이 문에 나타나는 순간까지 지나가는 생명연속심

② 생명연속심의 동요(bhavaṅga-calana): 감각대상이 문에 나타날 때 일어나는 생명연속심의 동요

③ 생명연속심의 끊어짐(bhavaṅgupaccheda): 생명연속심의 동요를 뒤따르는 생명연속심의 끊어짐(이후에 생명연속심의 흐름은 끊어지고 인식과정의 마음이 일어나기 시작함)

2. 안문에서의 인식과정(Cakkhu-dvāra Vīthi)

2.1. 매우 큰 대상의 인식과정의 발생

매우 큰 강도의 보이는 대상이 안문에 나타날 때, 매우 큰 대상의

인식과정이 일어난다. 그 인식과정은 다음과 같이 표현될 수 있다.

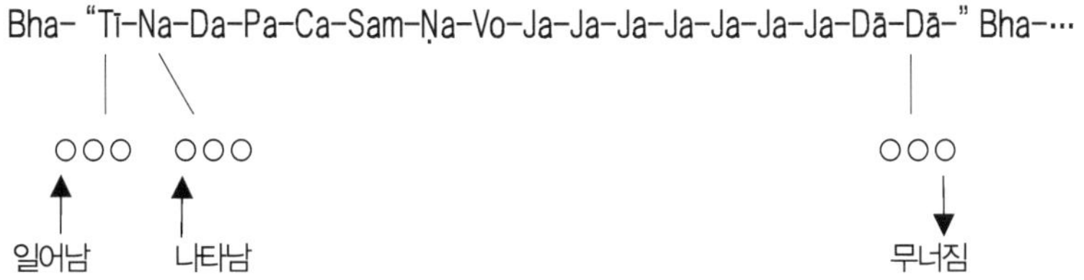

도표에 대한 설명은 다음과 같다.

* Bha : 생명연속심(bhavaṅga)

처음에는 생명연속심의 흐름이 있다. (작은 원들은 3가지 마음순간을 나타내는 3가지 아순간이다.)

* Tī : 지나간 생명연속심(atīta-bhavaṅga)

이 마음이 일어나는 순간에, 보이는 대상과 눈의 감성이 동시에 일어난다. 이것이 보이는 대상이 일어나는 순간(uppāda)이다.

* Na : 생명연속심의 동요(bhavaṅga-calana)

이 마음이 일어나는 순간에, 보이는 대상이 안문에 나타난다〔뚜렷해진다〕. 매우 큰 대상이 감각의 문에 부딪힌 후에, 그것이 충분히 발현되기 위해서는 한 마음순간이 필요하다는 것에 주목하라.

* Da : 생명연속심의 끊어짐(bhavaṅgupaccheda)

이 마음이 무너진 후에 생명연속심은 끊어진다.

* Pa : 오문전향(pañca-dvārāvajjana)

이것은 항상 오문 인식과정의 첫 번째 마음이다. 이것은 감각대상에 직면하여 마음의 흐름을 감각대상으로 인도한다.

* Ca : 안식(cakkhu-viññāṇa)

이것은 보이는 대상을 보고 이 마음이 무너지기 전에 그 인상을 다음 마음에 전달한다.

* Sam : 받아들임(sampaṭicchana)

이것은 감각대상을 받아들이고 그것을 다음 마음으로 전달한다.

* Ṇa : 조사(santīraṇa)

이것은 대상이 좋은지 나쁜지를 조사한다.

* Vo : 의문전향(voṭṭhapana, 결정하는 마음)

이것은 대상이 좋은지 나쁜지를 결정한다.

* Ja : 속행(javana, 감각대상의 맛을 즐기는 것)

주의와 결정을 조건으로 생긴 29가지 욕계의 속행 마음 가운데 하나가 대체로 7번 일어난다.

* Dā : 등록(tadālambaṇa)

이것은 즉시 속행을 뒤따르고 감각대상을 즐기면서 2가지 마음순간 동안 계속된다. 두 번째 등록의 마음이 무너지는 순간에, 보이는 대상과 눈의 감성은 17가지 마음순간의 수명을 이제 완성했기 때문에 함께 무너진다.

* Bha : 생명연속심(bhavaṅga)

보이는 대상이 더 이상 존재하지 않기 때문에, 인식과정은 끝나고 마음의 흐름은 생명연속심으로 가라앉는다.

매우 큰 대상의 인식과정은 등록의 마음으로 끝나기 때문에 '등록으로 끝나는 인식과정(tadālambaṇa-vāra vīthi)'이라고도 한다.

2.2. 큰 대상의 인식과정의 발생

큰 강도의 보이는 대상이 눈의 문에 부딪힐 때, 2가지 큰 대상의 인식과정이 일어날 수 있다. 그 인식과정은 다음과 같이 표현될 수 있다.

〈A〉

Bha-"Tī-Tī-Na-Da-Pa-Ca-Sam-Ṇa-Vo-Ja-Ja-Ja-Ja-Ja-Ja-Ja-Bha"-Bha-…

〈B〉

Bha-"Tī-Tī-Tī-Na-Da-Pa-Ca-Sam-Ṇa-Vo-Ja-Ja-Ja-Ja-Ja-Ja-Ja"-Bha-…

도표는 다음을 뜻한다.

A. 첫 번째 큰 대상의 인식과정에서 감각대상과 눈의 감성이 첫 번째 지나간 생명연속심이 일어나는 순간에 함께 일어난다. 그 감각대상은 충분히 발현되기 위해 2가지 마음순간(Tī-Tī)이 필요하고 생명연속심의 동요가 일어나는 순간에 마음의 문〔意門〕에서 뚜렷해진다.

그 다음에 생명연속심은 2가지 마음순간(Na-Da) 동안 동요하고 생명연속심의 끊어짐(Da)의 순간에 끊어진다. 그런 다음에 인식과정은 다음과 같이 진행된다.

* Pa : 오문전향
이것은 대상을 파악하고 마음의 흐름을 감각대상으로 인도한다.
* Ca : 안식
이것은 보이는 대상을 보고 그것을 다음 마음으로 전달한다.
* Sam : 받아들임
이것은 대상을 받아들이고 그것을 다음 마음으로 전달한다.
* Ṇa : 조사
이것은 감각대상을 조사한다.
* Vo : 의문전향
이것은 대상이 좋은지 나쁜지를 결정한다.
* Ja : 속행
29가지 욕계 속행의 마음 가운데 하나가 감각대상의 맛을 즐기면서 7번 일어난다.

지금까지 눈의 문에서 감각대상이 일어난 이후에 16가지 마음순간이 지나갔고 그 감각대상이 소멸하기 전에 오직 하나의 마음순간만이 남아 있다. 그리하여 2가지 등록의 마음은 더 이상 일어나지 않는다. 〔등록은 오직 매우 큰 대상에서만 일어난다.〕 대신에 하나의 생명연속심이 일어나고, 함께 일어났던 감각대상과 눈의 감성은 생명연속심이 소멸하는 순간에 함께 소멸한다. 그 후에 생명연속심은 평상시처럼 계속해서 흐른다.

B. 두 번째 큰 대상의 인식과정에서, 감각대상의 강도는 매우 큰 대상의 인식과정에서의 감각대상의 강도보다 조금 약하다. 그리하여 안문에서 감각대상이 일어난 후에, 그 대상이 안문에서 잘 발현되고 뚜렷해지기 전에 3가지 지나간 바왕가 마음이 지나간다. 그 다음에 생명연

속심이 동요하고 끊어진다(Na-Da). 그 후에 인식과정은 A에서처럼, 즉 오문전향, 안식, 받아들임, 조사, 결정, 속행의 순서로 진행된다. 일곱 번째 속행이 소멸하는 순간에 그 대상과 눈의 감성 또한 소멸한다.

그러므로 속행의 마음으로 끝나는 2가지 큰 대상의 인식과정이 있게 된다. 그 인식과정은 속행으로 끝나는 인식과정(javana-vāra vīthi)이라고 불린다.

2.3. 작은 대상의 인식과정의 발생

작은 강도의 보이는 대상이 안문에 부딪힐 때, 작은 대상의 인식과정이 일어난다. 그 인식과정은 다음과 같이 표현될 수 있다.

〈A〉

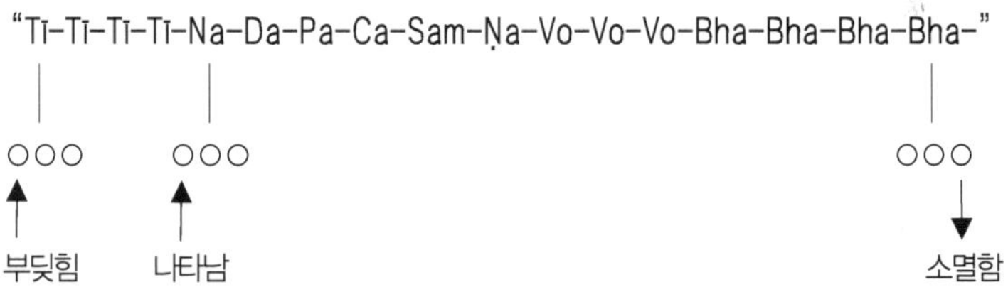

〈B〉

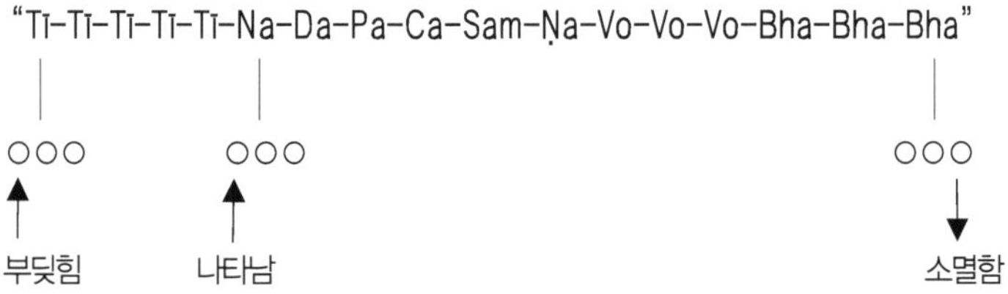

〈C〉

"Tī-Tī-Tī-Tī-Tī-Tī-Na-Da-Pa-Ca-Sam-Ṇa-Vo-Vo-Vo-Bha-Bha"

○○○ ↑ 부딪힘　　○○○ ↑ 나타남　　○○○ ↓ 소멸함

〈D〉

"Tī-Tī-Tī-Tī-Tī-Tī-Tī-Na-Da-Pa-Ca-Sam-Ṇa-Vo-Vo-Vo-Bha"

○○○ ↑ 부딪힘　　○○○ ↑ 나타남　　○○○ ↓ 소멸함

〈E〉

"Tī-Tī-Tī-Tī-Tī-Tī-Tī-Tī-Na-Da-Pa-Ca-Sam-Ṇa-Vo-Vo-Vo"-Bha-…

○○○ ↑ 부딪힘　　○○○ ↑ 나타남　　○○○ ↓ 소멸함

〈F〉

"Tī-Tī-Tī-Tī-Tī-Tī-Tī-Tī-Tī-Na-Da-Pa-Ca-Sam-Ṇa-Vo-Vo"-Bha-…

○○○ ↑ 부딪힘　　○○○ ↑ 나타남　　○○○ ↓ 소멸함

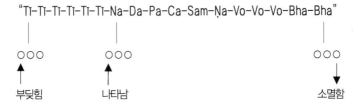

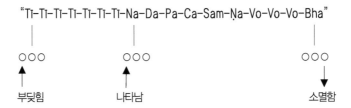

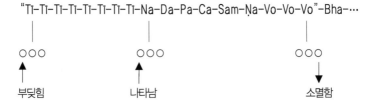

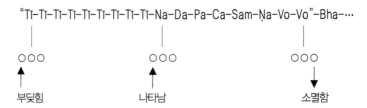

A. 첫 번째 작은 대상의 인식과정에서, 감각대상과 눈의 감성은 첫 번째 지나간 생명연속심이 일어나는 순간에 함께 일어난다. 그 감각대상은 충분히 발현되기 위해 4가지 마음순간이 필요하고 생명연속심이 동요하는(Na) 순간에 뚜렷해진다. 그 후에 생명연속심의 흐름은 2번 동요하고 끊어진다(Na-Da). 그 다음에 인식과정은 오문전향, 안식, 받아들임, 조사, 결정의 순서로 진행된다. 이 시점에서 감각대상이 일어난 이후에 11가지 마음순간이 지나갔고 그 대상은 오직 6가지 이상의 마음순간 동안 계속될 수 있다.

일반적인 상황에서 속행은 보통 7가지 마음순간 동안 일어난다. 만약 충분한 시간이 없으면 그것은 전혀 일어나지 않는다. 다시 말해서, 대상이 뚜렷하지 않고 정확하게 인식되지 않으면 어떤 속행도 그 대상의 맛을 즐기기 위해 일어나지 않는다.

그리하여 2가지 이상의 결정하는 마음이 2번 더 그 대상이 좋은지 나쁜지를 결정하기 위해 속행을 대신하여 일어난다. 그 후에 마음의 흐름은 생명연속심으로 가라앉는다. 그 대상과 안문은 네 번째 생명연속심이 무너지는 순간에 무너지고 생명연속심은 그 후에 평상시처럼 계속 흐른다.

B~F. 다음의 5가지 연속되는 인식과정에서, 지나간 생명연속심(Tī)은 대상이 점점 더 약해질수록 하나씩 증가하고, 그에 맞춰 뒤에 있는 마음은 마음순간의 총수가 감각대상의 수명〔17가지 마음순간〕을 초과할 수 없기 때문에 하나씩 잘려나간다. 그러므로 여섯 번째 인식과정〔F〕에서, 인식과정은 2가지 결정하는 마음 후에 끝난다.

속행을 대신하여 작용할 때는 적어도 2가지 결정하는 마음이 있어야 하기 때문에, 결정하는 마음의 수는 줄어들 수 없다. 그리하여 모두 결정으로 끝나는 6가지 작은 대상의 인식과정이 있게 된다. 그것들은 결정으로 끝나는 인식과정(voṭṭhapana-vāra vīthi)으로 알려져 있다. 이 인식과정에는 어떤 속행도 없기 때문에, 감각대상의 맛을 즐기는 것이 없게 된다. 그 대상은 정확하게 인식되지 않는다. 그것은 매우 대략적으로 인지되는 것처럼 보인다. 이 인식과정은 감각대상이 뚜렷하지 않거나 눈의 토대가 약한 아기들에게 일어난다. 그리하여 감각대상의 강도가 클 때조차도, 그것의 나타남은 뚜렷하지 않다.

2.4. 아주 작은 대상의 인식과정의 발생

매우 작은 강도의 보이는 대상이 안문에 부딪칠 때, 그 대상은 충분히 발현되기 위해 10가지 내지 15가지 마음순간이 필요하다. 그때에도 그 대상의 강도가 너무 작아서 그것은 생명연속심이 끊어지게 하지는 못하고 2번 동요시키기만 한다. 그리하여 어떤 인식과정의 마음도 일어나지 않고 그 대상은 전혀 인식되지 않는다. 다음에 뒤따르는 6가지 인식과정의 형태는 아주 작은 대상의 인식과정을 표현하는 것으로 기술될 수 있다.

〈A〉

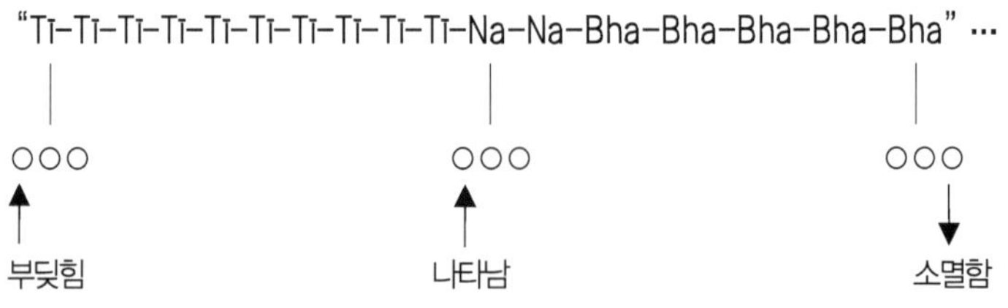

〈B〉

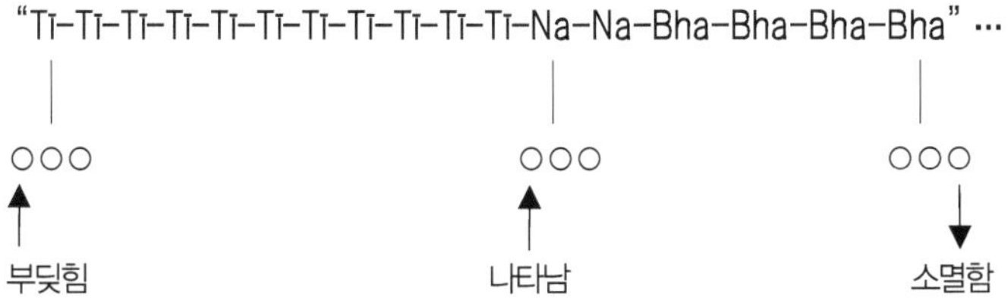
"Tī-Tī-Tī-Tī-Tī-Tī-Tī-Tī-Tī-Tī-Tī-Na-Na-Bha-Bha-Bha-Bha" …
○○○
부딪힘
○○○
나타남
○○○
소멸함

〈C〉

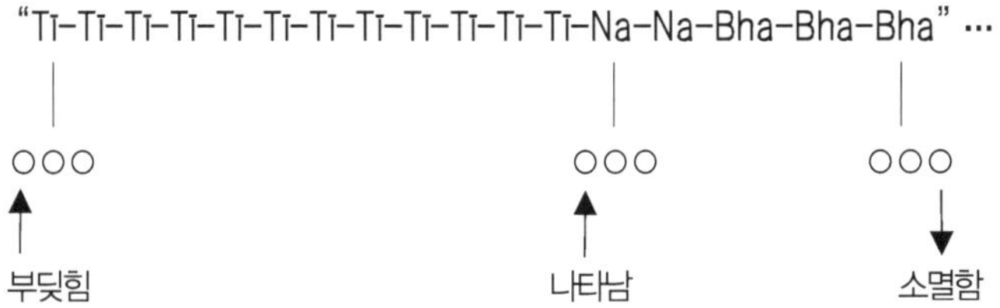
"Tī-Tī-Tī-Tī-Tī-Tī-Tī-Tī-Tī-Tī-Tī-Tī-Na-Na-Bha-Bha-Bha" …
○○○
부딪힘
○○○
나타남
○○○
소멸함

〈D〉

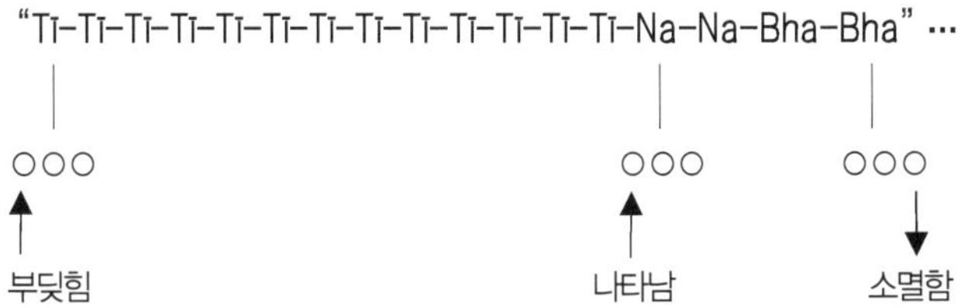
"Tī-Tī-Tī-Tī-Tī-Tī-Tī-Tī-Tī-Tī-Tī-Tī-Tī-Na-Na-Bha-Bha" …
○○○
부딪힘
○○○
나타남
○○○
소멸함

〈E〉

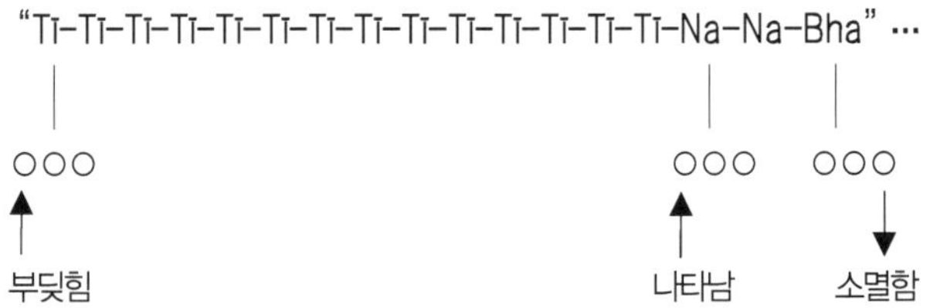
"Tī-Tī-Tī-Tī-Tī-Tī-Tī-Tī-Tī-Tī-Tī-Tī-Tī-Tī-Na-Na-Bha" …
○○○
부딪힘
○○○
나타남
○○○
소멸함

《F》

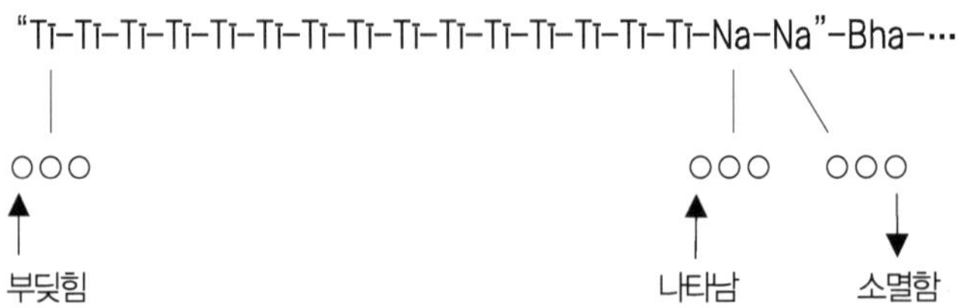

평상시처럼 감각대상과 눈의 감성은 지나간 생명연속심이 일어나는 순간에 함께 일어난다. 그 감각대상은 매우 작은 강도를 가진 것이어서 충분히 발현되기 위해 10가지 내지 15가지 마음순간이 필요하다. 감각대상이 잘 발현될 때, 그것은 안문에 나타난다. 그러나 그것은 아주 약해서 생명연속심의 흐름을 끊지 않고 생명연속심을 오직 2번만 동요하게 만든다. 그러므로 2가지 생명연속심의 동요가 있은 후에, 오직 생명연속심만이 계속 흐른다. 감각대상과 눈의 감성은 그것들이 생긴 후 17가지 마음순간이 끝날 때 함께 무너진다.

어떤 인식과정의 마음도 일어나지 않기 때문에 대상은 인식되지 않는다. 이 인식과정은 인식과정의 마음을 빼앗기기 때문에, 이 인식과정들은 '효과 없이 끝나는 인식과정(mogha-vāra vīthi)'이라고 알려져 있다.

2.5. 오문 인식과정(Pañcadvāra-vīthi)

다음과 같은 안문에서의 인식과정들이 있다.

① 매우 큰 대상의 1가지 등록으로 끝나는 인식과정

② 큰 대상의 2가지 속행으로 끝나는 인식과정
③ 작은 대상의 6가지 결정으로 끝나는 인식과정
④ 매우 작은 대상의 6가지 효과 없이 끝나는 인식과정

모두 합해서 안문에는 15가지 인식과정이 있다. 마찬가지로 이문, 비문, 설문, 신문 각각에서도 15가지 인식과정이 있다. 그러므로 오문에서의 인식과정의 총수는 75(15×5=75)가지이다.

이문 인식과정 형태를 기술하고 설명할 때, 이식이 안식의 자리에 들어가야 하고, '소리'와 '귀의 감성'이 각각 '보이는 대상'과 '눈의 감성'을 대신해야 한다. 나머지 3가지 문에서도 같은 원리에 따른 변화가 적절히 있어야 한다.

2.6. 망고 과일의 비유

매우 큰 대상은 망고 과일이 떨어지는 것에 비유될 수 있다. 한 피곤한 여행자가 망고나무 아래서 잠들어 있다고 가정해보라. 이렇게 잠들어 있는 상태는 매우 큰 대상의 경우에 생명연속심이 조용하게 흐르는 것과 유사하다.

이제 망고 과일 하나가 여행자에게 가까운 땅으로 떨어진다. 이 사건은 안문에서 매우 큰 강도의 보이는 대상이 부딪히는 것과 비슷하다.

망고 과일이 땅에 부딪히는 소리는 여행자를 깨우고 머리를 들도록 한다. 이 사건은 생명연속심을 2번 동요하게 만들고 끊어지게 하여 안문에 보이는 대상이 나타나는 것과 유사하다.

여행자는 눈을 뜨고 무엇이 소리를 냈는지 알아보기 위해 주위를

본다. 이 행위는 대상에 직면하여 마음의 흐름을 감각대상으로 인도하는 오문전향과 유사하다.

여행자는 망고 과일을 본다. 이것은 대상을 보는 안식과 유사하다. 여행자는 망고 과일을 집어 든다. 이것은 보이는 대상을 받아들이는 받아들임과 유사하다.

여행자는 다음에 망고 과일이 먹기에 적합한지를 조사한다. 이것은 대상을 조사하는 조사와 유사하다.

여행자는 망고 과일이 좋고 먹을 수 있다고 결정한다. 이것은 감각대상이 좋다고 결정하는 결정과 유사하다.

여행자는 배가 고파서 망고 과일을 7번 베어 물고 그 맛을 즐긴다. 이것은 대상의 맛을 즐기면서 7가지 속행의 마음이 일어나는 것과 유사하다.

다음에 여행자는 이빨에 묻어 있는 과일과 남아 있는 즙을 혀로 모아 2번 삼킨다. 이것은 속행을 뒤따라 대상의 맛을 즐기는 2가지 등록과 유사하다.

다음에 여행자는 누워 잠이 든다. 이것은 생명연속심으로 가라앉는 것과 유사하다.

2.7. 오문 인식과정의 마음(Pañcadvāra-vīthi Citta)

오문 인식과정을 검토해보면, 그 인식과정에 7가지 유형의 마음이 참여한다는 것을 알게 될 것이다. 그 7가지 유형의 마음은 '오문전향, 오식, 받아들임, 조사, 결정, 속행, 등록'이다.

가장 긴 인식과정, 즉 매우 큰 대상의 인식과정에 참여하는 마음의 수는 다음과 같이 모두 14가지이다.

① 오문전향 1가지
② 오식 1가지
③ 받아들임 1가지
④ 조사 1가지
⑤ 결정 1가지
⑥ 속행 7가지
⑦ 등록 2가지

오문 인식과정에 참여하는 마음의 총수는 다음과 같이 모두 54가지이다.

① 오문전향의 마음 1가지
② 5가지 감각의 문에서의 오식의 마음 10가지
③ 받아들이는 마음 2가지
④ 조사하는 마음 3가지
⑤ 결정하는 마음 또는 의문전향 1가지
⑥ 욕계 속행의 마음 29가지
⑦ 등록의 마음 8가지

이 마음이 54가지 욕계의 마음이다. 만약 단일한 문(예를 들어 안문)의 마음을 계산하면, ②의 10가지 오식의 마음 대신에 2가지 오식의 마음이 되어 마음의 총수는 46가지이다. 이것은 제3장의 164~165쪽에 있는 수와 일치한다. 생명연속심은 인식과정의 마음에 포함되어 있지 않다는 것에 주목하라.

2.8. 각 인식과정의 마음이 취하는 대상과 토대

모든 오문 인식과정의 마음은 감각의 문에 존재하는 현재의 감각대상을 파악한다. 오식의 마음은 5가지 토대에 의지하여 생겨난다. 즉 안식의 마음은 눈의 토대에 의지하여 생기고, 이식의 마음은 귀의 토대에 의지하여 생겨난다. 나머지도 마찬가지다. 반면에 의식의 마음은 심장토대에 의지하여 생겨난다.

예를 들어 매우 큰 대상의 인식과정의 모든 안문 인식과정에서의 마음은 생명연속심의 동요가 일어나는 순간에 안문에 나타나는 보이는 대상을 파악하고 등록이 무너지는 순간에 무너진다.

2가지 안식의 마음은 지나간 생명연속심이 일어나는 순간에 보이는 대상과 함께 일어난 눈의 토대(눈의 감성)에 의해 생겨난다. 보이는 대상과 동일한 수명을 가지고 있는 이 토대는 중간 수명을 가진 토대(majjhimāyuka-vatthu)라고 불린다. 보이는 대상보다 더 일찍 일어나서 그 보이는 대상보다 더 일찍 무너지는 그런 토대는 더 짧은 수명(mandāyuka-vatthu)을 가진 물질적인 토대라고 알려져 있다. 보이는 대상보다 더 늦게 일어나서 그 보이는 대상보다 더 늦게 무너지는 그런 토대는 더 긴 수명(amandāyuka-vatthu)을 가진 물질적인 토대라고 알려져 있다. 안식은 보이는 대상과 동일한 수명을 가진 눈의 토대에만 의존한다.

나머지 모든 오문 인식과정의 마음은 의식의 마음이다. 그것들은 선행하는 마음과 함께 일어난 심장토대, 즉 한 마음순간 동안 계속되었던 심장토대에 의해 개별로 생겨난다. 예를 들어 오문전향은 생명연속심의 끊어짐과 함께 일어난 심장토대에 의해 생겨나고, 받아들임은 안식과 함께 일어난 심장토대에 의해 생겨나며, 조사는 받아들임과 함께 일어난 심장토대에 의해 생겨난다. 나머지도 마찬가지다.

3. 의문 인식과정(Mano-dvāra Vīthi)

<table>
<tr><td rowspan="3">의문 인식과정
(Mano-dvāra vīthi)</td><td>욕계의 속행으로
끝나는 인식과정
(Kāmajavana-vāra vīthi)</td><td>① 등록으로 끝나는 인식과정
(Tadālambaṇa-vāra vīthi)
② 속행으로 끝나는 인식과정
(Javana-vāra vīthi)
③ 결정으로 끝나는 인식과정
(Voṭṭhapana-vāra vīthi)
④ 효과 없이 끝나는 인식과정
(Mogha-vāra vīthi)</td></tr>
<tr><td rowspan="2">본삼매의 속행으로
끝나는 인식과정
(Appanājavana-vāra vīthi)</td><td>세간의 본삼매 인식과정
(Lokī-appanā vīthi)
① 색계의 본삼매 인식과정
(Rūpāvacara appanā vīthi)
② 무색계의 본삼매 인식과정
(Arūpāvacara appanā vīthi)
③ 신통지의 본삼매 인식과정
(Abhiññā appanā vīthi)</td></tr>
<tr><td>출세간의 본삼매 인식과정
(Lokuttara-appanā vīthi)
① 도의 인식과정(Magga vīthi)
② 과증득의 인식과정
(Phala-samāpatti vīthi)
③ 멸진정의 인식과정
(Nirodha-samāpatti vīthi)</td></tr>
</table>

6가지 감각대상 중 하나가 의문의 영역으로 들어올 때, 의문 인식과정이 일어난다. 의문 인식과정은 우선 2가지 부류로 나뉠 수 있다.

① 욕계의 속행으로 끝나는 인식과정(kāmajavana-vāra vīthi) : 여기에서는 29가지 욕계 속행의 마음 중 하나가 감각대상의 맛을 즐기는 속행의 기능을 맡는다.

② 본삼매의 속행으로 끝나는 인식과정(appanājavana-vāra vīthi) : 여기에서는 26가지 본삼매의 속행의 마음 중 하나가 속행의 기능을 맡는다.

욕계의 속행으로 끝나는 인식과정은 『아비담맛타 상가하』에 따라 2가지 유형으로 더 나뉠 수 있고 레디 사야도에 따라 4가지 유형으로 더 나뉠 수 있는 반면에, 본삼매의 속행으로 끝나는 인식과정은 2가지 유형, 즉 세간의 본삼매의 인식과정(lokī appanā vīthi)과 출세간의 본삼매의 인식과정(lokuttara appanā vīthi)으로 세분될 수 있다. 이 인식과정 모두는 아래에서 설명될 것이다.

3.1. 의문 욕계 속행(kāma-javana) 인식과정

3.1.1. 『아비담맛타 상가하』에 따른 분류

① 선명한 대상의 인식과정(등록으로 끝나는 인식과정)

"Na-Da-Ma-Ja-Ja-Ja-Ja-Ja-Ja-Ja-Dā-Dā"-Bha-

* Na : 생명연속심의 동요

* Da : 생명연속심의 끊어짐
* Ma : 의문전향
* Ja : 속행
* Dā : 등록
* Bha : 생명연속심

② 희미한 대상의 인식과정(속행으로 끝나는 인식과정)
"Na-Da-Ma-Ja-Ja-Ja-Ja-Ja-Ja-Ja"-Bha-Bha-

3.1.2. 레디 사야도의 분류

① 매우 선명한 대상의 인식과정(등록으로 끝나는 인식과정)
"Na-Da-Ma-Ja-Ja-Ja-Ja-Ja-Ja-Ja-Dā-Dā"-Bha-

② 선명한 대상의 인식과정(속행으로 끝나는 인식과정)
"Na-Da-Ma-Ja-Ja-Ja-Ja-Ja-Ja-Ja"-Bha-Bha-

③ 희미한 대상의 인식과정(결정으로 끝나는 인식과정)
"Na-Da-Ma-Ma-Ma"-Bha-Bha-

④ 매우 희미한 대상의 인식과정(효과 없이 끝나는 인식과정)
"Na-Na"-Bha-Bha-Bha-

3.1.3. 설명

의문 욕계 속행 인식과정을 시작하기 위해 현재의, 미래의, 과거의, 혹은 시간에서 자유로운 6가지 감각대상 중 하나가 의문의 영역으로 들어와야 한다.

(1) 감각대상이 매우 큰 강도를 가진 것일 때는 감각대상이 의문에 나타나자마자 생명연속심이 2번 동요하고 끊어진다(Na-Da). 다음에 의문전향(Ma)이 대상을 파악하고 마음의 흐름을 감각대상으로 인도하여 대상을 관찰하고 그것이 좋은지 나쁜지를 결정한다. 이 결정에 따라 29가지 욕계 속행의 마음 중 하나가 감각대상의 맛을 즐기면서 7가지 마음순간 동안 속행(Ja)의 기능을 수행한다. 다음에 2가지 등록의 마음(Dā)이 감각대상의 맛을 더 즐기면서 뒤따른다. 그 후에 마음의 흐름은 생명연속심 속으로 가라앉는다. 이 인식과정은 '매우 선명한 대상의 인식과정' 또는 그 인식과정이 등록의 마음으로 끝나기 때문에 '등록으로 끝나는 인식과정'이라고 알려져 있다.

(2) 감각대상이 큰 강도를 가진 것일 때, 인식과정은 위와 같이 일어나지만 등록이 없이 속행으로 끝난다. 이 인식과정은 '선명한 대상의 인식과정' 또는 '속행으로 끝나는 인식과정'이라고 알려져 있다.

『아비담맛타 상가하』에서 저자 아누룻다는 여기에서의 '매우 선명한 대상의 인식과정'을 '선명한 인식과정'으로 보고, 여기에서의 '선명한 대상의 인식과정'을 '희미한 대상의 인식과정'으로 보았다.

(3) '희미한 대상의 인식과정'에서 감각대상은 작은 강도를 가지고 있고 의문에 감각대상이 나타나는 것은 위에 있는 2가지 경우에서처럼 선명하지 않다. 그러므로 생명연속심이 끊어진 후에, 의문전향의 마음은 감각대상을 관찰하고 결정하려고 애쓰면서 3번

일어난다. 그러나 대상은 분명하게 인식되지 않고 따라서 어떤 속행의 마음도 일어나지 않는다. 의문전향 후에 마음의 흐름은 생명연속심으로 가라앉는다.

(4) 매우 희미한 대상의 인식과정에서 감각대상은 매우 작은 강도를 갖고 있다. 그 감각대상은 생명연속심을 끊어지지 않게 하고 오직 2번 동요하게만 만든다. 그리하여 어떤 인식과정의 마음도 일어나지 않고 감각대상은 인식되지 않는다. 이 인식과정은 인식과정의 마음을 박탈당했기 때문에 '효과 없이 끝나는 인식과정'이라고 불린다.

의문(mano-dvāra)은 물질적인 문이 아니다. 19가지 생명연속심 가운데 하나가 어떤 사람에게서 의문의 기능을 한다.

과거의, 현재의, 미래의, 혹은 시간에서 자유로운 6가지 감각대상 모두가 의문에 나타날 수 있다.

마음, 마음부수, 까시나 표상, 또는 열반과 같은 마음의 대상이 의문에 나타날 수 있기 때문에, 어떤 지나간 생명연속심도 일어날 필요가 없다. 대상이 문에 부딪치자마자 그 대상은 의문에 나타난다.

의문에 나타나는 대상은 매우 큰 대상 또는 큰 대상으로 구별되어서는 안 되고, 선명한 대상 또는 희미한 대상으로 구별되어야 한다.

3.1.4. 의문 욕계 속행 인식과정 마음

의문 인식과정(mano-dvāra vīthi)에서는 오직 3가지 유형의 마음, 즉 '전향, 속행, 등록'만이 있다.

가장 긴 의문 인식과정의 마음은 1가지 의문전향의 마음, 7가지 속행의 마음, 2가지 등록의 마음으로 총 10가지이다.

의문 인식과정에 참여할 수 있는 마음은 1가지 의문전향의 마음, 29가지 욕계 속행의 마음, 11가지 등록의 마음으로 총 41가지이다.

3.1.5. 이차적인 의문 인식과정

6가지 감각대상 중 하나가 의문의 영역으로 직접 들어올 때는 위에서 설명했듯이 일차적인 의문 인식과정을 갖게 된다. 그러나 오문 인식과정 각각을 뒤따르는 의문 인식과정과 모든 것을 뒤따르는 의문 인식과정이 있다.

오문 인식과정의 감각인상은 좋은지 나쁜지를 대충 알 수 있을 정도로만 처리된다. 형태, 모양, 상세한 특성, 대상의 이름은 아직 인식되고 있지 않다.

그러므로 오문 인식과정 후에 의문 인식과정이 오문 인식과정의 감각대상을 과거의 대상으로 다시 취하여 오문 인식과정을 빠르게 뒤따른다.

다음에 두 번째 의문 인식과정이 새로운 인상과 이전 인상을 함께 관찰하며 뒤따른다.

다음에 세 번째 의문 인식과정이 감각대상의 형태와 모양을 다시 관찰하며 빠르게 뒤따른다.

다음에 네 번째 의문 인식과정이 그 대상과 관련된 이름을 고려하며 뒤따른다. 필요하다면 많은 의문 인식과정이 그 대상의 특성을 상세하게 고려하면서 빠르게 일어나고, 만약 그가 전에 그 대상과 마주친 적이 있다면 그것과 관련된 시간과 장소도 고려하면서 연속해서 빠르게 일어난다.

이와 같이 많은 이차적인 의문 인식과정이 있은 후에야 비로소 그 대상을 형태, 모양, 이름, 다른 세부적인 사항들과 함께 알게 된다.

마음이 눈 깜짝 할 사이에 1조 번 이상의 엄청난 속도로 일어날 수 있다는 사실과, 하나의 의문 인식과정이 대략 10가지 인식과정의 마음을 포함하고 있다는 사실을 고려하면, 10억 개 이상의 인식과정이 1초의 몇 분의 1 동안에 일어날 수 있다. 그리하여 우리는 우리가 보고 듣는 대상들을 거의 즉각 알 수 있고 보고 들은 것을 동시에 생각하기도 한다.

3.1.6. 실제적인 입증

오문 인식과정과 의문 인식과정이 어떤 사람에게 엄청난 속도로 일어나고 있다는 사실은 그 사람 자신에 의해 입증될 수 있다. 마음은 가장 좋은 현미경으로도 볼 수 없으므로, 최신의 전자현미경보다 더 강력한 도구가 마음을 보기 위해 필요할 것이다. 이 도구는 다름 아닌 바른 삼매와 함께하는 마음 그 자체이다.

불교의 경에서 제시된 가르침에 따라 고요명상과 통찰명상을 적절하게 가르치는 국제파욱숲속명상센터에서 명상 수행자는 각 감각의 문과 의문에 차례로 주의를 집중하여 안문과 의문에 부딪히는 감각대상을 동시에 관찰해야 한다. 그들은 오문과 의문에서 일어나는 마음의 인식과정을 분별한다.

수행자들은 이 책에서 설명된 대로 정확하게 일어나는 인식과정의 마음을 볼 수 있고, 후에 계속해서 각각의 마음과 연관된 다양한 마음부수도 구별할 수 있다. 그 결과는 매우 만족스럽다.

3.2. 의문 본삼매 속행(appanā-javana) 인식과정

고요명상과 통찰명상에서의 의문 본삼매 속행 인식과정은 선정(jhāna) 또는 도(magga)를 실현할 때 일어난다. 이 인식과정에서 26가지 본삼매 속행의 마음(appanā-javana citta) 중 하나가 속행의 기능을 수행한다.

① 색계의 유익한 마음(rūpāvacara kusala citta) 5가지
② 무색계의 유익한 마음(arūpāvacara kusala citta) 4가지
③ 고귀한 작용만 하는 마음(mahaggata kiriya citta) 9가지
④ 출세간의 마음(lokuttara citta) 8가지

만약 아라한이 아닌 사람이 고요명상을 수행하면, 그는 5가지 색계의 유익한 선정과 4가지 무색계의 유익한 선정을 얻을 수 있다. 이것들은 총괄하여 '9가지 고귀한 유익한 마음(mahaggata kusala citta)'이라고 불린다. 만약 아라한이 고요명상을 하면, 그는 5가지 색계의 작용만 하는 선정과 4가지 무색계의 작용만 하는 선정을 얻을 수 있다. 이것들은 총괄하여 '9가지 고귀한 작용만 하는 마음(mahaggata kiriya citta)'이라고 불린다.

만약 3가지 원인〔뿌리〕인 탐욕 없음, 성냄 없음, 미혹 없음을 부여받은 어떤 사람이 통찰명상을 적절하고 근면하게 하면, 그 사람은 8가지 출세간의 마음으로 알려진 4가지 도(magga)와 4가지 과(phala)를 얻을 수 있다.

3.2.1. 5가지 색계 선정의 인식과정

① 둔한 통찰지(manda-paññā)
Na-Da-"Ma-Pa-U-Nu-Go-Jhā"-Bha-Bha-

② 예리한 통찰지(tikkha-paññā)
Na-Da-"Ma-U-Nu-Go-Jhā"-Bha-Bha-

(1) 까시나의 닮은 표상이 의문에 나타날 때, 생명연속심은 2번 동요하고 끊어진다(Na-Da). 다음에 의문전향(Ma)이 마음의 흐름을 닮은 표상으로 전향시키고, 그 감각대상을 관찰하고 그것이 좋은지 나쁜지를 결정한다.
다음에 기쁨이 함께하고 지혜와 결합한 큰 유익한 마음(somanassa-sahagataṁ ñāṇa-sampayuttaṁ mahā-kusala citta)들 가운데 하나가 느리거나 둔한 통찰지(manda-paññā)를 지닌 사람에게 근접삼매 속행(upacāra-samādhi javana)의 기능을 4번 수행한다. 그것들의 이름은 다음과 같다.

* Pa : 준비(parikamma), 선정의 준비
* U : 근접(upacāra), 선정의 근접
* Nu : 수순(anuloma), 준비삼매와 선정 사이의 적응 혹은 연결. 이것은 낮은 마음을 높은 마음과 조화시키는 다리의 기능을 한다.
* Go : 종성(gotrabhu), 고귀한 혈통을 형성하기 위해 욕계의 혈통을 끊어내는 마음

이 4가지 마음은 근접삼매의 속행(upacāra-samādhi javana)으로 알

려져 있다. 빠르거나 밝은 통찰지(tikkha-paññā)를 가진 사람의 경우에 준비는 제외된다.

종성 직후에 색계의 유익한 초선정의 마음이 본삼매의 속행으로 단지 1번 일어난다. 초선정의 마음이 무너진 후에 생명연속심의 흐름은 평상시처럼 계속 흐른다.

(2) 두 번째 색계의 본삼매 인식과정은 색계의 유익한 이선정의 마음이 단지 1번 본삼매 속행의 기능을 하도록 하면서 위에서 설명한 것처럼 일어난다.

(3) 세 번째 색계의 본삼매 인식과정은 색계의 유익한 삼선정의 마음이 단지 1번 본삼매 속행의 기능을 하도록 하면서 (1)번에서 설명한 것처럼 일어난다.

(4) 네 번째 색계의 본삼매 인식과정은 색계의 유익한 사선정의 마음이 단지 1번 본삼매 속행의 기능을 하도록 하면서 (1)번에서 설명한 것처럼 일어난다.

(5) 다섯 번째 색계의 본삼매 인식과정은 (1)번에서처럼 일어나지만, 기쁨이 함께하고 지혜와 결합한 큰 유익한 마음(somanassa-sahagataṁ ñāṇa-sampayuttaṁ mahā-kusala citta) 가운데 하나 대신에, 평온이 함께하고 지혜와 결합한 큰 유익한 마음(upekkhā-sahagataṁ ñāṇa-sampayuttaṁ mahā-kusala citta) 가운데 하나가 근접삼매 속행의 기능을 하고, 색계의 유익한 오선정의 마음이 단지 1번 본삼매 속행의 기능을 하도록 하면서 일어난다.

까시나에 대한 명상을 할 때, 기쁨이 함께한 큰 유익한 마음 또는 평온이 함께한 큰 유익한 마음이 속행의 기능을 수행한다.

본삼매에 들 때, 근접삼매 속행과 선정의 속행은 느낌에서 일치해야 한다. 처음 4가지 선정은 행복(sukha, 기쁜 느낌)과 함께하기 때문에 기쁨의 마음으로 간주된다. 그리하여 이 경우에 근접삼매의 속행은 기쁨이 함께한 것이 되어야 한다. 오선정의 경우에 그것은 평온이 함께한 것이다. 그리하여 그 근접삼매의 속행은 또한 평온이 함께한 것이 되어야 한다.

유익한 속행 다음에는 유익한 속행이 뒤따른다. 작용만 하는 속행 다음에는 작용만 하는 속행이 뒤따른다.

3.2.2. 4가지 무색계 선정(Arūpāvacara Jhāna)의 인식과정

① 둔한 통찰지(manda-paññā)
Na-Da-"Ma-Pa-U-Nu-Go-Jhā"-Bha-Bha-

② 예리한 통찰지(tikkha-paññā)
Na-Da-"Ma-U-Nu-Go-Jhā"-Bha-Bha-

이 인식과정은 형태가 색계의 본삼매 인식과정과 동일하다. 그러나 무색계 선정은 삼매와 고요와 고귀함의 정도에서 색계 선정보다 더 높다. 수행자는 오선정을 더 높은 무색계 선정으로 가기 위한 토대로 사용해야 하고 또한 물질과 관련이 없는 하나의 대상에 집중해야 한다.

실제로, 수행자는 까시나의 닮은 표상(paṭibhāga-nimitta)에 대해 명상함으로써 오선정을 계발해야 한다. 다음에 수행자는 오선정에서 출정하여 물질[이 경우에는 까시나]과 관련된 닮은 표상을 무시하고 그 닮은 표상을 넘어서 존재하는 무한한 허공(ākāsa)에 집중하여 '허공, 허공'을 명상한다. 닮은 표상에 대한 미묘한 집착이 제거될 때, 그 표상은 갑자기 사라지고 무한한 허공이 펼쳐진다. 수행자가 '허공, 허공'을 계속 명상하고, 삼매의 정도가 충분히 높아지면, 본삼매 인식과정(appanā vīthi)이 실행된다.

(1) 무한한 허공이라는 대상이 의문에 나타날 때, 생명연속심의 흐름은 2번 동요하고 끊어진다(Na-Da). 그 후에 의문전향이 그 대상을 관찰하고 그것이 좋은지 나쁜지를 결정한다. 다음에 2가지 평온이 함께하고 지혜와 결합한 큰 유익한 마음(upekkhā-sahagataṁ ñāṇa-sampayuttaṁ mahā-kusala citta) 가운데 하나가 둔한 통찰지(manda paññā)를 가진 사람에게는 준비(Pa), 근접(U), 수순(Nu), 종성(Go)의 기능을 하고, 예리한 통찰지(tikkha-paññā)를 가진 사람에게는 근접(U), 수순(Nu), 종성(Go)의 기능을 한다. 다음에 공무변처의 유익한 마음(ākāsānañcāyatana-kusala citta)이 본삼매의 속행으로 1번 일어나고 마음의 흐름은 생명연속심으로 가라앉는다.

(2) 두 번째 무색계 선정으로 가는 사다리를 오를 때, 수행자는 공무변처의 유익한 마음에 대해 명상한다. 삼매의 정도가 충분히 높아지면, 두 번째 무색계의 본삼매 인식과정이 일어날 것이다.
의문에 나타나는 대상은 본삼매의 속행으로 생명연속심의 동요, 생명연속심의 끊어짐, 의문전향, 준비(예리한 통찰지를 가진 사람은 생략), 근접, 수순, 종성, 식무변처의 유익한 마음(viññānañcāyatana kusala citta)의 인식과정들을 일어나게 하는 공무변처의 유익한 마음이다. 다음에 생명연속심은 평상시처럼 흐른다.

(3) 세 번째 무색계 선정의 경우에, 의문에 나타나는 대상은 공무변처의 유익한 마음을 제거하여 생기는 아무것도 없음〔무소유〕이

다. 마음의 인식과정은 본삼매의 속행으로서의 무소유처의 유익한 마음(ākincaññāyatana kusala citta)을 끝내고 전과 같이 일어난다.

(4) 네 번째 무색계 선정으로 가는 사다리를 오를 때, 수행자는 무소유처의 유익한 마음에 대해 명상한다. 네 번째 무색계 선정을 실현하자마자, 이 무소유처의 유익한 마음의 대상은 의문에 나타나서 마음의 인식과정을 예전같이 일어나게 한다. 이 경우에 비상비비상처의 유익한 마음(nevasaññā-nāsaññāyatana kusala citta)이 본삼매의 속행으로 1번 일어난다. 다음에 마음의 흐름은 생명연속심으로 가라앉는다.

3.2.3. 선정 증득의 인식과정(Jhāna Samāpatti Vīthi)

'사마빳띠(samāpatti)'는 '증득'을 의미한다. 색계 선정을 증득한 사람은 원할 때면 언제든지 그 선정에 상응하는 명상의 몰입〔본삼매〕에 들 수 있다. 만약 수행이 잘되면, 그 선정의 몰입〔본삼매〕에 즉시 들 수 있고 한 시간, 두 시간, 세 시간, 또는 7일까지 몰입에 들어 머물 수 있다. 이 몰입 동안에 선정의 마음은 까시나의 닮은 표상에 주의를 집중하면서 계속해서 자연스럽게 일어난다.

색계 선정과 무색계 선정을 증득한 사람은 특정한 선정에 상응하는 선정의 증득에 들 수 있다. 그러나 먼저 초선정에 들어야 한다. 다음에 일으킨 생각(vitakka)을 제거하여 이선정에 든다. 다음에 지속적 고찰(vicāra)을 제거하여 삼선정 등에 든다.

선정 증득의 인식과정은 다음과 같이 실행된다.

① 둔한 통찰지(manda-paññā)

Na-Da-"Ma-Pa-U-Nu-Go-Jhā-Jhā-여러 번"-Bha-

② 예리한 통찰지(tikkha-paññā)

Na-Da-"Ma-U-Nu-Go-Jhā-Jhā-여러 번"-Bha-

(1) 색계 선정(rūpāvacara jhāna)의 증득

까시나의 닮은 표상이 생명연속심을 2번 동요하게 하고 끊어지게 하면서(Na-Da) 의문에 나타난다. 다음에 의문전향이 닮은 표상을 관찰하고 그것이 좋은지 나쁜지를 결정한다.

다음에 2가지 기쁨이 함께하고 지혜와 결합한 큰 유익한 마음(somanassa-sahagataṁ ñāṇa-sampayuttaṁ mahā-kusala citta)〔다섯 번째 선정에 들기 위해서는 '평정이 함께하는 마음'을 취함〕가운데 하나가 준비〔예리한 통찰지를 가진 사람은 생략〕, 근접, 수순, 종성의 기능을 한다. 다음에 색계의 유익한 초선정, 이선정, 삼선정, 사선정, 오선정의 마음이 본삼매 속행의 기능을 여러 번 한다. 본삼매가 끝나면, 마음의 흐름은 생명연속심으로 가라앉는다.

(2) 무색계 선정(arūpāvacara jhāna)의 증득

닮은 표상(더 높은 무색계 선정을 얻기 위해서는 그것에 상응하는 대상을 가짐)이 사라지면서 펼쳐지는 무한한 허공은 생명연속심을 2번 동요하게 하고 끊어지게 하면서 의문의 영역에 들어온다. 다음에 의문전향이 무한한 허공을 관찰하고 그것이 좋은지 나쁜지를 결정한다. 다음에 2가지 평정이 함께하고 지혜와 결합한 큰 유익한 마음(upekkhā-sahagataṁ ñāṇa-sampayuttaṁ mahā-kusala citta) 가운데 하나가 준비〔예리한 통찰지를 가진 사람은 생략], 근접, 수순, 종성의 기능을 한다. 다음에 공무변처의 유익한 마음[또는 더 높은 무색계의 유익한 마음]이 본삼매 속행의 기능을 여러 번 한다. 명상의 몰입[본삼매]이 끝나면, 마음의 흐름은 생명연속심으로 가라앉는다.

3.2.4. 신통지의 본삼매 인식과정 (Abhiññā Appanā Vīthi)

모든 색계 선정과 모든 무색계 선정을 증득한 사람은 5가지 세간의 신통지(lokiya abhiññā)를 얻기 위해 『청정도론』에서 제시된 가르침에 따라 더 많은 수행을 해나갈 수 있다. 이 신통지들은 삼매를 최대한으로 성취하여 얻어질 수 있고, 색계 오선정의 보다 높은 지혜와 관련이 있다. 그것들은 무엇인가?

(1) **신족통**(Iddhi-vidha Abhiññā)

하나이면서 여럿이 되고 여럿이었다가 다시 하나가 되는 것과 같은 다양한 신성한 능력. 방해받지 않고 벽과 산을 마치 허공처럼 뚫고 지나간다. 땅에서는 마치 물속에서처럼 들어가고 나온다. 물 위에서는 마치 땅 위에 있는 것처럼 가라앉지 않고 걷는다. 가부좌를 하고 마치 날개 달린 새처럼 하늘을 떠다닌다.

(2) **천이통**(Dibba-sota Abhiññā)

천상과 인간의 소리, 멀고 가까운 소리를 들을 수 있는 신성한 귀.

(3) **천안통**(Dibba-cakkhu Abhiññāṇa)

천상과 인간의 대상, 멀고 가까운 대상, 숨겨진 대상 또는 노출된 대상을 볼 수 있는 신성한 눈. 그것은 천상계의 존재들뿐만 아니라 악처의 존재들도 볼 수 있다. 그것은 중생들이 비천하거나 고상한 존재로, 아름답거나 추한 존재로 죽고 다시 태어나는 것을 본다. 그것은 존재들이 행위에 따라 어떻게 다시 태어나는지를 본다.

(4) **타심통**(Paracitta-vijjānana Abhiññāṇa, Ceto-pariya-ñāṇa)

여러 방법으로 다른 사람의 마음을 알거나, 그들의 마음을 읽기 위해 다른 사람의 마음을 꿰뚫어 볼 수 있는 능력.

(5) **숙명통**(Pubbe-nivāsānussati Abhiññāṇa)

한 생, 두 생, 세 생, 네 생, 다섯 생… 100,000생과 같은 수많은 전생을 기억할 수 있는 능력. 세상의 수많은 생성과 소멸을 기억할 수 있는 능력. "그곳에서 나는 이런 이름을 가졌고, 그곳에서 죽어서 나는 다른 존재계로 들어갔다… 그리고 그곳에서 죽어서 나는 또 다시 이곳에 태어났다."

3.2.5. 형상의 신통지 인식과정 (abhiññā vīthi)

Na-Da-"Ma-Pa-U-Nu-Go-Bhiñ"-Bha-

세간의 신통지를 얻은 어떤 사람이 여럿이 되기를 원한다고 가정해 보라. 그는 흙 까시나를 명상하고 색계의 유익한 오선정을 얼마 동안 계발한다. 다음에 그는 선정의 몰입[본삼매]에서 나와서 생명연속심을 끊고, "나 자신과 동일하고 분리된 1,000가지 형태를 만들어내기를!"이라는 뜻을 세운다.

그 수행자는 그의 뜻에 완전한 자신감을 갖는다. 그 표상의 형상은 생명연속심을 2번 동요하게 하고 끊어지게 하면서 그의 의문에 나타난다. 의문전향이 그 표상의 형상을 관찰하고 보이는 대상이 좋은지 나쁜지를 결정한다. 다음에 2가지 평온이 함께하고 지혜와 결합한 큰 유익한 마음(upekkhā-sahagataṁ ñāṇa-sampayuttaṁ mahā-kusala citta) 가운데 하나가 준비, 근접, 수순, 종성의 기능을 한다. 다음에 색계의 유익한 오선정이 그 1,000가지 표상의 형상을 관찰하고 신통지의 속행의 기능을 하면서 1번 일어난다. 다음에 생명연속심이 뒤따르고 그 사람은 그 선정에서 출정한다. 신통지의 속행이 일어나자마자 1,000가지 표상의 형상이 존재하게 된다.

다른 세간의 신통지도 유사한 방법으로 작용한다.

3.2.6. 도의 본삼매 인식과정 (Magga Appanā Vīthi)

통찰명상을 하는 사람은 존재의 3가지 특성(ti-lakkhaṇa, 三法印)인 무상(anicca), 고(dukkha), 무아(anatta)를 명상한다. 10가지 통찰지혜(vipassanā-ñāṇa)를 계발한 후에 도(magga)와 과(phala)를 실현한다. 4가지 수준의 도와 과가 있다. 도의 인식과정은 다음과 같이 작용한다.

① 둔한 통찰지(manda-paññā)

Na-Da-"Ma-Pa-U-Nu-Go-Mag-Phal-Phal"-Bha-

② 예리한 통찰지(tikkha-paññā)

Na-Da-"Ma-U-Nu-Go-Mag-Phal-Phal-Phal"-Bha-

* **Pa** : 준비(parikamma), 도의 준비

* U : 근접(upacāra), 도의 근접
* Nu : 수순(anuloma, 적응이나 연결), 낮은 마음을 높은 마음과 조화시키는 것
* Go : 종성(gotrabhu), 성자의 혈통을 형성하기 위해 범부의 혈통을 끊어내는 마음

(1) 존재의 3가지 특성〔三法印〕 중 하나가 범부(puthujjana, 10가지 모든 족쇄에 묶여 있는 자)의 의문의 영역에 들어올 때, 생명연속심은 2번 동요하고 끊어진다(Na-Da). 다음에 존재의 특성을 관찰하고 숙고하면서 의문전향(Ma)이 1번 일어난다. 다음에 4가지 지혜와 결합한 큰 유익한 마음(ñāṇa-sampayuttāṁ mahā-kusala citta) 중 하나가 존재의 특성〔三法印〕을 관찰하면서 준비(Pa), 근접(U), 수순(Nu)의 기능을 하고, 다음에 열반을 관찰하면서 종성(Go)의 기능을 한다. 다음에 예류도의 속행(sotāpatti-magga javana)이 열반을 관찰하면서 1번 일어난다. 다음에 어떤 시간의 경과도 없이 그 도의 과인 예류과의 마음(sotāpatti-phala citta)이 본삼매의 속행의 기능을 2번 한다. 다음에 마음의 흐름은 생명연속심으로 가라앉고 그 사람은 도의 인식과정에서 나오게 된다. 〔만약 그 사람이 예리한 통찰지를 가지고 있다면, 준비가 생략되고 과의 속행이 3번 일어난다.〕

일단 어떤 사람이 성자가 되면 결코 범부로 다시는 되돌아가지 않는다. 그리하여 종성은 범부의 혈통을 오직 한 번만 끊어내야 한다. 그 후에 도와 과의 인식과정에서는 청백(vodāna, Vo)이 종

성(Go)을 대신하여 들어간다.

(2) 첫 번째 도와 과를 성취한 예류자(Sotāpanna)는 두 번째 도와 과를 성취하기 위해 다시 존재의 3가지 특성을 명상해야 한다. 두 번째 도의 인식과정이 일어날 때, 그것은 위와 같이 진행된다. 꼭 필요한 변화들은 '종성'을 '청백'이 대신하고 '예류도(sotāpatti-magga)'를 '일래도(sakadāgāmi-magga)'가 대신하며, '예류과(sotāpatti-phala)'를 '일래과(sakadāgāmi-phala)'가 대신한다.

이 두 번째 도의 인식과정 후에, 그 사람은 일래자(sakadāgāmī, sakadāgam, 단지 한 번만 욕계에 돌아오는 자)가 된다.

(3) 일래자가 통찰명상을 더 많이 해나가면, 그는 두 번째 도의 인식과정처럼 진행되는 세 번째 도의 인식과정을 계발할 수 있다. 단지 '일래(sakadāgāmi)'가 '불환(anāgāmi)'으로 바뀐다.

그 사람은 이제 불환자(anāgāmī, anāgam, 다시는 욕계에 재생하지 않는 자)가 된다.

(4) 불환자가 통찰명상을 더 많이 해나가면, 그는 네 번째 도의 인식과정을 계발할 수 있다. 이 인식과정은 다시 위에서 설명한 것처럼 진행된다. 단지 '불환(anāgāmi)'이 '아라한(arahatta)'으로 바뀐다. 그 사람은 이제 아라한(arahant)이 된다.

3.2.7. 과 증득의 인식과정 (Phala-samāpatti Vīthi)

4가지 성자(ariya-puggala)가 있다. 그들은 예류자, 일래자, 불환자, 아라한이다.

각 성자는 그가 증득한 도의 과에 상응하는 과 증득에 들 수 있다.

그렇게 함으로써, 그는 열반의 평화를 즐기고, 이 몰입〔본삼매〕 동안 과 증득의 인식과정이 다음과 같이 일어난다.

① 둔한 통찰지(manda-paññā)
Na-Da-"Ma-Pa-U-Nu-Vo-Mag-Phal-Phal-여러 번"-Bha-

② 예리한 통찰지(tikkha-paññā)
Na-Da-"Ma-U-Nu-Vo-Mag-Phal-Phal-여러 번"-Bha-

과 증득의 인식과정을 계발할 때, 성자들은 과 증득의 인식과정이 일어날 때까지 존재의 3가지 특성을 명상해야 한다.

(1) 존재의 3가지 특성 가운데 하나가 예류자의 의문의 영역으로 들어올 때, 생명연속심은 생명연속심의 동요와 생명연속심의 끊어짐으로 2번 동요하고 끊어진다. 의문전향이 그 대상을 알아차리고 그것이 좋은지 나쁜지를 결정한다. 다음에 4가지 지혜와 결합한 큰 유익한 마음(ñāṇa-sampayuttaṁ mahā-kusala citta) 가운데 하나가 3가지 특성을 관찰하면서 준비(예리한 통찰지를 가진 사람은 생략)와 근접과 수순의 3가지 기능을 하고, 열반을 관찰하면서 청백의 기능을 1번 한다. 그 후에 예류과의 마음(sotāpatti-phala citta)은 열반을 관찰하면서 그 사람이 원하는 만큼 여러 번 본삼매의 속행의 기능을 한다. 그 다음에 마음의 흐름은 생명연속심으로 가라앉고 그 사람은 과 증득에서 출정하게 된다.
(2) 존재의 3가지 특성 가운데 하나가 일래자의 의문의 영역으로 들어올 때, 생명연속심은 생명연속심의 동요와 생명연속심의 끊어

짐으로 2번 동요하고 끊어진다. 의문전향이 그 대상을 알아차리고 그것이 좋은지 나쁜지를 결정한다. 다음에 4가지 지혜와 결합한 큰 유익한 마음(ñāṇa-sampayuttaṁ mahā-kusala citta) 가운데 하나가 3가지 특성을 관찰하면서 준비와 근접과 수순의 3가지 기능을 하고, 열반을 관찰하면서 청백의 기능을 1번 한다. 그 후에 일래과의 마음(sakadāgāmi-phala citta)은 열반을 관찰하면서 그 사람이 원하는 만큼 여러 번 본삼매의 속행의 기능을 한다. 그 다음에 마음의 흐름은 생명연속심으로 가라앉는다.

(3) 존재의 3가지 특성 가운데 하나가 불환자의 의문의 영역으로 들어올 때, 생명연속심은 생명연속심의 동요와 생명연속심의 끊어짐으로 2번 동요하고 끊어진다. 의문전향이 그 대상을 알아차리고 그것이 좋은지 나쁜지를 결정한다. 다음에 4가지 지혜와 결합한 큰 유익한 마음(ñāṇa-sampayuttaṁ mahā-kusala citta) 가운데 하나가 3가지 특성을 관찰하면서 준비(예리한 통찰지를 가진 사람은 생략)와 근접과 수순의 3가지 기능을 하고, 열반을 관찰하면서 청백의 기능을 1번 한다. 그 후에 불환과의 마음(anāgāmi-phala citta)은 열반을 관찰하면서 그 사람이 원하는 만큼 7일까지 여러 번 본삼매의 속행의 기능을 한다. 그 다음에 마음의 흐름은 생명연속심으로 가라앉는다.

(4) 존재의 3가지 특성 가운데 하나가 아라한의 의문의 영역으로 들어올 때, 생명연속심은 생명연속심의 동요와 생명연속심의 끊어짐으로 2번 동요하고 끊어진다. 의문전향이 그 대상을 알아차리고 그것이 좋은지 나쁜지를 결정한다. 다음에 4가지 지혜와 결합한 큰 유익한 마음(ñāṇa-sampayuttaṁ mahā-kusala citta) 가운데 하

나가 3가지 특성을 관찰하면서 준비(예리한 통찰지를 가진 사람은 생략)와 근접과 수순의 3가지 기능을 하고, 열반을 관찰하면서 청백의 기능을 1번 한다. 그 후에 아라한과의 마음(arahatta-phala citta)은 열반을 관찰하면서 그 사람이 원하는 만큼 7일까지 여러 번 본삼매의 속행의 기능을 한다. 그 다음에 마음의 흐름은 생명 연속심으로 가라앉는다.

3.2.8. 멸진정의 인식과정 (Nirodha-samāpatti Vīthi)

'니로다 사마빳띠(nirodha-samāpatti)'는 '소멸의 증득[멸진정]'을 의미한다. 이 인식과정은 비상비비상처의 선정(nevasaññā-nāsaññāyatana jhāna)이라고 불리는 반의식 상태를 바로 뒤이어서 모든 마음과 마음부수를 잠정적으로 중단하기 위해 계발된다.

9가지 본삼매를 숙달한 불환자 또는 아라한만이 멸진정의 인식과정을 계발할 수 있다. 멸진정의 인식과정을 계발하는 과정은 다음과 같다.

우선 수행자는 색계의 초선정에 들었다가 나와서 그 선정의 요소들을 무상 · 고 · 무아라는 특성으로 명상한다. 그는 이 과정을 색계의 이선정, 삼선정, 사선정, 오선정에서도 반복한다. 다음에 무색계의 초선정, 이선정, 삼선정에서도 반복한다.

다음에 수행자는 4가지 결심(adhiṭṭhāna)을 한다.

① 내가 멸진정에 한 시간, 두 시간… 하루, 이틀… 또는 7일 [이 기간이 그가 아는 그의 수명의 한계를 초과하지 않는다면] 동안 머물러 있기를!

② 나의 몸과 내가 사용하는 물건과 내가 살고 있는 건물이 어떤 수단〔원하는 만큼 경계를 표시할 수 있음〕에 의해서도 해를 입거나 파괴되지 않기를!

③ 붓다께서 나를 보기 원하시는 순간에 멸진정에서 출정하기를〔이것은 붓다께서 살아 있는 동안에 하는 것임〕!

④ 승가가 나를 보기 원하는 순간에 멸진정에서 출정하기를〔이것은 승가에 대한 존경에서 하는 것임〕!

이제 수행자는 무색계의 사선정을 계발하고 비상비비상처의 마음이 2가지 마음순간 동안 본삼매의 속행으로 일어난 직후에 마음의 흐름은 끊어진다. 어떤 마음이나 마음부수도 마음에서 생긴 물질(cittaja-rūpa)도 더 이상 일어나지 않는다.

수행자는 멸진정에 머물러 있기로 결심한 기간이 끝날 때까지 마음과 마음부수와 마음에서 생긴 물질이 소멸한 상태에서 머물 것이다. 비록 수행자가 숨 쉬지 않고 먹지 않고 마시지 않고 어떤 것도 모를지라도, 그는 여전히 살아 있다. 그가 멸진정에서 출정할 때, 그가 불환자라면 불환과의 마음(anāgāmi-phala citta)이 본삼매의 속행으로 1번 일어나고, 그가 아라한이면 아라한과의 마음(arahatta-phala citta)이 본삼매의 속행으로 1번 일어난다. 다음에 마음의 흐름은 생명연속심으로 가라앉는다.

3.2.9. 과보의 마음의 법칙(Vipāka Niyāma)

'니야마(niyāma)'는 '법칙'을 의미한다. 과보의 마음(vipāka citta)은 업의 과보이기 때문에, 그것들은 마치 거울 앞에 있는 사람에 따라 거울에 모습이 나타나듯이 업에 따라 자주 인식과정에서 일어난다.

어떤 사람은 해로운 업(akusala kamma) 때문에 썩어가는 시체, 분뇨 같은 불쾌한 대상과 마주치게 된다. 그러한 순간에 해로운 과보의 마음(akusala vipāka citta)인 안식(cakkhu-viññāṇa), 받아들임(sampaṭicchana), 조사(santīraṇa), 등록(tadālambaṇa)이 인식과정에 일어난다.

어떤 사람이 꽤 좋은 대상들과 마주치게 될 때는 유익한 과보의 마음(kusala vipāka citta)인 안식, 받아들임, 평온한 조사(upekkhā-santīraṇa), 평온한 등록(upekkhā-tadālambaṇa)이 인식과정에 일어난다.

유익한 속행과 해로운 속행은 과보의 마음만큼 규칙적으로 일어나지 않는다. 현명한 주의(yoniso-manasikāra)는 유익한 속행을 일어나게 하는 반면, 현명하지 못한 반조 또는 주의(ayoniso-manasikāra)는 해로운 속행을 일어나게 한다.

3.2.10. 욕계 속행의 빈도

보통 욕계의 속행은 한 번의 인식과정에서 7번 일어난다. 그러나 어린아이나 의식이 없는 사람처럼 심장토대가 약한 사람에게는 욕계의 속행이 1번의 인식과정에서 5번 또는 6번 일어난다.

죽을 때 일어나는 죽음 직전의 인식과정(maraṇāsanna vīthi)에서는 욕계의 속행이 단지 5번만 일어난다.

반조의 인식과정(paccavekkhaṇa-vīthi)에서는 수행자가 선정의 요소를 매우 빠르게 조사하기 때문에 욕계의 속행은 1번의 인식과정당 오직 4번 또는 5번만 일어난다.

근접삼매의 속행(upacāra-samādhi javana)에서의 욕계의 속행은 둔한 통찰지를 가진 사람에게는 준비, 근접, 수순, 종성으로 4번 일어나고 예리한 통찰지를 가진 사람에게는 근접, 수순, 종성으로 3번 일어난다.

3.2.11. 본삼매 속행의 빈도

모든 색계 선정과 무색계 선정에서, 그 선정에 상응하는 본삼매의 속행은 그 선정을 처음에 얻은 사람에게 오직 1번 일어난다. 그 선정에 상응하는 본삼매에 들기 위해 수행자는 본삼매의 속행이 여러 번 반복해서 일어나는 선정 증득의 인식과정(jhāna-samāpatti vīthi)을 계발해야 한다.

신통지의 본삼매 인식과정(abhiññā-appanā-vīthi)에서는 색계의 유익한 다섯 번째 속행이 신통지 속행의 기능을 하면서 오직 1번 일어난다. 아라한에게 색계의 작용만 하는 다섯 번째 속행은 신통지의 속행으로 1번 일어난다.

도의 본삼매 인식과정(magga appanā-vīthi)에서는 그것에 상응하는 도의 속행이 오직 1번 일어나고, 둔한 통찰지를 가진 자에게는 본삼매의 속행으로 2개의 과의 마음이 뒤따르고, 예리한 통찰지를 가진 자에게는 본삼매의 속행으로 3개의 과의 마음이 뒤따른다.

과 증득의 인식과정(phala-samāpatti vīthi)에서는 그것에 상응하는 과의 마음이 본삼매 속행의 기능을 하면서 중단 없이 여러 번 일어난다.

멸진정의 인식과정(nirodha-samāpatti vīthi)에서는 비상비비상처의 마음이 마음과 모든 마음부수가 소멸하기 전에 2번 일어난다. 멸진정 동안에는 마음과 마음부수와 마음에서 생긴 물질이 소멸한다. 그리하여 어떤 속행도 존재하지 않는다. 멸진정에서 나올 때, 불환과의 마음은 불환자에게 본삼매의 속행으로 1번 일어나고 아라한과의 마음은 아라한에게 본삼매의 속행으로 1번 일어난다.

속행의 일반적인 과정에서 기쁨의 욕계 속행(somanassa kāma-javana) 바로 후에는 기쁨의 본삼매 속행(somanassa appanā-javana)이 예상되어야 하고, 평온과 함께한 욕계의 속행 후에는 평온과 함께한 본삼매의 속행이 예상되어야 한다.

3.2.12. 등록(Tadālambaṇa)의 과정

등록은 욕계의 개인이 욕계의 속행으로 끝나는 인식과정(kāma-javana-vāra vīthi)으로 욕계의 감각대상을 관찰할 때 욕계의 사람들에게만 일어난다.

일반적으로 평온한 속행 또는 불만족의 속행 다음에는 평온한 등록이 뒤따르는 반면, 기쁨의 속행 다음에는 기쁨의 등록이 뒤따른다. 실제로 다음과 같은 과정이 관찰된다.

(1) 4가지 큰 작용만 하는 평온한 속행(mahā-kiriya upekkhā-javana)과 2가지 불만족의 속행(domanassa-javana) 후에는, 4가지 큰 과보의 평온한 등록(mahā-vipāka upekkhā-takālambaṇa)과 2가지 조사의 평온한 등록(santīraṇa-upekkhā takālambaṇa)이 일어날 수 있다.

(2) 4가지 큰 작용만 하는 기쁨의 속행(mahā-kiriya somanassa-javana)과 미소 짓는 속행(hatituppāda-javana) 후에는, 4가지 큰 과보의 기쁨의 등록(mahā-vipāka somanassa-tadālambaṇa)과 1가지 기쁨의 조사의 등록(somanassa-santīraṇa tadālambaṇa)이 일어날 수 있다.

(3) 나머지 10가지 해로운 속행과 8가지 큰 유익한 속행 후에는 11가지 모든 등록이 일어날 수 있다.

3.2.13. 손님 생명연속심 (Āgantuka Bhavaṅga)

재생연결심이 기쁨의 마음(somanassa-citta)인 사람에게는 생명연속심도 평생 반드시 기쁨의 생명연속심(somanassa-bhavaṅga)이어야 한다. 그 사람이 화를 낼 때, 그의 불만족의 속행(domanassa-javana) 다음에 기쁨의 등록과 기쁨의 생명연속심이 뒤따르지 않는다. 그 이유는, 마치 불이 물과 반대가 되듯이 기쁨의 느낌(somanassa-vedanā)은 불만족의 느낌(domanassa-vedanā)과 반대가 되기 때문이다. 그러나 그의 재생연결심에 따라 기쁨의 생명연속심이 뒤따라야 한다.

이런 어려운 상황에서 평온한 조사(upekkhā-santīraṇa)가 생명연속심의 작용은 하지만 조사의 작용은 하지 않으면서 손님 생명연속심으로 1번 일어난다.

평온한 느낌(upekkhā-vedahā)은 불만족의 느낌과 기쁨의 느낌 둘 다와 어울릴 수 있다. 손님 생명연속심은 불만족의 속행에 의해 관찰되는 감각대상은 인식할 수 없고, 과거에 몇 번 관찰되었던 익숙한 욕계의 대상을 인식한다.

3.2.14. 3가지 세상(bhūmi)의 마음

'부미(bhūmi)'는 '영역'이나 '존재계'를 의미한다. 욕계에서는 9가지 고귀한 마음을 제외하고 80가지 마음이 인식과정에 참여할 수 있다. 9가지 고귀한 마음은 각 범천의 세상에서 재생연결심과 생명연속심과 죽음 마음의 기능을 한다.

색계에서는 2가지 비식의 마음, 2가지 설식의 마음, 2가지 신식의 마음, 8가지 큰 과보의 마음, 2가지 불만족의 마음, 4가지 무색계의 과보의 마음 등 모두 20가지는 일어나지 않는다. 그리하여 나머지 69가지 마음이 색계에서 일어날 수 있다. 이 69가지 마음 가운데 5가지 색계의 과보의 마음은 인식과정에 참여하지 않는다. 그러므로 오직 나머지 64가지 마음만이 인식과정에 참여할 것이다.

무색계에서는 제3장에서 언급되었듯이, 일어나기 위해 심장토대에 의존하거나 의존하지 않는 42가지 마음과 4가지 무색계의 과보의 마음 등 46가지 마음 모두가 일어날 수 있다. 그 46가지 마음 가운데 4가지 무색계의 과보의 마음은 인식과정에 참여하지 않는다. 그러므로 오직 나머지 42가지 마음만이 인식과정에 참여할 것이다.

3.2.15. 개인의 분류 (Puggala-Bheda)

'뿍갈라(puggala)'는 '사람'이나 '개인'을 의미한다. 4가지 종류의 범부(puthujjana)와 8가지 종류의 성자(ariya-puggala)가 있다.

범부

① 악처의 원인 없는 개인(duggati-ahetuka-puggala)

② 선처의 원인 없는 개인(sugati-ahetuka-puggala)

③ 2가지 원인 있는 개인(dvi-hetuka-puggala)

④ 3가지 원인 있는 개인(ti-hetuka-puggala)

성자

a. 도의 성자(maggaṭṭha)

⑤ 예류도의 성자(sotāpatti-maggaṭṭha)

⑥ 일래도의 성자(sakadāgāmi-maggaṭṭha)

⑦ 불환도의 성자(anāgāmi-maggaṭṭha)

⑧ 아라한도의 성자(arahatta-maggaṭṭha)

b. 과의 성자(phalaṭṭha)

⑨ 예류과의 성자(sotāpatti-phalaṭṭha)

⑩ 일래과의 성자(sakadāgāmi-phalaṭṭha)

⑪ 불환과의 성자(anāgāmi-phalaṭṭha)

⑫ 아라한과의 성자(arahatta-phalaṭṭha)

'둑가띠(duggati)'는 '존재의 비참한 과정, 악처'를 의미하는 반면, '수가띠(sugati)'는 '존재의 행복한 과정, 선처'를 의미한다. '악처의 원인 없는 개인'은 4가지 '보다 낮은 세상'인 지옥, 축생, 아귀, 아수라의 세상에 있는 개인을 일컫는다.

'선처의 원인 없는 개인'은 인간계와 사대왕천의 천신계에 있는 정신이 지체되거나 눈이 멀거나 귀가 먼 개인들을 일컫는다.

'2가지 원인 있는 사람'은 지혜〔통찰지〕가 부족한 지혜와 결합하지 않은 큰 과보의 마음(ñāṇa-vippayutta mahā-vipāka citta)을 가지고 태어나는 인간과 천신을 일컫는다. 이 개인들은 제아무리 노력해도 현생에서는 선정과 도를 얻을 수 없다. 하지만 그들은 현생에서의 명상 수행을 하려고 노력한 과보로 다음 생에는 '3가지 원인 있는 개인'이 되어, 명상을 다시 하면 쉽게 선정과 도를 얻을 수 있다.

'3가지 원인 있는 개인'은 지혜〔통찰지〕를 포함하고 있는 지혜와 결합한 큰 과보의 마음(ñāṇa-sampayutta mahā-vipāka citta)을 가지고 태어나는 인간과 천신을 일컫는다. 이 개인은 고요명상과 통찰명상을 근면하게 하면 모든 선정과 도를 얻을 수 있다.

4가지 도의 성자와 4가지 과의 성자는 3가지 원인 있는 개인이다. 도의 성자는 그에 상응하는 도의 지혜를 깨닫는 동안에 단지 한 마음순간 동안 존속한다. 도의 지혜(magga-ñāṇa) 후에 그들은 과의 성자(phalaṭṭha)가 된다.

3.2.16. 다양한 개인의 마음

다양한 세계에 있는 다양한 개인들에게 일어날 수 있는 마음은 다음 표와 같다.

<표 4.1> 개인과 마음

개인 (Puggala)	욕계 세상 (Kāma-bhūmi)		색계 세상 (Rūpa-bhūmi)	무색계 세상 (Arūpa-bhūmi)
악처의 원인 없는 (Duggati-ahetuka)	해로운 마음 (Akusala citta)	12	없음	없음
	원인 없는 마음 (Ahetuka citta) (미소 짓는 마음은 제외)	17		
	큰 유익한 마음 (Mahā-kusala)	8		
	총	37		
선처의 원인 없는 (Sugati-ahetuka), 2가지 원인 있는 (Dvi-hetuka)	해로운 마음 (Akusala citta)	12	없음	없음
	원인 없는 마음 (Ahetuka citta) (미소 짓는 마음은 제외)	17		
	큰 유익한 마음 (Mahā-kusala)	8		
	큰 과보의 지혜와 결합하지 않은 마음 (Mahā-vipāka ñāṇa-vippayutta)	4		
	총	41		

개인 (Puggala)	욕계 세상 (Kāma-bhūmi)		색계 세상 (Rūpa-bhūmi)		무색계 세상 (Arūpa-bhūmi)	
3가지 원인 있는 범부 (Ti-hetuka puthujjaha)	해로운 마음 (Akusala citta)	12	해로운 마음 (Akusala citta) (2가지 성냄에 뿌리 박은 마음은 제외)	10	해로운 마음 (Akusala citta) (2가지 성냄에 뿌리 박은 마음은 제외)	10
	원인 없는 마음 (Ahetuka citta) (미소 짓는 마음은 제외)	17	원인 없는 마음 (Ahetuka) (코 2가지, 혀 2가지, 몸 2가지, 미소 짓는 마음은 제외)	11	의문전향의 마음 (Manodvārāvajjana)	1
	큰 유익한 마음 (Mahā-kusala)	8	큰 유익한 마음 (Mahā-kusala)	8	큰 유익한 마음 (Mahā-kusala)	8
			고귀한 유익한 마음 (Mahaggata-kusala)	9	무색계의 유익한 마음 (Arūpa-kusala)	4
	큰 과보의 마음 (Mahā-vipāka)	8	색계의 과보의 마음 (Rūpa-vipāka) (5가지 가운데 1가지)	1	무색계의 과보의 마음 (Arūpa-vipāka) (4가지 가운데 1가지)	1
	총	45	**총**	39	**총**	24
	각 개인이 얻은 유익한 선정들 (9가지 유익한 선정의 마음)을 더함					

개인 (Puggala)	욕계 세상 (Kāma-bhūmi)		색계 세상 (Rūpa-bhūmi)		무색계 세상 (Arūpa-bhūmi)	
예류자, 예류과 (Sotāpanna, Sotapatti-phalaṭṭha)	해로운 마음 (Akusala citta) (4가지 탐욕에 뿌리박은 사견과 결합한 마음, 미혹에 뿌리박은 의심과 결합한 마음은 제외)	7	해로운 마음 (Akusala citta) (2가지 성냄에 뿌리박은, 4가지 탐욕에 뿌리박은 사견과 결합한 마음, 의심과 결합한 마음은 제외)	5	해로운 마음 (Akusala citta) (2가지 성냄에 뿌리박은, 4가지 탐욕에 뿌리박은 사견과 결합한 마음과 의심과 결합한 마음은 제외)	5
	원인 없는 마음 (Ahetuka citta) (미소 짓는 마음은 제외)	17	원인 없는 마음 (Ahetuka citta) (코 2가지, 혀 2가지, 몸 2가지, 미소 짓는 마음은 제외)	11	의문전향의 마음 (Manodvārāvajjana)	1
	큰 유익한 마음 (Mahā-kusala)	8	큰 유익한 마음 (Mahā-kusala)	8	큰 유익한 마음 (Mahā-kusala)	8
			고귀한 유익한 마음 (Mahaggata-kusala)	9	무색계의 유익한 마음 (Arūpa-kusala)	4
	큰 과보의 마음 (Mahā-vipāka)	8	색계의 과보의 마음 (Rūpa-vipāka) (5가지 중 1가지)	1	무색계의 과보의 마음 (Arūpa-vipāka) (4가지 가운데 1가지)	1
	예류과 (Sotāpatti-phalaṭṭha)	1	예류과 (Sotāpatti-phalaṭṭha)	1	예류과 (Sotāpatti-phalaṭṭha)	1
	총	41	**총**	35	**총**	20
	얻은 유익한 선정들(9가지까지)을 더함					

개인 (Puggala)	욕계 세상 (Kāma-bhūmi)	색계 세상 (Rūpa-bhūmi)	무색계 세상 (Arūpa-bhūmi)
일래자 (Sakadāgāmī)	예류자(Sotāpanna) 41 에서와 동일, 예류과(Sotāpatti phalaṭṭhta) 대신에 일래과(Sakadāgāmi phalaṭṭha)를 넣음	색계의 예류자 35 (Rūpa-sotāpanna) 에서와 동일, 예류과(Sotāpatti phalaṭṭha) 대신에 일래과(Sakadāgāmi phalaṭṭha)를 넣음	무색계의 예류자 20 (Arūpa-sotāpanna) 에서와 동일, 예류과(Sotāpatti phalaṭṭha) 대신에 일래과(Sakadāgāmi phalaṭṭha)를 넣음
불환자 (Anāgāmī)	해로운 마음들 5 (Akusala citta) (2가지 성냄에 뿌리박은 마음, 4가지 탐욕에 뿌리박은 사견과 결합한 마음, 의심과 결합한 마음은 제외) 원인 없는 마음 17 (Ahetuka citta) (미소 짓는 마음은 제외) 큰 유익한 마음 8 (Mahā-kusala) 큰 과보의 마음 8 (Mahā-vipāka) 불환과 1 (Anāgāmi phalaṭṭha) **총** 39 얻은 유익한 선정들을 더함	색계의 예류자 35 (Rūpa-sotāpanna) 에서와 동일 예류과(Sotāpatti phalaṭṭha) 대신에 불환과(Anāgāmi phalaṭṭha)를 넣음	무색계의 예류자 20 (Aruūpa-sotāpanna) 에서와 동일 예류과(Sotāpatti phalaṭṭha) 대신에 불환과(Anāgāmi phalaṭṭha)를 넣음

개인 (Puggala)	욕계 세상 (Kāma-bhūmi)		색계 세상 (Rūpa-bhūmi)		무색계 세상 (Arūpa-bhūmi)	
아라한 (Arahant)	원인 없는 마음 (Ahetuka)	18	원인 없는 마음 (Ahetuka) (코 2가지, 혀 2가지, 몸 2가지는 제외)	12	의문전향의 마음 (Manodvārāvajjana)	1
	큰 과보의 마음 (Mahā-vipāka)	8				
	큰 작용만 하는 마음 (Mahā-kiriya)	8	큰 작용만 하는 마음 (Mahā-kiriya)	8	큰 작용만 하는 마음 (Mahā-kiriya)	8
			고귀한 작용만 하는 마음 (Mahaggata-kiriya)	9	무색계의 작용만 하는 마음 (Arūpa-kiriya)	4
			색계의 과보의 마음 (Rūpa-vipāka) (5가지 중 1가지)	1	무색계의 과보의 마음 (Arūpa-vipāka) (4가지 중 1가지)	1
	아라한과 (Arahatta phalaṭṭha)	1	아라한과 (Arahatta phalaṭṭha)	1	아라한과 (Arahatta phalaṭṭha)	1
	총	35	**총**	31	**총**	15
	얻은 작용만 하는 선정들(9가지 작용만 하는 선정)을 더함					

제5장

인식과정에서 벗어난 마음과 존재계

제4장에서 인식과정의 기능을 설명했다. 이제 제5장에서는 19가지 인식과정에서 벗어난 마음의 기능을 다룰 것이다.

19가지 인식과정에서 벗어난 마음은 2가지 평온한 조사의 마음(upekkhā-santīraṇa citta), 8가지 큰 과보의 마음(mahā-vipāka citta), 9가지 고귀한 과보의 마음(mahaggata vipāka citta)을 포함한다.

이 마음들은 적절한 존재계에 재생하는 모든 살아 있는 존재들의 재생연결심의 기능을 한다. 그리고 이 마음들은 각각의 존재들이 살아 있는 동안 생명연속심의 기능을 하고 마지막으로 그 존재의 죽음의 마음 기능을 한다.

존재계들이 인식과정에서 벗어난 마음을 설명하는 것과 관련이 있기 때문에, 제5장은 '인식과정을 벗어난 마음과 존재계'라는 제목이 되었다.

'짜뚝까(catukka)'는 '4가지 모임'을 의미한다. 제5장에서 다룰 4개 조의 4가지 모임은 다음과 같다.

① 4가지 존재계(bhūmi-catukka)

② 4가지 재생연결의 양상(paṭisandhi-catukka)

③ 4가지 종류의 업(kamma-catukka)

④ 4가지 죽음의 도래(maraṇuppatti-catukka)

1. 4가지 존재계

존재계는 살아 있는 존재들이 존재하고 삶을 위해 돌아다니고 마침내 죽는 장소이다. 4가지 존재계는 다음과 같다.

① 욕계 악처 세상(kāmaduggati-bhūmi, apāya bhūmi)
② 욕계 선처 세상(kāmasugati-bhūmi)
③ 색계 세상(rūpa-bhūmi)
④ 무색계 세상(arūpa-bhūmi)

(1) 욕계 악처 세상(apāya-bhūmi)

악처 세상은 다시 다음과 같이 4가지이다.

① 지옥(niraya)
② 축생(tiracchāna)
③ 아귀(peta)
④ 아수라(asura)

* 악처(apāya) : 행복이 없는 세상
* 욕계 악처(kāmaduggati) : 감각적 욕망을 즐기지만 고통이 많은 세상

(2) 욕계 선처 세상(kāmasugati-bhūmi)

욕계 선처 세상은 인간 세상과 6가지 천상의 세상을 합해서 총 7가지

이다.

(3) **색계 세상**(rūpa-bhūmi)

색계 세상은 3가지 초선정의 세상, 3가지 이선정의 세상, 3가지 삼선정의 세상, 7가지 사선정의 세상을 모두 합해서 총 16가지이다.

(4) **무색계 세상**(arūpa-bhūmi)

무색계 세상은 다음과 같이 4가지이다.

① 공무변처 세상(ākāsānañcāyatana-bhūmi)
② 식무변처 세상(viññāṇañcāyatana-bhūmi)
③ 무소유처 세상(ākiñcaññāyatana-bhūmi)
④ 비상비비상처 세상(nevasaññā-nāsaññāyatana-bhūmi)

모든 개개의 세상을 계산하면 4가지 욕계 악처 세상, 7가지 욕계 선처 세상, 16가지 색계 세상, 4가지 무색계 세상을 모두 합해 31가지 세상이 있다.

1.1. 존재계의 상황

(1) 인간계, 축생계, 아귀계, 아수라계는 지구의 표면에 존재한다. 이 세계들은 분리되어 있지 않으나 존재들은 자신의 세계에서 움직인다.

(2) 지옥은 존재들이 자신의 악한 업을 속죄하는 몇 개의 비참한 세

상을 의미한다. 그 존재들은 지옥에 영원히 있는 게 아니다. 악한 업이 다하자마자 존재들은 자신의 과거의 선한 업의 과보로 선처에 재생할 수 있다.

지구의 표면 밑에 8가지 큰 지옥이 존재한다. 지구 표면과의 거리에 따라 지옥의 이름은 등활지옥(sañjīva), 흑승지옥(kāḷasutta), 중합지옥(saṅghāta), 규환지옥(roruva), 대규환지옥(mahāroruva), 초열지옥(tāpana), 대초열지옥(mahātāpana), 무간지옥(avīci)으로 나뉜다〔이 책의 뒤에 첨부되어 있는 존재계 도표(〈도표 6〉)를 참조〕. 각각의 큰 지옥은 네모 형태를 하고 있다. 그 네모의 각 면에는 다시 4가지 작은 지옥인 오물 늪, 뜨거운 재가 있는 들판, 가시나무 숲, 뜨거운 강줄기가 있다.

그러므로 하나의 큰 지옥의 4가지 면에는 모두 16가지 작은 지옥이 있다. 그리하여 8가지 큰 지옥에는 128가지 작은 지옥이 있다.

(3) 6가지 욕계 천상은 땅 위에 있고 하늘 높은 곳에 위치한다.

① 사대왕천(Cātumahārājikā) : 4명의 수호신이 그들의 권속과 함께 거주하는 가장 낮은 천상의 영역. 이 세계의 낮은 존재들은 지구 위에서 그들의 거주처를 갖는다. 그들은 '땅에 붙어 사는 신'이라고 불린다.

② 삼십삼천(Tāvatiṁsā) : 33명의 신과 그들의 권속이 거주하는 영역. 그 신들의 왕인 삭까(Sakka)는 이 천상에 거주한다.

③ 야마천(Yāmā) : 야마 신의 영역

④ 도솔천(Tusitā) : 기쁨〔만족〕의 천상

⑤ 화락천(Nimmānarati) : 자신이 창조한 것에 크게 기뻐하는 신의 천상

⑥ 타화자재천(Paranimmita-vasavati) : 다른 천신이 창조한 것을 자신의 지배하에 놓는 신의 천상

이 6가지 천상 세상은 존재들이 선한 업의 과보로 감각적 욕망을 즐기면서 행복하게 사는 일시적인 선처이다.

이 욕계 위에는 존재들의 색계의 유익한 업(rūpāvacara-kusala-kamma)과 무색계의 유익한 업(arūpāvacara-kusala-kamma)에 의해 성취된 선정의 지복으로 매우 즐거워하는 범천의 영역이 있다.

(4) 16가지 색계 세상(Rūpa-bhūmi)은 6가지 욕계 천상보다 훨씬 더 높은 곳에 위치한다.

① 초선정의 3가지 세상

(a) 범중천(Brahma-parisajjā) : 범천 무리들의 천상

(b) 범보천(Brahma-purohitā) : 대범천의 신하가 거주하는 천상

(c) 대범천(Mahā-brahmā) : 대범천왕이 거주하는 천상

② 이선정의 3가지 세상

(a) 소광천(Parittābhā) : 적은 광명의 천상

(b) 무량광천(Appamānābhā) : 무량한 광명의 천상

(c) 광음천(Ābhassarā) : 〔말할 때 입에서〕 광명을 내는 천상

③ 삼선정의 3가지 세상

(a) 소정천(Paritta-subhā) : 깨끗함이 적은 천상

(b) 무량정천(Appamāna-subhā) : 깨끗함이 무량한 천상

(c) 변정천(Subha-kiṇhā) : 두루 깨끗한 천상

④ 사선정의 7가지 세상

(a) 광과천(Vehapphala) : 큰 과보를 가진 신들의 천상

(b) 무상유정천(Asaññasatta) : 몸만 있고 정신은 없는 천상

(c) 정거천(Suddhāvāsa) : 순수하게 거주하는 천상. 불환자와 아라한만이 이 세상에서 발견된다. 정거천은 5가지 세상으로 이루어져 있다.

- 무번천(Avihā) : 자신의 성취로부터 떨어지지 않는 천상
- 무열천(Ātappā) : 맑고 시원하여 마음의 번뇌가 없는〔고요한〕 천상
- 선현천(Sudassā) : 보기에 아름다운 천상
- 선견천(Sudassī) : 분명하게 보는 천상
- 색구경천(Akaniṭṭha) : 최상의 공덕과 행복을 누리는 천상

(5) 4가지 무색계 세상(arūpa-bhūmi)은 색계 세상보다 더 높은 곳에 위치해 있다. 4가지 무색계 세상은 위에서 언급되었다.

1.2. 다양한 영역의 개인들

제4장을 마감하기 직전에 12가지 유형의 개인에 대해서 언급했다. 우리는 이제 이 개인들이 속해 있는 다양한 존재계에 개인들을 배치할 것이다.

(1) 4가지 악처에서는 오직 비참한 원인 없는 개인만이 발견된다.
(2) 인간계와 사대왕천에서는 비참한 원인 없는 개인을 제외하고 11가지 유형의 개인이 존재한다.
(3) 5가지 더 높은 욕계의 천상에서는 비참한〔악처의〕 원인 없는 개인과 지복의〔선처의〕 원인 없는 개인을 제외하고 10가지 유형

의 개인이 존재한다.

(4) 무상유정천과 5가지 정거천을 제외한 10가지 색계의 범천(rūpa-brahma)에서는 3가지 원인 있는 범부의 1가지 유형과 8가지 유형의 성자(ariyā)가 존재한다.

(5) 무상유정천에서는 생명기능의 9원소(jīvita navaka)를 가지고 태어난 오직 1가지 지복의〔선처의〕 원인 없는 개인만이 존재한다.

(6) 5가지 정거천에서는 불환과의 성자(anāgāmi-phalaṭṭha), 아라한도의 성자(arahatta-maggaṭṭha), 아라한과의 성자(arahatta-phalaṭṭha)가 존재한다. 인간계에서 사선정을 얻은 불환자는 인간계에서 죽은 후에 정거천에 태어난다. 적절한 과정을 밟아 그들은 정거천에서 아라한이 된다.

(7) 4가지 무색계에서는 예류도의 성자(sotāpatti-maggaṭṭha)를 제외하고 7가지 성자와 3가지 원인 있는 범부 1가지가 존재한다. 예류도는 무색계에서 얻을 수 없다. 인간계에서 무색계 선정을 얻은 예류자, 일래자, 불환자는 무색계에 재생하여 적절한 과정을 밟아 보다 높은 도와 과를 얻을 수 있다.

2. 재생연결의 4가지 양상(Paṭisandhi-catukka)

(1) 악처의 재생연결(apāya-paṭisandhi) : 해로운 과보의, 평온한 조사의, 원인 없는 마음(akusala-vipāka upekkhā santīraṇa ahetuka citta)

(2) 욕계선처의 재생연결(kāma-sugati paṭisandhi)

(a) 욕계선처의 원인 없는 재생연결(kāma-sugati ahetuka-paṭisandhi)

= 유익한 과보의, 평온한 조사의, 원인 없는 마음(kusala-vipāka upekkhā santīraṇa ahetuka-citta)

(b) 욕계 선처의, 원인 있는 재생연결(kāma-sugati sahetuka-paṭisandhi)

= 8가지 큰 과보의 마음(mahā-vipāka citta)

(3) 색계의 재생연결(rūpa-paṭisandhi) : 5가지 색계 과보의 마음(rūpāvacara-vipāka citta) + 생명기능을 9원소로 하는 깔라빠 물질의 재생연결(jīvita-navaka-kalāpa rūpa paṭisandhi)

(4) 무색계의 재생연결(arūpa-paṭisandhi) : 4가지 무색계 과보의 마음(arūpāvacara-vipāka citta)

1가지 악처의 재생연결, 1가지 욕계의 재생연결, 8가지 욕계선처의 재생연결은 함께 10가지 욕계의 재생연결을 구성한다.

5가지 색계 과보의 마음과 생명기능을 9원소로 하는 깔라빠 물질의 재생연결은 함께 6가지 색계의 재생연결을 구성한다.

10가지 욕계의 재생연결, 6가지 색계의 재생연결, 4가지 무색계의 재생연결은 함께 20가지 유형의 재생연결을 구성한다. 1가지 색계의 재생연결이 있기 때문에 재생연결의 수는 재생연결심의 수보다 1가지 더 많다.

2.1. 개인과 재생연결심

(1) 지옥, 축생, 아귀, 아수라의 4가지 악처의 개인은 해로운 과보의, 평온한 조사의, 원인 없는 마음(akusala-vipāka upekkhā santīraṇa ahetuka citta)을 가지고 태어난다.

이 마음은 해로운 업의 과보이다. 그것은 비참한 상태에 떨어지는 순간에 재생연결심이 된다. 다음에 그것은 생명연속심(bhavaṅga)으로 들어가고 결국에는 죽음의 마음이 되어 끊어진다.

(2) 인간계와 사대왕천에서 눈이 멀고 귀가 멀고 정신이 지체되고 선천적으로 장애가 있는 타락한 인간과 땅 위에서 붙어 사는 타락한 신(deva)은 유익한 과보의, 평온한 조사의, 원인 없는 마음(kusala-vipāka upekkhā santīraṇa ahetuka citta)을 가지고 태어난다.

(3) 7가지 모든 욕계선처에서의 보통의 인간과 천신은 8가지 큰 과보의 마음(mahā-vipāka citta) 가운데 하나를 가지고 태어난다. 그러므로 그 8가지 큰 과보의 마음은 욕계선처의 모든 곳에서 재생연결심과 생명연속심과 죽음의 마음 역할을 한다.

(4) 색계의 범천 가운데,

① 3가지 초선정의 범천은 색계 초선정의 과보의 마음을 가지고 태어난다.

② 3가지 이선정의 범천은 색계 이선정의 과보의 마음 또는 삼선정의 과보의 마음을 가지고 태어난다.

③ 3가지 삼선정의 범천은 색계 사선정의 과보의 마음을 가지고 태어난다.

④ 사선정의 범천은 무상유정천을 제외하고 색계 오선정의 과보의 마음을 가지고 태어난다.

⑤ 무상유정천은 생명기능을 9원소로 하는 깔라빠의 물질을 가지고 태어난다.

(5) 공무변처의 범천은 공무변처의 과보의 마음을 가지고 태어난다. 식무변처의 범천은 식무변처의 과보의 마음을 가지고 태어난다. 무소유처의 범천은 무소유처의 과보의 마음을 가지고 태어난다.

비상비비상처의 범천은 비상비비상처의 과보의 마음을 가지고 태어난다.

2.2. 색계 이름을 짓는 방법

색계의 이름과 범천의 재생연결심이 다소 일치하지 않는 이유는 색계 선정을 계산하는 2가지 방법이 있기 때문이다.

둔한 지혜를 갖고 있는 사람이 첫 번째 색계 초선정을 얻은 후에 더 높은 선정으로 가기 위해서는 선정의 요소를 하나씩 제거해야 한다. 그러므로 이런 유형의 사람에게는 5가지 색계 선정이 있다.

예리한 지혜를 갖고 있는 사람이 초선정을 얻은 후에 이선정으로 가기 위해서는 일으킨 생각(vitakka)과 지속적 고찰(vicāra)을 함께 제거한다. 그러므로 그의 이선정은 느린 지혜를 갖고 있는 사람의 삼선정과 같고, 그의 사선정은 느린 지혜를 갖고 있는 사람의 오선정과 같다. 그리하여 예리한 지혜를 갖고 있는 사람에게는 오직 4가지 색계 선정이 있다.

실제로 국제파욱숲속명상센터에서 볼 수 있듯이, 거의 모든 수행자는 일으킨 생각과 지속적 고찰을 함께 제거한다. 그리하여 색계 선정을 4가지 단계로 세는 방법이 더 일반적이고, 그 결과 이 방법에 따라 색계의 이름을 짓게 된다.

이 책의 뒤에 첨부되어 있는 〈도표 6〉에서 확인할 수 있듯이 재생연결심은 5가지 색계 선정의 방법에 따라 설명되어 있는 반면, 색계 세상은 4가지 색계 선정의 방법에 따라 설명되어 있다.

색계 선정의 수를 세는 2가지 방법이 색계 세상의 이름과 함께 〈표

5.1〉에 설명되어 있다.

<표 5.1> 색계 선정의 수를 세는 2가지 방법

선정 요소	5가지 선정	4가지 선정	색계 이름
尋·伺·喜·樂·定	초선정	초선정	초선정
伺·喜·樂·定	이선정	—	—
喜·樂·定	삼선정	이선정	이선정
樂·定	사선정	삼선정	삼선정
捨·定	오선정	사선정	사선정

* 尋(심) = 일으킨 생각(vitakka), 伺(사) = 지속적 고찰(vicāra), 喜(희) = 희열(pīti), 樂(락) = 행복(sukha), 捨(사) = 평정(upekkhā), 定(정) = 집중(ekaggatā)

2.3. 4가지 잉태 방식

① 난생의 재생연결(aṇḍaja-paṭisandhi)

② 태생의 재생연결(jalābuja-paṭisandhi)

③ 습생의 재생연결(saṁsedaja-paṭisandhi) : 파리와 모기처럼 나무둥지의 움푹한 곳, 과일의 움푹한 곳, 꽃의 움푹한 곳, 습지, 정체된 물, 사체 등에서 잉태하는 것

④ 화생의 재생연결(opapātika-paṭisandhi) : 없던 곳에서 갑자기 튀쳐나온 것처럼 대략 16살 나이의 다 자란 성인의 모습을 갖추는 재생연결

난생의 재생연결과 태생의 재생연결은 다 같이 태에 들어가는 재생연결(gabbhaseyyaka-paṭisandhi)이라고 알려져 있다.

존재들의 탄생 방식을 위 4가지 잉태 방식에 따라서 다음과 같이 정리할 수 있다.

① 지옥의 비참한 개인들은 화생의 재생연결 방법으로만 태어난다.
② 아귀와 아수라는 태생의 재생연결이나 화생의 재생연결에 의해 태어난다.
③ 축생은 4가지 모든 잉태 방식으로 태어난다.
④ 인간은 태초에는 화생의 재생연결에 의해 태어나고 나중에는 태생의 재생연결이나 습생의 재생연결에 의해 태어난다.
⑤ 땅에 붙어 사는 신(deva)은 태생의 재생연결이나 화생의 재생연결에 의해 태어난다.
⑥ 천상의 신(deva)과 범천은 화생의 재생연결에 의해서만 태어난다.

2.4. 존재의 수명

(1) 4가지 악처의 비참한 존재들은 수명이 정해져 있지 않다. 그들은 업에 따라 비참한 상태에서 고통을 당한다. 그들의 수명은 악한 행위에 따라 다르다. 어떤 존재는 단명하고 어떤 존재는 장수한다. 붓다께서 살아 계실 때 띳사 비구는 죽자마자 누이가 보시하고 그가 죽을 때 집착한 새 가사 안에서 7일 동안 벼룩이 되었다. 또 다른 예로, 꼬살라 국의 왕비 말리까는 해로운 행위의 과보로 7일 동안 무간지옥에서 고통을 겪어야 했고 다음에 유익한 행위의

과보로 천상에 태어났다. 반면에 데와닷따는 비구 승가를 분열시킨 심각하게 나쁜 업 때문에 지옥에서 일 겁 동안 고통을 겪는 운명에 처해졌다.

(2) 인간도 수명에 한계가 정해져 있지 않다. 인간의 수명의 한계는 10살에서 무량한(asaṅkheyya) 수명으로 증가하다가 다시 10살로 줄어든다.

인간 수명의 한계가 10살에서 무량한 수명으로 증가하다가 다시 10살로 줄어드는 중간의 기간은 중간겁(antara-kappa)으로 알려져 있다. 다시 말해서, 중간겁은 세대들의 수명이 10살에서 무량한 수명으로 증가하다가 다시 10살로 되돌아오는 시간의 추에 의해 측정된다.

그런 64가지 중간겁은 그야말로 계산할 수 없는 순환을 의미하는 아승지겁(asaṅkheyya-kappa)과 같다. 한 아승지겁은 길이와 폭과 높이가 각각 1요자나(약 13킬로미터)의 큰 상자에 채워져 있는 겨자씨를 100년에 하나씩 버려서 다 없앨 수 있는 기간보다 더 길다. 1아승지겁은 1겁으로 고려될 수 있다.

4개의 아승지겁은 문자 그대로 큰 순환을 의미하는 1대겁(mahā-kappa)과 같다. 1대겁은 한 세계의 순환으로 알려져 있다.

(3) 땅에 붙어 사는 신과 타락한 아수라 둘 다는 사대왕천에 속해 있다. 그들은 수명이 정해져 있지 않다.

(4) 천상의 천신과 범천은 수명에 한계가 정해져 있다.

<표 5.2> 천신의 수명

천상	천상년	인간년
사대왕천(Cātumahārājikā)	500	9,000,000
삼십삼천(Tāvatiṁsā)	1,000	36,000,000
야마천(Yāmā)	2,000	144,000,000
도솔천(Tusitā)	4,000	576,000,000
화락천(Nimmānaratī)	8,000	2,304,000,000
타화자재천(Paranimmita Vasavattī)	16,000	9,216,000,000

사대왕천(Cātumahārājikā)의 하루는 50인간년과 동등하고, 삼십삼천(tāvatiṁsā)의 하루는 100인간년과 동등하며, 야마천(yāmā)의 하루는 200인간년과 동등하고, 나머지는 표에 나와 있는 바와 같다. 천상의 30일이 한 달이 되고 12천상달이 1년이 된다.

낮은 천상에서 높은 천상으로 올라가면서 수명은 배가 되고 천상일의 길이도 배가 된다. 그리하여 인간년의 기간은 4배로 증가한다. 다양한 천상의 수명을 기억하는 열쇠는 위로 올라가면서 천상일을 2배로 하고 인간년을 4배로 곱하는 것이다.

붓다는 삼십삼천에서 세 달 동안 쉬지 않고 단번에 아비담마의 가르침(Abhidhamma-desanā)을 설했다. 어떤 인간도 쉬지 않고 그렇게 긴 법문을 들을 수 없을 것이다. 그러나 지구의 90일은 삼십삼천에서는 단지 3.6분에 불과하다. 그리하여 그 신들은 붓다의 법문을 듣는 데 어떤 어려움도 없다.

<표 5.3> 범천의 수명

범천	범천의 이름	수명
초선정의 3가지 세상	범중천(Brahama-pārisajjā)	1/3아승지겁
	범보천(Brahma-purohitā)	1/2아승지겁
	대범천(Mahā-brahma)	1아승지겁
이선정의 3가지 세상	소광천(Parittābhā)	2세계주기
	무량광천(Appamāṇābhā)	4세계주기
	광음천(Ābhassarā)	8세계주기
삼선정의 3가지 세상	소정천(Paritta-subhā)	16세계주기
	무량정천(Appamāṇā-subhā)	32세계주기
	변정천(Subha-kiṇhā)	64세계주기
사선정의 3가지 세상	광과천(Vehapphalā)	500세계주기
	무상유정천(Asaññasatta)	500세계주기
	무번천(Avihā)	1,000세계주기
	무열천(Atappā)	2,000세계주기
	선현천(Sudassā)	4,000세계주기
	선견천(Sudassī)	8,000세계주기
	색구경천(Akaniṭṭha)	16,000세계주기
무색계의 4가지 세상	공무변천(Ākāsānañcāyatana)	20,000세계주기
	식무변천(Viññānañcāyatana)	40,000세계주기
	무소유천(Akiñcaññāyatana)	60,000세계주기
	비상비비상천(Nevasaññā-nāsaññāyatana)	84,000세계주기

2.5. 세상의 파괴

불교의 경전에 따르면 무한한 수의 세상이 있고 어떤 세상도 영원하지 않다. 우리의 지구도 어느 날 끝을 맞게 될 것이다. 이것은 가장 강력한 망원경을 통해 오래된 별들이 불타고 새로운 별들이 형성되는 것을 관찰하여 얻은 자료들과 다소 서로 연관된다.

세상은 불이나 물이나 바람으로 파괴될 수 있다. 세상이 불로 파괴될 때는 3가지 초선정의 세상까지 타서 없어질 것이다. 세상이 불에 의해 연속적으로 일곱 번 파괴된 후에, 여덟 번째로 3가지 이선정의 세상까지 모든 세상이 파괴될 때는 세상이 물로 파괴될 것이다.

세상이 불에 의해 규칙적인 주기로 일곱 번 파괴되고 물에 의해 한 번 파괴된 후에, 3가지 삼선정의 세상까지 모든 세상이 파괴될 때는 세상이 바람으로 64번째 파괴될 것이다.

보통 세계의 수호천신(lokapāla-deva)들이 미리 세상의 파괴가 다가오고 있다는 것을 알려준다. 그리하여 사람들은 질겁하여 선한 행위를 하고 그 재앙을 피해 보다 높은 천상에 재생하려는 목적으로 보다 높은 선정을 얻기 위해 고요명상을 한다.

3. 4가지 종류의 업(kamma-catukka)

깜마(kamma)는 문자 그대로 의도적인 행위를 의미한다. 대체로 선한 행위는 선한 과보를 맺고 악한 행위는 악한 과보를 맺는다.

행위는 몸의 움직임(kāya, 身)이나 입으로 하는 말(vacī, 口)이나 생각

(mano, 意)으로 행해질 수 있다. 그러나 몸과 입은 스스로 움직일 수 없고 마음에 의해 마음에서 생긴 물질(cittaja-rūpa)을 통해 움직일 수 있다.

마음도 단지 감각대상을 아는 것이고 그 스스로 행위를 수행하라는 명령이나 행위의 방향을 줄 수 없다. 마음과 그것의 마음부수에게 행위를 하도록 하는 것은 바로 의도(cetanā)이다. 그리하여 의도가 행위를 하는 책임이 있다.

그러므로 엄밀하게 말해서 업이란 모든 유익하거나 해로운 의도이다. 미혹(moha)이나 탐욕(lobha)이나 성냄(dosa)의 원인〔뿌리〕을 갖고 있는 의도는 해롭다. 관용(alobha, 탐욕 없음)과 선의(adosa, 성냄 없음)와 통찰지(paññā)와 함께하는 의도는 유익하다.

다시 말해서 12가지 해로운 마음(akusala citta)에 있는 의도는 해로운 업인 반면에, 8가지 큰 유익한 마음(mahā-kusala citta)과 5가지 색계의 유익한 마음(rūpāvacara-kusala citta)과 4가지 무색계의 유익한 마음(arūpāvacara-kusala citta)에 있는 의도는 유익한 업이다.

의도와 그것과 함께하는 것〔즉 의도를 제외한 마음과 마음부수들〕은 각각의 목적을 수행한 후에 소멸한다. 그러나 그것들은 소멸하기 전에 마음의 흐름에 업의 속성을 남긴다. 이 업의 속성은 어떤 적절한 때에 적절한 과보를 생산하게 될 업의 잠재력이고, 업의 과보는 그 행위를 하는 사람 자신에게 떨어질 것이다.

그것은 뉴턴 물리학의 세 번째 운동 법칙과 다소 유사하다. 그 법칙은 "모든 행동에는 동등하고 상반되는 반작용〔반응〕이 있다."이다. 그러므로 유익하거나 해로운 행위를 하는 사람은 금생이나 내생의 많은 생에서 동등하고 상반되는 반작용〔반응〕을 예상해야 한다.

더욱이 상반되는 반작용[반응]은 마음의 속성에 의해 그 업이 수십억 배 이상으로 증가함에 따라 여러 번 나타난다. 어떻게 나타나는가? 전에 언급했듯이 마음은 눈 깜짝할 사이에 1조 번 이상 일어날 수 있다. 그리하여 모기를 죽이려고 하는 의도와 함께하는 수십억 가지 마음이 모기를 때리는 데 일어날 것이다. 이 수십억 가지 마음은 죽이려는 의도와 함께 마음의 흐름에 수십억 가지 업의 씨앗을 뿌릴 것이다.

어떤 나무의 씨앗이 그 씨앗이 생겨나게 한 것과 같은 나무를 생겨나게 하듯이, 업의 씨앗도 원래의 업에 어울리는 세상에서 새로운 존재를 생기게 한다. 해로운 업은 악처의 재생을 생기게 하는 반면, 유익한 업은 선처의 재생을 생기게 한다.

동물을 죽이는 것과 같은 행위에서 수십억의 해로운 업이 생겨나듯이, 자선단체에 기부하는 것과 같은 유익한 행위를 할 때도 수십억의 유익한 업이 생겨난다.

그러므로 무수한 전생에서뿐만 아니라 금생에서 축적된 해롭거나 유익한 업의 수는 너무 많아서 슈퍼컴퓨터도 그것을 다룰 수 없다. 하지만 이 모든 업은 새로운 생을 얻을 때마다 그 개인을 뒤따르는 정신의 흐름 속에 존재한다.

모든 물체에 그림자가 함께하듯, 모든 업에는 적절한 과보가 함께한다. 업은 행위이고 과보는 그 행위의 반작용[반응]이다. 그것은 원인과 결과이다. 씨앗이 업과 같다면 나무는 과보와 같다. 우리가 뿌린 대로 우리는 금생이나 내생에 거둘 것이다.

업은 그 자체로 법칙이고, 어떤 외부의 지배하는 힘의 개입이 없이 그 자체의 들판에서 작용한다. 업의 적절한 과보를 생산하는 잠재력이 업에 내재되어 있다. 업은 원인이고 과보는 결과이다. 원인이 결과를 낳는다. 과보가 그것의 원인을 설명한다. 원인과 결과의 법칙이 모든 곳에서 지배한다.

비록 우리가 어떤 개개인의 업을 알 수는 없어도, 붓다가 설명한 몇 가지 유형으로 업을 분류할 수 있고, 각 유형의 업이 언제, 어디에서, 어떻게 업의 과보를 맺을 것인지를 예측할 수 있다.

3.1. 기능에 따른 4가지 업

① 생산하는 업(janaka-kamma) : 잉태의 순간과 개인의 삶의 과정 동안에 정신의 무더기와 물질의 무더기를 생산하는 업. 이것은 새로운 존재를 생산한다.

② 지원하는 업(upatthambhaka-kamma) : 개인의 삶의 과정 동안에 생산하는 업과 생산하는 업의 과보를 지원하는 업. 이것은 새로운 존재를 생산할 만큼 충분히 강하지 않다.

③ 방해하는 업(upapīḷaka-kamma) : 생산하는 업의 과보를 약하게 하고 방해하고 더디게 만드는 업

④ 파괴하는 업(upaghātaka-kamma) : 생산하는 업을 중단시킬 뿐만 아니라 생산하는 업의 과보도 파괴하고 그 자체의 과보를 생산하는 업. 다시 말해서, 어떤 사람은 갑자기 죽어서 파괴하는 업에 따라 재생한다.

위에서 언급한 4가지 업의 작용에 대한 예로 데와닷따의 경우를 들 수 있다. 그의 생산하는 업은 그를 한 왕가에 태어나는 조건이 되었다. 그의 계속적인 편안함과 번영은 생산하는 업과 지원하는 업 때문이었

다. 그가 승가에서 제명되고 많은 경멸을 받은 것은 방해하는 업이 작용한 것이다. 다음에 승가를 분열시킨 그의 심각하고 해로운 업은 그를 무간지옥으로 떨어지게 한 파괴적인 업의 작용이었다.

3.2. 과보를 맺는 우선순위에 따른 4가지 업

① 무거운 업(garuka-kamma) : 너무 강해서 어떤 다른 업도 내생에 그것의 과보를 멈출 수 없는 업. 다시 말해서 무거운 업은 다음 생에 그것의 과보를 분명히 생산한다.
해롭고 무거운 업에는 5가지 무간업(pañcānantariya kamma), 즉 승가의 분열을 초래하는 것, 붓다의 몸에 상처를 입히는 것, 아라한을 죽이는 것, 어머니를 죽이는 것, 아버지를 죽이는 것이 포함된다. 고정된 사견(Niyata-micchādiṭṭhi)도 무거운 업들 중 하나이다.
반면에 5가지 색계의 유익한 업과 4가지 무색계의 유익한 업은 유익한 무거운 업이다. 출세간의 도 또한 4가지 악처의 문을 영원히 닫기 때문에 무거운 힘〔업〕이다.

② 죽음 직전의 업(āsanna-kamma) : 죽음 직전에 행하거나 기억하는 업

③ 습관적인 업(āciñña-kamma) : 규칙적으로 행한 업. 이것은 한 번 행하고 항상 기억하는 업일 수 있다.

④ 명시되지 않은 업(kaṭattā-kamma) : 한 번 행하고 곧 잊은 명시되지 않은 업

만약 우리가 어떤 무거운 업을 갖고 있으면, 그 업은 우리가 죽을 때 업의 과보를 생산할 것이고 우리의 내생을 조건 지을 것이다.

만약 우리가 흔히 그렇듯이 어떤 무거운 업을 갖고 있지 않으면, 우

리는 내생을 조건 짓는 죽음 직전의 업에 의지해야 한다. 훌륭한 죽음 직전의 업을 얻기 위해서는 아들과 딸과 친척들과 친구들이 죽어가는 사람의 침대에서 그 사람을 위해 비구에게 가사를 보시하거나 담마(Dhamma)의 가르침을 듣는 것과 같은 유익한 행위들을 준비해야 한다. 죽어가고 있는 사람도 과거의 좋은 행위들을 기억해야 한다.

스리랑카에 살았던 소나 존자의 아버지가 좋은 예가 된다. 그의 아버지는 사냥으로 삶을 영위했다. 아버지가 너무 늙어서 사냥을 할 수 없게 되었을 때, 아버지는 아들의 사원에 가서 비구가 되었다. 곧 병에 걸린 아버지는 지옥의 개들이 자기를 물기 위해 언덕을 올라오는 환영을 보았다. 아버지는 두려워서 아들에게 개들을 쫓아달라고 청했다.

아라한인 아들은 아버지가 지옥에 떨어질 표상을 갖고 있다는 것을 알았다. 아들은 제자들에게 서둘러 꽃을 모아서 사원에 있는 탑의 둘레에 뿌리라고 했다. 제자들은 꽃을 뿌린 다음 아버지를 침대째 탑으로 데려갔다. 소나 존자는 아버지에게 탑에 예경하고 아버지를 위해 꽃을 보시하는 것에 대해 매우 기뻐하도록 상기시켰다.

나이 많은 아버지 비구는 고요해졌고, 탑에 예경을 올렸고, 자신을 위해 탑에 올리는 꽃을 보고는 매우 기뻤다. 그 순간에 아버지의 태어날 곳의 표상이 바뀌었다. 아버지가 아들에게 "존자의 계모들이 천상에서 나를 데리러 옵니다."라고 말했다. 아들은 노력의 결과에 만족했다.

이것은 우리가 부모에게 빚진 고마움을 되갚는 매우 좋은 방법이다.

하지만 죽음 직전의 좋은 업을 반드시 짓기 위해서는 살아 있는 동안에 습관적인 업을 계발해야 한다. 가장 좋은 습관적인 업은 항상 수행할 수 있는 고요명상이나 통찰명상이다. 그것이 습관이 되면 죽음이 가까울 때 그것을 기억하고 수행할 것이다.

스리랑카의 둣타가마니 왕은 식사를 하기 전에 비구에게 공양을 올리는 습관이 있었다. 왕의 동생이 그를 대적하여 일어나서 왕을 숲으로 쫓아냈다. 숲에 숨은 왕은 수행원에게 먹을 것이 있는지 물었다. 수행원은 왕이 먹을 한 사발의 음식을 가져왔다고 대답했다.

왕은 음식을 네 부분으로 나누었다. 한 부분은 공양을 위한, 한 부분은 왕을 위한, 한 부분은 수행원을 위한, 한 부분은 말을 위한 것이었다. 다음에 왕은 수행원에게 비구나 유행승이 와서 공양을 받도록 초청하라고 했다.

물론 그들은 주위에서 아무도 볼 수 없었다. 그러나 수행원은 큰 소리로 초대했다. "자, 오세요!" 한 비구 존자가 공중에서 날아왔다. 비구는 신통력을 갖고 있는 아라한이었다. 왕은 너무 기뻐서 음식의 첫 번째 부분뿐만 아니라 자기 몫도 공양드렸다. 수행원도 왕을 따라서 자기 몫을 공양드렸다. 말도 자기 몫을 공양드리고 싶어 머리를 끄덕거렸다.

왕은 잠시 동안 황홀했고 다음에 배고픔을 느꼈다. 아라한이 신성한 귀(dibba-sota)로 왕의 말을 들을 수 있다는 사실을 알기에 왕은 남은 음식을 보내줄 것을 기원했다. 아라한은 발우를 공중으로 날려 왕에게 보냈다. 왕은 발우를 받았고 발우에 음식이 가득 차 있는 것을 보았다. 음식은 신통력에 의해 많이 늘어나 있었다. 왕과 수행원과 말은 음식을 충분히 먹었다.

후에 왕은 권력을 다시 얻었고 대탑이라 불리는 커다란 사리탑과 많은 사원을 비롯해 여러 종교 건물들을 짓기 위해 엄청난 양의 재화를 붓다의 교단에 보시했다. 왕은 자신의 모든 선한 행위들을 기록하게 했다. 죽음에 이르러, 왕은 자신에게 읽어주는 그 기록들을 들었다. 숲에서 아라한에게 공양을 올리는 부분에 이르자마자, 왕은 낭독자에게 낭독을 멈춰달라고 청했다. 왕은 매우 기뻐했고 그 행위를 기억하면서 죽었다. 이와 같은 좋은 업으로 왕은 도솔천에 재생했다.

도살업자인 쭌다는 50년 넘게 돼지를 도살하여 삶을 영위했다. 죽을 때가 되었을 때, 지옥에서 불이 다가와서 그를 태우며 7일 동안 돼지처럼 꽥꽥 소리를 내도록 만들었다. 그는 죽자마자 지옥에 떨어졌다.

이렇듯 습관적인 업이 죽음 직전의 업이 되고 업의 과보를 낳는다.

3.3. 소떼의 비유

밤 동안 많은 소를 큰 축사에 가둬두었다가, 아침에 축사 문을 열고 소들을 목초지로 내보낸다고 가정해보라. 어떤 소가 첫 번째로 나오겠는가?

모든 소가 가능한 한 빨리 나오려고 하겠지만, 모든 소가 존경하는 지도자 소가 그 소들 가운데 있다면 지도자 소가 당당하게 문으로 걸어가서 첫 번째로 나갈 것이다. 이 지도자 소는 의심할 여지 없이 내생에 업의 과보를 맺는 무거운 업과 같다.

만약 지도자 소가 없다면, 문에서 가장 가까운 소가 첫 번째로 나갈 것이다. 이 소는 내생에 과보를 맺는 죽음 직전의 업과 유사하다.

때때로 문이 열리는 때를 자주 보는 방심하지 않는 소가 문이 열리기 바로 전에 문으로 걸어가서 문이 열릴 때 첫 번째로 나갈 수도 있다. 이 소는 내생에 과보를 낳는 습관적인 업과 같은 것이다.

때때로 예기치 않은 약한 소가 더 튼튼한 소에 떠밀려 축사 밖으로

맨 먼저 나올 수도 있다. 이 소는 예기치 않은 명시되지 않은 업이 내생의 조건이 될 수 있는 가능성을 갖게 되는 경우와 같다. 말리까 왕비는 올바른 삶을 영위했지만 죽는 순간에 오래 전에 했던 나쁜 행위를 기억했다. 그리하여 이와 같은 나쁜 명시되지 않은 업이 왕비를 7일 동안 무간지옥에 떨어지게 했다.

3.4. 과보를 맺는 때에 따른 4가지 업

① 즉시 효력이 있는 업(diṭṭhadhammavedanīya-kamma) : 금생에 과보를 맺는, 즉시 효력이 있는 업

② 뒤이어서 효력이 있는 업(upapajjavedanīya-kamma) : 다음 생(두 번째 생)에 과보를 맺는, 뒤이어서 효력이 있는 업

③ 무기한으로 효력이 있는 업(aparāpariyavedanīya-kamma) : 세 번째 생에서 열반을 얻는, 마지막 생까지 무기한으로 효력이 있는 업

④ 효력을 상실한 업(ahosi-kamma) : 더 이상 과보를 맺지 않는, 효력을 상실한 업

인식과정을 공부할 때, 우리는 큰 과보의 마음(mahā-kusala citta) 또는 해로운 마음(akusala citta)이 보통의 상황에서는 속행의 기능을 7번 한다는 것을 알았다. 첫 번째 속행과 관련된 의도는 바로 금생에서 그것의 과보를 낳게 될 '즉시 효력이 있는 업'이라고 불린다. 만약 금생에 작용하지 않으면, 그것은 효력을 상실하게 된다.

데와닷따와 쭌다는 그들의 현재 삶에서 지옥 불에 태워졌다. 가난했던 까까왈리야(Kākavaliya) 부부는 사리뿟따 존자에게 밥을 공양올린

후 7일 만에 매우 부유해졌다.

7가지 속행 가운데 첫 번째 속행이 가장 약하다. 가장 강한 것은 일곱 번째 속행이다. 이 일곱 번째 속행과 관련된 의도는 '뒤이어서 효력이 있는 업'이라고 불린다. 그것은 다음 생(두 번째 생)에서 그것의 과보를 낳는다. 만약 그것이 두 번째 생에서 작용하지 않으면, 그것도 효력을 상실하게 된다.

5가지 중간에 있는 속행은 꽤 강하고, 그것들과 연관된 의도는 '무기한으로 효력이 있는 업'이라고 불린다. 유익하거나 해로운 행위에 수백만 번의 인식과정이 일어나기 때문에, 이 행위를 하는 동안 이런 부류의 업이 수백만 번 일어날 것이다. 그리하여 이 업은 세 번째 생에서부터 열반을 얻는 마지막 생까지 무기한으로 작용할 것이다. 아무도, 심지어 붓다나 아라한도 이런 부류의 업에서 제외되지 않는다.

그리하여 우리가 행한 모든 업에 대한 과보를 윤회에서 방랑하는 동안 금생이나 미래의 무기한의 생에서 예상해야 한다. 주의하자!

3.5. 성숙의 장소에 따른 4가지 업

업의 과보가 일어나는 장소의 관점에서, 업은 다음과 같이 4가지로 구분될 수 있다.

① 해로운 업(akusala kamma) : 4가지 악처에서 그것의 과보를 낳는 해로운 업

② 욕계의 유익한 업(kāmāvacara-kusala kamma) : 7가지 욕계 세상의 선처에서 그것의 과보를 낳는 유익한 업

③ 색계의 유익한 업(rūpāvacara-kusala kamma) : 16가지 색계 세상에서 그것의 과보를 낳는 유익한 업

④ 무색계의 유익한 업(arūpāvacara-kusala kamma) : 4가지 무색계 세상에서 그것의 과보를 낳는 유익한 업

본질적으로 다음 사실에 주목해야 한다.

① 해로운 업 : 12가지 해로운 마음과 결합한 12가지 의도

② 욕계의 유익한 업 : 8가지 큰 유익한 마음과 결합한 8가지 의도

③ 색계의 유익한 업 : 5가지 색계의 유익한 마음과 결합한 5가지 의도

④ 무색계의 유익한 업 : 4가지 무색계의 유익한 업과 결합한 4가지 의도

업의 과보는 2가지, 즉 과보의 정신의 무더기(vipāka-nāmakkhadha)와 업 또는 온도에서 생긴 물질(kaṭattā-rūpa)이다.

① 과보의 정신의 무더기 : 과보의 마음과 그것의 마음부수들

② 업에서 생긴 물질(kammaja-rūpa)과 온도에서 생긴 물질(utuja-rūpa) : 업에서 생긴 물질은 업이 생산하는 물질이고 온도에서 생긴 물질은 열이 생산하는 물질이다.

업의 과보는 재생연결심이 일어나는 순간(paṭisandhi-kāla)과 재생연결심이 존재하는 순간부터 죽을 때까지(pavatti-kāla) 일어난다.

4. 업의 문(Kamma-dvāra)과 3가지 유형의 업

업이 일어나는 장소나 업이 일어나는 수단을 업의 문이라고 부른다. 3가지 업의 문이 있다.

① 몸의 문(kāya-dvāra, 身門) : 몸의 업이 일어나는, 몸의 암시(kāya-viññatti)라고 불리는 특별한 몸의 움직임

② 말의 문(vacī-dvāra, 口門) : 말의 업이 일어나는, 말의 암시(vacī-viññatti)라 불리는 말을 일으키는 입의 움직임

③ 마음의 문(mano-dvāra, 意門) : 마음의 업이 일어나는, 모든 마음

3가지 업의 문에 따라 3가지 유형의 업이 있다.

① 몸의 업(kāya-kamma, 身業) : 몸의 암시라 불리는 특별한 몸의 움직임에 의해 일반적으로 수행되는 몸의 행위

② 말의 업(vacī-kamma, 口業) : 말의 암시라 불리는 특별한 말하기에 의해 일반적으로 수행되는 말의 행위

③ 마음의 업(mano-kamma, 意業) : 생각, 도모, 명상 등을 통해 마음이 수행하는 정신의 행위

4.1. 10가지 해로운 업의 길(Akusala-kamma Patha)

'업의 길(kamma-patha)'은 '행위의 과정'을 의미한다. 그 행위의 과정은 10가지 종류의 해롭거나 유익한 행위 그룹을 일컫기 위한 이름이다.

해로운 행위는 3가지 유형의 업에 따라 3가지 그룹으로 나뉠 수 있다.

① 해로운 몸의 업(akusala-kāya-kamma) 3가지

(a) 살생(pānātipātā) : 살아 있는 존재를 죽이는 것

(b) 도둑질(adinnādānā) : 남의 재산을 불법으로 훔치거나 취하는 것

(c) 삿된 음행(kāmesu-micchācārā) : 합당하지 않은 성행위와 같이 성적으로 잘못된 행위

② 해로운 말의 업(akusala-vacī-kamma) 4가지

(a) 거짓말(musāvādā) : 거짓을 말하는 것

(b) 중상모략(pisuṇavācā) : 중상이나 험담을 하는 것

(c) 욕설(pharusavācā) : 무례하거나 험한 말을 하는 것

(d) 잡담(samphappalāpa) : 헛되거나 어리석은 말을 중얼거리는 것

③ 해로운 정신적 행위(akusala-mano-kamma) 3가지

(a) 간탐(abhijjhā) : 남의 재산을 불법으로 취하려고 도모하는 것

(b) 악의(vyāpāda) : 남의 목숨이나 재산을 파괴하려고 도모하는 것

(c) 사견(micchādiṭṭhi) : 업과 업의 과보가 존재하지 않는다는 그릇된 견해

10가지 해로운 업은 또한 '10가지 사악한 행위(duccarita)'라고도 불린다.

그 10가지 가운데 살생과 욕설과 악의는 성냄에 뿌리박은 마음에 의해 행해진다. 삿된 음행과 간탐과 사견은 탐욕에 뿌리박은 마음에 의해 행해진다. 도둑질과 거짓말과 중상모략과 잡담은 탐욕에 뿌리박은 마음 또는 성냄에 뿌리박은 마음에 의해 행해진다.

4.2. 10가지 유익한 업의 길(Kusala-kamma Patha)

'10가지 선한 행위(sucarita)'라고도 알려진 10가지 유익한 행위가 있다. 그것들도 3가지 유형의 업에 따라 3가지 그룹으로 나뉜다.

① 유익한 몸의 행위(kusala-kāya-kamma) 3가지
(a) 살생을 삼가는 것(pāṇātipātā-virati)
(b) 도둑질을 삼가는 것(adinnādānā-virati)
(c) 삿된 음행을 삼가는 것(kāmesu-micchācārā-virati)

② 유익한 말의 행위(kusala-vacī-kamma) 4가지
(a) 거짓말을 삼가는 것(musāvādā-virati)
(b) 중상모략을 삼가는 것(pisuṇavācā-virati)
(c) 욕설을 삼가는 것(pharusavācā-virati)
(d) 잡담을 삼가는 것(Samphappalāpa-virati)

다시 말해서 진실한 말, 화해시키는 말, 부드러운 말, 현명한 말을 해야 한다.

③ 유익한 정신적 행위(kusala-mano-kamma) 3가지
(a) 간탐 없음(anabhijjhā) : 다른 사람의 재산을 불법으로 취하려는 도모를 하지 않는 것
(b) 선의(avyāpāda-virati) : 다른 사람의 생명이나 재산을 파괴하려는 도모를 하지 않는 것
(c) 정견(sammā-diṭṭhi) : 업과 업의 과보를 믿는 것

4.3. 공덕행의 토대(Puñña-kiriya Vatthu)

금생에 유익한 업을 쌓고 싶으면, 좋은 과보를 낳는 10가지 공덕행의 토대를 어떻게든 행해야 한다.

① 보시 또는 관대함(dāna)
② 지계(sīla) : 5계, 8계, 10계 등을 지키는 것
③ 고요명상과 통찰명상(bhāvanā)
④ 연장자나 성자에 대한 존경(appacāyana)
⑤ 유익한 행위로 섬김(veyāvacca)
⑥ 공덕을 공유함(paṭṭidāna)
⑦ 남의 공덕을 기뻐함(pattānumodana)
⑧ 법을 들음(dhamma-savana)
⑨ 법을 가르침(dhamma-desanā)
⑩ 바른 견해를 세움(diṭṭhijjukamma)

위에서 언급한 10가지 공덕행의 토대는 3가지 그룹으로 분류될 수 있다.

① 보시 그룹 : 보시, 공덕을 공유함, 남의 공덕을 기뻐함
② 지계 그룹 : 지계, 존경, 섬김
③ 명상 그룹 : 명상, 법을 들음, 법을 가르침, 바른 견해를 세움

업과 업의 과보에 대한 바른 견해를 가지고 있을 때에야 비로소 보시

와 지계와 수행(명상)을 할 수 있기 때문에, '바른 견해를 세움'은 3가지 모든 그룹에 포함될 수 있다.

보시 그룹은 탐욕 없음(alobha, 관대함)을 대표하고 탐욕과 인색의 반대이다. 그것은 다리에 비유된다.

지계 그룹은 성냄 없음(adosa)을 대표하고 질투와 성냄의 반대이다. 그것은 몸에 비유된다.

명상 그룹은 미혹 없음(amoha, 통찰지)을 대표하고 어리석음의 반대이다. 그것은 머리에 비유된다.

완전한 다리와 몸과 머리를 갖기 위해서 3가지 그룹의 모든 공덕행을 수행해야 한다.

만약 명상수행에서 선정 또는 도를 얻지 못하면 8가지 큰 유익한 마음으로 10가지 공덕행의 토대를 수행해야 한다. 그렇게 하면 그 공덕행이 일반적으로 욕계의 유익한 업을 낳게 된다.

색계의 유익한 업과 무색계의 유익한 업은 순수하게 정신적인 행위이고 명상 그룹에 속한다.

4.4. 2가지 원인 있는 유익한 업과 3가지 원인 있는 유익한 업

업(kamma)과 업의 과보에 대한 지혜(kammassakata ñāṇa)를 가지고 유익한 행위를 하면, 지혜와 결합한 큰 유익한 마음(ñāṇa-sampayutta mahā-kusala citta)이 일어난다. 이 마음과 결합한 의도는 3가지 유익한 원인〔뿌리〕, 즉 탐욕 없음(alobha), 성냄 없음(adosa), 미혹 없음(amoha)과 결합하게 된다. 그리하여 3가지 원인 있는 유익한 업(tihetuka-kusala kamma)을 획득한다.

훨씬 더 좋은 것은 유익한 행위를 하는 동안에 모든 것이 무상·고·무아라고 숙고하여 통찰지혜(vipassanā-ñāṇa)를 계발할 수 있다는 것이다. 이렇게 해서 얻은 유익한 업은 다시 3가지 유익한 원인〔뿌리〕과 함께한다.

반면에 만약 업과 업의 과보에 대한 지혜가 없이, 통찰지혜 없이 유익한 행위를 하면, 지혜와 결합하지 않은 큰 유익한 마음(ñāṇa-vippayutta mahā-kusala citta)을 가지고 그 유익한 행위를 하는 것이다. 그러므로 그의 의도는 2가지 유익한 원인〔뿌리〕인 탐욕 없음, 성냄 없음과 함께하는 것이다. 그리하여 그는 오직 2가지 원인 있는 유익한 업(dvihetuka-kusala kamma)을 얻은 것이 된다.

4.5. 수승한 유익한 업(Ukkaṭṭha Kusala Kamma)과 저열한 유익한 업(Omaka Kusala Kamma)

'욱깟타(ukkaṭṭha)'는 '가장 좋은' 혹은 '최고의'라는 뜻인 반면, '오마까(omaka)'는 '저열한'이라는 뜻이다.

만약 유익한 행위를 하기 전과 후에 유익한 마음을 계발할 수 있다면, 그 행위를 하는 동안에 얻은 업인 유익한 의도가 좋은 의도에 의해 에워싸이게 될 것이고 그것의 잠재력은 향상될 것이다. 그러므로 이런 유형의 업은 수승한 유익한 업이라고 불린다.

이런 유형의 업을 얻기 위해서는 유익한 행위에 대해 미리 생각해야 하고 유익한 행위를 하는 기회를 갖게 된 데 대해 기뻐해야 한다. 그리고 유익한 행위를 한 후에 그 행위의 좋은 과보에 대해 생각하면서 기쁨을 느껴야 한다.

반면에 만약 보시와 같은 유익한 행위를 하기 전에 내키지 않아 마지 못해 받아들이거나 질투하거나 아깝다는 마음이 들어서 그 유익한 행위를 한 후에 후회하게 되면, 그 유익한 의도는 해로운 의도에 에워싸이게 되고 따라서 유익한 의도의 잠재력은 줄어든다. 이런 경우에 얻게 되는 유익한 업은 저열한 유익한 업이라고 불린다.

4.6. 업이 과보를 맺는 방법

이 책의 뒤에 첨부된 〈도표 7.1〉을 보면, 4가지 유형의 업이 첫 번째 세로줄에 언급되어 있다. 오직 과보의 마음(vipāka-citta)만이 도표에서 이 업의 직접적인 과보로 묘사되어 있다. 이 과보의 마음이 그 마음과 함께 일어나는 각각의 마음부수와 함께한다는 사실을 이해해야 한다.

과보의 마음은 그것과 결합한 마음부수들과 더불어 과보의 정신의 무더기(vipāka-nāmakkhandha)인 4가지 과보의 정신 그룹을 제공한다. 업도 모든 아순간(khaṇa)에 끊임없이 업에서 생긴 물질을 생산하고, 이 업에서 생긴 물질에 기초하여 온도에서 생긴 물질도 일어난다.

4가지 정신의 무더기(nāmakkhandha)와 물질의 무더기(rūpakkhadha)는 함께 개인을 구성하는 5가지 존재의 무더기[오온]를 형성한다.

4.6.1. 해로운 업의 과보

들뜸과 결합한 마음(uddhacca-sampayutta citta)과 함께하는 약한 의도를 제외하고, 11가지 해로운 의도는 재생연결 시에 해로운 과보의 조사하는 마음(akusala-vipāka-santīraṇa citta)을 생기게 하고, 이것이 4가지 악처의 재생연결을 형성한다.

12가지 모든 해로운 의도는 삶의 과정 동안에 11가지 욕계에서 7가지 해로운 과보의 마음(akusala vipāka citta)을 생기게 한다. 그것들은 무상유정천을 제외한 15가지 색계에서 비식, 설식, 신식을 제외한 4가지 해로운 과보의 마음(akusala vipāka citta)을 생기게 한다.

4.6.2. 욕계 유익한 업(kāmāvacara-kusala kamma)의 과보

먼저 욕계의 유익한 업에는 2가지 원인 있는(dvihetuka) 유형과 3가지 원인 있는(tihetuka) 유형이 있다. 2가지 원인 있는 것은 다시 2가지 하위 그룹인 수승한(ukkaṭṭha) 것과 저열한(omaka) 것으로 나뉜다. 그리하여 모두 합해서 다음과 같은 4가지 하위 그룹이 있게 된다.

4가지 지혜와 결합하지 않은 큰 유익한 마음(ñāṇa-vippayutta mahā-kusala citta)은 4개의 2가지 원인 있는 유익한 업(dvihetuka-mahā-kusala kamma)을 생기게 하는 반면에, 4가지 지혜와 결합한 큰 유익한 마음(ñāṇa-sampayutta mahā-kusala citta)은 4개의 3가지 원인 있는 큰 과보의

업(tihetuka-mahā-kusala kamma)을 낳는다.

4개의 2가지 원인 있는 유익한 업이 저열한 것이나 수승한 것이 될 수 있기 때문에 다음과 같은 것을 얻게 된다.

① 4개의 2가지 원인 있는, 저열한, 큰 유익한 업(dvihetuka-omaka mahā-kusala kamma)

② 4개의 2가지 원인 있는, 수승한, 큰 유익한 업(dvihetuka-ukkaṭṭha mahā-kusala kamma)

마찬가지로 4개의 3가지 원인 있는 큰 유익한 업(tihetuka-mahā-kusala kamma)으로부터 다음과 같은 것을 얻게 된다.

③ 4개의 3가지 원인 있는, 저열한, 큰 유익한 업(tihetuka-omaka mahā-kusala kamma)

④ 4개의 3가지 원인 있는, 수승한, 큰 유익한 업(tihetuka-ukkaṭṭha mahā-kusala kamma)

이 4가지 하위 그룹 가운데, ①번이 가장 저열하고, ②번과 ③번은 약간 동등하며, ④번이 가장 수승하다. 그것들이 생기게 하는 과보는 다음과 같다.

① 4개의 2가지 원인 있는, 저열한, 큰 유익한 업은 재생연결 시에 인간계와 낮은 사대왕천에서 욕계선처의 해로운 재생연결(kāma-sugati ahetuka-paṭisandhi)을 형성하는 유익한 과보의 평온한 조사의 마음

(kusala-vipāka upekkhā-santīraṇa citta)을 생기게 한다.

삶의 과정 동안에 그것들은 11가지 욕계에서 8가지 원인 없는 유익한 과보의 마음(ahetuka-kusala vipāka-citta)을 생기게 한다. 무상유정천을 제외한 15가지 색계에서 그것들은 비식, 설식, 신식을 제외한 5가지 원인 없는 유익한 과보의 마음(ahetuka-kusala vipāka citta)을 생기게 한다.

②, ③ 4개의 2가지 원인 있는, 수승한, 큰 유익한 업과 4개의 3가지 원인 있는, 저열한, 큰 유익한 업은 재생연결 시에 7가지 욕계선처에서 4가지 욕계선처의 2가지 원인 있는 재생연결(kāma-sugati dvihetuka-paṭisandhi)을 형성하는 4가지 지혜와 결합하지 않은 큰 과보의 마음(ñāṇa-vippayutta mahā-vipāka citta)을 생기게 한다.

삶의 과정 동안에 그것들은 7가지 욕계선처에서 8가지 원인 없는 유익한 과보의 마음(ahetuka-kusala vipāka-citta)과 4가지 지혜와 결합하지 않은 큰 과보의 마음(ñāṇa-vippayutta mahā-vipāka citta)을 생기게 한다. 그것들은 4가지 악처에서 8가지 원인 없는 유익한 과보의 마음을 생기게 한다. 그것들은 무상유정천(asaññasatta)을 제외한 15가지 색계에서 비식, 설식, 신식을 제외한 5가지 원인 없는, 유익한, 과보의 마음(ahetuka-kusala vipāka citta)을 생기게 한다.

④ 4개의 3가지 원인 있는, 수승한, 큰 유익한 업은 재생연결 시에 7가지 욕계선처에서 4가지 욕계선처의 3가지 원인 있는 재생연결(kāma-sugati tihetuka-paṭisandhi)을 형성하는 4가지 지혜와 결합한 큰 과보의 마음(ñāṇa-sampayutta mahā-vipāka citta)을 생기게 한다. 그것들은 7가지 욕계선처에서 8가지 원인 없는 과보의 마음(ahetuka-vipāka citta)과 8가지 큰 과보의 마음(mahā-vipāka citta)을 생기게 한다. 그것들은

4가지 악처에서 8가지 원인 없는, 유익한, 과보의 마음(ahetuka-kusala vipāka citta)을 생기게 한다. 그리고 그것들은 무상유정천을 제외한 15가지 색계에서 비식, 설식, 신식을 제외한 5가지 원인 없는 유익한 과보의 마음(ahetuka-kusala vipāka citta)을 생기게 한다.

4.6.3. 색계 유익한 업(rūpāvacara-kusala kamma)의 과보

선정의 마음과 관련된 열의(chanda), 마음(citta), 정진(vīriya), 통찰지(paññā) 가운데 하나가 보통 지배적이 된다(adhipati). 이 지배적인 요소에 기초하여 선정은 저열한(paritta), 중간의(majjhima), 수승한(paṇīta) 것으로 구별될 수 있다.

(1) 저열한 초선정의 유익한 업은 재생연결심으로, 다음에는 생명연속심으로, 마지막에는 죽음의 마음으로 초선정의 과보의 마음을 가지고 범중천(Brahma-parisajjā)에 태어나게 한다.
중간의 초선정의 유익한 업은 재생연결심으로, 다음에는 생명연속심으로, 마지막에는 죽음의 마음으로 초선정의 과보의 마음을 가지고 범보천(Brahma-purohitā)에 태어나게 한다.
수승한 초선정의 유익한 업은 재생연결심으로, 다음에는 생명연속심으로, 마지막에는 죽음의 마음으로 초선정의 과보의 마음을 가지고 대범천(Mahā-brahma)에 태어나게 한다.

(2) 저열한 이선정의 유익한 업과 저열한 삼선정의 유익한 업은 각자 재생연결심으로, 다음에는 생명연속심으로, 마지막에는 죽음의 마음으로 이선정의 과보의 마음과 삼선정의 과보의 마음을 가지고 소광천(Parittābhā)에 태어나도록 한다.

중간의 이선정의 유익한 업과 중간의 삼선정의 유익한 업은 각자 재생연결심으로, 다음에는 생명연속심으로, 마지막에는 죽음의 마음으로 이선정의 과보의 마음과 삼선정의 과보의 마음을 가지고 무량광천(Appamānābhā)에 태어나도록 한다.

수승한 이선정의 유익한 업과 수승한 삼선정의 유익한 업은 각자 재생연결심으로, 다음에는 생명연속심으로, 마지막에는 죽음의 마음으로 이선정의 과보의 마음과 삼선정의 과보의 마음을 가지고 광음천(Ābhassarā)에 태어나도록 한다.

(3) 저열한 사선정의 유익한 업은 재생연결심으로, 다음에는 생명연속심으로, 마지막에는 죽음의 마음으로 사선정의 과보의 마음을 가지고 소정천(Paritta-subhā)에 태어나도록 한다.

중간의 사선정의 유익한 업은 재생연결심으로, 다음에는 생명연속심으로, 마지막에는 죽음의 마음으로 사선정의 과보의 마음을 가지고 무량정천(Appamāṇa-subhā)에 태어나도록 한다.

수승한 사선정의 유익한 업은 재생연결심으로, 다음에는 생명연속심으로, 마지막에는 죽음의 마음으로 사선정의 과보의 마음을 가지고 변정천(Subhakiṇhā)에 태어나도록 한다.

(4) 오선정의 유익한 업은 재생연결심으로, 다음에는 생명연속심으로, 마지막에는 죽음의 마음으로 오선정의 과보의 마음을 가지고 광과천(Vehapphala)에 태어나도록 한다.

오선정을 얻은 후에, 만약 인식과 마음에 대한 어떤 욕망도 계발하지 않는 명상(saññā-virāga-bhāvanā)을 성취하면, 물질의 재생연결(rūpa-paṭisandhi)을 가지고 무상유정천에 태어나게 된다.

불환자의 오선정의 유익한 업은 재생연결심으로, 다음에는 생명연속심으로, 마지막에는 죽음의 마음으로 오선정의 과보의 마음을 가지고 정거천(Suddhāvāsa)에 태어나도록 한다.

여기에서도 지배적인 기능에 따라 재생연결은 다음과 같은 5가지 정거천에서 일어난다.

① 믿음(saddhā)의 지배적인 기능 — 무번천(Avihā)
② 정진(vīriya)의 지배적인 기능 — 무열천(Atappā)
③ 마음챙김(sati)의 지배적인 기능 — 선현천(Sudassā)
④ 삼매(samādhi)의 지배적인 기능 — 선견천(Sudassī)
⑤ 통찰지(paññā)의 지배적인 기능 — 색구경천(Akaniṭṭhā)

4.6.4. 무색계 유익한 업(arūpāvacara-kusala kamma)의 과보

공무변처의 유익한 업(ākāsānañcāyatana-kusala kamma)은 재생연결심으로, 다음에는 생명연속심으로, 마지막에는 죽음의 마음으로 공무변처의 과보의 마음(ākāsānañcāyatana-vipāka citta)을 가지고 공무변처에 태어나게 한다.

식무변처의 유익한 업(viññāṇañcāyatana-kusala kamma)은 재생연결심으로, 다음에는 생명연속심으로, 마지막에는 죽음의 마음으로 식무변처의 과보의 마음(viññāṇañcāyatana-vipāka citta)을 가지고 식무변처에 태어나게 한다.

무소유처의 유익한 업(ākiñcaññāyatana-kusala kamma)은 재생연결심으로, 다음에는 생명연속심으로, 마지막에는 죽음의 마음으로 무소유처의 과보의 마음(ākiñcaññāyatana-vipāka citta)을 가지고 무소유처에 태어나게 한다.

비상비비상처의 유익한 업(nevasaññā-nāsaññāyatana-kusala kamma)은 재생연결심으로, 다음에는 생명연속심으로, 마지막에는 죽음의 마음으로 비상비비상처의 과보의 마음(nevasaññā-nāsaññāyatana-vipāka citta)을 가지고 비상비비상처에 태어나게 한다.

5. 4가지 죽음의 도래(Maraṇ'uppatti Catukka)

4가지 죽음의 도래는 등잔불을 끄는 4가지 방법에 비유될 수 있다. 다음의 방법으로 등잔불은 꺼질 수 있다.

① 심지가 다 타버린다.
② 기름이 다 타버린다.
③ 심지와 기름 둘 다 타버린다.
④ 심지와 기름이 아직 남아 있어도 바람이 갑자기 불거나 불을 일부러 꺼버린다.

마찬가지로, 사람은 다음과 같은 방법 중 하나로 죽을 수 있다.

① 수명이 다한 죽음(āyukkhaya-maraṇa)
② 생산하는 업력이 다한 죽음(kammakkhaya-maraṇa)
③ 수명이 다하고 생산하는 업력이 다한 죽음(ubhayakkhaya-maraṇa)
④ 파괴하는 업이 끼어드는 죽음(upacchedaka-maraṇa) : 이것은 자동차 사고를 당하거나 자살하는 것과 같은 갑작스런 죽음이다.

5.1. 업과 관련된 대상들이 나타남

이제 막 죽어갈 사람에게 내생을 조건 지을 업의 힘에 의해 다음의 3가지 대상 가운데 하나가 6가지 문 중 하나에 자신을 항상 드러낸다.

① 업(kamma) : 다음 생에 재생을 생기게 하는 업이 의문에 들어온다.

② 업의 표상(kamma-nimitta) : 업을 행하는 동안에 관찰되거나 전에 관찰되었던, 과보를 맺게 될 장면, 소리, 냄새 등

③ 태어날 곳의 표상(gati-nimitta) : 성공한 업에 따라 재생하게 될 장소와 연관된 사람들이나 건물들의 장면들

업은 과거의 의도의 형태를 갖고 있기 때문에 의문을 통해 자신을 드러낸다.

만약 업의 표상이 과거의 업에 속하면, 그 업의 표상도 의문을 통해 자신을 드러낸다. 만약 업의 표상이 현재의 업에 속하면, 그 업의 표상은 형태에 따라 6가지 문 가운데 어느 하나를 통해서도 들어올 수 있다. 만약 그것이 보이는 대상이면, 그것은 안문을 통해 들어올 것이다. 만약 그것이 들리는 대상이면, 그것은 이문을 통해 들어올 것이다. 나머지도 마찬가지다.

태어날 곳의 표상은 현재에 속한다. 그리하여 그 태어날 곳의 표상의 형태에 따라 그것은 6가지 문 가운데 어떤 문을 통해서도 자신을 드러낼 수 있다.

5.2. 죽음 직전의 인식과정(Maraṇāsanna Vīthi)

죽음 직전의 표상이 6가지 문 가운데 하나에 나타날 때, 전향의 마음(āvajjana-citta)이 그 감각대상을 취하여 죽음 직전의 인식과정이라고 불리는 마음의 흐름은 계속 흘러간다. 다음의 재생연결을 생기게 할 업에 따라, 해로운 마음 또는 유익한 마음이 보통 이 인식과정에서 5가지 속행의 기능을 한다. 이러한 속행은 죽음 직전의 속행(maraṇāsanna-javana)이라고 알려져 있다.

5.2.1. 매우 큰 대상의 안문에서의 죽음 직전의 인식과정
(Ati-mahantārammaṇa Cakkhu-drāra Maraṇāsanna Vīthi)

안문에 부딪치는 매우 큰 강도를 가진, 보이는 대상의 2가지 전형적인 죽음 직전의 인식과정은 다음과 같다.

〈A〉

Tī-Na-Da-"Pa-Ca-Sam-Ṇa-Vo-Ja-Ja-Ja-Ja-Ja-Dā-Dā-Bha-Cuti-Paṭi"-Bha-

〈B〉

Tī-Na-Da-"Pa-Ca-Sam-Ṇa-Vo-Ja-Ja-Ja-Ja-Ja-Dā-Dā-Cuti-Paṭi"-Bha-

* Tī : 지나간 생명연속심, Na : 생명연속심의 동요, Da : 생명연속심의 끊어짐, Pa : 오문전향, Ca : 안식, Sam : 받아들임, Ṇa : 조사, Vo : 결정, Ja : 속행, Dā : 등록, Bha : 생명연속심, Cuti : 죽음의 마음, Paṭi : 재생연결심

현재 업의 표상 또는 태어날 곳의 표상이 첫 번째 지나간 생명연속심(Tī)이 일어나는 순간 안문에 부딪친다. 그것은 강도가 매우 크기 때문에 생명연속심의 동요(Na)의 순간에 뚜렷해진다. 생명연속심은 2가지 마음순간(Na-Da) 동안 동요하고 끊어진다. 다음에 그 표상을 관찰하면서 오문전향(Pa), 안식(Ca), 받아들임(Sam), 조사(Ṇa), 결정(Vo), 5가지 속행(Ja), 2가지 등록(Dā), 1가지 생명연속심이 인식과정에서 일어난다. 다음에 죽음의 마음(cuti)이 사람이 죽을 때 일어난다. 두 번째 인식과정에서는 죽음의 마음이 어떤 생명연속심의 개입 없이 직접 등록을 뒤따른다.

죽음의 마음이 무너진 직후에, 재생연결심(paṭisandhi-citta)은 어떤 마음의 흐름도 중단되지 않고 어떤 시간의 간격도 없이 내생에서 일어난다. 내생은 범천의 세상과 같이 매우 먼 장소에서 일어날 수 있지만 어떤 시간의 간격도 없다.

그러므로 마음의 흐름이 흘러가는 데는 어떤 시간과 공간의 장벽이 없다. 시간과 공간에 제약이 없다는 것이 이렇게 실현된다. 또한 영혼이 다음 삶에 들어가기 전에 여기저기를 떠돈다는 생각도 옳지 않다. 아비담마의 관점에서 보면 영혼도 사람도 없으며 제8장에서 설명될 연기법(Paṭiccasamuppāda)에 따라 오직 정신의 흐름과 물질의 흐름만이 있을 뿐이다.

5.2.2. 큰 대상의 안문에서의 죽음 직전의 인식과정

(Mahantārammaṇa Cakkhu-drāra Maraṇāsanna Vīthi)

〈A〉

Tī-Tī-Na-Da-"Pa-Ca-Sam-Ṇa-Vo-Ja-Ja-Ja-Ja-Ja-Bha-Cuti-Paṭi"-Bha-

〈B〉

Tī-Tī-Tī-Na-Da-"Pa-Ca-Sam-Ṇa-Vo-Ja-Ja-Ja-Ja-Ja-Cuti-Paṭi"-Bha-

5.2.3. 매우 선명한 대상의 의문에서의 죽음 직전의 인식과정

(Ati-vibhūtārammaṇa Mano-drāra Maraṇāsanna Vīthi)

〈A〉

Na-Da-"Ma-Ja-Ja-Ja-Ja-Ja-Dā-Dā-Bha-Cuti-Paṭi"-Bha-

〈B〉

Na-Da-"Ma-Ja-Ja-Ja-Ja-Ja-Dā-Dā-Cuti-Paṭi"-Bha-

다음 재생을 생기게 할 업 또는 그 업에 관련된 업의 표상이 의문에 나타날 때, 생명연속심은 2번 동요하고 끊어진다(Na-Da). 다음에 의문 전향이 마음의 흐름을 그 대상으로 전향시키고 그 대상을 관찰하고 그것에 대해 결정을 내린다. 다음에 5가지 속행 후에 2가지 등록과 하나의 생명연속심이 뒤따르거나 어떤 생명연속심도 뒤따르지 않는다. 다음에 죽음의 마음이 사람이 죽을 때 일어난다. 죽음 직후에 재생연결심이 마음의 흐름에서 전혀 중단하지 않고 다음 삶에서 일어난다. 그 후에 생명연속심은 다음 삶에서 계속 흐른다.

5.2.4. 선명한 대상의 의문에서의 죽음 직전의 인식과정

(Vibhūtārammaṇa Mano-drāra Maraṇāsanna Vīthi)

〈A〉

Na-Da-"Ma-Ja-Ja-Ja-Ja-Ja-Bha-Cuti-Paṭi"-Bha-

〈B〉

Na-Da-"Ma-Ja-Ja-Ja-Ja-Ja-Cuti-Paṭi"-Bha-

5.3. 재생연결심

재생연결심은 새로운 삶을 조건 지을 수 있는 기회를 갖고 있는 업의 과보로 새로운 삶에서 일어난다. 재생연결심은 새로운 존재를 이전의 존재와 연결시킨다. 그리하여 재생연결심(paṭisandhi-citta)이라고 불린다.

재생연결심은 그것의 마음수부들과 함께할 것이다. 재생연결심은 그것의 마음부수들의 핵이자 선구자며 인도자이다. 만약 새로운 존재가 오온을 가진 존재(pañca-vokāra)의 세상에서 생기면, 재생연결심은 같은 업에 의해 제공되는 물질적인 심장토대를 가질 것이다. 만약 새로운 존재가 사온을 가진 존재(catu-vokāra)의 세상〔무색계〕에서 생기면, 어떤 물질적 토대도 갖지 않을 것이다.

재생연결심은 죽음 직전의 속행이 관찰한 감각대상을 취한다. 만약 그 속행이 업의 표상을 관찰했다면, 재생연결심도 업의 표상을 관찰한다. 더욱이 새로운 삶에서의 모든 생명연속심은 동일한 감각대상을 관찰한다.

색계의 재생연결의 대상은 죽음의 순간에 보통 의문에 나타나는 까시나의 닮은 표상일 수 있는 업의 표상이다.

무색계의 재생연결의 대상도 무한한 허공과 같은 개념이나 고귀한 마음일 수 있는 업의 표상이다.

5.4. 죽음 후 재생의 세계

죽음이란 일시적인 현상의 일시적인 끝이다. 죽음이 의미하는 바는 한 특정한 세상에서 한 개인의 생명기능(jīvitindriya)과 열(usma = tejodhātu)과 의식(viññāṇa)이 소멸하는 것이다. 그러니 죽음은 한 존재의 완전한 단멸이 아니다. 다음 생의 원인들이 소멸하지 않는 어느 한 장소에서의 죽음은 다른 장소에서의 재생을 의미한다.

죽음 이후 재생이 일어날 수 있는 세상은 다음과 같다.

(1) 무색계에서 어떤 범천이 죽으면, 그는 같은 세상이나 더 높은 세상에서 재생할 수는 있지만 더 낮은 무색계 세상에서 재생하지는 않는다. 더불어 그 범천은 천신이나 인간으로 3가지 원인[뿌리]을 가지고 욕계에 태어날 수 있다.

① 그러므로 공무변처에서 죽은 후에, 4가지 무색계의 재생연결과 4가지 욕계의 3가지 원인 있는 재생연결(kāma-tihetuka-paṭisandhi)이 가능하다.

② 식무변처에서 죽은 후에, [공무변처의 재생연결을 제외한] 3가지 무색계의 재생연결과 4가지 욕계의 3가지 원인 있는 재생연결이 가능하다.

③ 무소유처에서 죽은 후에, 무소유처의 재생연결과 비상비비상처의 재생연결과 욕계의 3가지 원인 있는 재생연결이 가능하다.

④ 비상비비상처에서 죽은 후에, 비상비비상처의 재생연결과 4가지 욕계의 3가지 원인 있는 재생연결이 가능하다.

(2) 〔무상유정천과 정거천을 제외한〕 색계의 범천이 죽으면 4가지 악처를 제외하고 업에 따라 어떤 세상에도 태어날 수 있다. 그러나 그는 타락한 인간이나 타락한 아수라로는 태어나지 않을 것이다. 다시 말해서, 4가지 욕계의 2가지 원인 있는 재생연결(kāma-dvihetuka-paṭisandhi)과 4가지 욕계의 3가지 원인 있는 재생연결과 6가지 색계의 재생연결과 2가지 원인 없는 재생연결을 제외한 4가지 무색계의 재생연결이 가능하다.

무상유정천의 범천이 죽으면, 그는 인간이나 천신으로 욕계에 태어날 것이다. 그러므로 4가지 욕계의 2가지 원인 있는 재생연결과 4가지 욕계의 3가지 원인 있는 재생연결이 가능하다.

(3) 욕계의 인간이나 천신이 죽을 때, 만약 그가 3가지 원인 있는(tihetuka) 존재라면, 그는 어떤 세상에도 태어날 수 있다. 선정을 닦은 자는 범천으로 재생할 수 있고, 해로운 행위를 저지른 자는 악처에 떨어질 수도 있다.

2가지 원인 있는(dvihetuka) 인간이나 천신이 죽으면, 10가지 욕계의 재생연결이 가능하다.

(4) 인간계와 낮은 사대왕천의 원인 없는 존재가 죽으면, 10가지 모든 욕계의 재생연결이 가능하다.

4가지 악처의 비참한 존재가 죽으면, 다시 10가지 모든 욕계의 재생연결이 가능하다.

제6장
물질

4가지 궁극적 실재 가운데 마음과 마음부수를 제1장부터 제5장까지 설명했다. 우리는 89가지 내지 121가지 유형의 마음, 52가지 마음부수, 이 마음부수가 마음과 결합하는 것, 정신(마음)이 물질적인 토대(vatthu)와 감각대상(ārammaṇa)에 의지하는 것, 감각대상을 인식하기 위해 인식과정이 일어나는 것, 31가지 존재계와 그 존재계를 점유하고 있는 개인들, 다양한 유형의 업, 재생연결심과 생명연속심과 죽음의 마음과 같은 과보를 통한 업의 작용, 마지막으로 죽음과 재생연결을 검토했다.

이제 제6장에서는 나머지 2가지 궁극적 실재인 물질과 열반을 다룰 것이다.

물질이란 무엇인가?

'루빠(rūpa)'는 '물질(matter)', '유체(corporeality)', '재료(material)', '몸(body)', '형상(form)' 등으로 번역되어왔지만 이 번역어들은 모두 정확하지는 않다. 루빠의 다양한 측면을 고려하면, '물성(materiality)'이 가장 가까운 의미의 단어이다. 그러나 루빠는 물질의 특성뿐만 아니라 에너지의 특성으로도 구성되어 있다.

루빠는 물질이 하는 것과 같이 뜨거움과 차가움에 의해 상태와 형상과 색깔을 바꾼다. 비록 형상과 모양과 질량은 많은 물질이 축적될 때 분명해지지만, 궁극적인 의미에서 물질은 에너지처럼 모양도 없고 질량도 없다. 이제 과학자들은 물질과 에너지가 서로 교환될 수 있고 궁극적인 의미에서는 동일하다는 것을 알고 있다.

그러나 물질과 에너지는 창조될 수도 없고 파괴될 수도 없다는 질량 보존 법칙과 에너지 보존 법칙과는 다르게, 우리는 아비담마에서 물질이 카나(khaṇa)라고 불리는 매우 짧은 간격으로 끊임없이 일어나서 사라진다는 사실을 알게 된다. 물질은 4가지 주된 원천인 업(kamma), 마음(citta), 온도(utu), 음식(āhāra)에서 끊임없이 생긴다. 그리고 물질은 수명이 매우 짧다. 그것은 오직 17가지 마음순간 동안만 지속된다. 형성되는 물질은 거의 순간적으로 사라진다.

게다가 물질과 정신은 상호의존적이다. 우리는 다음에 설명할 물질의 다양한 측면들을 공부함으로써 물질을 더 잘 이해하게 될 것이다.

물질의 열거(Rūpa-samuddesa)

첫째로 물질은 다음과 같이 2가지이다.

① 근본 물질(bhūta-rūpa)
② 파생 물질(upādāya-rūpa)

근본 물질은 파생 물질보다 더 현저하다. 지구나 태양 같은 커다란 덩어리들은 많은 근본 물질이 축적될 때 형성된다. 따라서 근본 물질은 큰 필수 요소들(mahābhūta, 四大)이라고도 불린다.

1. 4가지 큰 필수 요소(Mahābhūta, 四大)

(1) 땅(paṭhavī, 地大)

지대는 딱딱함과 부드러움의 특성을 갖고 있는, 연장의 요소와 고체성의 요소이다. 연장이란 공간에서의 점유를 의미한다. 3차원적인 연장은 고체라는 생각을 일으킨다. 딱딱함과 부드러움의 이중적 특성은 상대성을 내포한다. 예를 들어 바위는 진흙과 비교하면 딱딱하다고 말할 수 있지만, 쇠와 비교하면 부드럽다고 할 수 있다. 지대는 공존하는 다른 물질을 위한 지지와 핵(nucleus)의 역할을 한다.

(2) 물(āpo, 水大)

수대는 응집과 흐름의 특성을 갖고 있는 응집의 요소나 흐름의 요소이다. 다양한 물질의 입자를 응집하게 만들고 서로 들러붙게 만드는 것은 바로 수대의 요소이다. 이것은 전기의 양전하와 음전하 사이의 힘과 같다. 밀가루에 약간의 물을 첨가하면 그 밀가루 입자는 응집하여 덩어리가 된다. 더 많은 물을 추가하면 그 혼합물은 액체가 되어 흘러간다.

(3) 불(tejo, 火大)

화대는 뜨거움과 차가움의 특성을 갖고 있는 열의 요소나 열에너지이다. 생기, 성숙, 뜨거움, 차가움은 화대 때문이다. 뜨거움과 차가움 둘 다는 화대 또는 열에너지 때문이다. 열이 몸 안으로 들어오면 뜨거움을 느끼고, 열이 몸에서 밖의 환경으로 나가면 차가움을 느낀다.

(4) 바람(vāyo, 風大)

풍대는 밂(pushing)과 지탱(supporting)의 특성을 갖고 있는 움직임의 요소나 운동 에너지이다. 공기를 풍선에 주입하면 공기는 풍선의 벽을 밖으로 밀어낸다. 만약 공기의 미는 힘이 풍선이 견딜 수 있는 힘을 넘으면 풍선은 터질 것이다. 모든 곳에 작용과 반작용〔반응〕이 있다는 것을 기억하라. 풍대는 운동, 떨림, 진동, 회전, 압력을 일으킨다.

4가지 큰 필수 요소〔四大〕는 땅의 요소, 물의 요소, 불의 요소, 바람의 요소라고 종종 불린다. 그러나 이 이름들은 정확하지 않다.

네 가지 큰 필수 요소는 함께 존재하고 분리될 수 없는 근본적인 물질 요소이다. 모든 물질은, 가장 작은 입자로부터 가장 큰 물체에 이르기까지 앞에서 설명한 구체적인 특성을 갖고 있는 4가지 요소들로 이루어져 있다.

이 점에서 불교도가 그리스 철학에 나오는 탈레스의 물, 아낙시메네스의 공기, 헤라클레이토스의 불, 또는 페리파토스 학파의 물질을 다루고 있지 않음을 쉽게 알 수 있다.

지대, 수대, 화대, 풍대는 궁극적인 의미에서는 형태도 없고 질량도 없다. 통찰명상에서는 몸에 있는 그것들의 특성인 딱딱함과 부드러움, 응집과 흐름, 뜨거움과 차가움, 밂과 지탱에 대해서만 명상한다.

2. 파생 물질(Upādāya-rūpa)

네 가지 큰 필수 요소에 의존하는 24가지 파생 물질이 있다. 흙과 같은 근본 물질이 있고 거기에서 생기는 나무와 같은 파생 물질이 있는 것과 유사하다.

4가지 큰 필수 요소와 24가지 파생 물질은 모두 다른 속성들을 갖고 있는 28가지 종류의 물질을 구성한다. 그 물질들은 다음과 같이 11가지 종류의 물질적인 특성으로 간주될 수 있다.

① 필수적인 물질적 속성 : 지대, 수대, 화대, 풍대
② 투명한 물질적 속성 : 감각 문의 기능을 하는 눈, 귀, 코, 혀, 몸에 있는 투명한 물질(pasāda rūpa, 감성 물질)
③ 감각대상의 물질적 속성 : 보이는 형색, 소리, 냄새, 맛, 감촉
④ 성의 물질적 속성 : 여성, 남성
⑤ 토대의 물질적 속성 : 심장토대
⑥ 생명의 물질적 속성 : 생명기능
⑦ 영양의 물질적 속성 : 영양소
⑧ 한정의 물질적 속성 : 허공〔공간〕의 요소
⑨ 소통의 물질적 속성 : 몸의 암시, 말의 암시
⑩ 변화의 물질적 속성 : 2가지 형태의 암시와 더불어 물질의 가벼움, 부드러움, 적합함
⑪ 특성의 물질적 속성 : 물질의 생성, 상속, 쇠퇴, 무상

(1) 투명한 물질(Pasāda-rūpa, 감성물질)

투명한 물질은 눈, 귀, 코, 혀, 몸의 민감한〔감성의〕 기관들이다. 투명한 물질은 함께 존재하는 물질적 특성들을 분명하게 만드는 경향이 있다.

투명한 물질은 그것에 상응하여 나타날 수 있는 감각대상에 민감하다.

① 눈의 감성(cakkhu-pasāda) : 눈의 투명한 물질. 이것은 형상이 나타나는 눈동자 속에 7가지 층으로 퍼져 있다.

② 귀의 감성(sota-pasāda) : 귀의 투명한 물질. 이것은 귓구멍 안에 있는 고리 같은 모양의 장소에 퍼져 있다.

③ 코의 감성(ghāna-pasāda) : 코의 투명한 물질. 이것은 콧구멍 안에 있는 염소의 다리와 같은 모양의 장소에 퍼져 있다.

④ 혀의 감성(jivhā-pasāda) : 혀의 투명한 물질. 이것은 혀의 중간 위쪽의 표면에 퍼져 있다.

⑤ 몸의 감성(kāya-pasāda) : 몸의 투명한 물질. 이것은 머리털, 몸털, 손톱, 딱딱하게 마른 피부를 제외하고 접촉에 민감한 온몸에 퍼져 있다.

(2) 감각대상 물질(Gocara Rūpa)

감각대상 물질은 오식(pañca-viññāṇa)이 관찰하고 자주 마주치는 5가지 감각대상이다.

① 형색대상(rūpārammaṇa) : 보이는 형상이나 색깔(vaṇṇa)

② 소리대상(saddārammaṇa) : 소리(saddha)

③ 냄새대상(gandhārammaṇa) : 냄새(gandha)

④ 맛대상(rasārammaṇa) : 맛(rasa)

⑤ 감촉대상(phoṭṭhabbārammaṇa) : 지대(paṭhavī), 화대(tejo), 풍대(vāyo)

오른쪽 괄호 안에 있는 이름(vaṇṇa 등)은 5가지 감각의 필수 요소들이다. 총 7가지 요소들이 있다는 사실에 주목하라.

수대(āpo)는 미묘하기 때문에 촉각에 의해 느껴질 수 없다. 예를 들어 물에 손을 넣을 때 차가운 느낌은 화대이고, 부드러움은 지대이며, 압력은 풍대이다. 그러므로 오직 이 3가지 근본적인 요소〔三大〕만이 감촉할 수 있는 것으로 간주된다.

(3) 성 물질(Bhāva Rūpa)

여성물질과 남성물질이 있다.

① 여성물질(itthi-bhāva) : 여성임을 부여하는 여성의 물질. 이것은 여성의 온몸에 퍼져 있다.

② 남성물질(purisa-bhāva) : 남성임을 부여하는 남성의 물질. 이것은 남성의 온몸에 퍼져 있다.

(4) 심장토대(Hadaya Vatthu)

심장토대는 심장 안의 핏속에 퍼져 있는 토대이다. 이것은 의식(mano-viññnāna)의 자리이다. 심장토대는 하나가 아니다. 업에서 생겨 심장의 핏속에 퍼져 있는 많은 심장토대가 있다.

(5) 생명 물질(Jīvita Rūpa)

이것은 온몸에 퍼져 있는 업에서 생긴 물질의 생명유지에 필수적인 힘인 생명기능의 물질(jīvitindriya-rūpa)이다.

정신·물질에 생명이 있다는 사실에 주목해야 한다. 정신의 생명은

7가지 필수적인 마음부수 가운데 하나인 '생명기능'이다. 업에서 생긴 물질의 생명이 생명 물질이다.

(6) 영양소(Āhāra-rūpa, Ojā)

작은 조각들로 만들어 섭취하는 거친 음식은 덩어리로 된 음식(kabalīkārāhāra, 段食)이라고 불린다. 여기에서 음식 물질(āhāra-rūpa) 또는 영양소(ojā)는 몸을 지탱하는 필수 영양소를 의미한다.

(7) 허공 요소(Ākāsa Dhātu)

제한 물질(pariccheda-rūpa)은 물질의 그룹(rūpa-kalāpa)을 제한하거나 분리하는 공간이다. 바구니 안에 있는 계란 사이에 공간이 있듯이, 4가지 원인인 업, 마음, 온도, 음식에 의해 생기는 물질 깔라빠(rūpa-kalāpa) 사이에도 공간이 있다. 그리하여 제한하는 물질도 동일한 4가지 원인에 의해 생긴다고 가정할 수 있다.

제한하는 물질은 '허공 물질(ākāsa-rūpa)'이라고도 불린다. 허공은 그 자체로는 아무것도 없는 공간이다. 허공은 4가지 큰 필수 요소[四大]와 같이 존재하는 요소로서가 아니라 비실체(nijjīva)라는 의미에서 하나의 요소(dhātu)이다.

(8) 암시 물질(Viññatti Rūpa)

암시 물질은 자신의 생각을 전달하기 위해 사용되고, 그것을 수단으로 남의 의도를 이해하는 몸과 입의 특별한 움직임이다.

① 몸의 암시(kāya-viññatti) : 다른 사람이 자신의 의도를 이해하도록

하는 손, 머리, 눈, 다리 등의 행위

② 말의 암시(vacī-viññatti) : 다른 사람이 자신의 의도를 이해하도록 하는 입의 움직임

몸의 암시와 말의 암시는 마음에서 생긴 바람의 요소에 의해 야기되고 오직 한 마음순간 동안만 지속된다.

(9) 변화 물질(Vikāra Rūpa)

레디 사야도는 '변화 물질'을 '특유의 독특한 조건'이라고 설명한다. 나라다 존자는 그것을 '물질의 가변성'으로 간주했다. 그러므로 우리는 '변화 물질'을 실제적인 물질의 특별한 조건으로 간주할 수 있다.

① 물질의 가벼움(rūpassa-lahutā) : 물질의 가벼움이나 부양성(buoyancy). 이것은 몸의 무거움을 억제한다.

② 물질의 부드러움(rūpassa-mudutā) : 물질의 탄력성. 이것은 몸의 뻣뻣함을 제거하고, 잘 가공된 가죽에 비유된다.

③ 물질의 적합함(rūpassa-kammaññatā) : 물질의 적합성. 이것은 몸의 뻣뻣함과 반대이고, 다양한 장식품을 위해 준비된 잘 가공된 금에 비유된다.

2가지 암시의 물질과 함께 이 3가지 물질은 5가지 변화 물질을 구성한다.

(10) 특성 물질(Lakkhaṇa Rūpa)

물질과 정신에는 3가지 공통적인 특성인 일어남(uppāda), 머무름(ṭhīti), 무너짐(bhaṅga)이 있다. 실제적인 물질의 이러한 순간을 의미하는 물질을 특성 물질이라고 부른다.

① 생성 물질(upacaya-rūpa) : 잉태의 순간에 물질이 일어나는 것과 삶에서 필요한 물질이 완전하게 형성될 때까지 물질이 계속해서 일어나는 것

② 상속 물질(santati-rūpa) : 삶의 과정 동안에 줄곧 물질이 뒤이어서 일어나는 것

③ 쇠퇴 물질(jaratā-rūpa) : 49가지 아순간의 존재 기간 동안 발전과 쇠퇴를 의미하는 물질

④ 무상 물질(aniccatā-rūpa) : 실제의 물질이 소멸하는 순간의 무너짐을 의미하는 물질

생성과 상속은 때때로 태어남(jāti)으로 다루어진다. 그러면 물질의 수는 28가지 대신에 27가지가 된다.

5가지 물질인 2가지 암시, 생성, 쇠퇴, 무상을 제외하고, 나머지 모든 물질은 17가지 마음순간 동안 지속된다.

엄격하게 말하면, 오직 3가지 특성 물질인 생성, 쇠퇴, 무상만이 있다. 생성은 일어나는 순간의 물질을 말하고, 쇠퇴는 존재하는 순간의 물질을 말하며, 무상은 무너지는 순간의 물질을 말한다.

3. 18가지 유형의 실제적인[구체적인] 물질 (Nipphanna Rūpa)

4가지 큰 필수 요소[四大], 5가지 감성물질, 7가지 감각대상 물질(감촉대상인 지·화·풍을 제외하면 4가지로 계산), 2가지 성의 물질, 심장토대, 생명기능의 물질, 음식의 물질로 구성되어 있는 18가지 물질은 업, 마음, 온도, 음식에 의해 생기고 조건 지어진다. 그리하여 그것들은 실제적인[구체적인] 물질이라고 불린다.

이들 18가지 물질 각각은 지대의 딱딱함과 화대의 뜨거움과 같은 내재적인 속성을 가진다. 그리하여 그것들은 또한 내재적 성품을 가지고 있는 물질(sabhāva-rūpa)이라고 불린다.

이 18가지 물질 각각은 또한 3가지 조건 지어진 특성(saṅkhāta-lakkhaṇa)인 생성(jāti), 쇠퇴(jarā), 무상(aniccatā)을 가지고 있다. 그리하여 18가지 물질은 특성을 갖고 있는 물질(salakkhaṇa-rūpa)이라고도 불린다.

이 18가지는 뜨거움과 차가움 등으로 인해 상태, 형태, 색깔 등이 변하기 때문에 물질이라 한다.

18가지 물질은 무상(anicca), 괴로움(dukkha), 무아(anatta)로 명상해야 하기 때문에 통찰명상에서는 명상할 수 있는 물질(sammasana-rūpa)이라고 불린다.

3.1. 10가지 유형의 비실제적인[추상적인] 물질 (Anipphanna Rūpa)

제한 물질, 2가지 암시 물질, 3가지 변화 물질, 4가지 특성 물질로 구성되어 있는 10가지 물질은 업, 마음, 온도, 음식에 의해 생기지 않고 조건 지어지지 않는다. 그리하여 그것들은 비실제적인〔추상적인〕 물질이라 한다.

그 10가지 추상적인 물질은 또한 내재적 성품을 갖고 있지 않기 때문에 내재적 성품을 갖지 않은 물질(asabhāva-rūpa)이라고 하고, 조건 지어진 특성을 갖고 있지 않기 때문에 특성을 갖지 않은 물질(asalakkhaṇa-rūpa)이라고 하고, 뜨거움이나 차가움에 의해 변하지 않기 때문에 무색(arūpa)이라고 하며, 통찰명상에서 명상할 수 없기 때문에 명상할 수 없는 물질(asammasana-rūpa)이라고 한다.

3.2. 물질의 분류(Rūpa-vibhāga)

모든 물질은 다음과 같은 측면에서 단지 하나이다.

① 뿌리 없는(ahetuka) : 모든 물질은 뿌리〔원인〕가 없다.

② 조건을 가진(sappaccaya) : 모든 물질은 4가지 원인인 업, 마음, 온도, 음식과 관련되어 있다.

③ 번뇌 있는(sāsava) : 모든 물질은 번뇌대상의 역할을 한다.

④ 조건 지어진(saṅkhāta) : 모든 물질은 4가지 원인으로 조건 지어진다.

⑤ 세간적인(lokiya) : 모든 물질은 오취온(五取蘊)의 세상과 관련되어 있다.

⑥ 욕계의(kāmāvacara) : 모든 물질은 감각대상의 영역에서 나온다.

⑦ 대상이 없는(anārammaṇa) : 모든 물질은 대상을 인식하지 못한다.

⑧ 제거되지 않는(appahātabba) : 모든 물질은 도에 의해 제거되지 않는다.

하지만 물질이 안팎 등으로 구별되면 물질은 많아진다. 책 뒤에 첨부된 〈도표 8〉을 참조하면 이에 대해 빠르게 검토할 수 있다.

(1) **안의 물질**(ajjhattika-rūpa)

5가지 감성물질(pasāda-rūpa)들은 보고 듣고 냄새 맡고 맛보는 등을 하기 위해 꼭 필요하기 때문에 안의 물질이라고 불리고 나머지 23가지 물질은 밖의(bāhira) 물질이라고 불린다. 사람들은 감성물질을 매우 가치 있게 생각한다. 감성물질이 없다면 사람은 죽은 나무토막과 같다.

(2) **토대 물질**(vatthu-rūpa)

5가지 감성물질은 심장토대와 더불어 토대 물질라고 불리는 반면, 나머지는 비토대 물질(avatthu-rūpa)이라고 불린다. 토대 물질은 마음의 토대로 작용한다.

(3) **문 물질**(dvāra-rūpa)

5가지 감성물질은 2가지 암시의 물질과 더불어 문 물질이라고 불리는 반면, 나머지는 비문 물질(advāra-rūpa)이라고 불린다. 5가지 감성물질은 오문 인식과정을 일으키는 문의 역할을 하는 반면, 2가지 암시의 물질은 몸의 행위(kāya-kamma)와 말의 행위(vacī-kamma)를 수행하기 위한 장소와 수단이다.

(4) 기능 물질(indriya-rūpa)

5가지 감성물질, 2가지 성의 물질, 생명기능의 물질은 함께 8가지 기능 물질을 형성하는 반면, 나머지 20가지 물질은 비기능 물질(anindriya-rūpa)이라고 불린다.

'인드리야(indriya)'는 그것의 영역에서 통제력을 갖고 있는 '기능'을 의미한다. 예를 들어 눈의 감성은 보는 것을 통제하고, 귀의 감성은 듣는 것을 통제한다. 나머지도 마찬가지다. 여자의 성(itthi-bhāva)은 여성다움을 통제하고 남자의 성(purisa-bhāva)은 남성다움을 통제한다.

(5) 거친 물질(oḷārika-rūpa)

5가지 감성물질과 7가지 감각대상 물질은 함께 12가지 거친 물질을 형성하는 반면, 나머지 16가지 물질은 미세한 물질(sukhuma-rūpa)이라고 불린다.

'올라리까(oḷārika)'는 '거친'을 뜻하고 '수쿠마(sukhuma)'는 '미세한'을 뜻한다. 거칠기 때문에 감성기관들과 5가지 감각대상은 쉽게 볼 수 있고 이해할 수 있다. 그리고 쉽게 이해되기 때문에 그것들은 지혜의 마음에 가까운 것으로 간주된다. 그리하여 거친 물질은 가까운 물질(santike-rūpa)이라고 불리는 반면, 미세한 물질은 먼 물질(dūre-rūpa)이라고 불린다.

더욱이 감성기관과 감각대상은 서로 부딪친다. 보이는 대상은 눈에 부딪치고, 들리는 대상은 귀에 부딪친다. 나머지도 마찬가지다. 그리하여 12가지 거친 물질은 또한 부딪침이 있는 물질(sappaṭigha-rūpa)이라고 불리는 반면, 16가지 미세한 물질은 부딪침이 없는 물질(appaṭigha-rūpa)이라고 불린다.

(6) 업에 의해 파악되는 물질(upādinna-rūpa)

18가지 업에서 생긴 물질은 업에 의해 파악되는 물질이고, 나머지는 업에 의해 파악되지 않는 물질(anupādinna-rūpa)이라고 불린다. 업에서 생긴 18가지 물질은 갈애(taṇhā)와 사견(diṭṭhi)과 협력하여 생긴 업의 과보로 파악된다.

(7) 볼 수 있는 물질(sanidassana-rūpa)

보이는 대상은 그것을 눈으로 볼 수 있기 때문에 볼 수 있는 물질이라고 불린다. 나머지는 눈으로 볼 수 없기 때문에 눈으로 볼 수 없는 물질(anidassana-rūpa)이라고 불린다.

(8) 감각대상을 취할 수 있는 물질(gocaraggāhita-rūpa)

5가지 감성물질은 외부의 감각대상을 대상으로 취할 수 있다. 그리하여 그것들은 감각대상을 취할 수 있는 물질이라고 불리는 반면, 나머지는 감각대상을 취할 수 없는 물질(agocaraggāhita-rūpa)이라고 불린다.

5가지 감각기관 가운데 눈과 귀는 어떤 직접적인 접촉 없이 먼 대상들을 인지할 수 있다. 우리는 꽃이 눈과 접촉하여 들어오지 않고도 꽃을 볼 수 있다. 우리는 어떤 사람이 귀와 접촉하여 들어오지 않고도 그 사람의 소리를 들을 수 있다.

반면에 냄새는 콧구멍으로 들어와야 하고, 맛은 혀와 직접 접촉해야 하며, 감각을 인지하기 위해서 어떤 것이 몸에 실제로 닿아야 한다.

그러므로 눈의 감성과 귀의 감성은 닿지 않는 것(asampatta-gāhaka)인 반면, 나머지 3가지 감성물질은 닿는 것(sampatta-gāhaka)이라고 불린다.

(9) 분리할 수 없는 물질(avinibbhoga-rūpa)

지대, 수대, 화대, 풍대, 형색(vaṇṇa), 냄새(gandhā), 맛(rasa), 영양소(ojā)로 구성되어 있는 8가지 물질은 함께 묶여 분리되지 않는다. 그리하여 그것들은 분리할 수 없는 물질이라고 불리는 반면, 나머지는 분리할 수 있는 물질(vinibbhoga-rūpa)이라고 불린다.

3.3. 물 속의 불, 불 속의 물

작은 미립자나 지구 전체는 분리할 수 없는 물질로 구성되어 있다. 그리하여 지구는 8가지 물질인 지대, 수대, 화대, 풍대, 형색, 냄새, 맛, 영양소를 포함해야 한다. 지구는 이 물질들 가운데 지대가 지배적이다.

마찬가지로, 물도 8가지 모든 분리할 수 없는 물질을 포함해야 하고 여기에서는 수대가 지배적이다. 물이 불의 요소인 화대를 포함하기 때문에 물 속에 불이 있다고 말할 수 있다.

마찬가지로 불은 8가지 모든 분리할 수 없는 물질을 포함해야 하고 여기에서는 화대가 지배적이다. 불이 물의 요소인 수대를 포함하기 때문에 불이 물을 포함한다고 말할 수 있다.

물이 불을 포함하고, 불이 물을 포함한다는 아비담마의 진술은 과학적 사실들과 불일치하지 않는다. 물이 가열될 때 물의 온도는 올라간다. 물이 불과 같은 물질인 열을 포함한 것이다. 또한 탄소와 수소와 산소를 포함한 섬유소인 나무나 종이를 태울 때, 열은 탄소를 산소와 결합하여 이산화탄소를 형성하면서 변하고 수소와 산소의 결합으로 물을 형성하면서 변한다. 강렬한 열 덩어리는 실제로 수증기를 포함한 불꽃으로 나타난다.

4. 물질현상의 원인(Rūpa-samuṭṭhāna)

물질을 생기게 하는 4가지 원인이 있다. 그것들은 업, 마음, 온도, 음식이다.

(1) 업(kamma)에서 생긴 물질

물질 자체의 상속으로 존재의 몸 안에서 물질을 생기게 하는 25가지 유형의 업이 있다. 그 25가지 유형의 업은 12가지 해로운 의도(akusala cetanā), 8가지 욕계의 유익한 의도(kāmāvacara-kusala cetanā), 5가지 색계의 유익한 의도(rūpāvacara-kusala cetanā)로 구성되어 있다. 이 해로운 업과 유익한 업은 재생연결심이 일어나는 순간부터 죽을 때까지 모든 아순간에 물질을 생기게 한다. 업에 의해 생기는 물질은 업에서 생긴 물질(kammaja-rūpa)이라고 불린다. 무색계의 업은 물질을 만들어내지 않는다는 사실에 주목하라.

(2) 마음(citta)에서 생긴 물질

물질을 생기게 하는 마음은 10가지 한 쌍의 전오식(dvi-pañca-viññāna)과 4가지 무색계의 과보의 마음(arūpāvacara-vipāka citta)을 제외하고 수가 75가지이다. 모든 재생연결심과 아라한의 죽음의 마음은 물질을 생기게 하지 않는다.

첫 번째 생명연속심으로부터 죽음의 마음까지 앞에서 언급된 75가지 마음은 각각의 마음이 일어나는 순간에 마음에서 생긴 물질(cittaja-rūpa)을 생기게 한다. 마음에 의해 생성되는 물질은 마음에서 생긴 물질이라고 불린다.

그 75가지 마음 가운데 26가지 본삼매 속행의 마음(appanā-javana citta)은 마음에서 생긴 물질을 생기게 할 뿐만 아니라 4가지 몸의 자세인 걷기〔行〕, 서기〔住〕, 앉기〔坐〕, 눕기〔臥〕를 지탱해준다.

의문전향, 29가지 욕계의 속행, 2가지 신통지의 마음(abhiññā citta)으로 구성되어 있는 32가지 마음은 마음에서 생긴 물질을 생기게 하고 몸의 자세를 지탱해주고 몸의 행위〔身業〕와 말의 행위〔口業〕를 위한 암시의 물질을 생기게 한다.

앞에서 언급된 32가지 마음 가운데 13가지 기쁨의 속행(somanassa javana)은 미소와 웃음을 생기게 하는 반면, 2가지 슬픔의 속행(domanassa javana)인 2가지 성냄에 뿌리박은 마음은 슬픔과 울음을 생기게 한다.

미소 짓는 마음(hasituppāda)과 4가지 기쁨의 큰 작용만 하는 마음(somanassa-mahā-kiriya citta)은 붓다와 아라한에게 미소를 생기게 한다.

2가지 탐욕에 뿌리박고 사견과 결합하지 않은 기쁨의 마음(lobha-mūla-diṭṭhigata-vippayutta-somanassa citta)과 4가지 기쁨의 큰 유익한 마음(somanassa-mahā-kusala citta)은 유학(sekha)인 예류자, 일래자, 불환자에게 미소와 웃음을 생기게 한다.

4가지 탐욕에 뿌리박은 기쁨의 마음(lobha-mūla-somanassa citta)과 4가지 기쁨의 큰 유익한 마음(somanassa-mahā-kusala citta)은 범부에게 미소와 웃음을 생기게 한다.

3가지 의계, 11가지 등록, 5가지 욕계의 과보의 마음은 오직 보통의 마음에서 생긴 물질만을 생기게 한다.

(3) 온도(utu)에서 생긴 물질

차가운 화대와 뜨거운 화대로 구성되어 있고 모든 물질 깔라빠에 존재하는 열의 요소인 화대는 머무는 단계에 이르자마자 온도에서 생긴 물질(utuja-rūpa)을 생기게 하고 모든 아순간에 안팎으로 온도에서 생긴 물질을 계속 생기게 한다.

(4) 음식(āhāra, 영양소)에서 생긴 물질

영양소(ojā)는 몸의 안팎에 있는 모든 물질 깔라빠에 존재한다. 우리가 먹은 외부의 음식은 위에서 소화되어 피를 통해 몸의 모든 부분으로 퍼진다. 그리하여 안의 영양소와 밖의 영양소는 몸의 모든 부분에서 만난다. 그것들이 만나는 시간은 '일어나는 아순간(uppāda)'이라고 불린다. 이 순간이 지난 후에 '머무는 아순간(ṭhīti)'에 이른다. 이 머무름의 순간부터 안팎의 영양소의 결합은 음식에서 생긴 물질(āhāraja-rūpa)을 생기게 하기 시작하고 그 결합이 끝날 때까지 계속해서 모든 아순간에 음식에서 생긴 물질을 생기게 한다.

4.1. 물질의 유형

(1) 1가지 원인에 의해 생긴 물질(ekaja-rūpa) : 5가지 감성물질, 2가지 성의 물질, 심장토대, 생명기능의 물질 등 총 9가지는 업에 의해서만 생긴다. 2가지 암시의 물질은 마음에 의해서만 생긴다. 그리하여 1가지 원인에서 생긴 물질은 11가지이다.

(2) 2가지 원인에 의해 생긴 물질(dvija-rūpa) : 소리(sadda)는 마음과 온도에 의해 생기는 유일한 2가지 원인에서 생긴 물질이다. 말, 웃음, 신음, 울음, 노래, 휘파람과 같은 목소리는 마음에 의해 생긴다. 천둥, 악기 소리, 라디오에서 나오는 말, 카세트에서 나오

는 노래, 자동차와 기차 등이 만드는 소음과 같이 목소리가 아닌 소리는 온도에 의해 생긴다.

(3) 3가지 원인에 의해 생긴 물질(tija-rūpa) : 3개의 3가지 원인에서 생긴 물질인 물질의 가벼움, 물질의 부드러움, 물질의 적합함이 있다. 그것들은 마음, 온도, 음식에서 생긴다. 이 물질은 우리의 마음이 명료하거나 날씨가 쾌적하거나 우리가 가볍고 유쾌한 식사를 한 후에 경험하는 유쾌하고 좋은 느낌의 원인이 된다.

(4) 4가지 원인에 의해 생긴 물질(catuja-rūpa) : 4가지 모든 원인에 의해 생기는 9개의 4가지 원인에서 생긴 물질이 있다. 그것들은 분리할 수 없는 물질 깔라빠가 형성될 때 일어나는 8가지 분리할 수 없는 물질과 허공의 요소이다.

(5) 여러 가지 원인에 의해 생긴 물질(anekaja-rūpa)

① 18가지 업에서 생긴 물질 : 9가지 업에서 생기고 1가지 원인에서 생긴 물질(kammaja-ekaja rūpa) + 9가지 업에서 생기고 여러 가지 원인에서 생긴 물질(kammaja-anekaja rūpa)

② 15가지 마음에서 생긴 물질 : 2가지 마음에서 생기고 1가지 원인에서 생긴 물질(cittaja-ekaja rūpa) + 13가지 마음에서 생기고 여러 가지 원인에서 생긴 물질(cittaja-anekaja rūpa, 9개의 4가지 원인에서 생긴 물질 + 소리 + 3개의 3가지 원인에서 생긴 물질)

③ 13가지 온도에서 생긴 물질 : 13가지 마음에서 생기고 여러 가지 원인에서 생긴 물질과 같은 13가지 온도에서 생기고 여러 가지 원인에서 생긴 물질(utuja-anekaja rūpa)

④ 12가지 음식에서 생긴 물질(음식에서 생기고 여러 가지 원인에서 생긴 물질) : 9개의 4가지 원인에서 생긴 물질 + 3개의 3가지 원인에서 생긴 물질

3개의 3가지 원인에서 생긴 물질인 가벼움, 부드러움, 적합함은 또한 가벼움 등의 물질(lahutādi-rūpa)이라고 불린다.

4가지 특성 물질은 어떤 원인에 의해서도 생기지 않는다. 특성 물질은 단지 실제적〔구체적〕인 물질의 일어남(태어남)과 머무름(쇠퇴)과 무너짐(죽음)을 의미한다. 특성 물질은 원인 없이 생기는 물질이다.

4.2. 물질 그룹의 형성(Rūpa-kalāpa)

28가지 유형의 물질은 자연에서 따로따로 발견되지 않는다. 그것들은 '깔라빠'라고 불리는 작은 물질 그룹의 형태로 4가지 원인에서 생긴다. 깔라빠는 다음과 같은 특징들을 가진다.

(1) 한 깔라빠의 모든 물질은 함께 일어난다. 즉 그것들은 공통의 발생(genesis)을 갖는다.
(2) 한 깔라빠의 모든 물질은 또한 함께 소멸한다. 즉 그것들은 공통의 소멸(cessation)을 갖는다.
(3) 한 깔라빠의 모든 물질은 일어나기 위해 깔라빠에 존재하는 4가지 큰 필수 요소〔四大〕에 의지한다. 즉 그것들은 공통의 의지처(dependence)를 갖는다.
(4) 한 깔라빠의 모든 물질은 너무 철저하게 섞여 있어서 구별될 수 없다. 즉 그것들은 공존한다(co-exist).

깔라빠는 너무 작아서 심지어 전자현미경으로도 볼 수 없다는 것에 주목해야 한다. 인간계에 있는 깔라빠의 크기는 원자보다 더 작은 극미 입자(paramānū)의 10^{-5}밖에 되지 않는다. 그리하여 깔라빠는 크기가 전자, 양자, 중성자에 비유될 수 있다.

21가지 유형의 깔라빠인 9가지 업에서 생긴 물질 깔라빠(kammaja-kalāpa) + 6가지 마음에서 생긴 물질 깔라빠(cittaja kalāpa) + 4가지 온도에서 생긴 물질 깔라빠(utuja kalāpa) + 2가지 음식에서 생긴 물질 깔라빠(āhāraja kalāpa)가 있다.

4.2.1. 9가지 업에서 생긴 물질 깔라빠

9가지 업에서 생긴 물질 깔라빠는 〔제한하는 물질을 제외한〕 17가지 업에서 생긴 물질로부터 형성된다. 모든 깔라빠에는 8가지 분리할 수 없는 물질이 핵(nucleus)을 형성한다. 모든 업에서 생긴 물질은 생명기능 물질을 포함하고 있다. 그리하여 모든 8가지 분리할 수 없는 물질과 생명기능 물질이 가장 단순한 단위의 업에서 생긴 물질을 형성한다. 그것은 '생명기능을 포함하고 있는 9가지 물질 깔라빠'를 의미하는 생명기능의 9원소 물질 깔라빠(jīvita-navaka-kalāpa)라고 불린다. 그것은 '생명기능의 9원소'로 줄여 부를 수 있다.

이 기본적인 '생명기능의 9원소'에 나머지 8가지 업에서 생기고 1가지 원인에서 생긴 물질(kammaja-ekaja-rūpa)을 하나씩 더해서 나머지 8가지 업에서 생긴 물질 깔라빠를 얻는다.

① 생명기능의 9원소(jīvita-navaka) : 8가지 분리할 수 없는 물질 + 생명기능 물질

② 눈의 10원소(cakkhu-dasaka) : 8가지 분리할 수 없는 물질 + 생명기능 물질 + 눈의 감성

③ 귀의 10원소(sota-dasaka) : 8가지 분리할 수 없는 물질 + 생명기능 물질 + 귀의 감성

④ 코의 10원소(ghāna-dasaka) : 8가지 분리할 수 없는 물질 + 생명기능 물질 + 코의 감성

⑤ 혀의 10원소(jivhā-dasaka) : 8가지 분리할 수 없는 물질 + 생명기능 물질 + 혀의 감성

⑥ 몸의 10원소(kāya-dasaka) : 8가지 분리할 수 없는 물질 + 생명기능 물질 + 몸의 감성

⑦ 여성의 10원소(itthibhāva-dasaka) : 8가지 분리할 수 없는 물질 + 생명기능 물질 + 여성의 물질

⑧ 남성의 10원소(pumbhāva-dasaka) : 8가지 분리할 수 없는 물질 + 생명기능 물질 + 남성의 물질

⑨ 심장토대(hadaya-vatthu) : 8가지 분리할 수 없는 물질 + 생명기능 물질 + 심장토대

4.2.2. 6가지 마음에서 생긴 물질 깔라빠

6가지 마음에서 생긴 물질 깔라빠는 필요한 대로 〔제한하는 물질을 제외한〕 14가지 마음에서 생긴 물질 깔라빠를 모아서 형성된다.

① 마음에서 생긴 순수 8원소(cittaja-suddhaṭṭhaka) : 마음에서 생긴 8가지 분리할 수 없는 물질

② 몸의 암시 9원소(kāyaviññatti-navaka) : 8가지 분리할 수 없는 물질 + 몸의 암시

③ 말의 암시와 소리 10원소(vacīviññatti-sadda-dasaka) : 8가지 분리할 수 없는 물질 + 말의 암시 + 소리

④ 가벼움 등의 11원소(lahutādi-ekādasaka) : 8가지 분리할 수 없는 물질 + 가벼움 + 부드러움 + 적합함

⑤ 몸의 암시와 가벼움 등의 12원소(kāyaviññatti-lahutādi dvādasaka) : 8가지 분리할 수 없는 물질 + 몸의 암시 + 물질의 가벼움, 물질의 부드러움, 물질의 적합함

⑥ 말의 암시와 소리와 가벼움 등의 13원소(vacīviññatti-sadda-lahutādi-terasaka) : 8가지 분리할 수 없는 물질 + 말의 암시 + 물질의 가벼움, 물질의 부드러움, 물질의 적합함 + 소리

4.2.3. 4가지 온도에서 생긴 물질 깔라빠

4가지 온도에서 생긴 물질 그룹은 필요한 대로 〔제한하는 물질을 제외한〕 12가지 온도에서 생긴 물질 깔라빠를 모아서 형성된다.

① 온도에서 생긴 순수 8원소(utuja-suddhaṭṭhaka) : 온도에서 생긴 8가지 분리할 수 없는 물질

② 소리 9원소(sadda-navaka) : 8가지 분리할 수 없는 물질 + 소리

③ 가벼움 등의 11원소(lahutādi-ekādasaka) : 8가지 분리할 수 없는 물질 + 물질의 가벼움, 물질의 부드러움, 물질의 적합함

④ 소리와 가벼움 등의 12원소(sadda-lahutādi-dvādasaka) : 8가지 분리할 수 없는 물질 + 소리 + 물질의 가벼움, 물질의 부드러움, 물질의 적합함

4.2.4. 2가지 음식에서 생긴 물질 깔라빠

2가지 음식에서 생긴 물질 깔라빠는 음식에서 생긴 8가지 분리할 수 없는 물질과 물질의 가벼움, 물질의 부드러움, 물질의 적합함을 모아서 형성된다.

① 음식에서 생긴 순수 8원소(āhāraja-suddhaṭṭhaka) : 음식에서 생긴 8가지 분리할 수 없는 물질

② 가벼움 등의 11원소(lahutādi-ekādasaka) : 8가지 분리할 수 없는 물질 + 물질의 가벼움, 물질의 부드러움, 물질의 적합함

4.3. 안팎의 물질 그룹

앞에서 언급한 21가지 모든 물질 깔라빠는 살아 있는 존재들의 안에서 일어난다. 여성 10원소는 남성에게는 일어나지 않는다. 마찬가지로 남성 10원소는 여성에게는 일어나지 않는다. 선천적으로 눈이 멀고 귀가 먹은 사람에게서는 눈의 10원소나 귀의 10원소가 제거되었을 것이다.

〔28가지 유형의 물질 가운데 여성의 물질은 남성에게는 없고 남성의 물질은 여성에게는 없다는 사실에 주목하라. 그리하여 오직 27가지 유형의 물질만이 각각의 종(species)에 존재할 것이다.〕

외부 세계에는 오직 2가지 온도에서 생긴 물질 깔라빠만이 발견된다. 나무, 돌, 흙, 물, 불, 시체 같은 모든 무생물은 온도에서 생긴 순수 8원소 물질 깔라빠(utuja-suddhaṭṭhaka kalāpa)로 구성되어 있다. 2개의

막대기를 함께 때려서 나는 소리나 바람이 불어 나뭇가지가 서로 부딪쳐 나는 소리 또는 바이올린, 피아노, 라디오, 카세트 소리는 온도에서 생긴 소리 9원소 물질 깔라빠(utuja-sadda-navaka kalāpa)이다.

5. 물질 현상의 일어남(Rūpa-pavattikkama)

상황이 허용되면, 28가지 모든 물질의 특성은 욕계에서 살아가는 동안 개인에게 줄어들지 않고 일어난다.

그러나 재생연결의 순간에 습생의 존재들과 화생의 존재들에게는 눈의 10원소, 귀의 10원소, 코의 10원소, 혀의 10원소, 몸의 10원소, 성의 10원소, 심장의 10원소로 구성된, 최대 7가지 업에서 생긴 물질 깔라빠가 발현된다. 하지만 눈, 귀, 코, 성의 10원소는 때때로 발현되지 않는다.

자궁에서 생긴(gabbhaseyaka) 존재들에게는 몸의 10원소, 성의 10원소, 심장의 10원소로 구성된, 오직 3가지 업에서 생긴 물질 깔라빠만이 잉태의 순간에 발현된다. 여기에서도 성의 10원소는 어떤 특별한 개인에게는 발현되지 않을 수 있다. 잉태 후에 삶을 살아가는 동안 눈의 10원소와 나머지는 적절한 순서로 천천히 발현된다.

4가지 방법으로 생기는 물질적인 특성 그룹 가운데 업에서 생긴 물질은 잉태 순간에 형성되기 시작하고 모든 아순간에 끊임없이 계속 형성된다.

마음에서 생긴 물질은 재생연결심을 뒤따르는 두 번째 마음순간인 첫 번째 생명연속심이 일어나는 순간부터 형성되기 시작한다. 마음에서 생긴 물질은 평생 동안 뒤따르는 마음이 일어나는 순간마다 계속 형성된다.

온도에서 생긴 물질은 재생연결심이 존재하는 순간부터 형성되기 시작한다. 그 이유는 첫 번째 업에서 생긴 물질 깔라빠에 존재하는 불의 요소(tejo-dhātu)가 그 순간에 머무는 단계(ṭhīti)에 들어오기 때문이다. 그때부터 계속 불의 요소는 모든 아순간에 온도에서 생긴 물질을 생기게 한다. 불의 요소가 모든 깔라빠에 존재하기 때문에, 모든 깔라빠는 머무는 단계에 이르는 때부터 모든 아순간에 새로운 온도에서 생긴 깔라빠를 생기게 한다. 그리고 그 새로운 온도에서 생긴 깔라빠는 머무는 단계에 이르는 때부터 모든 아순간에 또 다시 새로운 온도에서 생긴 물질 깔라빠를 생기게 한다. 그리하여 이 과정은 영원히 계속될 것이다.

모든 깔라빠는 영양소(ojā)를 포함하고 있다. 그러나 음식에서 생긴 물질은 안의 영양소가 확산될 때 밖의 영양소를 만나서 안팎의 영양소가 머무는 단계에 이를 때 형성되기 시작한다. 그 순간부터 음식에서 생긴 물질은 또한 모든 아순간에 형성된다.

새로운 그룹의 물질적인 특성이 끊임없이 생기기 때문에, 오래된 그룹은 17가지 마음순간의 수명이 다하면 무너지고 사라진다. 그러므로 물질 현상은 등잔의 불꽃처럼 혹은 강의 흐름처럼 삶이 끝날 때까지 욕계에서 중단 없이 계속될 것이다.

죽을 때의 물질 현상

죽을 때에는 정신적인 생명과 물질적인 생명이 함께 그쳐야 한다. 이것은 육체적인 생명을 포함하고 있는 모든 업에서 생긴 물질이 죽을 때에 그쳐야 한다는 뜻이다.

그리하여 죽음의 마음(cuti-citta)으로부터 뒤로 계산된 열일곱 번째 마음이 일어나는 순간에 마지막 업에서 생긴 물질이 형성된다. 이 마지막 업에서 생긴 물질은 죽음의 마음이 무너지는 순간에 그칠 것이다.

마음에서 생긴 물질은 죽음의 마음이 일어나는 순간까지 형성된다. 이 마지막 마음에서 생긴 물질은 죽음의 마음이 무너지는 마음순간 동안 지속될 것이다. 그리하여 거의 즉시 발생하는 또 다른 16가지 마음순간에 소멸할 것이다.

음식에서 생긴 물질은 그것을 형성하기 위해 필요한 지원이 그때까지 마음에 의해 제공될 수 있기 때문에 죽음의 마음이 무너지는 순간까지 형성된다. 그리하여 죽을 때에, 그 마지막에 형성된 음식에서 생긴 물질은 오직 한 아순간 동안만 지속한다. 하지만 또 다른 50가지 아순간[물질의 수명은 51가지 아순간 혹은 17가지 마음순간]이 지나면 그 음식에서 생긴 물질도 소멸한다.

그러므로 죽을 때에는 업에서 생긴 물질, 마음에서 생긴 물질, 음식에서 생긴 물질이 거의 즉시 소멸한다. 그러나 온도에서 생긴 물질은 시체가 먼지로 변할 때까지 계속 형성되고 무너진다. 시체는 오직 온도에서 생긴 물질로만 이루어져 있다.

개인이 죽어 다른 생으로 재생할 때, 물질 현상은 위에서 설명한 것과 같은 방식으로 잉태의 순간부터 죽을 때까지 계속 일어난다.

색계에서 물질 현상의 일어남

색계에서는 코의 10원소, 혀의 10원소, 몸의 10원소, 성의 10원소, 음식에서 생긴 물질 깔라빠는 일어나지 않는다. 화생(opapātika)의 재생연결 시에 4가지 업에서 생긴 물질 깔라빠인 눈의 10원소, 귀의 10원소, 심장의 10원소, 생명기능 9원소가 일어난다. 하지만 살아 있는 동안에는 마음에서 생긴 물질 깔라빠와 온도에서 생긴 물질 깔라빠도 일어난다.

무상유정천의 범천들에게는 눈의 10원소와 심장의 10원소와 소리의 9원소는 일어나지 않는다. 또한 마음에서 생긴 물질 깔라빠도 일어나지 않는다. 그러므로 그들의 화생 재생연결 시에는 오직 생명기능의 9원소(jīvita-navaka)만이 일어난다. 살아 있는 동안 소리의 9원소를 제외하고 온도에서 생긴 물질 깔라빠가 더 일어난다.

그러므로 욕계와 색계에서의 물질 현상이 일어나는 과정은 ① 재생연결 시, ② 살아 있는 동안의 2가지 방법으로 이해해야 한다.

물질 현상의 요약

다음과 같이 요약하여 알아야 한다.

(1) 28가지 모든 물질은 욕계에서 일어난다.
(2) 무상유정천을 제외한 15가지 색계에서는 〔코의 감성, 혀의 감성, 몸의 감성, 여성, 남성을 제외한〕 23가지 물질이 일어난다.
(3) 오직 17가지 물질만이 무상유정천에서 일어난다. 그 17가지 물질은 8가지 분리할 수 없는 물질, 생명기능, 제한, 3가지 가벼움 등 4가지 특성 물질이다.
(4) 무색계에서는 어떤 물질도 일어나지 않는다.
(5) 소리, 5가지 변화의 물질, 쇠퇴의 물질, 무상의 물질로 구성되어 있는 8가지 물질은 태어나는 순간에는 일어나지 않지만 살아가는 동안에는 모두 형성된다.

실제 관찰

이 장에서 설명한 모든 물질 현상은 고요명상과 통찰명상을 열심히 하는 사람에 의해 관찰되고 입증될 수 있다.

비록 강력한 현미경으로도 물질 깔라빠를 볼 수 없지만, 그것들은 근접삼매 또는 더 좋게는 선정삼매와 함께하는 마음의 눈인 삼매의 눈으로 관찰할 수 있다.

삼매의 눈으로, 눈에는 6가지 유형의 물질 깔라빠인 눈의 10원소, 몸의 10원소, 성의 10원소, 마음과 온도와 음식에 의해 생기는 3가지 순수 8원소가 있다는 것을 관찰할 것이다. 같은 방법으로 귀와 코와 혀 각각에 있는 6가지 유형의 물질 깔라빠를 관찰할 것이다. 이 깔라빠를 열거하면, 그저 눈의 10원소가 귀의 10원소와 코의 10원소와 혀의 10원소로 각각 대체된다. 몸의 감성, 성의 물질, 마음에서 생긴 물질, 온도에서 생긴 물질, 음식에서 생긴 물질은 온몸에 퍼져서 눈, 귀, 코, 혀, 온몸에 존재하게 된다는 사실에 주목하라.

깔라빠를 관찰하는 것이 궁극적인 물질을 보는 것을 의미하지는 않는다. 만약 물질이 미립자 형태로 관찰된다면, 그것들이 아무리 작을지라도, 관찰된 그 물질은 아직 궁극적인 것이 아니다. 궁극적인 물질은 형태가 없고 질량도 없다. 그리하여 놋쇠의 내용물을 알기 위해 놋쇠 견본에 대한 정성(定性) 분석을 하는 것과 같이 깔라빠의 내용물을 관찰하기 위해 각 유형의 깔라빠를 분석해야 한다.

가장 많이 공부한 스승들 가운데 한 분인 레디 사야도는 다음과 같이 말했다.

"현미경이나 망원경을 이용하면, 보이지 않고 미세하고 멀리 떨어져 있는 물체를 쉽고 편하게 볼 수 있다. 같은 방법으로 선정을 계발하여 선정삼매를 기초로 삼아 통찰명상을 하면, 매우 심오하고 미묘하고 매우 멀고 보기 어려운 무상·고·무아의 표상들을 쉽고 편하게 볼 수 있게 된다. 그 결과, 4가지 번뇌(āsava)를 완전히 소멸시키는 도의 지혜(magga-ñāṇa)와 과의 지혜(phala-ñāṇa)가 일어난다. 매우 심오하고 미묘하고 매우 멀고 보기 어려운 사성제와 열반도 관찰된다."

최근에 나는 미얀마의 국제파욱숲속명상센터에서 많은 명상수행자를 인터뷰했다. 그곳에서는 『청정도론』과 장(藏)에 따라 고요·통찰명상(samatha-vipassanā)을 가르친다. 나는 이 수행자들이 깔라빠를 관찰하고 그것들을 궁극적인 수준까지 분석할 수 있다고 확신한다. 물론 유능한 스승에게 적절히 지도를 받으면 궁극적 실재를 볼 수 있을 것이다.

6. 열반(Nibbāna)

(1) 열반은 출세간(lokuttara)이다. 즉 그것은 31가지 존재계를 넘어서 있고 몸과 마음〔五蘊〕의 세계를 넘어서 있다.

(2) 열반은 4가지 도(Magga)와 4가지 과(Phala)에 속하는 지혜를 통해 실현된다. 그것은 도의 지혜와 과의 지혜에 의해 관찰된다.

(3) 열반은 4가지 도와 4가지 과의 대상이다.

(4) 고통의 원인인 오염원(kilesa)이 4가지 도의 지혜에 의해 완전히 근절될 때 고통도 멸절된다. 그렇게 되면 오직 지복(sukha)과 평

화(santi)만이 정신의 흐름에 존재한다. 이 특별한 지복과 평화를 열반이라 부른다.

닙바나(Nibbāna)는 산스크리트어에서 '니(ni)'와 '바나(vana)'로 구성되어 있는 니르바나(Nirvāna)로 불린다. '니(ni)'는 '~에서 자유롭게 되다'를 의미하고 '바나(vana)'는 '얽힘 혹은 갈애'를 의미한다. 바로 이 갈애가 한 개인을 여러 생에 걸쳐 태어남과 죽음을 영원히 반복하며 윤회의 굴레에서 방황하도록 붙잡아두는 끈으로 작용한다.

갈애로 인해 엉켜 있는 한, 태어남과 죽음을 반복하여 일으키게 될 새로운 업을 축적하게 될 것이다. 모든 형태의 갈애가 4가지 도의 지혜에 의해 소멸될 때, 업력은 작용을 그치게 되고 태어남과 죽음의 순환에서 탈출하게 된다. 그때 열반을 얻었다고 한다. 불교의 '해탈'이라는 개념은 태어남과 죽음의 영원한 순환과 그 태어남과 죽음과 연관된 모든 고통으로부터의 탈출을 의미한다.

열반은 평화로운 성품(santi)을 갖고 있다. 그래서 그것은 유일무이하다. 비록 열반이 평화로움의 특성(santi-lakkhaṇa)으로는 하나이지만, 아라한이 죽기 전과 죽은 후에 열반이 경험되는 방법에 따라 2가지로 간주된다.

6.1. 열반의 2가지 측면

(1) 오온이 남아 있는 열반(Sa-upādisesa Nibbāna, Kilesa Nibbāna, 有餘涅槃)

* Sa : 가지고 있는[有]

* Upādi : 갈애와 사견으로 취착하는 오온〔五取蘊〕
* Sesa : 남아 있는〔餘〕

붓다와 아라한에게는 비록 모든 오염원(kilesa)이 소멸되었어도 과보의 정신의 무더기(vipāka-nāmakkhandha)라고 알려진 과보의 마음, 그것들의 마음부수, 업에서 생긴 물질은 아직 남아 있다. 하지만 붓다와 아라한은 열반을 완전하게 경험한다. 붓다와 아라한이 죽기 전에 과보의 정신의 무더기와 업에서 생긴 물질이 아직 남아 있는 상태에서 실현되는 열반의 요소를 유여열반의 요소 또는 오염원의 열반이라고 부른다.

- **유여열반** : 오염원의 열반, 즉 오염원의 소멸에 의해 얻어지는 열반

(2) 오온이 남아 있지 않은 열반(An-upādisesa Nibbāna, Khandha Nibbāna, 無餘涅槃)

* An : 가지고 있지 않은〔無〕
* Upādi : 갈애와 사견으로 취착하는 오온〔五取蘊〕
* Sesa : 남아 있는〔餘〕

이것은 붓다와 아라한이 죽은 후에 경험되는 열반이다. 과보의 정신의 무더기와 업에서 생긴 물질이 남아 있지 않은 상태에서 실현되는 열반의 요소를 무여열반의 요소 또는 오온의 열반이라고 부른다.

- **무여열반** : 오온의 열반, 즉 오온의 소멸에 의해 얻어지는 열반

6.2. 열반의 3가지 양상

(1) 공성의 열반(suññata-Nibbāna)

열반은 탐·진·치가 비어 있다. 열반은 또한 정신·물질의 무더기가 비어 있다. 그리하여 열반은 공성의 열반이라고 불린다.

'순냐따(suññata)'는 '빈' 혹은 '0'을 의미하며, 여기에서 순냐따는 탐·진·치와 정신·물질이 없다는 뜻이다. 그러나 열반이 아무것도 없음(nothingness)을 의미하지는 않는다. 열반의 요소(Nibbāna-dhātu)는 영원히 존재한다.

(2) 표상 없음의 열반(animitta-Nibbāna)

물질 깔라빠로 구성되어 있는 물질의 그룹은 다양한 형태와 모양을 갖고 있다. 마음과 마음부수로 구성되어 있는 정신의 그룹도 신통지(abhiññā)를 계발한 특별한 사람이 볼 수 있기 때문에 어떤 종류의 형태를 가지고 있다고 추정할 수 있다. 하지만 열반은 어떤 형태나 모양을 전혀 갖고 있지 않다. 그리하여 열반은 표상 없음의 열반이라고 불린다.

(3) 원함 없음의 열반(appanihita-Nibbāna)

열반은 갈애로 갈망할 수 있는 어떤 정신·물질도 갖고 있지 않고 어떤 형태나 모양도 갖고 있지 않다. 또한 열반에는 어떤 탐욕이나 갈애도 없다. 열반은 탐욕에서 자유로울 뿐만 아니라 탐욕의 갈망으로부터도 자유롭다. 그리하여 열반은 원함 없음의 열반이라고 불린다.

6.3. 열반에 대한 더 많은 정의

열반은 다음과 같은 미덕으로 특징지을 수 있다.

① 앗쭈땅(accutaṁ) : 열반은 죽음을 지나왔다. 그러므로 열반에서는 죽음이 발생하지 않는다.

② 앗짠땅(accantaṁ) : 열반은 죽음이라 불리는 끝을 지나왔다. 그러므로 열반은 끝이 없다.

③ 아상카땅(asaṅkhātaṁ) : 열반은 4가지 원인인 업, 마음, 온도, 음식에 의해 조건 지어지지 않는다. 그러므로 열반은 영원하고, 원인도 아니고 결과도 아니다.

④ 아눗따랑(anuttaraṁ) : 열반은 어떤 담마(Dhamma)보다도 더 수승하고 더 성스럽다.

⑤ 빠당(padaṁ) : 열반은 성자들(ariyā)에 의해 실현될 수 있는 객관적인 실재(vatthu-dhamma, 토대법)이다.

제7장

궁극적 실재의 범주

자체의 특성을 갖고 있어서 토대법(vatthu-dhamma)이라고 불리는 72가지 종류의 궁극적 실재를 지금까지 설명했다. 그 토대법은 마음, 52가지 마음부수, 18가지 구체적인 물질, 열반이다.

마음(citta)

89가지 또는 121가지 모든 종류의 마음은 '앎'이라는 특성을 갖고 있기 때문에 1가지로 간주된다. 실제로 89가지 또는 121가지 마음의 유형은 마음이 다양한 마음부수들과 결합한 것이다.

마음부수(cetasika)

52가지 모든 마음부수는 서로 다른 특성들을 가지고 있기 때문에 별개로 간주된다.

구체적인 물질(nipphanna-rūpa)

업, 마음, 온도, 음식에 의해 생기고 조건 지어지는 18가지 모든 물질은 서로 다른 특성들을 갖고 있기 때문에 구체적이고 개별적인 것으로 간주된다.

열반(Nibbāna)

열반은 평화로움의 특성(santi-lakkhaṇa)으로는 하나이다.

그러므로 토대법의 총수는 72가지(1+52+18+1 = 72)이다. 이 72가지 모든 실재는 주관적 실재와 객관적 실재이다. 제7장에서는 관련 실재들이 범주로 분류될 것이다.

범주의 개요

여기에서 다루게 될 범주의 개요는 4가지이다.

① 해로운 범주의 개요
② 혼합된 범주의 개요
③ 깨달음에 관련된 범주의 개요
④ 전체 토대법의 개요

1. 해로운 범주의 개요(Akusala Saṅgaha)

9가지 해로운 범주에는 번뇌, 폭류, 속박, 매듭, 취착, 장애, 잠재성향, 족쇄, 오염원이 있다.

1.1. 4가지 번뇌(Āsava)

'아사와(āsava)'는 취하게 만드는 것, 번뇌, 부패, 오점, 얼룩, 병폐 등을 의미한다. 우리는 발효용 통 속에 오랫동안 보관된 발효된 술이 사람을 매우 취하게 만들 수 있다는 것을 알고 있다. 마찬가지로 존재들이 무더기(khandha, 蘊) 속에서 수 겁의 윤회를 계속하는 동안 발효되도록 남겨진 번뇌도 사람들을 취하게 만들어 해탈을 잊어버리게 만든다.

4가지 번뇌가 있다.

① 감각적 욕망의 번뇌(kāmāsava) : 욕계에서의 감각적 욕망에 대한 집착. 이것은 8가지 탐욕에 뿌리박은 마음(lobha-mūla citta)과 결합한 탐욕(lobha)이다.

② 존재의 번뇌(bhavāsava) : 색계 선정과 무색계 선정에 대한 집착과 색계와 무색계에서의 존재에 대한 집착. 이것은 4가지 탐욕에 뿌리박고 사견과 결합하지 않은 마음(lobha-mūla diṭṭhi-vippayutta citta)과 결합한 탐욕이다.

③ 사견의 번뇌(diṭṭhāsava) : 62가지 종류의 사견. 이것은 4가지 탐욕에 뿌리박고 사견과 결합한 마음(lobha-mūla diṭṭhi-sampayutta citta)에 있는 사견(diṭṭh)이다.

④ 무명의 번뇌(avijjāsava) : 사성제, 전생, 내생, 전생과 내생, 연기법을 모르는 것. 이것은 12가지 해로운 마음(akusala citta)과 결합한 미혹(moha)이다.

4가지 번뇌의 필수 요소는 탐욕, 사견, 미혹이다. 이 3가지가 존재들을 매우 취하게 하여 윤회 속에서 방황하게 만든다.

1.2. 4가지 폭류(Ogha)

'오가(ogha)'는 홍수, 급류, 소용돌이, 압도, 질식 등을 의미한다. 거대한 홍수가 사람과 동물을 바다로 휩쓸어 가서 그들을 압도하고 질식시키고 익사시키듯이, 4가지 폭류도 존재들을 윤회의 거대한 대양으로 휩쓸어 가서 존재들을 압도하고 질식시키고 익사시킨다. 넓은 대양에 있는 소용돌이처럼, 4가지 폭류는 그것 위에 오는 어떤 존재든지 끌고 내려가기 때문에, 폭류를 건너기는 매우 어렵다. 4가지 폭류는 4가지 번뇌와 비슷하다. 폭류의 필수 요소들은 동일하다.

① 감각적 욕망의 폭류(kāmogha)
② 존재의 폭류(bhavogha) : 선정, 색계와 무색계에서의 존재에 대한 욕망에의 집착
③ 사견의 폭류(diṭṭhogha)
④ 무명의 폭류(avijjogha)

1.3. 4가지 속박(Yoga)

'요가(yoga)'는 연결점, 연합, 적용, 헌신, 집착, 속박, 접착제, 얽어매다 등의 뜻이다.

마차에 매인 소는 마차에서 달아날 수 없다. 마찬가지로 존재의 기계에 매이고 4가지 속박에 의해 윤회의 바퀴에 굳게 들러붙은 존재들은 존재의 기계와 윤회로부터 달아날 수 없다.

4가지 속박은 4가지 번뇌와 비슷하다. 필수 요소는 동일하다.

① 감각적 욕망의 속박(kāmayoga) : 감각적 욕망에 대한 집착
② 존재의 속박(bhavayoga) : 선정, 색계와 무색계에서의 존재에 대한 욕망에의 집착
③ 사견의 속박(diṭṭhiyoga) : 사견에 대한 집착

④ 무명의 속박(avijjāyoga) : 무명에 대한 집착

1.4. 4가지 매듭(Gantha)

'간타(gantha)'는 '매듭' 혹은 '굴레'를 의미한다. 4가지 매듭은 현재 존재의 물질과 정신의 무더기를 미래 존재의 물질과 정신의 무더기와 연결하는 매듭이다.

다음에 나오는 매듭의 이름에서 '까야(kāya, 몸)'는 정신적인 그룹이나 물질적인 그룹을 의미하기 위해 사용되었다.

① 간탐 그룹의 매듭(abhijjā-kāyagantha) : 모든 형태의 갈애(taṇhā). 이것은 8가지 탐욕에 뿌리박은 마음에 있는 탐욕이다.

② 악의 그룹의 매듭(vyāpāda-kāyagantha) : 모든 형태의 성냄이나 악의. 이것은 2가지 성냄에 뿌리박은 마음에 있는 성냄이다.

③ 계율과 의식에 대한 집착 그룹의 매듭(sīlabbataparāmāsa-kāyagantha) : 소나 개의 계율*이나 행위에 의해 청정해지고 해탈한다는 그릇된 견해를 고수하는 것. 의례와 의식을 고수하는 것도 이에 포함된다. 이것은 4가지 탐욕에 뿌리박고 사견과 결합한 마음에 있는 사견이다.

④ 이것만이 진리라고 고수하는 그룹의 매듭(idaṁsaccābhinivesa-kāyagantha) : 오직 자신의 견해만이 진실이고 다른 모든 견해는 쓸

* 붓다 시절 몇몇 고행 수행자들은 소나 개 같은 동물처럼 행동함으로써 괴로움을 소멸시킬 수 있다고 보고 그렇게 수행했다. 붓다는 소의 행동을 흉내 내는 고행 수행자는 죽은 후에 소로, 개의 행동을 흉내 내는 고행 수행자는 죽은 후에 개로 태어날 거라고 했다.

모가 없다는 독단적인 믿음 또는 '이것만이 진리'라는 독단적인 믿음. 이것 역시 4가지 탐욕에 뿌리박고 사견과 결합한 마음에 있는 사견이다.

1.5. 4가지 취착(Upādāna)

'우빠다나(upādāna)'는 강한 집착, 애착, 움켜쥠을 의미한다. 그것은 뱀이 개구리를 도망가지 못하도록 물고 있는 것과 같다. 취착은 갈애보다 더 강하다. 갈애는 도둑이 뭔가를 훔치기 위해 어둠속에서 더듬으며 가는 것과 같은 반면, 취착은 실제로 훔치는 것과 같다.

① 감각적 욕망에 대한 취착(kāmupādāna) : 감각적 욕망 또는 감각대상들에 대한 취착. 이것은 8가지 탐욕에 뿌리박은 마음에 있는 탐욕이다.

② 사견에 대한 취착(diṭṭhupādāna) : ③번과 ④번에서 언급된 2가지 견해를 제외한 모든 사견에 대한 취착. 이것은 4가지 탐욕에 뿌리박고 사견과 결합된 마음에 있는 사견이다.

③ 계율과 의식에 대한 취착(sīlabbatupādāna) : 소나 개의 계율이나 행위에 의해 청정해지고 해탈한다는 그릇된 견해에 취착하는 것. 의례와 의식에 취착하는 것. 이것은 4가지 탐욕에 뿌리박고 사견과 결합된 마음에 있는 사견이다.

④ 자아의 교리에 대한 취착(attavādupādāna) : 자아가 존재한다거나 나, 너, 그, 그녀, 사람 등이 존재한다는 이론에 취착하는 것. 이것은 '유신견(sakkāya-diṭṭhi)'과 동의어이다. 이것은 또한 4가지 탐욕에 뿌리박고 사견과 결합된 마음에 있는 사견이다.

뒤에 있는 3가지 취착은 사견의 마음부수만을 나타낸다. 그것들이 3가지로 구별되는 이유는 취착의 방법과 대상이 다르기 때문이다.

1.6. 6가지 장애(Nīvaraṇa)

'니와라나(nīvaraṇa)'는 '방해'나 '장애'를 의미한다. 장애는 좋은 생각, 좋은 행위, 선정, 도가 일어나는 것을 방해하고 막는다. 그러므로 장애는 천상의 지복과 열반의 지복으로 가는 길을 막는다.

특별히 처음 5가지 장애는 우리의 정신적인 눈을 멀게 하고 우리의 유익한 행위들을 방해한다. 기도를 하거나 명상을 하거나 어떤 좋은 행위를 하려고 노력할 때마다 장애를 해결하려고 애써야 한다. 장애가 있으면 근접삼매와 본삼매에 도달할 수 없고, 진리를 분명하게 식별할 수 없다.

① 감각적 욕망(kāmacchanda) : 감각적 욕망은 8가지 탐욕에 뿌리박은 마음에 있는 탐욕이다.

② 악의(vyāpāda) : 악의는 2가지 성냄에 뿌리박은 마음에 있는 성냄이다.

③ 해태와 혼침(thina-middha) : 해태와 혼침은 해태의 마음부수와 혼침의 마음부수이다.

④ 들뜸과 후회(uddhacca-kukkucca) : 들뜸과 후회는 들뜸의 마음부수와 후회의 마음부수이다.

⑤ 의심(vicikicchā) : 회의적인 의심이나 당혹감. 의심은 의심의 마음부수이다.

⑥ 무명(avijjā) : 무명은 12가지 해로운 마음에 있는 미혹이다.

해태와 혼침, 들뜸과 후회가 함께 분류되는 이유는 그것들의 기능(kicca), 원인(hetu), 반대되는 요소들이 같기 때문이다. 해태와 혼침의 기능은 정신적인 무기력이고, 해태와 혼침의 원인은 게으름이며, 해태와 혼침은 정진(vīriya)과 반대이다. 들뜸과 후회의 기능은 조용하지 않음이고, 들뜸과 후회의 원인은 재산 등의 손실에 대한 짜증이며, 들뜸과 후회는 고요와 반대이다.

『앙굿따라 니까야』에서 감각적 욕망은 많은 색깔이 섞인 물에 비유되고, 악의는 끓는 물에 비유되며, 해태와 혼침은 이끼에 덮인 물에 비유되고, 들뜸과 후회는 바람에 의해 휘저어진 물에 비유되며, 회의적 의심은 탁한 흙탕물에 비유된다. 우리가 그런 물에서는 자신의 모습을 비춰 볼 수 없는 것처럼 이 5가지 장애가 있을 때에는 자신의 이익이나 남의 이익이나 둘 다의 이익을 분명하게 식별할 수 없다.

1.7. 7가지 잠재성향(Anusaya)

'아누사야(anusaya)'는 '활동하지 않고 있다' 혹은 '잠재된 상태에 있다'를 의미한다. 7가지 잠재성향은 긴 윤회 동안 줄곧 삶을 거듭하면서 존재들의 무더기(khandha, 蘊)의 흐름 속에 잠재해 있는 오염원의 씨앗이나 잠재력이다. 잠재성향은 과일을 맺을 수 있는 나무의 잠재력과 같다. 그 잠재력은 나무의 어디에서도 발견될 수 없다. 그러나 때가 무르익어 과일이 맺는 것을 보아 잠재성향이 나무에 있다는 것을 알게 된다.

잠재성향은 어느 곳에서도 볼 수 없다. 잠재성향은 뚜렷한 모양을 갖고 있지 않고, 일어남·머무름·무너짐과 같은 특성에 의해 명시되지 않는다. 그러나 잠재성향은 상응하는 감각대상과 접촉하는 기회의 순간에 실제적인 오염원으로 표면에 나올 준비가 되어 있다.

① 감각적 욕망의 잠재성향(kāmarāgānusaya) : 감각적 욕망에 대한 집착. 욕망의 잠재성향은 8가지 탐욕에 뿌리박은 마음에 있는 탐욕이다.

② 존재에 대한 욕망의 잠재성향(bhavarāgānusaya) : 색계 선정과 무색계 선정, 그리고 색계와 무색계의 존재에 집착하는 것. 존재에 대한 욕망의 잠재성향은 4가지 탐욕에 뿌리박고 사견과 결합하지 않은 마음에 있는 탐욕이다.

③ 적의의 잠재성향(paṭighānusaya) : 적의. 적의의 잠재성향은 2가지 성냄에 뿌리박은 마음에 있는 성냄이다.

④ 자만의 잠재성향(mānānusaya) : 자만. 자만의 잠재성향은 4가지 탐욕에 뿌리박고 사견과 결합하지 않은 마음에 있는 자만의 마음부수이다.

⑤ 사견의 잠재성향(diṭṭhānusaya) : 사견. 사견의 잠재성향은 4가지 탐욕에 뿌리박은 사견과 결합한 마음에 있는 사견의 마음부수이다.

⑥ 의심의 잠재성향(vicikicchānusaya) : 의심. 의심의 잠재성향은 미혹에 뿌리박고 의심과 결합한 마음에 있는 의심의 마음부수이다.

⑦ 무명의 잠재성향(avijjānusaya) : 무명. 무명의 잠재성향은 12가지 해로운 마음에 있는 미혹이다.

1.8. 10가지 족쇄(Saṁyojana)

'상요자나(saṁyojana)'는 존재들을 존재의 바퀴[윤회]와 고통의 순환에 묶는 족쇄를 의미한다. 각각의 존재를 존재의 바퀴[윤회]에 묶는 10가지 족쇄가 있다.

1.8.1. 경장(Sutta Piṭaka)에 따른 10가지 족쇄

① 감각적 욕망의 족쇄(kāmarāga-saṁyojana) : 감각적 욕망에 대한 집착

② 색계에 대한 욕망의 족쇄(rūparāga-saṁyojana) : 색계 선정과 색계의 존재에 집착하는 것

③ 무색계에 대한 욕망의 족쇄(arūparāga-saṁyojana) : 무색계 선정과 무색계에서의 존재에 집착하는 것

④ 적의의 족쇄(paṭigha-saṁyojana) : 악의나 증오

⑤ 자만의 족쇄(māna-saṁyojana) : 자만, 우월감

⑥ 사견의 족쇄(diṭṭhi-saṁyojana) : 그릇된 견해[邪見]

⑦ 계율과 의식에 대한 집착의 족쇄(sīlabbata-parāmāsa-saṁyojana) : 소나 개의 계율 또는 의례와 의식에 의해 청정해지고 해탈한다는 그릇된 견해에 대한 집착

⑧ 의심의 족쇄(vicikicchā-saṁyojana) : 회의적인 의심

⑨ 들뜸의 족쇄(uddhacca-saṁyojana) : 들뜸

⑩ 무명의 족쇄(avijjā-saṁyojana) : 미혹

앞에서 언급한 10가지 족쇄의 필수 요소는 탐욕(①, ②, ③), 성냄, 자만, 사견(⑥, ⑦), 의심, 들뜸, 미혹 등 총 7가지 마음부수이다.

1.8.2. 논장(Abhidhamma Piṭaka)에 따른 10가지 족쇄

① 감각적 욕망의 족쇄(kāmarāga-saṁyojana) : 감각적 욕망에 대한 집착

② 존재에 대한 욕망의 족쇄(bhavarāga-saṁyojana) : 색계 선정과 무색계 선정 그리고 색계와 무색계의 존재에 집착하는 것

③ 적의의 족쇄(paṭigha-saṁyojana) : 악의나 증오

④ 자만의 족쇄(māna-saṁyojana) : 자만, 우월감

⑤ 사견의 족쇄(diṭṭhi-saṁyojana) : 그릇된 견해〔邪見〕

⑥ 계율과 의식에 대한 집착의 족쇄(sīlabbata-parāmāsa-saṁyojana) : 소나 개의 계율 또는 의례와 의식에 의해 청정해지고 해탈한다는 그릇된 견해에 대한 집착

⑦ 의심의 족쇄(vicikicchā-saṁyojana) : 회의적인 의심

⑧ 질투의 족쇄(issā-saṁyojana) : 질투

⑨ 인색의 족쇄(macchariya-saṁyojana) : 인색

⑩ 무명의 족쇄(avijjā-saṁyojana) : 어리석음 또는 미혹

아비담마의 10가지 족쇄의 필수 요소는 탐욕(①, ②), 성냄, 자만, 사견(⑤, ⑥), 의심, 질투, 인색, 미혹 등 총 8가지 마음부수이다.

경과 아비담마 둘 다의 필수 요소는 경의 족쇄 7가지에 질투와 인색을 더하여 모두 9가지 마음부수이다.

1.9. 10가지 오염원(Kilesa)

'낄레사(kilesa)'는 '오염원' 또는 '고뇌거리'를 의미한다. 오염원은 마

음을 오염시키고 애태우고 괴롭힌다. 10가지 오염원이 있다.

① 탐욕(lobha) : 집착

② 성냄(dosa) : 증오나 악의

③ 미혹(moha) : 어리석음

④ 자만(māna) : 우월감

⑤ 사견(diṭṭhi) : 그릇된 견해

⑥ 의심(vicikicchā) : 회의적 의심이나 우유부단

⑦ 해태(thina) : 나태

⑧ 들뜸(uddhacca) : 차분하지 못함

⑨ 도덕적 부끄러움 없음(ahirika)

⑩ 도덕적 두려움 없음(anottappa)

1.9.1. 1,500가지 오염원

1가지 마음, 52가지 마음부수, 18가지 구체적인 물질, 4가지 특성 물질이 모두 더해져 75가지가 된다. 이 75가지 정신·물질이 안팎으로 존재한다. 그리하여 75가지를 안(ajjhattika)과 밖(bahiddha)의 2가지로 곱하면 150가지가 된다. 이 150가지가 각각의 오염원이 작용하는 대상이 되기 때문에, 이 150가지를 10가지 오염원으로 곱하면 1,500가지 오염원이 된다.

1.9.2. 108가지 갈애의 양상

'딴하(taṇhā)'는 갈애이다. 갈애는 고통과 끊임없이 반복되는 재생 순

환의 주된 원인이다. 우선 3가지 종류의 갈애가 있다.

① 감각적 욕망에 대한 갈애(kāma-taṇhā)

② 존재에 대한 갈애(bhava-taṇhā) : 색계 선정과 무색계 선정 그리고 색계와 무색계 존재에 대한 갈애

③ 존재하지 않음에 대한 갈애(vibhava-taṇhā)

6가지 감각대상에 상응하는 6가지 종류의 갈애가 있다.

① 형색에 대한 갈애(rūpa-taṇhā)

② 소리에 대한 갈애(sadda-taṇhā)

③ 냄새에 대한 갈애(gandha-taṇhā)

④ 맛에 대한 갈애(rasa-taṇhā)

⑤ 감촉에 대한 갈애(phoṭṭhabba-taṇhā)

⑥ 법에 대한 갈애(dhamma-taṇhā)

첫 번째 그룹의 3가지 종류의 갈애를 두 번째 그룹의 6가지로 곱하여 18가지 갈애를 얻게 된다. 다시 이것들이 안팎으로 존재하기 때문에 18가지 갈애를 안팎의 2가지로 곱하여 36가지 종류의 갈애를 얻게 된다. 이 36가지 종류의 갈애는 과거·현재·미래에 일어날 수 있다. 그리하여 갈애의 총수는 108가지(36×3=108)가 된다.

<표 7.1> 해로운 범주의 개요

14가지 해로운 마음부수 (Akusala Cetasika)	4가지 번뇌 (Āsava)	4가지 폭류 (Ogha)	4가지 속박 (Yoga)	4가지 매듭 (Gantha)	4가지 취착 (Upādāna)	6가지 장애 (Nīvaraṇa)	7가지 잠재성향 (Anusaya)	10가지 족쇄 (Saṁyojana)	10가지 오염 (Kilesa)	합계
① 탐욕(Lobha)	●	●	●	●	●	●	●	●	●	9
② 사견(Diṭṭhi)	●	●	●	●	●		●	●	●	8
③ 미혹/무명(Moha/Avijjā)	●	●	●			●	●	●	●	7
④ 성냄/악의(Dosa/Paṭigha)				●		●	●	●	●	5
⑤ 의심(Vicikicchā)						●	●	●	●	4
⑥ 자만(Māna)							●	●	●	3
⑦ 들뜸(Uddhacca)						●		●	●	3
⑧ 해태(Thina)						●			●	2
⑨ 혼침(Middha)						●				1
⑩ 후회(Kukkucca)						●				1
⑪ 질투(Issā)								●		1
⑫ 인색(Macchariya)								●		1
⑬ 도덕적 부끄러움 없음(Ahirika)									●	1
⑭ 도덕적 두려움 없음(Anottappa)									●	1

〈표 7.1〉을 가로로 읽으면,

① 탐욕은 번뇌, 폭류, 속박, 매듭, 취착, 장애, 잠재성향, 족쇄, 오염원 등 9가지 모든 부문에서 발생한다.

② 사견은 8가지 부문에서 나타난다.

③ 나머지도 유사한 방법으로 파악할 수 있다.

〈표 7.1〉을 세로로 읽으면,

④ 4가지 번뇌는 탐욕과 사견과 미혹의 3가지 필수 요소를 갖고 있다. 폭류와 속박도 마찬가지다.

⑤ 4가지 매듭은 탐욕과 사견과 성냄의 3가지 필수 요소를 갖고 있다.

⑥ 나머지도 유사한 방식으로 파악할 수 있다.

2. 혼합된 범주의 개요(Missaka-saṅgaha)

원인, 선정의 요소, 도의 요소, 기능, 힘, 지배, 음식의 7가지 혼합된 범주가 있다.

2.1. 6가지 원인(Hetu)

'헤뚜(hetu)'는 뿌리, 원인, 조건, 혹은 뿌리의 조건을 의미한다. 뿌리가 나무를 흔들리지 않게 하고 번창하게 만들고 잘 자리 잡도록 하듯이,

6가지 원인은 그것들과 결합하는 마음과 마음부수를 감각대상에 흔들리지 않게 하고 번창하게 하고 잘 자리 잡도록 한다.

3가지 유익한 원인과 3가지 해로운 원인이 있다.

3가지 해로운 원인(akusala hetu)은 다음과 같다.

① 탐욕(lobha) : 탐욕이나 집착

② 성냄(dosa) : 악의나 증오

③ 미혹(moha) : 무명이나 어리석음

3가지 유익한 원인(kusala hetu)은 다음과 같다.

④ 탐욕 없음(alobha) : 집착 없음, 탐욕 없음

⑤ 성냄 없음(adosa) : 선의, 증오 없음, 자애

⑥ 미혹 없음(amoha) : 지혜〔통찰지〕, 어리석음 없음

유익한 원인은 또한 아름다운 작용만 하는 마음(sobhaṇa-kiriya citta), 과보의 마음(vipāka-citta)과 결합한다. 작용만 하는 마음과 과보의 마음이 업으로 결정되지 않는(avyākata, 無記) 마음이라고 불리기 때문에 아름다운 작용만 하는 마음과 과보의 마음도 업으로 결정되지 않는 원인(avyākata-hetu)이라고 알려져 있다.

2.2. 7가지 선정의 요소(Jhānaṅga)

'자낭가(jhānaṅga)'는 '선정의 요소'나 '본삼매의 구성 요소'를 의미한

다. 선정의 요소들은 마음, 그것과 결합한 마음부수를 도와서 나쁘거나 좋은 대상을 예리하고 긴밀하고 고정해서 관찰하도록 한다.

① 일으킨 생각(vitakka) : 최초의 적용

② 지속적 고찰(vicāra) : 지속적 적용

③ 희열(pīti) : 기쁨

④ 집중(ekaggatā) : 삼매

⑤ 기쁜 느낌(somanassa-vedanā) : 즐거운 정신적 느낌

⑥ 슬픈 느낌(domanassa-vedanā) : 즐겁지 않은 정신적 느낌

⑦ 평온의 느낌(upekkhā-vedanā) : 중립적인 느낌이나 평정

2.3. 12가지 도의 구성 요소(Maggaṅga)

'막가(magga)'는 '도'를 의미하고 '막강가(maggaṅga)'는 '도의 구성 요소'를 의미한다. 해로운 구성 요소들은 결합하여 악처로 인도하는 도〔길〕를 형성하는 반면, 유익한 요소들은 결합하여 열반의 지복 상태에 이르는 도〔길〕를 형성한다.

① 바른 견해(sammā-diṭṭhi) : 바른 견해는 8가지 큰 유익한 마음, 8가지 큰 작용만 하는 마음, 26가지 본삼매의 속행에 있는 통찰지이다.

② 바른 사유(sammā-saṅkappa) : 바른 사유는 위에서 언급한 42가지 마음에 있는 일으킨 생각이다

③ 바른 말(sammā-vācā) : 바른 말은 8가지 큰 유익한 마음과 8가지 출세간의 마음에 있는 바른 말의 마음부수이다.

④ 바른 행위(sammā-kammanta) : 바른 행위는 8가지 큰 유익한 마음과 8가지 출세간의 마음에 있는 바른 행위의 마음부수이다.

⑤ 바른 생계(sammā-ājīva) : 바른 생계는 8가지 큰 유익한 마음과 8가지 출세간의 마음에 있는 바른 생계의 마음부수이다.

⑥ 바른 정진(sammā-vāyāma) : 바른 정진은 8가지 큰 유익한 마음과 8가지 큰 작용만 하는 마음과 26가지 본삼매의 속행에 있는 정진이다.

⑦ 바른 마음챙김(sammā-sati) : 바른 마음챙김은 위에서 언급한 42가지 마음에 있는 마음챙김의 마음부수이다.

⑧ 바른 삼매(sammā-samādhi) : 바른 삼매는 위에서 언급한 42가지 마음에 있는 집중이다.

⑨ 그릇된 견해(micchā-diṭṭhi) : 그릇된 견해는 4가지 탐욕에 뿌리박고 사견과 결합한 마음에 있는 사견이다.

⑩ 그릇된 사유(micchā-saṅkappa) : 그릇된 사유는 12가지 해로운 마음에 있는 일으킨 생각이다.

⑪ 그릇된 정진(micchā-vāyāma) : 그릇된 정진은 해로운 마음에 있는 정진이다.

⑫ 그릇된 삼매(micchā-samādhi) : 그릇된 삼매는 해로운 마음에 있는 집중이다.

2.4. 22가지 기능(Indriya)

'인드리야(indriya)'는 '기능'이나 '통제력'을 의미한다. 장관들이 자신들의 부서를 통제하듯이, 기능은 영향을 끼치는 각 분야에서 그것과 함께하는 법(sampayutta-dhamma)을 통제한다. 22가지 기능은 부분적으로는 물질적이고 부분적으로는 정신적이다.

① 눈의 기능(cakkhundriya) : 눈의 감성(cakkhu-pasāda), 눈의 투명 물질

② 귀의 기능(sotindriya) : 귀의 감성(sota-pasāda), 귀의 투명 물질

③ 코의 기능(ghānindriya) : 코의 감성(ghāna-pasāda), 코의 투명 물질

④ 혀의 기능(jivhindriya) : 혀의 감성(jivhā-pasāda), 혀의 투명 물질

⑤ 몸의 기능(kāyindriya) : 몸의 감성(kāya-pasāda), 몸의 투명 물질

⑥ 여성의 기능(itthindriya) : 여성의 물질(itthi-bhāva-rūpa)

⑦ 남성의 기능(purisindriya) : 남성의 물질(purisa-bhāva-rūpa)

⑧ 생명기능(jīvitindriya) : 생명기능 물질(jīvita-rūpa)과 생명기능의 마음부수(jīvitindriya-cetasika), 활기

⑨ 마음[마노]의 기능(manindriya) : 89가지 혹은 121가지 마음

⑩ 행복의 기능(sukhindriya) : 행복의 느낌(sukha-vedanā), 몸의 즐거운 느낌

⑪ 고통의 기능(dukkhindriya) : 고통의 느낌(dukkha-vedanā), 몸의 고통스러운 느낌

⑫ 기쁨의 기능(somanassindriya) : 기쁨의 느낌(somanassa-vedanā), 즐거운 정신적 느낌

⑬ 슬픔의 기능(domanassindriya) : 슬픔의 느낌(domanassa-vedanā), 고통스러운 정신적 느낌

⑭ 평온의 기능(upekkhindriya) : 평온의 느낌(upekkhā-vedanā), 중립적인 느낌

⑮ 믿음의 기능(saddhinriya) : 믿음(saddhā, 信)

⑯ 정진의 기능(vīriyindriya) : 정진(vīriya, 精進)

⑰ 마음챙김의 기능(satindriya) : 마음챙김(sati, 念)

⑱ 삼매의 기능(samādhindriya) : 집중(ekaggatā, 定)

⑲ 통찰지의 기능(paññindriya) : 통찰지(paññā, 慧)

⑳ 구경의 지혜를 가지려는 기능(anaññātiññassāmītindirya) : 예류도(sotāpatti-magga)와 관련된 통찰지

㉑ 구경의 지혜의 기능(aññindriya) : 3가지 높은 도와 3가지 낮은 과와 결합한 통찰지

㉒ 구경의 지혜를 구족한 기능(aññātāvindriya) : 아라한과와 결합한 통찰지

눈의 감성은 보는 것을 통제하고, 2가지 성의 물질은 성의 일차적 특성과 이차적 특성을 통제한다는 것에 주목하라. 생명기능은 그것과 함께하는 마음부수들의 수명을 통제한다. 마음은 대상을 취해 알려는 집합적인 노력에서 그것의 마음부수들을 통제한다.

①~⑦의 기능(indriya)은 물질적이고 ⑧은 물질적·정신적이며 나머지는 정신적이다.

①~⑤와 ⑨는 6가지 토대를 나타낸다. ⑥과 ⑦은 성의 물질이다. ⑩~⑭는 5가지 느낌을 나타낸다. ⑮~⑲는 5가지 정신적인 기능이다. 마지막 3가지는 출세간의 기능이다.

성의 물질과 마지막 3가지 출세간의 기능을 제외하고, 남성 범부와 여성 범부에 있는 기능의 수는 18가지이다.

2.5. 9가지 힘(Bala)

'발라(bala)'는 '힘'을 의미한다. 9가지 '힘'은 강하고 확고하여 반대의 힘에 의해 흔들릴 수 없다. 게다가 힘은 함께하는 마음부수를 강화시킨다.

① 믿음의 힘(saddhā-bala) : 믿음〔信〕. 이것은 아름다운 마음에 있는 믿음이다.

② 정진의 힘(vīriya-bala) : 정진(精進). 이것은 정진과 결합한 73가지 마음에 있는 정진이다.

③ 마음챙김의 힘(sati-bala) : 마음챙김〔念〕. 이것은 아름다운 마음에 있는 마음챙김이다.

④ 삼매의 힘(samādhi-bala) : 삼매〔定〕. 이것은 정진과 결합하지 않은 16가지 마음과 의심과 결합한 마음을 제외한 72가지 마음에 있는 집중이다.

⑤ 통찰지의 힘(paññā-bala) : 통찰지〔慧〕. 이것은 47개의 3가지 원인 있는 마음에 있는 통찰지이다.

⑥ 도덕적 부끄러움의 힘(hirī-bala) : 도덕적 부끄러움. 이것은 아름다운 마음에 있는 도덕적 부끄러움의 마음부수이다.

⑦ 도덕적 두려움의 힘(ottappa-bala) : 도덕적 두려움. 이것은 아름다운 마음에 있는 도덕적 두려움의 마음부수이다.

⑧ 도덕적 부끄러움 없음의 힘(ahirika-bala) : 도덕적 부끄러움 없음. 이것은 12가지 해로운 마음에 있는 도덕적 부끄러움 없음이다.

⑨ 도덕적 두려움 없음의 힘(anottappa-bala) : 도덕적 두려움 없음. 이것은 12가지 해로운 마음에 있는 도덕적 두려움 없음이다.

9가지 힘들 가운데 처음 7가지는 유익한 것으로 간주되고 마지막 2가지는 해로운 것으로 간주된다. 도덕적 부끄러움 없음과 도덕적 두려움 없음은 사악한 사람에게서 현저하다.

힘이 그것과 반대가 되는 것에 의해 흔들리지 않는다는 정의에 따르면, ① 믿음의 힘은 불신에 의해 흔들리지 않고, ② 정진은 게으름에 의해 흔들리지 않으며, ③ 마음챙김은 잊어버림에 의해 흔들리지 않고, ④ 삼매는 산만함에 의해 흔들리지 않으며, ⑤ 통찰지는 미혹[무명]에 의해 흔들리지 않는다.

도덕적 부끄러움과 도덕적 두려움은 유익한 행위를 강력하게 지원하는 반면, 도덕적 부끄러움 없음과 도덕적 두려움 없음은 해로움에 이르는 길로 인도한다.

2.6. 4가지 지배의 요소(Adhipati)

'아디빠띠(adhipati)'는 '최고의', '군주', '영주', '수장', '왕' 등을 의미한다. 지배는 그것과 결합한 것들 가운데 수장이고 그것과 동등한 것은 없다. 한 나라에 왕이 하나이듯이, 마음과 그것의 마음부수의 정신적인 그룹에는 오직 1가지 지배만이 있다.

지배는 기능과 구별되어야 한다. 지배는, 한 나라의 수장으로서 모든 신하와 백성을 다스리는 왕에 비유될 수 있다. 기능은, 다른 대신을 방해하지 않고 자신의 부서만을 통제하는 대신과 같다. 기능들은 서로 동등하고, 지배를 따라야 한다. 지배는 한 정신 덩어리에서 '지배적인 요소'로 간주될 수 있다.

① 열의의 지배(chandādhipati) : 열의. 이것은 18개의 2가지 원인 있는 속행*과 34개의 3가지 원인 있는 속행**에 있는 열의의 마음부수이다.

② 정진의 지배(vīriyādhipa) : 정진. 이것은 18개의 2가지 원인 있는 속행과 34개의 3가지 원인 있는 속행에 있는 정진이다.

③ 마음의 지배(cittādhipati) : 마음. 이것은 18개의 2가지 원인 있는 속행의 마음과 34개의 3가지 원인 있는 속행의 마음이다.

④ 검증의 지배(vīmaṁsādhipati) : 통찰지. 이것은 34개의 3가지 원인 있는 속행에 있는 통찰지이다. 검증은 조사하고 추론할 수 있는 통찰지이다.

지배 가운데 어느 하나가 매우 강하면 그것과 결합한 모든 법이 그것을 지원하러 나와서 함께 설정된 목표를 성취할 것이다.

2.7. 4가지 종류의 음식(Āhāra)

'아하라(āhāra)'는 영양, 원인, 유지 등을 의미한다. 우리의 몸이 먹는 음식에 의해 유지되듯, 과보를 생기게 하고 유지할 수 있는 어떤 담마(dhamma, 법)도 음식이라고 불린다. 4가지 유형의 음식이 있다.

---

* 18개의 2가지 원인 있는 속행의 마음(dvi-hetuka javana citta) : 8가지 탐욕에 뿌리박은 마음, 2가지 성냄에 뿌리박은 마음, 4가지 지혜와 결합하지 않은 큰 유익한 마음, 4가지 지혜와 결합하지 않은 큰 작용만 하는 마음

** 34개의 3가지 원인 있는 속행의 마음(ti-hetuka-javana citta) : 4가지 지혜와 결합한 큰 유익한 마음, 4가지 지혜와 결합한 큰 작용만 하는 마음, 9가지 고귀한 유익한 마음, 9가지 고귀한 작용만 하는 마음, 4가지 도와 4가지 과

① 먹을 수 있는 음식(kabalīkārāhāra) : 영양소 물질(ojā-rūpa). 이것은 여덟 번째 요소로 영양소를 가지는 8가지 물질인 음식에서 생긴 순수 8원소(āhāraja suddhaṭṭhaka)를 생기게 하고 유지한다.

② 접촉의 음식(phassāhāra) : 감각접촉이나 감각충격. 이것은 모든 마음에 있는 접촉의 마음부수이다. 5가지 종류의 느낌을 생기게 하고 유지한다.

③ 마음의 의도의 음식(manosañcetanāhāra) : 마음의 의도. 이것은 29가지 유형의 업으로 자신을 드러내는 의도이다. 재생연결심과 생명연속심을 생기게 하고 유지한다.

④ 의식의 음식(viññāṇāhāra) : 의식〔識〕. 이것은 89가지 또는 121가지 유형의 마음을 나타낸다. 이 마음은 그것의 마음부수와 마음에서 생긴 물질을 생기게 하고 유지한다.

3. 깨달음의 요소들의 개요(Bodhipakkhiya-saṅgaha)

'보디(bodhi)'는 깨달음 혹은 도의 지혜를 의미한다. '보디빡키야(bodhipakkhiya)'는 깨달음의 구성 성분이나 요소를 뜻한다. 37가지 깨달음의 요소가 있다. 그 요소들을 충분히 계발하면 깨달음을 얻을 것이다. 그러므로 이 37가지 깨달음의 요소는 삼장(Tipiṭaka)의 진수이다.

37가지 깨달음의 요소는 4가지 마음챙김의 확립〔四念處〕, 4가지 최상의 노력〔四正勤〕, 4가지 성취의 기반〔四如意足〕, 5가지 기능〔五根〕, 5가지 힘〔五力〕, 7가지 깨달음의 구성 요소〔七覺支〕, 8가지 구성 요소를 가진 도〔八正道〕이다.

3.1. 4가지 마음챙김의 확립(Satipaṭṭhāna, 四念處)

'사띠(sati)'는 마음챙김이나 주의 기울임을 의미한다. '빳타나(paṭṭhāna)'는 확립, 적용, 고정, 기반을 뜻한다.

그리하여 4가지 마음챙김의 확립이란, 마음을 다른 감각대상에서 방황하지 못하게 하고 단일한 명상대상에 주의 깊고 견고하게 계속 고정시키는 4가지 '마음챙김의 확립'이다. 스리랑카의 한 주석서는 '마음챙김의 확립'을 대상을 꿰뚫어 봄으로써 대상에 확립된 마음챙김으로 정의한다.

4가지 '마음챙김의 확립'은 고요와 통찰을 계발하기 위해 없어서는 안 된다. 2가지 「마음챙김의 확립 경」(Satipaṭṭhāna-Sutta, 念處經)의 서론과 결론의 두 부분에는 다음과 같은 중요한 언급이 있다.

> "정신적 청정을 얻도록 하고, 근심과 탄식을 극복하게 하며, 고통과 슬픔을 끝내도록 하고, 옳은 길로 들어가게 하며, 열반을 실현하게 하는 유일한 길은 네 가지 마음챙김의 확립으로 구성되어 있는 길이다."

① 몸을 관찰하는 마음챙김의 확립(kāyānupassanā-satipaṭṭhāna, 身隨觀念處) : 몸에 대한 관찰이나 물질의 무더기에 대한 마음챙김

② 느낌을 관찰하는 마음챙김의 확립(vedanānupassanā-satipaṭṭhāna, 受隨觀念處) : 느낌에 대한 관찰이나 느낌의 무더기에 대한 마음챙김

③ 마음을 관찰하는 마음챙김의 확립(cittānupassanā-satipaṭṭhāna, 心隨觀念處) : 마음에 대한 관찰이나 의식〔識〕의 무더기에 대한 마음챙김

④ 법을 관찰하는 마음챙김의 확립(dhammānupassanā-satipaṭṭhāna, 法

隨觀念處) : 법에 대한 관찰이나 정신적 현상들의 무더기에 대한 마음챙김

4가지 마음챙김의 확립의 필수 요소는 8가지 큰 유익한 마음, 8가지 큰 작용만 하는 마음, 26가지 본삼매의 속행의 마음, 8가지 출세간의 마음에 있는 마음챙김의 마음부수이다.

'마음챙김'이 4가지 마음챙김의 확립으로 설명된 이유는 다음과 같다.

① 관찰의 대상이 몸, 느낌, 마음, 법으로 다르다.
② 4가지 대상을 관찰하는 방법이 부정, 괴로움, 무상, 무아로 다르다.
③ 4가지 대상을 관찰하는 목적이 깨끗함, 행복, 영원함, 자아라는 사견을 제거하기 위한 것으로 다르다.

3.2. 4가지 최상의 노력(Sammappadhāna, 四正勤)

'최상의 노력'은 일반적인 노력이 아닌 다음과 같이 서원하는 사람의 단호하게 집중된 노력이다. "피부와 뼈만 남도록 하겠다. 피와 살이 마르도록 하리라. 생명이 끝에 도달하도록 하리라. 그러나 이룰 때까지는 중단하지 않으리라."

최상의 노력은 8가지 큰 유익한 마음, 9가지 고귀한 유익한 마음, 4가지 출세간의 유익한 마음에 있는 정진을 나타낸다(총 21가지 유익한 마음).

4가지 최상의 노력은 다음과 같다.

① 아직 일어나지 않은 해로운 것은 일어나지 않게 하는 노력
② 이미 일어난 해로운 것을 버리려는 노력
③ 아직 일어나지 않은 유익한 것을 일으키려는 노력
④ 이미 일어난 유익한 것을 증장시키려는 노력

위에서 언급한 노력에 따라 탐욕, 성냄, 질투 등이 마음속에서 일어나자마자 그것들을 없애려고 노력해야 한다. 보시, 지계, 수행은 가능한 한 많이 계발해야 한다. 그리고 결국에는 긴 윤회를 거듭하는 동안 한 번도 일어난 적이 없었던 유익한 것을 일어나도록 하기 위해 예류(sotāpatti) 도와 더 높은 도에 들 때까지 고요명상과 통찰명상을 단계별로 수행하여 마음을 청정하게 해야 한다.

정진을 4가지 최상의 노력으로 묘사하는 이유는 정진의 기능이 다음과 같이 4가지 범주로 구별되기 때문이다.

① 아직 일어나지 않은 해로운 것은 일어나지 않게 하는 것
② 이미 일어난 해로운 것을 버리려는 것
③ 아직 일어나지 않은 유익한 것을 일으키려는 것
④ 이미 일어난 유익한 것을 증장시키려는 것

3.3. 4가지 성취의 기반(Iddhipāda, 四如意足)

'잇디(iddhi)'는 '성취'를 뜻하고 '빠다(pāda)'는 '기반'을 의미한다. 여기에서의 '성취'는 선정(jhāna), 도(magga), 과(phala)가 일어나는 것을 일컫는다. 그리고 이런 목적을 성취하는 기반은 4가지 지배(adhipati)인

열의(chanda), 정진(vīriya), 마음(citta), 검증(vīmaṁsa)이다.

① 열의의 성취 기반(chandiddhipāda) : 열의. 이것은 21가지 유익한 마음에 있는 열의이다.

② 정진의 성취 기반(vīriyiddhipāda) : 정진. 이것은 21가지 유익한 마음에 있는 정진이다.

③ 마음의 성취 기반(cittiddhipāda) : 마음. 이것은 8가지 큰 유익한 마음, 9가지 고귀한 유익한 마음, 4가지 출세간의 유익한 마음으로 구성되어 있는 21가지 유익한 마음이다.

④ 검증의 성취 기반(vīmaṁsiddhipāda) : 지혜. 이것은 21가지 유익한 마음에 있는 통찰지이다.

3.4. 5가지 기능(Indriya, 五根)

전에 언급했던 22가지 기능 가운데 5가지 정신적인 기능이 여기에서 깨달음의 요소로 취급되었다.

① 믿음의 기능(saddhinriya) : 믿음 또는 확신. 이것은 8가지 큰 과보의 마음, 8가지 큰 작용만 하는 마음, 26가지 본삼매의 속행에 있는 믿음이다.

② 정진의 기능(vīriyindriya) : 정진 또는 노력. 이것은 위에서 언급한 42가지 마음에 있는 정진이다.

③ 마음챙김의 기능(satindriya) : 이것은 위에서 언급한 42가지 마음에 있는 마음챙김이다.

④ 삼매의 기능(samādhindriya) : 이것은 위에서 언급한 42가지 마음에 있는 집중이다.

⑤ 통찰지의 기능(paññindriya) : 이것은 위에서 언급한 42가지 마음에 있는 통찰지이다.

3.5. 5가지 힘(Bala, 五力)

5가지 힘의 필수 요소는 5가지 기능의 필수 요소와 동일하다. 이 5가지 요소 각각은 2가지 독특한 속성, 즉 마음을 통제할 수 있는 능력, 반대의 힘에 대해 견고하고 흔들리지 않을 수 있는 능력을 갖고 있다는 사실을 이해해야 한다.

① 믿음의 힘(saddhā-bala) : 믿음 또는 확신

② 정진의 힘(vīriya-bala) : 정진 또는 노력

③ 마음챙김의 힘(sati-bala) : 마음챙김

④ 삼매의 힘(samādhi-bala) : 삼매

⑤ 통찰지의 힘(paññā-bala) : 통찰지

실제로 믿음과 통찰지는 서로 균형을 유지해야 한다. 너무 많은 믿음은 불합리한 믿음을 초래하고, 너무 많은 조사는 삼매에 이르지 못하기 때문이다.

마찬가지로 정진과 삼매는 서로 균형을 유지해야 한다. 너무 많은 노력은 들뜸으로 인도하고, 너무 많은 삼매는 졸음으로 인도하기 때문이다.

마음챙김은 어떤 요소와도 균형을 유지할 필요가 없다. 마음챙김은 많을수록 더 좋다.

3.6. 7가지 깨달음의 구성 요소(Bojjhaṅga, 七覺支)

'봇장가(bojjhaṅga)'는 '보디 앙가(bodhi-aṅga)'에서 파생되었다. '보디(bodhi)'는 '깨달음'을 의미하고 '앙가(aṅga)'는 '요소'를 뜻한다. 그리하여 'bojjhaṅga'는 '깨달음의 요소'를 뜻하게 된다.

삼봇장가(sambojjhaṅga)에서 '삼(sam)'은 '좋은' 혹은 '고급의'를 뜻한다.

① 마음챙김의 깨달음의 구성 요소(sati-sambojjhaṅga) : 마음챙김
② 법조사의 깨달음의 구성 요소(dhammavicaya-sambojjhaṅga) : 진리를 조사하는 지혜
③ 정진의 깨달음의 구성 요소(vīriya-sambojjhaṅga) : 정진
④ 희열의 깨달음의 구성 요소(pīti-sambojjhaṅga) : 희열 또는 즐거움
⑤ 고요함의 깨달음의 구성 요소(passaddhi-sambojjhaṅga) : 마음과 마음부수로 구성되어 있는 정신의 고요함
⑥ 삼매의 깨달음의 구성 요소(samādhi-sambojjhaṅga) : 삼매
⑦ 평정의 깨달음의 구성 요소(upekkhā-sambojjhaṅga) : 평정

7가지 깨달음의 구성 요소는 각각 ① 마음챙김, ② 통찰지, ③ 정진, ④ 희열, ⑤ 마음부수의 고요함과 마음의 고요함, ⑥ 집중, ⑦ 평정이다. 이 모든 요소는 8가지 큰 과보의 마음, 8가지 큰 작용만 하는 마음, 26가지 본삼매의 속행으로 구성되는 42가지 마음에 존재한다.

법조사, 정진, 희열은 해태, 혼침과 반대되는 요소이고, 고요함, 삼매, 평정은 들뜸과 반대되는 요소이다.

3.7. 8가지 도의 구성 요소(Maggaṅga, 八正道)

이 요소는 혼합된 범주에서 언급된 12가지 가운데 처음 8가지 도의 요소로 구성되어 있다. 필수 구성 요소 또한 같다.

(1) **통찰지의 공부**(paññā-maggaṅga, 통찰지의 도 구성 요소, 慧學)

① 바른 견해(sammā-diṭṭhi)

② 바른 사유(sammā-saṅkappa)

(2) **계의 공부**(sīla-maggaṅga, 계의 도 구성 요소, 戒學)

③ 바른 말(sammā-vācā)

④ 바른 행위(sammā-kammanta)

⑤ 바른 생계(sammā-ājīva)

(3) **삼매의 공부**(samādhi-maggaṅga, 삼매의 도의 구성 요소, 定學)

⑥ 바른 정진(sammā-vāyāma)

⑦ 바른 마음챙김(sammā-sati)

⑧ 바른 삼매(sammā-samādhi)

바른 도의 구성 요소들을 계발할 때는 3가지 계의 도 구성 요소인 바른 말, 바른 행위, 바른 생계로부터 시작해야 한다.

계에 기반을 두고 다음에 삼매의 공부를 구성하는 3가지 삼매의 도 구성 요소인 바른 정진, 바른 마음챙김, 바른 삼매를 계발한다.

수행자가 근접삼매 또는 더 수승한 선정 삼매를 얻게 될 때, 그는 궁극적인 실재를 꿰뚫어 보고 정신·물질의 진정한 속성을 조사할 수 있게 된다. 여기에서 바른 조사의 방법에 기초한 바른 사유가 작용하기 시작한다.

바른 조사와 분석의 방법은 바른 견해를 일으키는 진리를 드러낸다. 바른 견해는 가장 중요한 깨달음의 구성 요소이다. 바른 견해는 도에 대한 진정으로 흔들리지 않고 안정된 기반을 제공한다. 바른 견해는 믿음과 지혜의 가장 작은 싹으로부터 시작하여 단계적으로 통찰지(vipassanā-ñāṇa)로 발전하고, 그 다음에 도의 지혜 혹은 깨달음을 얻게 될 때 사성제를 아는 것으로 더욱 발전해간다.

바른 견해와 바른 사유는 함께 통찰지의 공부를 구성한다.

8가지 모든 구성 요소는 함께 열반에 이르는 성스러운 도[팔정도]와 중도(中道)를 구성한다.

3.8. 깨달음의 요소(Bodhipakkhiya)에 대한 검토

깨달음의 요소에는 37가지가 있지만, 이 가운데 필수 요소는 마음챙김, 정진, 열의, 마음, 통찰지, 믿음, 집중, 희열, 마음부수와 마음의 고요함, 평정, 일으킨 생각, 바른 말, 바른 행위, 바른 생계 등 14가지이다.

14가지 필수 요소 가운데 희열, 마음부수와 마음의 고요함, 평정, 일으킨 생각, 3가지 절제(바른 말, 바른 행위, 바른 생계), 열의, 마음은 오직 각각 하나의 요소로만 일어난다.

정진은 9번, 즉 9가지 요소로 일어나고, 마음챙김은 8가지 요소로 일어나며, 집중은 4가지 요소로 일어나고, 통찰지는 5가지 요소로 일어나며, 믿음은 2가지 요소로 일어난다. 〈표 7.2〉를 참조하라.

<표 7.2> 깨달음의 요소

14가지 아름다운 마음부수 (깨달음의 요소)	사념처 (Satipaṭṭhāna)	사정근 (Sammappadhāna)	사여의족 (ddhipāda)	오근 (Indriya)	오력 (Bala)	칠각지 (Bojjhaṅga)	팔정도 (Maggaṅga)	합계
① 정진(Vīriya)		4	1	1	1	1	1	9
② 마음챙김(Sati)	4			1	1	1	1	8
③ 통찰지(Paññā)			1	1	1	1	1	5
④ 집중(Ekaggatā)				1	1	1	1	4
⑤ 믿음(Saddhā)				1	1			2
⑥ 희열(Pīti)						1		1
⑦ 고요함(Passaddhi)						1		1
⑧ 평정(Tatramajjhattatā)						1		1
⑨ 열의(Chanda)			1					1
⑩ 마음(Citta)			1					1
⑪ 바른 말(Sammā-vācā)							1	1
⑫ 바른 행위(Sammā-kammanta)							1	1
⑬ 바른 생계(Sammā-ājīva)							1	1
⑭ 일으킨 생각(Vitakka)							1	1

4. 전체 토대법(Vatthu-dhamma)의 개요

여기에서는 5가지 범주, 즉 무더기(khandha, 蘊), 취착의 무더기(upādānakkhandha, 取蘊), 감각장소(āyatana, 處), 요소(dhātu, 界), 성스러운 진리(ariyasacca, 聖諦)를 다룬다.

4.1. 5가지 무더기(Khandha, 蘊)

'칸다(khandha)'는 그룹 또는 무더기를 의미한다. 붓다는 존재의 모든 물질적·정신적 현상을 5가지 그룹 또는 무더기〔五蘊〕로 요약했다.

① 물질의 무더기(rūpakkhandha, 色蘊) : 28가지 물질로 이루어진 물질의 무더기

② 느낌의 무더기(vedanākkhandha, 受蘊) : 행복의 느낌(sukha-vedanā), 고통의 느낌(dukkha-vedanā), 기쁨의 느낌(somanassa-vedanā), 슬픔의 느낌(domanassa-vedanā), 평온의 느낌(upekkhā-vedanā)으로 이루어진 느낌의 무더기

③ 인식의 무더기(saññākkhandha, 想蘊) : 형색, 소리, 냄새, 맛, 감촉할 수 있는 대상, 정신적 인상에 대한 인식으로 이루어진 인식〔지각〕의 무더기

④ 형성의 무더기(saṅkhārakkhandha, 行蘊) : 느낌과 인식을 제외한 50가지 마음부수로 이루어진 정신적인 형성의 무더기

⑤ 의식의 무더기(viññāṇakkhandha, 識蘊) : 89가지 혹은 121가지 마음으로 이루어진 의식의 무더기

각각의 무더기를 분류할 때, 11가지 요소를 고려해야 한다. 이 요소들은 '과거의, 미래의, 현재의, 안의(ajjhattika), 밖의(bahiddha), 저열한(hīna), 수승한(paṇīta), 먼(dure), 가까운(santike), 거친(oḷārika), 미묘한(sukhuma)'이다.

한 존재를 5가지 무더기로 분석하는 목적은 에고, 자기, 개인, 자아(atta)가 존재한다는 그릇된 인식과 그릇된 견해〔邪見〕를 제거하기 위한 것이다. 이것들의 제거가 예류도로 이끌 것이다.

4.2. 5가지 취착의 무더기(Upādānakkhandha, 五取蘊)

5가지 무더기를 명시하면서 붓다는 모든 물질적·정신적 현상들을 고려했다. 그러나 통찰명상을 할 때에는 출세간의 마음들, 그것들과 함께하는 마음부수들은 조사하지 않는다.

81가지 세간의 마음, 그것들과 결합하는 마음부수들과 물질의 그룹이 탐욕과 사견에 의해 취착하는 대상을 형성한다. 이런 취착의 대상을 5가지 그룹으로 나누는 것이 취착의 무더기이다.

① 물질의 취착의 무더기(rūpupādānakkhandha, 色取蘊) : 28가지 물질로 구성되어 있는 물질의 무더기

② 느낌의 취착의 무더기(vedanupādānakkhandha, 受取蘊) : 81가지 세간의 마음과 결합한 느낌으로 구성되어 있는 느낌의 무더기

③ 인식의 취착의 무더기(saññupādānakkhandha, 想取蘊) : 81가지 세간의 마음과 결합한 인식으로 구성되어 있는 인식의 무더기

④ 정신현상들의 취착의 무더기(saṅkhārupādānakkhandha, 行取蘊) : 느낌과 인식을 제외한 50가지 세간의 마음부수로 구성되어 있는 정신적 현상들의 무더기

⑤ 의식의 취착의 무더기(viññānupādānakkhandha, 識取蘊) : 81가지 세간의 마음으로 구성되어 있는 의식의 무더기

4.2.1. 2가지 유형의 무더기로 분류하는 이유

5가지 존재의 무더기만이 있다는 것과, 에고나 개인이나 자아(atta)가 없다는 것을 보여주기 위해, 붓다는 세간적인 것이든 출세간적인 것이든 모든 물질적 현상과 정신적 현상을 5가지 무더기로 분류했다. 이것이 그의 첫 번째 오온에 대한 가르침(khandha-desanā)이다.

통찰명상에서는 출세간의 마음과 그것들의 마음부수들은 조사하지 않는다. 그 이유는 출세간의 마음이 고제(苦諦, dukkha-sacca)에 속하지 않기 때문이다. 오직 세간의 마음들과 그것들의 마음부수들과 물질의 무더기만을 통찰명상에서 조사한다. 그 이유는 그것들이 취착(upādāna, 즉 탐욕과 사견)에 의해 거머쥐어지고 고통의 순환〔윤회〕과 관련되어 있기 때문이다. 또 그것들이 무상(anicca), 고(dukkha), 무아(anatta)의 특성을 갖고 있기 때문이다.

그리하여 붓다는 취착에 의해 집착하게 되는 물질적 현상과 정신적 현상을 5가지 무더기로 다시 분류했다. 이것이 그의 두 번째 취착의 무더기에 대한 가르침(upādānakkhandha-desanā)이다.

4.2.2. 열반은 무더기에서 벗어난 것 (Khandha-vimutti)

5가지 존재의 무더기를 분류할 때 열반은 포함되지 않는다. 그 이유는 오직 하나의 열반만이 있고 열반은 그 자체의 부류에 속하기 때문이다. 열반은 항상 존재하기 때문에 과거나 현재나 미래로 구별될 수 없다. 열반은 외부에(bahiddha)에 속해 있기 때문에 안(ajjhattika)이나 밖(bahiddha)으로 구별될 수 없다. 열반은 수승한 것(paṇīta)에 속하기 때문에 저열한(hīna) 것이나 수승한(paṇīta) 것으로 구별될 수 없다. 열반은 일반적인 지혜로부터 멀리 떨어져 있어서 먼(dure) 것이기만 하기 때문에 먼(dure) 것이나 가까운(santike) 것으로 구별될 수 없다. 열반은 미묘하기(sukhuma) 때문에 거친(oḷārika) 것이나 미묘한 것으로 구별될 수 없다.

외부의 것, 수승한 것, 먼 것, 미묘한 것은 다른 열반을 의미하지 않는다. 그것들은 동일한 열반의 다른 속성이다.

2가지 다른 종류의 열반이 있는 것이 아니다. 그러므로 열반은 하나의 무더기로 분류될 필요가 없다.

4.3. 12가지 감각장소(Āyatana)

'아야따나(āyatana)'는 '기반'이나 '근원'이나 '영역'을 의미한다. 여기에서의 12가지 감각장소는 마음과 마음부수들이 일어나는 기반이나 근원을 의미한다.

12가지 감각장소는 다음과 같이 2가지 그룹으로 동등하게 나뉜다. A는 안의(ajjhattika) 감각장소이고 B는 밖의(bāhira) 감각장소이다.

A. 6가지 안의 감각장소(ajjhattikāyatana, 6가지 감각의 문)

① 눈의 감각장소(cakkhāyatana) : 눈의 감성(cakkhu-pasāda), 안문

② 귀의 감각장소(sotāyatana) : 귀의 감성(sota-pasāda), 이문

③ 코의 감각장소(ghānāyatana) : 코의 감성(ghāna-pasāda), 비문

④ 혀의 감각장소(jivhāyatana) : 혀의 감성(jivhā-pasāda), 설문

⑤ 몸의 감각장소(kāyāyatana) : 몸의 감성(kāya-pasāda), 신문

⑥ 마음의 감각장소(manāyatana) : 89가지 혹은 121가지 마음, 의문

B. 6가지 밖의 감각장소(bāhirāyatana)

① 형색의 감각장소(rūpāyatana) : 형색(vaṇṇa)

② 소리의 감각장소(saddāyatana) : 소리(sadda)

③ 냄새의 감각장소(gandhāyatana) : 냄새(gandha)

④ 맛의 감각장소(rasāyatana) : 맛(rasa)

⑤ 감촉의 감각장소(phoṭṭhabbhāyatana) : 지대, 화대, 풍대

⑥ 법의 감각장소(dhammāyatana) : 52가지 마음부수와 16가지 미세한 물질과 열반으로 구성되어 있는 마음의 대상〔法〕

6가지 안의 감각장소는 5가지 물질적인 감각기관과 마음으로 구성되어 있다. 마음의 감각장소는 모든 마음을 일컫기 위한 집합적인 용어이다.

6가지 밖의 감각장소는 6가지 감각대상으로 구성되어 있다. 법의 감각장소는 그것이 마음과 감성물질과 개념들을 포함하고 있지 않기 때문에 법대상을 약간 줄여서 하는 말이다. 마음과 감성물질은 6가지 안

의 감각장소로 이미 설명했다. 반면에 개념은 궁극적 실재에 속하지 않기 때문에, 법의 감각장소에 포함되지 않는다.

모든 마음, 모든 마음부수, 모든 물질, 열반이 12가지 감각장소에 포함되어 있다.

인식과정은 안의 감각장소와 밖의 감각장소의 접촉으로부터 일어난다. 보이는 대상이 눈의 감각장소에 부딪칠 때, 안문 인식과정(cakkhu-dvāra vīthi)이 일어난다. 소리가 귀의 감각장소에 부딪칠 때, 이문 인식과정(sota-dvāra vīthi)이 일어난다. 나머지도 마찬가지다.

5가지 취착의 무더기를 이해하기 어려운 사람도 12가지 감각장소는 이해할 수 있어서 자아라고 불리는 에고의 실체라는 것이 비어 있다는 것을 알 수 있다. 이런 이해가 있는 사람들은 해탈로 인도될 수 있다.

'감각장소'라고 부르는 다른 한 가지 이유는 그것이 고통의 긴 순환〔윤회〕을 일으키기 때문이다.

4.4. 18가지 요소(Dhātu, 界)

'요소'는 그것 자체의 특성을 지니고 있는 것이다. 요소는 자연에서 존재하고 자기의 목적을 수행하지만 살아 있는 존재는 아니다.

붓다는 취착의 무더기와 감각장소를 이해할 수 없는 사람에게 '자아'라는 것은 없다는 것을 분명하게 보여주어 그들에게 이익이 되도록 모든 실재를 18가지 요소로 나누었다. 18가지 요소는 3가지 그룹으로 동등하게 나뉜다. A는 6가지 주관적인 요소이고, B는 6가지 객관적인 요소이며, C는 6가지 지적인 요소이다.

A. 6가지 주관적인 요소(Dvāra, 門)

① 눈의 요소(cakkhu-dhātu, 眼界) : 눈의 감성(cakkhu-pasāda), 안문

② 귀의 요소(sota-dhātu, 耳界) : 귀의 감성(sota-pasāda), 이문

③ 코의 요소(ghāna-dhātu, 鼻界) : 코의 감성(ghāna-pasāda), 비문

④ 혀의 요소(jivhā-dhātu, 舌界) : 혀의 감성(jivhā-pasāda), 설문

⑤ 몸의 요소(kāya-dhātu, 身界) : 몸의 감성(kāya-pasāda), 신문

⑥ 마음의 요소(mano-dhātu, 意界) : 오문전향과 2가지 받아들임, 의문

B. 6가지 대상적인 요소(감각대상)

⑦ 형색의 요소(rūpa-dhātu, 色界) : 형색(vaṇṇa)

⑧ 소리의 요소(sadda-dhātu, 聲界) : 소리(sadda)

⑨ 냄새의 요소(gandha-dhātu, 香界) : 냄새(gandha)

⑩ 맛의 요소(rasa-dhātu, 味界) : 맛(rasa)

⑪ 감촉의 요소(phoṭṭhabbha-dhātu, 觸界) : 지대, 화대, 풍대

⑫ 법의 요소(dhamma-dhātu, 法界) : 52가지 마음부수와 16가지 미세한 물질과 열반. 이것들은 법의 감각장소와 동일하다.

C. 6가지 지적인 요소(의식)

⑬ 안식의 요소(cakkhu-viññāṇa-dhātu, 眼識界) : 2가지 안식의 마음(cakkhu-viññāṇa citta)

⑭ 이식의 요소(sota-viññāṇa-dhātu, 耳識界) : 2가지 이식의 마음(sota-viññāṇa citta)

⑮ 비식의 요소(ghāna-viññāṇa-dhātu, 鼻識界) : 2가지 비식의 마음(ghāna-viññāṇa citta)

⑯ 설식의 요소(jivhā-viññāṇa-dhātu, 舌識界) : 2가지 설식의 마음 (jivhā-viññāṇa citta)

⑰ 신식의 요소(kāya-viññāṇa-dhātu, 身識界) : 2가지 신식의 마음 (kāya-viññāṇa citta)

⑱ 의식의 요소(mano-viññāṇa-dhātu, 意識界) : 10가지 전오식의 마음과 3가지 의계의 마음을 제외한 76가지 마음

6가지 문과 6가지 감각대상을 기초로 하여 6가지 유형의 마음[識]이 일어난다. 그러므로 18가지 요소가 있게 된다.

18가지 요소는 12가지 감각장소처럼 모든 물질, 모든 마음, 모든 마음부수, 열반을 포함한다.

네 가지 큰 필수 요소[四大]인 땅의 요소, 물의 요소, 불의 요소, 바람의 요소는 18가지 요소[界]로 계산하지 말아야 한다. 물론 이 18가지 요소[界]는 ⑪번과 ⑫번에서 4가지 필수 요소[사대]를 포함하고 있다.

4.5. 사성제(Ariya-sacca)

'삿짜(sacca)'는 '진리'를 의미한다. 성자(ariyā)에 의해서만 완전하게 이해될 수 있는 진리를 성스러운 진리(ariya-sacca, 聖諦)라고 부른다.

붓다의 전체 가르침을 가장 간단하게 종합한 것이 사성제이다. 사성제는 모든 것을 망라하고 삼장(Tipiṭaka)의 많은 교리들을 포함하고 있다.

사성제는 진실로 가장 높은 형태의 보편적인 법이며 사성제를 명확하게 깨닫는 자는 성자가 된다.

사성제의 아비담마식 이름, 일반적인 이름, 의미를 〈표 7.3〉에서 설명한다.

〈표 7.3〉 사성제

	아비담마의 이름	일반적인 이름	의미
1	고성제 (苦聖諦, Dukkha Ariya-sacca)	고제 (苦諦, Dukkha Sacca)	고통의 성스러운 진리
2	고집성제 (苦集聖諦, Dukkha-samudaya Ariya-sacca)	집제 (集諦, Samudaya Sacca)	고통의 원인의 성스러운 진리
3	고멸성제 (苦滅聖諦, Dukkha-nirodha Ariya-sacca)	멸제 (滅諦, Nirodha Sacca)	고통의 소멸의 성스러운 진리
4	고멸도성제 (苦滅道聖諦, Dukkha-nirodha-gāminipaṭipadā Ariya-sacca)	도제 (道諦, Magga Sacca)	고통의 소멸로 인도하는 도 닦음의 성스러운 진리

사성제 각각의 핵심 요소와 그에 담긴 뜻

(1) 81가지 세간의 마음, 탐욕을 제외한 51가지 세간의 마음부수, 28가지 유형의 물질은 고통의 성스러운 진리〔苦聖諦〕의 필수 요소이다. 이것들은 삼계인 욕계 세상, 색계 세상, 무색계 세상에서 재생과 고통의 긴 순환〔윤회〕을 일으킨다.
첫 번째 진리는 우리에게 모든 형태의 존재는 그 존재가 무엇이든 고통(dukkha)을 받게 되기 때문에 불만족스러운 것〔苦〕임을 가르쳐준다.

(2) 고통의 원인의 성스러운 진리의 핵심은 8가지 탐욕에 뿌리박은 마음에 있는 탐욕인 갈애이다. 갈애는 끊임없이 계속되는 존재의 연쇄에서 재생과 고통을 가져온다.
두 번째 진리는 우리에게 모든 재생을 포함하고 있는 모든 고통은 갈애에 의해 생긴다는 사실을 가르쳐준다.

(3) 고통의 소멸의 성스러운 진리의 핵심은 갈애가 소멸되는 결과로 일어나는 열반이다.
세 번째 진리는 우리에게 갈애의 소멸이 반드시 재생과 고통의 소멸(Nirodha)을 가져다준다는 것을 가르쳐준다. 재생과 고통의 소멸은 열반인 영원한 평화(santi-sukha, 고요한 행복)를 가져다준다.

(4) 도의 마음에 있는 8가지 도의 요소는 고통의 소멸로 인도하는 도닦음의 성스러운 진리의 필수 요소이다. 네 번째 진리는 우리에게 8가지 도의 요소가 재생과 고통의 소멸을 가져올 수 있는 진정한 수단이라는 사실을 가르쳐준다.

(5) 고통의 성스러운 진리와 고통의 원인의 성스러운 진리는 '세간의 진리(lokiya-sacca)'라 한다. 후자는 원인이고 전자는 결과이다. 고통의 소멸의 성스러운 진리와 고통의 성스러운 진리로 인도하는 도 닦음의 성스러운 진리는 '출세간의 성스러운 진리(lokuttara-sacca)'라 한다. 후자는 원인이고 전자는 결과이다.

(6) 미얀마에는 무더기, 감각장소, 요소, 진리를 모르면 살아갈 가치가 없다는 일반적인 믿음이 있다. 그리하여 우리는 지금 그것들을 알게 되어 다행이고, 그것들을 통찰지(bhāvanāmaya-ñāṇa, 명상의 지혜)로 알려는 바른 노력을 해야 한다.

제8장

조건

'빳짜야(paccaya)'는 '원인' 또는 '조건'을 의미한다. 다른 어떤 것, 즉 '조건 지어진 것(paccayuppanna)'은 원인 또는 조건에 의존하며, 그 원인이나 조건 없이는 조건 지어진 것이 있을 수 없다. 조건은 조건 지어진 것의 원인이고, 조건 지어진 것은 원인 또는 조건의 결과이다.

결과나 과보를 조건 지을 때, 원인 또는 조건은 2가지 지원하는 방식으로 작용한다.

① 원인 또는 조건은 일어나지 않은 결과를 일어나도록 한다.
② 원인 또는 조건은 이미 일어난 결과를 강화시킨다.

조건 짓는 방법은 2가지이다.

① 연기법(Paṭiccasamuppāda)
② 조건관계법(Paṭṭhāna)

연기법은 어떻게 원인이 결과가 일어나도록 조건 짓는지에 대한 설명 없이 원인과 결과만을 설명한다. 하지만 연기법은 존재의 많은 물질적·정신적 현상들의 중단 없는 흐름의 조건성과 의존성을 설명하는 11가지 인과관계를 묘사하기 때문에 매우 중요한 교리이다. 다시 말해서, 연기법은 각 존재가 고통의 순환인 재생의 순환을 겪으면서 존재의 바퀴에 어떻게 휘말리는지를 설명한다.

조건관계법은 원인과 결과를 묘사할 뿐만 아니라 원인이 어떻게 결과를 일어나게 하는지를 설명한다. 실제의 삶에서 일어나는 명시적인 예들로 원인과 결과에 의해 물질적·정신적 현상의 상관관계를 보여주는 24가지 조건관계의 양상이 있음을 배우는 것은 훌륭한 일이다.

1. 연기(Paṭiccasamuppāda)

일반적으로 연기법은 원인과 결과의 상관관계를 보여주는 방법으로 알려져 있다. 연기법의 핵심을 간단히 정리하면 다음과 같다.

① 무명을 조건으로 재생을 일으키는 의도 또는 업의 형성이 일어난다(Avijjā-paccayā saṅkhārā, 無明緣行).

② 〔전생의〕 업의 형성을 조건으로 〔금생의〕 재생연결심이 일어난다(Saṅkhārā-paccayā viññāṇaṁ, 行緣識).

③ 재생연결심을 조건으로 정신현상과 물질현상이 일어난다(Viññāṇa-paccayā nāma-rūpaṁ, 識緣名色).

④ 정신현상과 물질현상을 조건으로 6가지 감각장소가 일어난다(Nāma-rūpa-paccayā saḷāyatanaṁ, 名色緣六入).

⑤ 6가지 감각장소를 조건으로 접촉이 일어난다(Saḷāyatana-paccayā phasso, 六入緣觸).

⑥ 접촉을 조건으로 느낌이 일어난다(Phassa-paccayā vedanā, 觸緣受).

⑦ 느낌을 조건으로 갈애가 일어난다(Vedanā-paccayā taṇhā, 受緣愛).

⑧ 갈애를 조건으로 취착이 일어난다(Taṇhā-paccayā upādānaṁ, 愛緣取).

⑨ 취착을 조건으로 재생을 일으키는 업(kamma-bhava, 업의 존재, 業有)과 재생과정(upapatti-bhava, 재생의 존재, 生有)이 일어난다 (Upādāna-paccayā bhavo, 取緣有).

⑩ 〔금생의〕 재생을 일으키는 업을 조건으로 〔내생의〕 재생이 일어난다 (Bhava-paccayā jāti, 有緣生).

⑪ 재생을 조건으로 늙음과 죽음, 슬픔, 비탄, 육체적 고통, 정신적 고통, 절망이 일어난다(Jāti-paccayā jarā-maraṇaṁ-soka-parideva-dukkha-domanassa-upāyāsā sambhavanti, 生緣老死憂悲苦惱).

이와 같이 전체 괴로움의 무더기가 미래에 다시 일어난다.

이제 위 내용을 자세히 설명하겠다.

1.1. 무명을 조건으로 재생을 일으키는 의도 또는 업의 형성이 일어난다

무명(avijjā)이 의도적 행위(saṅkhāra, 行)를 일어나도록 조건 짓는다. 다시 말해서, 무명의 결과로 의도적 행위가 일어난다.

무명은 어리석음이나 미혹이다. 본질적으로 무명은 12가지 해로운 마음에 있는 미혹(moha)이다. 무명은 사람의 정신적인 눈을 가려 사물의 진정한 성품을 보지 못하게 한다. 실제로 모든 것이 무상하고 괴로움이고 무아이며 부정한 것이지만, 미혹으로서의 무명은 삶이 영원하고 즐거움이며 자아이고 아름다운 것으로 보이게 하여 존재들을 속인다.

존재들의 진정한 성품이 알려지지 않도록 무명에 의해 덮여 있는

8가지 중요한 대상들이 있다. 그것들은 괴로움의 진리(dukkha sacca, 苦聖諦), 원인의 진리(samudaya sacca, 集聖諦), 소멸의 진리(nirodha sacca, 滅聖諦), 도의 진리(magga sacca, 道聖諦), 과거의 무더기(khandha, 蘊)와 감각장소(āyatana, 處), 미래의 무더기와 감각장소, 현재의 무더기와 감각장소의 앞쪽 끝과 뒤쪽 끝, 업과 업의 과보를 포함하고 있는 인과관계인 연기이다.

의도적 행위는 재생을 일으키는 의도(cetanā) 또는 업의 형성이다. 그것은 공덕이 되는 행위(puññābhi-saṅkhāra), 공덕이 되지 않는 행위(apuññābhi-saṅkhāra), 흔들림 없는 행위(anenjābhi-saṅkhāra)를 일컫는다.

① 공덕이 되는 행위는 8가지 큰 유익한 마음과 5가지 색계의 유익한 마음에 있는 13가지 의도를 나타낸다. 그렇게 불리는 이유는 공덕이 되는 행위가 선한 과보의 정신의 무더기(vipāka-nāmakkhandha)와 업에서 생긴 물질(kaṭattā rūpa)을 욕계와 색계에서 일어나도록 조건 짓기 때문이다.

② 공덕이 되지 않는 행위는 12가지 해로운 마음에 있는 12가지 의도를 나타낸다. 그렇게 불리는 이유는 공덕이 되지 않는 행위가 악한 과보의 정신의 무더기와 업에서 생긴 물질을 4가지 세상에서 일어나도록 조건 짓기 때문이다.

③ 흔들림 없는 행위는 무색계의 유익한 마음에 있는 4가지 의도를 나타낸다. 이렇게 불리는 이유는 흔들림 없는 행위가 흔들림 없는 무색계의 존재가 일어나도록 조건 짓기 때문이다.

간단하게 말해서, 의도적 행위는 17가지 세간의 유익한 마음과 12가지 해로운 마음에 있는 29가지 유형의 업을 나타낸다.

무명은 어떻게 의도적 행위가 일어나도록 조건 짓는가? 업과 업의 과보에 대한 무지로 인해 사람들은 눈앞의 자기 이익을 위해 해로운 행위들을 저지른다. 감각적 욕망과 천상의 즐거움이 진정한 행복이라는 미혹된 생각으로 사람들은 금생에서나 내생에서 그런 행복을 얻기 위해 보시와 지계와 수행 같은 공덕이 되는 행위들을 한다. 그러므로 사람들은 무명이나 미혹의 결과로 유익하거나 해로운 업(의도적 행위)을 축적한다.

1.2. 〔전생의〕 업의 형성을 조건으로 〔금생의〕 재생연결심이 일어난다

의도적 행위는 의식(viññāṇa, 識)이 일어나도록 조건 짓는다. 다시 말해서, 의도적 행위의 결과로 의식이 일어난다.

여기에서의 의도적 행위는 앞에서 언급한 29가지 유익하거나 해로운 의도(즉 업)를 의미한다. 의식은 업을 형성한 최초의 과보인 재생연결심을 의미한다. 그러나 의도적 행위는 평생 동안 계속해서 과보의 마음(vipāka-citta)을 생기게 한다. 그리하여 32가지 모든 세간의 과보의 마음(lokiya-vipāka citta)은 의도적 행위의 직접 결과인 의식을 나타낸다.

그러므로 두 번째 인과관계는 다음과 같이 해석해야 한다.

재생연결 시에는 〔들뜸의 의도를 제외한〕 11가지 해로운 의도와 17가지 세간의 유익한 의도가 19가지 재생연결심이 일어나도록 조건 짓는다. 삶의 과정 동안에는 12가지 모든 해로운 의도와 17가지 세간의 유익한 의도가 32가지 세간의 과보의 마음이 일어나도록 계속해서 조건 짓는다. 이것을 다음과 같이 분류할 수 있다.

① 〔12가지 해로운 의도인〕 공덕이 되지 않는 행위는 7가지 해로운 과보의 마음이 일어나도록 조건 짓는다.

② 〔8가지 큰 유익한 의도와 5가지 색계의 유익한 의도인〕 공덕이 되는 행위는 8가지 유익한 원인 없는 과보의 마음(kusala-ahetuka-vipāka citta), 8가지 큰 과보의 마음, 5가지 색계의 과보의 마음이 일어나도록 조건 짓는다.

③ 〔4가지 무색계의 의도인〕 흔들림 없는 행위는 4가지 무색계의 과보의 마음이 일어나도록 조건 짓는다.

그리하여 어머니의 자궁에 잉태하는 바로 첫 번째 순간부터 배아적 존재에게 업의 과보 의식이 작용하고, 그것은 계속해서 평생 동안 생명연속심, 안식, 이식 등으로 작용한다. 물론 업의 과보 마음은 결국에는 죽음의 마음으로 끝나게 된다.

1.3. 재생연결심을 조건으로 정신현상과 물질현상이 일어난다

의식은 정신·물질(nāma-rūpa, 名色)이 일어나도록 조건 짓는다. 다시 말해서, 의식의 결과로 정신·물질이 일어난다.

여기에서 의식이란 과보의 의식(vipāka-viññāṇa)과 업식(kamma-viññāṇa)이다. 과보의 의식은 두 번째 인과관계에서 언급된 32가지 세간의 과보의 마음을 의미한다.

업식은 의도의 업(cetanā-kamma)과 결합한 마음을 의미하고, 그것은 다시 우리가 의도적 행위로 설명했던 29가지 해롭거나 유익한 업을 일컫는다. 이와 같은 재언급이 필요한 이유는 과보의 마음이 아닌 오직 해로운 업이나 유익한 업만이 18가지 유형의 업에서 생긴 물질을 일어나게 할 수 있기 때문이다.

정신·물질에서 정신〔名〕은 32가지 세간의 과보의 마음과 결합한 35가지 마음부수를 말한다. 존재의 무더기〔오온〕의 관점에서 볼 때, 이 35가지 마음부수는 3가지 정신의 무더기인 느낌의 무더기〔受蘊〕, 인식의 무더기〔想蘊〕, 형성의 무더기〔行蘊〕를 나타낸다. 두 번째 부분인 물질〔色〕은 18가지 업에서 생긴 물질을 의미한다.

요약하면, 32가지 세간의 과보의 의식은 35가지 마음부수인 3가지 정신의 무더기가 일어나도록 조건 짓는 반면, 29가지 업식은 18가지 업에서 생긴 물질이 일어나도록 조건 짓는다. 이 현상이 세 번째 인과관계를 구성한다.

우리는 업이 어머니의 자궁에 잉태하는 바로 첫 번째 순간부터 업에서 생긴 물질을 생기게 하기 시작하여 죽을 때까지 모든 아순간에 끊임없이 그렇게 한다는 사실을 기억해야 한다. 우리는 제6장에서 개인들에게 물질이 일어나는 것과 관련하여 이런 사실을 배웠다. 이 업에서 생긴 물질 가운데 생명기능의 9원소 깔라빠(jīvita-navaka-kalāpa)는 무상유정천의 범천의 물질의 재생연결(rūpa-paṭisandhi)의 기능을 한다.

지금까지, 즉 세 번째 인과관계까지, 무명은 다양한 업이 일어나도록 조건 짓고, 이 업은 다시 32가지 세간의 과보의 마음과 18가지 업에서 생긴 물질이 일어나도록 조건 짓는다는 것을 보았다. 32가지 세간의 과보의 마음은 다시 35가지 마음부수인 3가지 정신의 무더기가 일어나도록 조건 짓는다.

과보의 마음은 의식의 무더기〔識蘊〕를 나타내고, 업에서 생긴 물질은 물질의 무더기〔色蘊〕를 나타내기 때문에, 이제 새로운 배아(embryo)가 살아 있는 존재로 자신을 나타낼 수 있는 존재의 5가지 무더기〔五蘊〕를 갖게 된다.

하지만 4가지 정신의 무더기만이 무색계에서 일어나고, 오직 물질의 무더기만이 무상유정천에서 일어나며, 5가지 모든 무더기가 욕계와 색계에서 일어난다는 사실을 알아야 한다.

1.4. 정신현상과 물질현상을 조건으로 6가지 감각장소가 일어난다

정신·물질〔名色〕은 6가지 감각장소(saḷāyatana, 六入)가 일어나도록 조건 짓는다. 다시 말해서, 정신·물질의 결과로 6가지 감각장소가 일어난다.

정신·물질은 세 번째 인과관계에서 언급했던 바와 같은 32가지 세간의 과보의 마음과 결합한 35가지 마음부수와 18가지 업에서 생긴 물질을 의미한다.

6가지 감각장소는 6가지 안의 감각장소인 눈의 감각장소, 귀의 감각장소, 코의 감각장소, 혀의 감각장소, 몸의 감각장소, 마음의 감각장소를 일컫는다. 처음 5가지 감각장소는 18가지 업에서 생긴 물질에 있는 5가지 감성물질을 나타낸다. 여기에서의 마음의 감각장소는 인과관계들을 설명하고 있는 바와 같은 32가지 세간의 과보의 마음만을 나타낸다.

우리는 세 번째 인과관계에서 35가지 마음부수가 세간의 과보의 마음의 결과로 일어난다는 것을 알았다. 이제 우리는 35가지 마음부수가

32가지 세간의 과보의 마음이 일어나도록 다시 조건 짓는다는 것을 알게 된다. 이것은 마음과 마음부수 사이의 상호 조건을 예증한다.

1.5. 6가지 감각장소를 조건으로 접촉이 일어난다

6가지 감각장소〔六入〕는 접촉(phassa, 觸)이 일어나도록 조건 짓는다. 다시 말해서, 접촉은 6가지 감각장소의 결과로 일어난다. 6가지 감각장소는 앞에서 언급했던 바와 같은 6가지 안의 감각장소를 의미한다. 여기에서 접촉은 32가지 세간의 과보의 마음에 있는 접촉의 마음부수를 말한다.

개별적인 상호관련을 설명하면, 눈의 감각장소는 〔안식과 결합한 접촉인〕 눈의 접촉이 일어나도록 조건 짓고, 귀의 감각장소는 귀의 접촉이 일어나도록 조건 짓고, 코의 감각장소는 코의 접촉이 일어나도록 조건 지으며, 혀의 감각장소는 혀의 접촉이 일어나도록 조건 짓고, 몸의 감각장소는 몸의 접촉이 일어나도록 조건 지으며, 마음의 감각장소는 마음의 접촉이 일어나도록 조건 짓는다. 삼팟사(samphassa, 접촉)는 팟사(phassa, 접촉)와 동의어이다.

눈의 감각장소는 눈의 감성, 즉 안문으로, 보이는 대상이 거기에 부딪혀 안식이 일어난다. 다음에 안식과 결합한 접촉은 눈의 토대에 의해 조건 지어진다. 나머지 5가지 접촉도 유사하게 생긴다.

5가지 물질적인 토대나 감각기관이 없이는 어떤 감각인상도 있을 수 없고, 마음의 문〔意門〕의 역할을 하는 여섯 번째 감각장소 또는 32가지 세간의 과보의 마음이 없이는 어떤 정신적 인상도 있을 수 없다.

1.6. 접촉을 조건으로 느낌이 일어난다

접촉[觸]은 느낌(vedanā, 受)이 일어나도록 조건 짓는다. 다시 말해서 느낌은 접촉의 결과로 일어난다.

여기에서의 접촉은 32가지 세간의 과보의 마음과 결합한 접촉의 마음부수이다. 느낌도 32가지 세간의 과보의 마음에 있는 느낌의 마음부수이다.

접촉과 느낌은 같은 마음에서 동시에 일어난다. 그럼에도 불구하고 접촉은 원인으로 간주되고, 느낌은 결과로 간주된다. 이전의 인과관계에서 열거된 6가지 유형의 접촉에 따라 6가지 유형의 느낌이 있게 된다.

눈의 접촉 때문에 눈의 접촉에서 생긴 느낌(cakkhu-samphassaja vedanā)이 일어난다. 귀의 접촉 때문에 귀의 접촉에서 생긴 느낌이 일어난다. 코의 접촉 때문에 코의 접촉에서 생긴 느낌이 일어난다. 혀의 접촉 때문에 혀의 접촉에서 생긴 느낌이 일어난다. 몸의 접촉 때문에 몸의 접촉에서 생긴 느낌이 생긴다. 마음의 접촉 때문에 마음의 접촉에서 생긴 느낌이 일어난다.

눈의 접촉에서 생긴 느낌은 눈의 접촉에 의해 생긴 안식에 있는 느낌을 의미한다. 나머지 느낌도 유사하게 이해해야 한다.

1.7. 느낌을 조건으로 갈애가 일어난다

느낌[受]은 갈애(taṇhā, 愛)가 일어나도록 조건 짓는다. 다시 말해서 갈애는 느낌의 결과로 일어난다.

여기에서의 느낌은 눈의 접촉에서 생긴 느낌과 귀의 접촉에서 생긴 느낌 등으로 앞에서 열거했던 6가지 느낌을 의미한다. 각 개인이 존재의 바퀴〔윤회〕에서 어떻게 돌고 도는가를 설명하는 인과관계에서는 원인이 결과를 생기게 하고 결과는 그것의 결과를 다시 생기게 하기 위해 원인이 된다. 여기에서는 느낌이 원인의 역할을 하고 있기 때문에 어떤 저자는 81가지 세간의 마음과 결합한 모든 느낌을 원인으로 간주하고 싶어 한다.

느낌의 결과로 생기는 갈애도 6가지 유형인 형색에 대한 갈애, 소리에 대한 갈애, 냄새에 대한 갈애, 맛에 대한 갈애, 감촉에 대한 갈애, 법에 대한 갈애이다. 이 6가지 유형의 갈애는 자신에게는 안으로 존재하고 남에게는 밖으로 존재한다. 그리하여 그것들은 함께 12가지 유형의 갈애가 된다. 그 12가지 유형의 갈애는 과거, 현재, 미래를 고려하여 36가지가 된다. 그 36가지 갈애를 원인의 진리(samudaya sacca, 集諦)로 열거된 3가지 유형의 갈애로 곱하면 108가지 갈애가 된다.

원인의 진리로 열거된 3가지 유형의 갈애는 다음과 같다.

① 감각적 욕망에 대한 갈애(kāma-taṇhā) : 감각적 즐거움이나 선정의 즐거움에 대한 갈애

② 존재에 대한 갈애(bhava-taṇhā) : 불멸한다고 생각하면서 욕망을 즐기는 상주론(eternalism)과 결합한 감각적 욕망에 대한 갈애

③ 존재하지 않음에 대한 갈애(vibhava-taṇhā) : 죽은 후에는 모든 것이 멸절한다고 생각하면서 욕망을 즐기는 단멸론(nihilism)과 결합한 감각적 즐거움과 선정의 기쁨에 대한 갈애

모든 다양한 양상의 갈애는 본질적으로 8가지 탐욕에 뿌리박은 마음

과 결합한 탐욕을 나타낸다.

1.8. 갈애를 조건으로 취착이 일어난다

갈애[愛]는 취착(upādāna, 取)이 일어나도록 조건 짓는다. 다시 말해서, 취착은 갈애의 결과로 일어난다.

여기에서의 갈애는 6가지 감각대상에 대한 6가지 유형의 갈애인 형색에 대한 갈애, 소리에 대한 갈애, 냄새에 대한 갈애, 맛에 대한 갈애, 감촉에 대한 갈애, 법에 대한 갈애를 일컫거나, 일곱 번째 인과관계에서 묘사된 바와 같은 108가지 양상의 갈애로 간주될 수 있다.

취착은 제7장에서 설명했던 4가지 유형의 취착인 감각적 욕망에 대한 취착, 사견에 대한 취착, 계율과 의식에 대한 취착, 자아의 교리에 대한 취착을 의미한다.

갈애의 결과로 감각적 욕망에 대한 취착(kāmupādāna)이 일어나는 것을 먼저 살펴보자. 감각적 욕망에 대한 취착은 감각적 욕망이나 감각대상에 대한 집착이며, 본질적으로 그것은 8가지 탐욕에 뿌리박은 마음에 있는 탐욕이다.

그리하여 우리는 원인(taṇhā, 갈애)과 결과(kāmupādāna, 감각적 욕망에 대한 취착) 둘 다가 탐욕을 나타낸다는 것을 알게 된다. 탐욕이 어떻게 원인과 결과가 될 수 있는가? 그것에 대한 설명은 다음과 같이 4가지이다.

① 갈애는 강도에서 감각적 욕망에 대한 취착보다 약하다. 우리가 아름다운 대상을 볼 때, 먼저 갈애 형태의 약한 집착이 일어난다. 우리가

그 대상이 얼마나 유난히도 아름다운가를 계속해서 생각할 때, 그 집착은 감각적 욕망에 대한 취착인 강한 갈애나 확고한 집착이 될 때까지 점점 더 강해진다.

② 다른 주석가들은 대상을 얻고자 하는 욕구는 갈애이고 대상을 얻은 후에 발전하는 강한 집착이나 확고한 집착이 감각적 욕망에 대한 취착이라는 견해를 갖고 있다.

③ 더욱이 갈애는 검소함(appicchatā)과 반대인 반면, 감각적 욕망에 대한 취착은 만족(santuṭṭhitā)과 반대이다. 그리하여 갈애가 취착을 일어나게 한다고 말할 수 있다.

④ 갈애는 부를 얻을 때 마주치는 고통의 원인이 되는 반면에 감각적 욕망에 대한 취착은 부를 지킬 때 마주치는 고통의 원인이 된다.

그러므로 감각적 욕망에 대한 취착이 갈애의 결과로 일어난다고 말하는 것이 적절하다.

이제 나머지 3가지 취착이 어떻게 갈애의 결과로 일어나는지를 더 설명하겠다. 이 3가지 취착은 사견에 대한 취착(diṭṭhupādāna), 계율과 의식에 대한 취착(sīlabbatupādāna), 자아의 교리에 대한 취착(attavādupādāna)이다.

'자아(atta)' 또는 '나'라는 것이 존재한다는 자아의 교리에 대한 취착은 존재의 5가지 무더기〔五蘊〕를 개인이나 나로 간주하는 유신견(sakkāya-diṭṭhi)과 동의어이다. 이런 믿음은 분명히 자신에 대한 집착(taṇhā, 갈애)의 결과이다. 소나 개의 계율을 수행하는 사람들이나 가시 위에서 잠자는 것과 같은 쓸모없는 수행을 하는 사람들은 자아에 대한 집착에서 자아를 향상시키기 위해 그렇게 하는 것이다.

그러므로 갈애가 취착을 일어나도록 조건 짓는다는 인과관계는 매우 타당하다고 할 수 있다.

1.9. 취착을 조건으로 재생을 일으키는 업(kamma-bhava, 업의 존재, 業有)과 재생과정(upapatti-bhava, 재생의 존재, 生有)이 일어난다

취착〔取〕은 존재(bhava, 有)가 일어나도록 조건 짓는다. 다시 말해서, 존재는 취착의 결과로 일어난다.

여기에서 취착은 여덟 번째 인과관계에서 묘사되었던 바와 같은 감각적 욕망에 대한 취착, 사견에 대한 취착, 계율과 의식에 대한 취착, 자아의 교리에 대한 취착이다.

'존재'는 문자 그대로 '생성'을 의미한다. 그러나 여기에서 존재는 '업의 존재(kamma-bhava, 業有)'와 '태어남의 존재(upapatti-bhava, 生有)'를 의미한다.

업의 존재는 재생을 일으키는 업을 의미한다. 그것은 금생에 행하는 모든 해롭거나 유익한 행위(kamma, 업)를 포함한다. 더 분명하게 말해서, 업의 존재는 17가지 세간의 유익한 마음, 12가지 해로운 마음과 결합한 29가지 의도를 포함한다. 그것은 첫 번째 인과관계에서 설명했던 의도적 행위와 동일하다. 의도적 행위와 업의 존재의 유일한 차이점은 전자는 과거에 속하고 후자는 현재에 속한다는 것이다.

업의 존재는 생성의 능동적인 업의 과정인 반면, 태어남의 존재는 수동적인 업의 과보의 과정, 즉 소위 '재생과정'이다. 본질적으로 태어남의 존재는 32가지 세간의 과보의 마음, 그 마음과 결합한 35가지 마음부수, 18가지 업에서 생긴 물질을 의미한다. 그것들의 필수 요소들은 두 번째와 세 번째 인과관계의 의식〔識〕과 정신·물질〔名色〕로 표현된 필수 요소와 동일하다는 것에 주목하라.

의도적 행위가 의식과 정신·물질이 일어나도록 조건 짓는 것처럼, 업의 존재도 미래에 태어남의 존재가 일어나도록 조건 지을 것이다.

취착은 재생과정을 직접 조건 지을 수 없다. 그것은 오직 새로운 생성의 업의 과정만을 조건 지을 수 있다. 어떤 것에 대한 강한 갈애를 갖게 될 때, 그것을 소유하기 위해 이런저런 방법으로 행동하게 될 것이다. 그렇게 할 때 새로운 업의 과정들이 수행된다.

만약 유익한 업을 행하면 그것은 선처에서의 재생과정을 조건 지을 것이다. 만약 해로운 업을 행하면, 그 업은 4가지 악처에서의 재생과정을 조건 지을 것이다.

1.10. 〔금생의〕 재생을 일으키는 업을 조건으로 〔내생의〕 재생이 일어난다

존재〔有〕는 태어남(jāti, 生)이 일어나도록 조건 짓는다. 다시 말해서, 태어남은 존재의 결과로 일어난다.

여기에서 존재는 아홉 번째 인과관계에서 설명했던 바와 같은 29가지 해롭거나 유익한 업을 뜻하는 업의 존재를 의미한다.

태어남은 태어남의 존재의 일어남이나 생성, 즉 재생과정을 일컫는다. 잉태의 바로 첫 번째 순간(paṭisandhi-kāla, 재생연결 시)에 태어남의 존재를 구성하는 32가지 세간의 과보의 마음, 그 세간의 과보의 마음과 결합한 35가지 마음부수, 18가지 업에서 생긴 물질이 일어난다. 32가지 세간의 과보의 마음과 18가지 업에서 생긴 물질은 20가지 모든 형태의 재생과정을 구성한다.

그러므로 해롭거나 유익한 업의 존재를 통하여 재생과정(upapatti-bhava, 生有)이 조건 지어진다. 열 번째 인과관계는 두 번째와 세 번째 인과관계를 갖추고 있다. 그것들은 실제로 업이 재생의 원인이라는 동일한 사실을 가르친다.

1.11. 재생을 조건으로 늙음과 죽음, 슬픔, 비탄, 육체적 고통, 정신적 고통, 절망이 일어난다

태어남〔生〕은 늙음·죽음(jarā-maraṇa, 老死)을 조건 짓는다. 다시 말해서, 늙음·죽음은 태어남의 결과로 일어난다. 태어남은 32가지 세간의 과보의 마음, 그 마음과 결합한 35가지 마음부수, 18가지 업에서 생긴 물질이 일어나는 것과 같은 태어남의 존재의 일어남을 일컫는다.

모든 궁극적 실재(paramattha)는 일어남(uppāda), 머무름(ṭhīti), 무너짐(baṅga)의 3가지 특성을 갖고 있다. 그러므로 일어남 다음에는 머무름과 무너짐이 반드시 뒤따라야 한다. 일어남은 태어남이라고 불리고, 머무름은 늙음이라고 불리며, 무너짐은 죽음이라고 불린다. 그리하여 늙음·죽음은 분명 태어남의 결과로 일어나는 것이다.

태어남의 존재의 일어남과 머무름과 무너짐이 태어남과 늙음과 죽음으로 각각 지정되므로, 아비담마에 따르면 존재들은 모든 순간에 재생과 늙음·죽음을 마주하고 있다.

관습적인 측면에서 우리는 금생에 한 번 태어나고 해가 지나면서 늙고 다음에 단 한 번 죽는다고 생각한다. 죽음이 모든 마음순간에 재생의 결과로 일어나는 현상은 '순간의 죽음(khaṇika-maraṇa)'으로 알려져 있다.

재생(jāti)의 결과로 슬픔(soka), 비탄(parideva), 육체적 고통(dukkha), 정신적 고통(domanassa), 절망(upāyāsa)이 또한 일어날 수 있다. 이 5가지 결과는 일차적인 것도 아니고 불가피한 것도 아니다. 그것들은 이차적인 것이고 조건들에 따라 일어날 수도 있고 일어나지 않을 수도 있다. 그 슬픔 등은 범천의 세상에는 없고 자궁이나 알에서 죽는 배아에게도 알려지지 않을 수 있다.

그러므로 우리는 재생의 일차적인 결과와 이차적인 결과를 구별해야 한다. 늙음과 죽음은 태어남의 일차적이고 필수적인 결과이다. 슬픔, 비탄, 육체적 고통, 정신적 고통, 절망은 태어남의 이차적이고 선택적인 결과이다.

근심 또는 슬픔은 2가지 성냄에 뿌리박은 마음에 있는 불만족한 느낌이다. 비탄은 마음에서 생긴 전도된 소리의 물질(cittaja-vipallāsa-sadda-rūpa)이다. 육체적 고통(dukkha)은 고통이 함께한 신식의 마음(dukkha-sahagata kāya-viññāṇa citta)과 결합한 느낌의 마음부수이다. 정신적 고통(domanassa)은 2가지 성냄에 뿌리박은 마음과 결합한 느낌의 마음부수이다. 절망(upāyāsa)은 과도한 정신적인 고통에 의해 생기는 분개이다. 그것은 2가지 성냄에 뿌리박은 마음과 결합한 성냄이다. 슬픔과 비탄과 절망을 비교할 때 슬픔은 용기 속에 있는 기름이 끓는 것과 같고, 비탄은 격렬한 불로 요리할 때 음식물이 그 용기에서 끓어 흘러넘치는 것과 같으며, 절망은 남아 있는 음식물이 끓어 없어질 때까지 과도하게 끓인 후에 남아 있는 음식물이 용기 속에서 부글부글 끓고 있는 것과 같다고 말할 수 있다.

2. 연기법과 관련하여 눈에 띄는 몇몇 측면들

연기법에는 12가지 요소(aṅga), 3가지 시기(kāla), 20가지 형태(ākāra), 4가지 요약(saṅhkepa), 3가지 연결(sandhi), 3가지 회전(vaṭṭa), 2가지 뿌리(mūla)가 있다.

2.1. 12가지 요소(Aṅga)

① 무명(無明), ② 의도적 행위〔行〕, ③ 의식〔識〕, ④ 정신·물질〔名色〕, ⑤ 6가지 감각장소〔六入〕, ⑥ 접촉〔觸〕, ⑦ 느낌〔受〕, ⑧ 갈애〔愛〕, ⑨ 취착〔取〕, ⑩ 존재〔有〕, ⑪ 태어남〔生〕, ⑫ 늙음·죽음〔老死〕

2.2. 3가지 시기(Kāla)

- **과거** — ① 무명(無明)
  ② 의도적 행위〔行〕
- **현재** — ③ 의식〔識〕
  ④ 정신·물질〔名色〕
  ⑤ 6가지 감각장소〔六入〕
  ⑥ 접촉〔觸〕
  ⑦ 느낌〔受〕
  ⑧ 갈애〔愛〕
  ⑨ 취착〔取〕
  ⑩ 업의 존재〔業有〕

- **미래** — 재생의 존재〔生有〕
  - ⑪ 태어남〔生〕
  - ⑫ 늙음·죽음〔老死〕

과거에 사람의 마음이 무명에 의해 가려졌기 때문에, 그는 재생의 회전(saṁsāra, 윤회)의 고통을 이해하지 못했다. 그리하여 그는 해롭거나 유익한 업(즉 의도적 행위)을 지었다. 따라서 무명과 의도적 행위는 과거에 속한다.

과거의 업은 현생에서 재생을 생기게 한다. 그러므로 잉태하는 바로 그 순간부터 죽을 때까지 의식, 정신·물질, 6가지 감각장소, 접촉, 느낌, 갈애, 취착, 업의 존재가 일어난다. 그리하여 이 8가지는 현재에 속한다.

금생에 지은 업의 존재는 다음 생에서 재생의 존재의 형태로 재생을 생기게 한다. 재생의 존재의 일어남과 머무름과 무너짐은 각각 태어남과 늙음과 죽음이라고 불린다. 그러므로 재생의 존재와 늙음·죽음은 미래에 속한다.

존재가 업의 존재와 재생의 존재로 나뉘어 있는 것에 주목하라. 전자는 현재에 속하고 후자는 미래에 속한다.

2.3. 20가지 형태(Ākāra)

① 과거의 원인(Atīta Hetu) : 무명, 의도적 행위, 갈애, 취착, 업의 존재

② 현재의 결과(Vaṭṭamana Phala) : 의식, 정신·물질, 6가지 감각장소, 접촉, 느낌

③ 현재의 원인(Vaṭṭamana Hetu) : 갈애, 취착, 업의 존재, 무명, 의도적 행위

④ 미래의 결과(Anāgata Phala) : 의식, 정신·물질, 6가지 감각장소, 접촉, 느낌

오직 무명과 의도적 행위만이 과거의 원인으로 간주된다. 그러나 무명은 오염원의 회전의 법(kilesa-vaṭṭa-dhamma)이다. 갈애와 취착 역시 그러하다. 이 회전의 법은 같은 탐욕에 뿌리박은 마음에서 일어나기 때문에, 갈애와 취착도 과거의 원인에 포함되어야 한다.

또한 의도적 행위는 업의 회전의 법(kamma-vaṭṭa-dhamma)이다. 업의 존재 역시 그러하다. 그러므로 의도적 행위를 고려할 때는 업의 존재도 암묵적으로 설명된다. 그리하여 우리는 과거의 원인들로 5가지 법인 무명, 의도적 행위, 갈애, 취착, 업의 존재를 갖게 된다.

현재의 의식, 정신·물질, 6가지 감각장소, 접촉, 느낌은 과거 원인의 현재 결과이다.

또한 현재의 갈애, 취착, 업의 존재는 미래의 재생을 위한 현재 원인의 역할을 할 수 있다. 앞에서 추론했던 바와 같이 갈애와 취착을 고려하면 무명도 암묵적으로 설명된다. 더욱이 의도적 행위도 업의 존재와 함께 묶여야 한다. 그리하여 우리는 이어지는 삶에서 재생과정을 조건지을 현재의 원인으로 갈애, 취착, 업의 존재, 무명, 의도적 행위를 갖게 된다.

미래에는 재생의 존재, 태어남, 늙음·죽음이 존재한다. 재생의 존재는 32가지 세간의 과보의 마음, 의식, 그 마음과 결합한 35가지 마음부수(정신), 18가지 업에서 생긴 물질을 나타낸다. 이제 의식과 정신·물

질이 존재하면 6가지 감각장소, 접촉, 느낌도 존재한다.

태어남과 늙음·죽음은 생성〔태어남〕과 쇠퇴〔늙음〕와 죽음을 각각 나타낸다. 여기에서 '어떤 요소가 태어남과 늙음·죽음이 되는가?'라는 의문이 일어난다. 의식, 정신·물질, 6가지 감각장소, 접촉, 느낌이 태어남과 늙음·죽음이 된다는 것이 대답이다. 이 요소의 일어남과 머무름과 무너짐이 각각 태어남, 늙음, 죽음으로 간주된다. 그리하여 우리는 의식, 정신·물질, 6가지 감각장소, 접촉, 느낌을 미래의 결과로 갖게 된다. 이에 『청정도론』에서는 다음과 같이 말한다.

"과거에 속하는 5가지 원인이 있고,
현재에 속하는 5가지 결과가 있다.
현재에 속하는 5가지 원인이 있고,
미래에 속하는 5가지 결과가 있다."

비록 연기가 1가지 결과에 대해 1가지 원인을 말하고 그 결과는 다른 결과를 생기게 하는 원인이 되지만, 실제로 많은 원인이 실제의 삶에서 많은 결과를 생기게 하기 위해 동시에 참여한다는 사실에 주목해야 한다.

지금까지 살펴본 20가지 형태들을 〈표 8.1〉에서 정리했다. 이 표는 3가지 연속되는 삶〔三世〕에서의 연기 관계를 보여준다.

<표 8.1> 삼세(三世)의 인과관계

삼세	12가지 요소	20가지 형태
과거	① 무명(無明) ② 의도적 행위[行]	업의 존재[業有] 5가지 원인: ①, ②, ⑧, ⑨, ⑩
현재	③ 의식[識] ④ 정신 · 물질[名色] ⑤ 6가지 감각장소[六入] ⑥ 접촉[觸] ⑦ 느낌[受]	재생의 존재[生有] 5가지 결과: ③, ④, ⑤, ⑥, ⑦
현재	⑧ 갈애[愛] ⑨ 취착[取] ⑩ 업의 존재[業有]	업의 존재[業有] 5가지 원인: ①, ②, ⑧, ⑨, ⑩
미래	(재생의 존재, 生有) ⑪ 태어남[生] ⑫ 늙음 · 죽음[老死]	재생의 존재[生有] 5가지 결과: ③, ④, ⑤, ⑥, ⑦

2.4. 4가지 요약(Saṅkhepa)

5가지 과거의 원인은 하나의 요약이다.

5가지 현재의 결과는 하나의 요약이다.

5가지 현재의 원인은 하나의 요약이다.

5가지 미래의 결과는 하나의 요약이다.

2.5. 3가지 연결(Sandhi)

〈표 8.1〉을 보면, 의도적 행위와 의식 사이의 연결은 과거의 원인과 현재의 결과 사이의 연결로 구성되어 있고, 느낌과 갈애 사이의 연결은 현재의 결과와 미래의 원인 사이의 연결로 구성되어 있으며, 업의 존재와 재생의 존재(재생과정) 사이의 연결은 현재의 원인과 미래의 결과 사이의 연결을 나타낸다.

현재 우리는 중간의 연결, 즉 느낌과 갈애 사이의 연결에 관심이 있다. 만약 6가지 문을 마음챙김하여, 볼 때는 볼 뿐 들을 때는 들을 뿐 등으로 알아차리고 느낌이 갈애로 나아가지 못하도록 하면, 우리는 '느낌-갈애'의 연결 대신에 '느낌-통찰지'의 연결을 재구성하고 있는 것이다. 즉 마음챙김함으로써 연기의 바퀴를 순간적으로 멈추게 하고 그 연결을 끊으려고 노력하고 있는 것이다.

2.6. 3가지 회전(Vaṭṭa)

'회전'은 바퀴가 돌아가는 것처럼 돌고 도는 것을 의미한다. 연기의 바퀴는 3가지 회전이라고 불리는 3가지 부분으로 나뉠 수 있다.

① 오염원의 회전(Kilesa-vaṭṭa): 무명, 갈애, 취착
② 업의 회전(Kamma-vaṭṭa): 업의 존재, 의도적 행위
③ 과보의 회전(Vipāka-vaṭṭa): 재생의 존재, 의식, 정신·물질, 6가지 감각장소, 접촉, 느낌, 태어남, 늙음·죽음

무명, 갈애, 취착은 오염원이다. 그리하여 그것들은 오염원의 회전으로 분류된다.

업의 존재와 의도적 행위는 업의 형성이다. 그리하여 그것들은 업의 회전으로 분류된다.

<그림 8.1> 12가지 요소의 관점에서 본 '생성과 소멸(연기)'의 바퀴

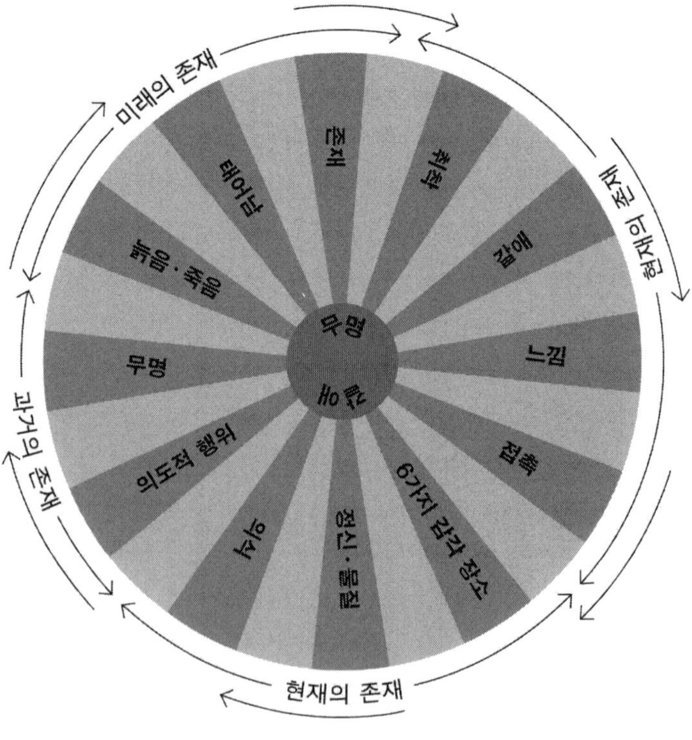

<그림 8.2> 3가지 회전의 관점에서 본 '생성과 소멸(연기)'의 바퀴

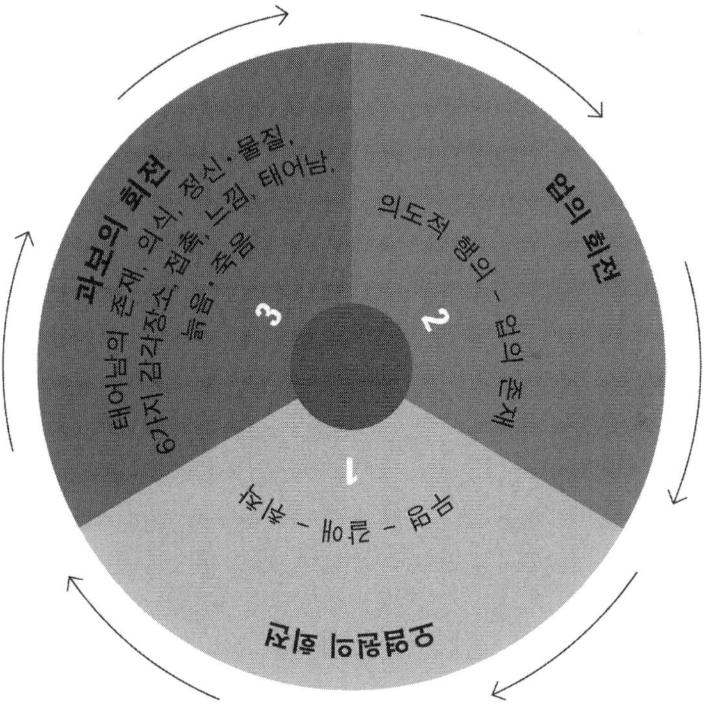

<그림 8.3> 12가지 형태의 관점에서 본 '생성과 소멸(연기)'의 바퀴

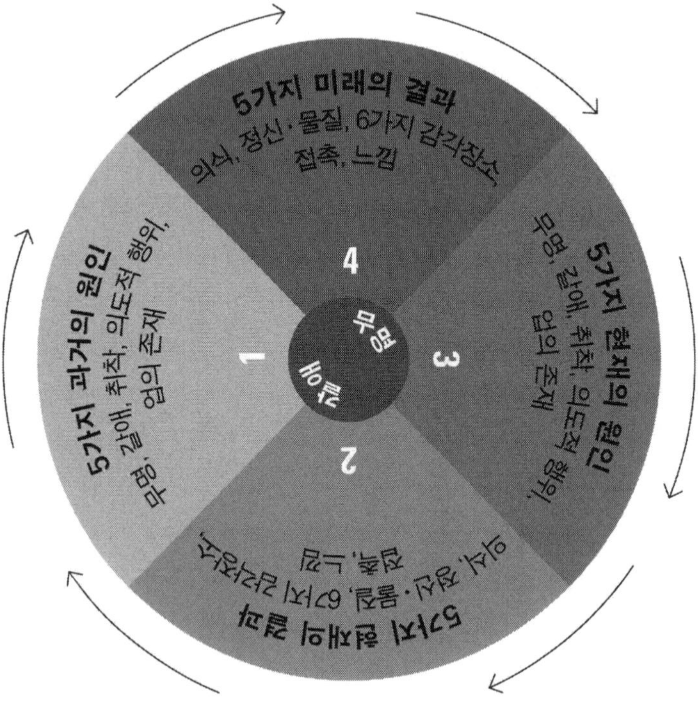

재생의 존재, 의식, 정신·물질, 6가지 감각장소, 접촉, 느낌, 태어남, 늙음·죽음은 업 형성의 과보이다. 그리하여 이것들은 과보의 회전으로 분류된다.

과거에 무명(avijjā)으로 인해 우리는 사견과 감각대상들에 대한 집착(taṇhā, 갈애)을 갖게 되었다. 그런 집착과 사견이 강한 갈애 또는 취착(upādāna)으로 커졌을 때, 우리는 해롭거나 유익한 행위를 하게 되었다. 그리하여 업의 존재와 형성(saṅkhāra, 의도적 행위)이 일어난다. 이것은 과거에 오염원의 회전이 어떻게 업의 회전을 일어나게 했는지를 설명해준다.

과거의 업의 형성(업의 존재와 의도적 행위)으로 인해 금생의 과보의 회전인 재생의 존재, 의식, 정신·물질, 6가지 감각장소, 접촉, 느낌, 태어남, 늙음·죽음이 일어난다. 동시에 무명, 갈애, 취착은 잠재성향의 오염원(anusaya-kilesa)으로 의식과 함께한다. 6가지 감각장소가 감각대상과 접촉하고 접촉과 느낌이 일어날 때, 이 잠재성향의 오염원은 완전히 성장한 오염원으로 일어난다. 그리하여 다시 오염원의 회전이 일어난다.

오염원의 회전의 결과로 업의 회전이 일어난다. 업의 회전의 결과로 과보의 회전이 일어난다. 그리고 과보의 회전의 결과로 오염원의 회전이 다시 일어난다. 그리하여 회전이 계속된다. 또 연기의 바퀴도 영원히 돌아간다.

2.7. 2가지 뿌리(Mūla)

연기의 바퀴(〈표 8.1〉 참조)는 두 부분으로 나뉠 수 있다. 첫 번째 부분은 과거의 원인에서 시작하여 무명, 의도적 행위, 의식, 정신·물질, 6가지 감각장소, 접촉, 느낌으로 구성되어 있는 현재의 결과들에서 끝난다. 이 부분에서는 무명이 뿌리 또는 기원이다.

두 번째 부분은 현재의 원인에서 시작하여 갈애, 취착, 존재, 태어남, 늙음·죽음을 망라하는 미래의 결과에서 끝난다. 이 부분에서는 갈애가 뿌리 또는 기원이다.

그리하여 연기의 2가지 뿌리는 무명과 갈애이다. 나무의 큰 뿌리를 자르면 나무가 죽는 것처럼, 우리가 연기의 2가지 뿌리를 잘라내면 우리와 관계된 연기의 바퀴는 영원히 파괴될 것이다.

우리는 고요명상과 통찰명상으로 연기의 2가지 뿌리를 잘라낼 수 있다. 우리가 정신·물질의 진정한 성품을 보고 무명에 덮인 8가지 부분을 활짝 열 때, 갈애는 집착할 장소를 갖지 못한다. 그리하여 무명과 갈애는 둘 다 잘려나갈 것이고 우리는 윤회에서 해방될 것이다.

2.8. 무명의 원인

연기법을 설할 때 붓다는 무명부터 시작하여 '무명을 조건으로 의도적 행위가 일어나고, 의도적 행위를 조건으로 의식이 일어나고, …'와 같이 설명을 이어나간다. 이 때문에, 무명이 첫 번째 원인인지, 혹은 무명의 다른 원인이 있는지에 대해 의문을 품는 사람들이 있다.

그 의문에 대한 대답은 명확하다. 무명은 첫 번째 원인이 아니고 4가지 번뇌(āsava)가 무명의 원인이다. 4가지 번뇌란 감각적 욕망의 번뇌, 존재의 번뇌, 사견의 번뇌, 무명의 번뇌이다.

큰 재산이나 가까운 친척을 잃었을 때, 큰 슬픔(soka), 비탄(parideva),

정신적 고통(domanassa), 절망(upāyāsa)이 마음속에서 일어난다. 이것은 재산과 친척에 대한 집착(kāmāsava, 감각적 욕망)이 어떻게 슬픔, 비탄, 정신적 고통, 절망이 일어나도록 조건 짓는지를 보여준다.

또한 선정의 평화 속에서 사는 범천에게 죽음이 가까워질 때, 그들은 두려움과 슬픔을 느낀다. 그리하여 슬픔과 비탄과 절망이 범천에게 일어난다. 이것들이 일어난다는 것은 존재의 번뇌의 결과이다.

몸이나 마음을 '나'로 간주하는 유신견과 같은 사견을 갖고 있는 사람은 몸과 마음에 잘못된 것이 있으면 슬픔을 느끼고 화가 난다. 그러므로 사견의 번뇌도 슬픔, 비탄, 정신적 고통, 절망이 일어나도록 한다.

또한 정신·물질의 진정한 성품에 대한 무명 때문에 슬픔, 비탄, 육체적 고통, 정신적 고통, 절망이 일어난다. 그리하여 무명의 번뇌도 슬픔, 비탄, 육체적 고통, 정신적 고통, 절망이 일어나게 하는 원인들 가운데 하나이다.

슬픔, 비탄, 육체적 고통, 정신적 고통, 절망이 일어날 때 해로운 마음들도 일어난다. 미혹이 이 해로운 마음들과 결합하기 때문에 무명도 일어난다.

그러므로 4가지 번뇌 때문에 슬픔, 비탄, 육체적 고통, 정신적 고통, 절망이 일어나고 슬픔, 비탄, 육체적 고통, 정신적 고통, 절망이 일어날 때 무명도 일어난다. 그러므로 4가지 번뇌는 무명의 원인이다.

2.9. 윤회에는 시작이 없음

'윤회(Saṁsāra)'는 문자 그대로 '영원한 방황'을 의미한다. 이것은 계속해서 태어나고 늙고 고통을 당하고 죽는 연속적인 과정에 붙여진 이름이다. 더 정확하게 말하면, 윤회는 상상할 수도 없는 시간 동안 순간순간 계속 변하고 계속해서 뒤따르는 오온의 결합이 중단 없이 연속되는 것이다.

아무도 공간의 한계를 추적할 수 없듯이 아무도 윤회의 시작을 거꾸로 추적할 수 없고, 아무도 윤회가 언제 끝날지 상상할 수 없다. 윤회의 과정과 비교해 볼 때, 한 번의 생애는 찰나일 뿐이다.

인과관계에 따라 31가지 존재계의 '재생의 순환'은 연기법에 의해 설명되었다. 이 법은 통찰명상에 의해 만족스럽게 입증될 수 있는데, 나는 미얀마에 있는 국제파욱숲속명상센터에서 이것이 입증되고 있는 것을 보았다.

원을 그을 때는 어떤 점에서 시작해야 하지만, 원을 완성하고 나면 어떤 시작도 어떤 끝도 볼 수 없다. 마찬가지로, 연기법을 설명할 때, 그 설명은 어떤 점에서 시작되어야 하고, 무명이 적절한 점이다. 설명이 끝나면, 우리는 시작도 없고 끝도 없다는 것을 알게 된다. 2가지 큰 뿌리인 무명과 갈애를 끊어낼 때까지, 그리고 그것들을 끊어내지 못하면, 연기의 바퀴는 각 존재에게서 계속 돌아갈 것이다.

『디가 니까야』(15)에서 붓다는 "이 연기는 참으로 심오하다. 그리고 참으로 심오하게 드러난다. 아난다여, 이 법을 이해하지 못하고 꿰뚫지 못하기 때문에 사람들은 실에 꿰어진 구슬처럼 얽히게 되고 베 짜는 사람의 실타래처럼 헝클어지고 문자 풀처럼 엉키어서 처참한 곳, 불행한 곳, 파멸처, 윤회를 벗어나지 못한다."라고 말했다.

3. 조건관계(Paṭṭhāna) 방법

24가지 조건(paccaya)이 다음과 같이 빠알리 성전에 열거되어 있다.

① 원인 조건(Hetupaccayo)
② 대상 조건(Ārammaṇapaccayo)
③ 지배 조건(Adhipatipaccayo)
④ 틈 없는 조건(Anantarapaccayo)
⑤ 빈틈없는 조건(Samanantarapaccayo)
⑥ 함께 생긴 조건(Sahajātapaccayo)
⑦ 상호 조건(Aññamaññapaccayo)
⑧ 의지 조건(Nissayapaccayo)
⑨ 강한 의지 조건(Upanissayapaccayo)
⑩ 선행 조건(Purejātapaccayo)
⑪ 후행 조건(Pacchājātapaccayo)
⑫ 반복 조건(Āsevanapaccayo)
⑬ 업 조건(Kammapaccayo)
⑭ 과보 조건(Vipākapaccayo)
⑮ 음식 조건(Āhārapaccayo)
⑯ 기능 조건(Indriyapaccayo)
⑰ 선정 조건(Jhānapaccayo)
⑱ 도 조건(Maggapaccayo)
⑲ 관련 조건(Sampayuttapaccayo)
⑳ 비관련 조건(Vippayuttapaccayo)

㉑ 존재 조건(Atthipaccayo)

㉒ 비존재 조건(Natthipaccayo)

㉓ 떠난 조건(Vigatapaccayo)

㉔ 떠나지 않은 조건(Avigatapaccayo)

이를 '조건의 개요(Paccayuddeso)' 경이라고 한다. 이것은 단지 자연의 과정에서 작용하는 24가지 조건이나 원인의 이름이지만, 악한 사람과 야생 동물과 유령으로부터 자신을 보호하기 위해 성역을 표시하는데 매우 유용하다. 따라서 자신을 위험으로부터 보호하기 위해, 소원을 성취하기 위해, 통찰지를 강화하기 위해 '조건의 개요'를 자주 독송해야 한다.

'조건의 상설(Paccayaniddeso)' 경도 요즘 많은 사람이 독송하고 있다. 이는 ① 조건 짓는 법(paccaya-dhammā), ② 조건 지어져 일어나는 법(paccayuppanna-dhammā), ③ 조건의 조건 짓는 힘이나 속성(paccya-satti)이다. '조건의 상설' 경은 자연의 과정에서 작용하는 24가지 조건을 간략하고 정확하게 묘사한다.

각 조건의 조건 짓는 힘이나 속성이란, 조건 짓는 법이 생산하거나 지원하거나 유지하는 등의 조건에 의해 법이 생겨나는 특별한 방식을 뜻한다.

이제 각 조건의 속성을 '조건의 상설' 경에 따라 자연 현상의 조건의 작용과 함께 설명하겠다. 그것의 의미와 함께 각 조건의 '조건의 상설' 경을 아래에서 언급할 것이다.

3.1. 조건의 상설 경에 따른 각 조건의 속성과 적용

3.1.1. 원인[뿌리] 조건(Hetupaccayo)

조건으로서의 헤뚜(hetu, 원인, 뿌리)는 6가지 원인〔뿌리〕인 탐욕, 성냄, 미혹, 탐욕 없음, 성냄 없음, 미혹 없음을 일컫는다. 이것은 나무의 큰 뿌리와 비슷하다. 나무의 큰 뿌리가 나무를 자라게 하고 계속해서 견고하게 하고 번성하게 하듯이, 6가지 뿌리도 그것과 결합한 마음, 마음부수, 마음에서 생긴 물질(cittaja-rūpa)을 자라도록 하고 견고하게 하고 강하게 한다.

조건의 상설 경

6가지 원인〔뿌리〕 조건(탐욕, 성냄, 미혹, 탐욕 없음, 성냄 없음, 미혹 없음)은 그것들과 연관된 마음, 마음부수, 마음에서 생긴 물질이 원인〔뿌리〕 조건에 의해 일어나고 견고해지도록 지원한다.

3.1.2. 대상 조건(Ārammaṇapaccayo)

대상은 6가지 감각대상을 의미한다. 장애 있는 사람은 밧줄을 당겨 일어날 수 있고 지팡이의 도움으로 설 수 있다. 밧줄과 지팡이가 장애 있는 사람을 일어서도록 도와주는 것처럼, 6가지 감각대상도 마음과 마음부수들이 일어나도록 도와준다.

조건의 상설 경

(1) 형색은 대상 조건에 의해 안식, 그것과 결합한 법이 일어나도록 지원한다.

(2) 소리는 대상 조건에 의해 이식, 그것과 결합한 법이 일어나도록 지원한다.

(3) 냄새는 대상 조건에 의해 비식, 그것과 결합한 법이 일어나도록 지원한다.

(4) 맛은 대상 조건에 의해 설식, 그것과 결합한 법이 일어나도록 지원한다.

(5) 감촉은 대상 조건에 의해 신식, 그것과 결합한 법이 일어나도록 지원한다.

(6) 형색, 소리, 냄새, 맛, 감촉은 대상 조건에 의해 의계(받아들이는 마음 2가지와 오문전향의 마음), 그것과 결합한 법이 일어나도록 지원한다.

(7) 6가지 모든 감각대상은 의식계(76가지 마음), 그것과 결합한 법이 일어나도록 지원한다.

(8) 어떤 법을 대상으로 취해 마음, 그것과 결합한 법이 일어난다. 전자의 법은 대상 조건에 의해 후자의 법이 일어나도록 지원한다.

3.1.3. 지배 조건(Adhipatipaccayo)

아디빠띠(Adhipati)는 최고, 군주, 족장, 왕 등을 의미한다. 한 나라의 왕은 모든 백성을 아우르는 권위를 이용하여 나라의 평화와 번영에 크게 기여할 수 있다. 이것은 모든 백성들을 통솔하는 왕의 지배력으로 나라를 조건 지을 수 있음을 의미한다.

자연 현상에는 2가지 종류의 지배가 있다. 바로, 대상으로서의 지배(ārammaṇādhipati)와 함께 생긴 것으로서의 지배(sahajātādhipati)다. 대상으로서의 지배는 주의를 끌 수 있는 두드러진 대상이다. 우리는 그 대상을 관찰하지 않을 수 없고 그 대상의 소리를 듣지 않을 수 없다. 함께 생긴 것으로서의 지배는 그것과 더불어 일어나는 법들과 함께 생긴 지배적인 요소이다. 이 요소는 4가지 지배인 열의(chanda, 강한 소망이나 의지), 정진(vīriya, 힘찬 노력), 마음(citta, 예리한 의식), 검증(vīmaṁsa, 검증하는 통찰지)을 일컫는다.

하나의 동일한 마음 상태에서는 이 4가지 지배 가운데 오직 하나만이 지배적이 될 수 있다. 이 지배 요소는 그것과 함께 일어나는 법(마음과 마음부수)과 마음에서 생긴 물질을 조건 지어서 열의 등에 의해 설정된 목표를 달성하도록 한다.

조건의 상설 경

(1) 열의(chanda)라는 지배는 지배 조건에 의해 그것과 결합한 마음, 마음부수, 마음에서 생긴 물질이 열의가 원하는 과업을 성취하도록 조건 짓는다.

(2) 정진(vīriya)이라는 지배는 지배 조건에 의해 그것과 결합한 마음, 마음부수, 마음에서 생긴 물질이 당면한 과업을 성취하도록 조건 짓는다.

(3) 마음(citta)이라는 지배는 지배 조건에 의해 그것과 결합한 마음부수, 마음에서 생긴 물질이 당면한 과업을 성취하도록 조건 짓는다.

(4) 검증(vīmaṁsa)이라는 지배는 지배 조건에 의해 그것과 결합한 마음, 마음부수, 마음에서 생긴 물질이 당면한 과업을 성취하도록 조건 짓는다.

(5) 어떤 법을 두드러진 법으로 주의 깊게 취해서 마음과 마음부수의 법이 일어난다. 전자의 법은 지배 조건의 의해 후자의 법과 관련된다.

3.1.4. 틈 없는 조건(Anantarapaccayo)

아난따라(Anantara)는 시공간의 어떤 분리도 없는 근접성을 의미한다. 왕이 죽으면 군주의 혈통이 끊어지지 않도록 장남이 왕이 된다. 그리하여 왕은 틈 없는 조건에 의해 장남이 왕이 되도록 돕는 것이다.

동일한 방식으로 마음이 그것과 결합한 마음부수와 함께 무너질 때, 또 다른 마음이 그것과 결합한 마음부수와 함께 어떤 시간 간격도 없이 일어난다. 이 현상이 일어나는 이유는 이전의 마음과 마음부수가 틈 없는 조건에 의해 중단 없이 다음의 마음과 마음부수를 일어나도록 조건 짓기 때문이다.

조건의 상설 경

(1) 안식, 그것과 결합한 법은 틈 없는 조건에 의해 받아들이는 마음〔意界〕, 그것과 결합한 법이 일어나도록 조건 짓는다. 받아들이는 마음〔意界〕, 그것과 결합한 법은 틈 없는 조건에 의해 조사하는 마음〔意識界〕, 그것과 결합한 법이 일어나도록 조건 짓는다.
(2) 이식, 그것과 결합한 법은 틈 없는 조건에 의해 받아들이는 마음〔意界〕, 그것과 결합한 법이 일어나도록 조건 짓는다. 받아들이는 마음〔意界〕, 그것과 결합한 법은 틈 없는 조건에 의해 조사하는 마음〔意識界〕, 그것과 결합한 법이 일어나도록 조건 짓는다.
(3) 비식, 그것과 결합한 법은 틈 없는 조건에 의해 받아들이는 마음

〔意界〕, 그것과 결합한 법이 일어나도록 조건 짓는다. 받아들이는 마음〔意界〕, 그것과 결합한 법은 틈 없는 조건에 의해 조사하는 마음〔意識界〕, 그것과 결합한 법이 일어나도록 조건 짓는다.

(4) 설식, 그것과 결합한 법은 틈 없는 조건에 의해 받아들이는 마음〔意界〕, 그것과 결합한 법이 일어나도록 조건 짓는다. 받아들이는 마음〔意界〕, 그것과 결합한 법은 틈 없는 조건에 의해 조사하는 마음〔意識界〕, 그것과 결합한 법이 일어나도록 조건 짓는다.

(5) 신식, 그것과 결합한 법은 틈 없는 조건에 의해 받아들이는 마음〔意界〕, 그것과 결합한 법이 일어나도록 조건 짓는다. 받아들이는 마음〔意界〕, 그것과 결합한 법은 틈 없는 조건에 의해 조사하는 마음〔意識界〕, 그것과 결합한 법이 일어나도록 조건 짓는다.

(6) 앞의 속행의 유익한 마음(javana kusala citta), 그것과 결합한 법은 틈 없는 조건에 의해 뒤의 속행의 유익한 마음, 그것과 결합한 법이 일어나도록 조건 짓는다.

(7) 앞의 속행의 유익한 마음, 그것과 결합한 법은 틈 없는 조건에 의해 뒤의 무기의 마음(abyākata citta, 등록 혹은 생명연속심), 그것과 결합한 법이 일어나도록 조건 짓는다.

(8) 앞의 속행의 해로운 마음(javana akusala citta), 그것과 결합한 법은 틈 없는 조건에 의해 뒤의 속행의 해로운 마음, 그것과 결합한 법이 일어나도록 조건 짓는다.

(9) 앞의 속행의 해로운 마음, 그것과 결합한 법은 틈 없는 조건에 의해 뒤의 무기의 마음(abyākata citta, 등록 혹은 생명연속심), 그것과 결합한 법이 일어나도록 조건 짓는다.

(10) 앞의 무기의 마음(작용만 하는 마음, 과보의 마음, 또는 과), 그것과

결합한 법은 틈 없는 조건에 의해 뒤의 무기의 마음, 그것과 결합한 법이 일어나도록 조건 짓는다.

(11) 앞의 무기의 마음(결정 혹은 의문전향), 그것과 결합한 법은 틈 없는 조건에 의해 뒤의 유익한 마음, 그것과 결합한 법이 일어나도록 조건 짓는다.

(12) 앞의 무기의 마음(의문전향), 그것과 결합한 법은 틈 없는 조건에 의해 뒤의 해로운 마음, 그것과 결합한 법이 일어나도록 조건 짓는다.

(13) 어떤 법이 무너진 직후에 마음과 마음부수의 법이 일어난다. 전자의 법은 틈 없는 조건에 의해 후자의 법이 일어나도록 조건 짓는다.

3.1.5. 빈틈없는 조건 (Samanantarapaccayo)

'빈틈없는'은 '틈 없는'과 동일한 것을 의미한다. 틈 없는 조건과 빈틈없는 조건은 동일하다. '사마(Sama)'는 '잘'을 의미한다. '틈 없는'과 '빈틈없는' 둘 다는 인식과정에서 바로 뒤따르는 법의 조건이 되는 마음과 그것의 마음부수의 상태를 일컫는다.

조건의 상설 경

(1) 안식, 그것과 결합한 법은 빈틈없는 조건에 의해 받아들이는 마음〔意界〕, 그것과 결합한 법이 일어나도록 조건 짓는다. 받아들이는 마음〔意界〕, 그것과 결합한 법은 빈틈없는 조건에 의해 조사하는 마음〔意識界〕, 그것과 결합한 법이 일어나도록 조건 짓는다.

(2) 이식, 그것과 결합한 법은 빈틈없는 조건에 의해 받아들이는 마

음〔意界〕, 그것과 결합한 법이 일어나도록 조건 짓는다. 받아들이는 마음〔意界〕, 그것과 결합한 법은 빈틈없는 조건에 의해 조사하는 마음〔意識界〕, 그것과 결합한 법이 일어나도록 조건 짓는다.

(3) 비식, 그것과 결합한 법은 빈틈없는 조건에 의해 받아들이는 마음〔意界〕, 그것과 결합한 법이 일어나도록 조건 짓는다. 받아들이는 마음〔意界〕, 그것과 결합한 법은 빈틈없는 조건에 의해 조사하는 마음〔意識界〕, 그것과 결합한 법이 일어나도록 조건 짓는다.

(4) 설식, 그것과 결합한 법은 빈틈없는 조건에 의해 받아들이는 마음〔意界〕, 그것과 결합한 법이 일어나도록 조건 짓는다. 받아들이는 마음〔意界〕, 그것과 결합한 법은 빈틈없는 조건에 의해 조사하는 마음〔意識界〕, 그것과 결합한 법이 일어나도록 조건 짓는다.

(5) 신식, 그것과 결합한 법은 빈틈없는 조건에 의해 받아들이는 마음〔意界〕, 그것과 결합한 법이 일어나도록 조건 짓는다. 받아들이는 마음〔意界〕, 그것과 결합한 법은 빈틈없는 조건에 의해 조사하는 마음〔意識界〕, 그것과 결합한 법이 일어나도록 조건 짓는다.

(6) 앞의 속행의 유익한 마음, 그것과 결합한 법은 빈틈없는 조건에 의해 뒤의 속행의 유익한 마음, 그것과 결합한 법이 일어나도록 조건 짓는다.

(7) 앞의 속행의 유익한 마음, 그것과 결합한 법은 빈틈없는 조건에 의해 뒤의 무기의 마음(등록 또는 생명연속심), 그것과 결합한 법이 일어나도록 조건 짓는다.

(8) 앞의 속행의 해로운 마음, 그것과 결합한 법은 빈틈없는 조건에 의해 뒤의 속행의 해로운 마음, 그것과 결합한 법이 일어나도록 조건 짓는다.

(9) 앞의 속행의 해로운 마음, 그것과 결합한 법은 빈틈없는 조건에 의해 뒤의 무기의 마음(등록 또는 생명연속심), 그것과 결합한 법이 일어나도록 조건 짓는다.

(10) 앞의 무기의 마음(작용만 하는 마음, 과보의 마음, 또는 과), 그것과 결합한 법은 빈틈없는 조건에 의해 뒤의 무기의 마음, 그것과 결합한 법이 일어나도록 조건 짓는다.

(11) 앞의 무기의 마음(결정 혹은 의문전향), 그것과 결합한 법은 빈틈없는 조건에 의해 뒤의 유익한 마음, 그것과 결합한 법이 일어나도록 조건 짓는다.

(12) 앞의 무기의 마음(의문전향), 그것과 결합한 법은 빈틈없는 조건에 의해 뒤의 해로운 마음, 그것과 결합한 법이 일어나도록 조건 짓는다.

(13) 어떤 법이 무너진 직후에 마음과 마음부수의 법이 일어난다. 전자의 법은 빈틈없는 조건에 의해 후자의 법이 일어나도록 조건 짓는다.

3.1.6. 함께 생긴 조건 (Sahajātapaccayo)

'함께 생긴'은 함께 일어나는 것을 의미한다. 조건과 조건 지어진 것이 함께 일어난다. 예를 들어 등잔에 불을 붙이면 불빛이 동시에 퍼져 나간다. 그러므로 등잔이 함께 생긴 조건에 의해 불빛이 퍼져 나가도록 조건 짓는다고 말할 수 있다. 조건 짓는 법과 함께 생긴 조건에 의해 조건 지어져 일어난 법이 함께 일어나는 자연의 과정에서는, 전자가 함께 생긴 조건에 의해 후자를 일어나도록 조건 짓는다고 말한다.

조건의 상설 경

(1) 4가지 정신의 무더기(마음과 마음부수)는 함께 생긴 조건에 의해 서로가 함께 일어나도록 조건 짓는다.

(2) 4가지 큰 필수 요소인 사대(地, 水, 火, 風)는 함께 생긴 조건에 의해 서로가 함께 일어나도록 조건 짓는다.

(3) 잉태하는 순간에 정신(재생연결심과 마음부수)과 물질(업에서 생긴 물질)은 함께 생긴 조건에 의해 서로가 함께 일어나도록 조건 짓는다.

(4) 마음과 그것의 마음부수는 함께 생긴 조건에 의해 마음에서 생긴 물질이 그것들과 함께 일어나도록 조건 짓는다.

(5) 근본물질은 함께 생긴 조건에 의해 파생된 물질이 그것들과 함께 일어나도록 조건 짓는다.

(6) 물질 현상은 때로는 함께 생긴 조건에 의해 정신의 현상과 관련되고, 때로는 함께 생긴 조건에 의해 관련되지 않는다.

3.1.7. 상호 조건(Aññamaññapaccayo)

세 개의 막대기가 피라미드 형태로 함께 서로를 떠받치면, 그 막대기들은 서로의 균형을 유지한다. 만약 한 개의 막대를 제거하면 나머지 두 개는 넘어질 것이다. 이 막대기 사이의 상호 지원은 상호 조건을 예증한다.

원인(조건)과 결과(조건 지어진 것)가 서로를 일어나도록 상호 조건 짓는 물질과 정신의 현상에서는 그 원인과 결과가 상호 조건에 의해 서로를 조건 짓는다고 한다.

조건의 상설 경

(1) 4가지 정신의 무더기(마음과 마음부수)는 상호 조건에 의해 서로를 지원한다.

(2) 네 가지 큰 필수 요소[四大]는 상호 조건에 의해 서로를 지원한다.

(3) 잉태하는 순간에 정신(재생연결심과 마음부수)과 물질(업에서 생긴 물질)은 상호 조건에 의해 서로가 함께 일어나도록 조건 짓는다.

3.1.8. 의지 조건 (Nissayapaccayo)

의지 조건은 지지나 의존에 의해 도움을 주는 조건이다. 예를 들어 어떤 사람은 배를 저어 강을 건넌다. 그러면 그 사람과 그 배는 의지 조건에 의해 강을 건너도록 서로를 돕는다고 말할 수 있다.

또 다른 예를 고려해보자. 식물과 동물과 인간은 생존을 위해 땅에 의지한다. 여기에서 땅은 의지 조건에 의해 식물과 동물과 땅을 돕는다. 그러나 여기에서 반대의 경우는 해당되지 않는다.

조건의 상설 경

(1) 4가지 정신의 무더기는 의지 조건에 의해 서로를 지원한다.

(2) 네 가지 큰 필수 요소[四大]는 의지 조건에 의해 서로를 지원한다.

(3) 잉태하는 순간에 정신·물질은 의지 조건에 의해 서로를 지원한다.

(4) 마음과 그것의 마음부수는 의지 조건에 의해 마음에서 생긴 물질을 지원한다.

(5) 근본물질은 의지 조건에 의해 파생된 물질을 지원한다.

(6) 눈의 감각장소는 의지 조건에 의해 안식, 그것과 결합한 법을

지원한다.

(7) 귀의 감각장소는 의지 조건에 의해 이식, 그것과 결합한 법을 지원한다.

(8) 코의 감각장소는 의지 조건에 의해 비식, 그것과 결합한 법을 지원한다.

(9) 혀의 감각장소는 의지 조건에 의해 설식, 그것과 결합한 법을 지원한다.

(10) 몸의 감각장소는 의지 조건에 의해 신식, 그것과 결합한 법을 지원한다.

(11) 이 물질(심장토대)에 의지하여 의계와 의식계가 일어난다. 이 물질은 의지 조건에 의해 의계와 의식계, 그것들과 결합한 법을 지원한다.

3.1.9. 강한 의지 조건 (Upanissayapaccayo)

강한 의지는 의지 조건에 의해 도움을 주는 강력한 원인이다. 예를 들어 비는 식물과 동물과 인간의 성장을 지원하는 강력한 원인이다. 마찬가지로 부모는 자식을 위한 강력한 지원자가 된다.

원인이 그것의 결과에 강력한 지원을 하는 어떤 현상에서든지 원인이 강한 의지 조건으로 결과가 일어나도록 돕는다고 말한다.

조건의 상설 경

(1) 앞의 유익한 법(유익한 마음과 마음부수)은 강한 의지 조건에 의해 뒤의 유익한 법을 강력하게 지원한다.

(2) 앞의 유익한 법(유익한 마음과 마음부수)은 강한 의지 조건에 의해

뒤의 해로운 법을 때때로 강력하게 지원한다.

(3) 앞의 유익한 법은 강한 의지 조건에 의해 뒤의 업으로 결정되지 않는(무기의, 과보의, 작용만 하는) 법을 강력하게 지원한다.

(4) 앞의 해로운 법(해로운 마음과 마음부수)은 강한 의지 조건에 의해 뒤의 해로운 법을 강력하게 지원한다.

(5) 앞의 해로운 법은 강한 의지 조건에 의해 때때로 뒤의 유익한 법을 강력하게 지원한다.

(6) 앞의 해로운 법은 강한 의지 조건에 의해 뒤의 업으로 결정되지 않는 법을 강력하게 지원한다.

(7) 앞의 업으로 결정되지 않는 법은 강한 의지 조건에 의해 뒤의 업으로 결정되지 않는 법을 강력하게 지원한다.

(8) 앞의 업으로 결정되지 않는 법은 강한 의지 조건에 의해 뒤의 유익한 법을 강력하게 지원한다.

(9) 앞의 업으로 결정되지 않는 법은 강한 의지 조건에 의해 뒤의 해로운 법을 강력하게 지원한다.

(10) 기후, 음식, 사람, 처소도 강한 의지 조건에 의해 존재들이 살아가도록 강력하게 지원한다.

3.1.10. 선행 조건 (Purejātapaccayo)

선행 조건은 후에 일어나는 어떤 것의 원인 역할을 하는 이전에 일어난 어떤 것을 일컫는다. 예를 들어 태양과 달은 태양계가 형성된 이래로 존재해왔다. 그것들은 지금 지구에 살고 있는 사람에게 빛을 준다. 그리하여 태양과 달이 선행 조건에 의해 사람을 돕는다고 말할 수 있다.

조건의 상설 경

(1) 눈의 감각장소는 선행 조건에 의해 안식, 그것과 결합한 법이 일어나도록 조건 짓는다.

(2) 귀의 감각장소는 선행 조건에 의해 이식, 그것과 결합한 법이 일어나도록 조건 짓는다.

(3) 코의 감각장소는 선행 조건에 의해 비식, 그것과 결합한 법이 일어나도록 조건 짓는다.

(4) 혀의 감각장소는 선행 조건에 의해 설식, 그것과 결합한 법이 일어나도록 조건 짓는다.

(5) 몸의 감각장소는 선행 조건에 의해 신식, 그것과 결합한 법이 일어나도록 조건 짓는다.

(6) 형색은 선행 조건에 의해 안식, 그것과 결합한 법이 일어나도록 조건 짓는다.

(7) 소리는 선행 조건에 의해 이식, 그것과 결합한 법이 일어나도록 조건 짓는다.

(8) 냄새는 선행 조건에 의해 비식, 그것과 결합한 법이 일어나도록 조건 짓는다.

(9) 맛은 선행 조건에 의해 설식, 그것과 결합한 법이 일어나도록 조건 짓는다.

(10) 감촉은 선행 조건에 의해 신식, 그것과 결합한 법이 일어나도록 조건 짓는다.

(11) 형색, 소리, 냄새, 맛, 감촉은 선행 조건에 의해 의계, 그것과 결합한 법이 일어나도록 조건 짓는다.

(12) 이 물질(심장토대)에 의지하여, 의계와 의식계가 일어난다. 이 물

질은 선행 조건에 의해 의계, 그것과 결합한 법이 일어나도록 조건 짓는다. 이 물질은 때때로 선행 조건에 의해 의식계, 그것과 결합한 법이 일어나도록 조건 짓고, 때때로 선행 조건에 의해 의식계, 그것과 결합한 법이 일어나도록 조건 짓지 않는다.

3.1.11. 후행 조건(Pacchājātapaccayo)

이 인과관계는 원인이 후에 일어나고 조건 지어진 것이 먼저 일어나는 현상을 일컫는다. 독수리 새끼를 예로 들어 설명할 수 있다. 알에서 부화하고 나서 어린 독수리 새끼는 배고픔을 느끼고 어미가 음식을 가져올 것을 기대한다. 그러나 어미 독수리는 대체로 새끼를 위해 음식을 가져오지 않는다.

그리하여 어린 새는 먹을 것이 없다. 그러나 자연이 도움이 된다. 음식을 먹으려 하는 새끼의 의도가 몸을 자라게 한다. 날개가 충분히 자랐을 때, 새끼 독수리는 어미와 함께 음식을 구하기 위해 날 것이다.

여기에서 새끼의 몸(조건 지어진 것)이 먼저 일어나고, 음식을 먹으려는 의도(조건)는 후에 일어난다. 그러므로 의도는 후행 조건에 의해 새의 몸이 성장하도록 돕는다.

조건의 상설 경

나중에 생긴 마음과 그것의 마음부수는 후행 조건에 의해 먼저 생긴 물질(심장토대, 눈의 감각장소, 귀의 감각장소 등)을 돕는다.

3.1.12. 반복 조건(Āsevanapaccayo)

어려운 글을 읽을 때, 처음에는 그 글을 이해 못할 수 있다. 그러나 그 글을 계속 반복하여 읽으면, 보통은 그 글을 더 잘 이해하게 된다. 또한 꾸준한 반복을 통해 암기할 때, 그 뒤에 하는 암기는 점점 더 쉬워진다. 그리하여 이전의 학습은 반복 조건에 의해 이후의 학습에 도움이 된다고 말할 수 있다.

마찬가지로 얼굴에 백단유 로션을 바를 때, 한 번에 두껍게 바르지 말아야 한다. 처음에는 얇게 바르고, 그 얇은 층이 마른 다음에 또 얇게 바르는 식으로 여러 번 발라야 한다. 이전에 바른 것은 이후에 바르는 것을 반복 조건에 의해 도움을 주어 더 견고하고 더 부드럽고 더 좋은 향이 나도록 한다.

인식과정에서 속행(자와나)의 마음이 보통 7번 일어난다는 것을 보았다. 여기에서 이전의 속행은 반복 조건에 의해 이후의 속행을 위한 조건이 된다.

조건의 상설 경

(1) 앞의 속행의 유익한 마음, 그것과 결합한 법은 반복 조건에 의해 뒤의 속행의 유익한 마음, 그것과 결합한 법의 힘을 향상시킨다.
(2) 앞의 속행의 해로운 마음, 그것과 결합한 법은 반복 조건에 의해 뒤의 속행의 해로운 마음, 그것과 결합한 법의 힘을 향상시킨다.
(3) 앞의 작용만 하는 업으로 결정되지 않는〔無記〕 법은 반복 조건에 의해 뒤의 작용만 하는 업으로 결정되지 않는〔無記〕 법의 힘을 향상시킨다.

3.1.13. 업 조건(Kammapaccayo)

잘 보관된 씨앗을 물이 충분한 땅에 뿌리면 싹이 난다. 마찬가지로 해롭거나 유익한 업은 무명과 갈애의 지원을 받아 존재들의 오온 형태로 싹을 틔운다.

앞에서 언급한 두 가지 설명에서, 씨앗이나 업은 원인(조건)이고, 싹이나 존재들의 오온은 결과 혹은 조건 지어진 것이다. 원인이 업 조건에 의해 결과가 일어나도록 조건 짓는다고 말한다.

조건의 상설 경

(1) 유익하거나 해로운 업은 업 조건에 의해 그것의 과보의 정신의 무더기(과보의 마음과 마음부수)와 업에서 생긴 물질을 생기게 한다.

(2) 의도는 업 조건에 의해 그것과 결합한 법(마음과 마음부수)과 관련되고 마음에서 생긴 물질과도 관련된다.

3.1.14. 과보 조건(Vipākapaccayo)

과보의 마음, 그것과 결합한 마음부수는 과거 업의 과보이다. 그것은 과거 업의 힘으로 일어나게 되기 때문에, 그것들이 일어나는 것에 대해 걱정할 필요가 없다. 그것들은 전혀 노력하지 않아도 업의 힘에 의해 평화롭고 여유롭게 일어날 수 있다.

두 명의 게으른 사람이 함께하면, 그 사람들은 더 게을러진다. 또 시원한 산들바람이 시원한 그늘에 있는 사람을 더 시원하게 만들 것이다. 마찬가지로 본래 평화롭게 일어나는 과보의 마음, 그것과 결합한 마음부수는 과보 조건에 의해 서로가 더 평화롭게 일어나도록 돕는다.

조건의 상설 경

4가지 과보의 정신의 무더기(과보의 마음, 그것과 결합한 마음부수)는 과보 조건에 의해 서로 관련된다.

3.1.15. 음식 조건 (Āhārapaccayo)

부모는 자식을 낳고, 자식이 행복하게 자라도록 지원하고 돌본다. 기울고 있는 오래된 집을 지탱하고 있는 기둥은 그 집을 안정되고 견고하게 만든다.

마찬가지로 4가지 음식인 먹을 수 있는 음식(kabaḷīka), 접촉(phassa), 의도(cetanā), 의식(viññāṇa)은 그에 따른 과보와 조건 지어진 것을 생기게 하고 그것들이 안정되고 견고해지도록 계속 지원한다. 이런 유형의 조건 과정을 음식 조건이라 한다.

조건의 상설 경

(1) 먹을 수 있는 음식은 음식 조건에 의해 몸과 관련된다.
(2) 정신적인 음식(접촉, 의도, 의식)은 음식 조건에 의해 그것들과 결합한 법(마음과 마음부수)과 관련되고, 마음에서 생긴 물질과 관련된다.

3.1.16. 기능 조건 (Indriyapaccayo)

인드리야(Indriya, 기능)는 장관처럼 각 부분이나 기능을 통제한다. 그리고 이것으로 전체 체계의 발전과 번영에 기여한다. 이런 기여는 기능 조건에 의해 생긴다고 한다.

22가지 기능 가운데 2가지 성의 물질은 기능 조건에 참여하지 않는다. 5가지 물질적인 감각기관은 기능의 능력으로 안식 등이 일어나는 것과 같은 오직 정신적인 현상을 위한 조건을 형성한다. 물질적 생명기능(생명기능 물질)과 나머지 모든 기능은 함께 생긴 정신 현상과 물질 현상이 일어나기 위한 조건을 형성한다.

조건의 상설 경

(1) 눈의 기능(눈의 감성)은 기능 조건에 의해 안식, 그것과 결합한 법을 통제한다.
(2) 귀의 기능(귀의 감성)은 기능 조건에 의해 이식, 그것과 결합한 법을 통제한다.
(3) 코의 기능(코의 감성)은 기능 조건에 의해 비식, 그것과 결합한 법을 통제한다.
(4) 혀의 기능(혀의 감성)은 기능 조건에 의해 설식, 그것과 결합한 법을 통제한다.
(5) 몸의 기능(몸의 감성)은 기능 조건에 의해 신식, 그것과 결합한 법을 통제한다.
(6) 물질적 생명 기능(생명기능 물질)은 기능 조건에 의해 업에서 생긴 물질을 통제한다.
(7) 정신적 기능은 기능 조건에 의해 그것과 결합한 각각의 법(마음과 마음부수)과 마음에서 생긴 물질을 통제한다.

3.1.17. 선정 조건 (Jhānapaccayo)

선정 조건은 7가지 선정의 요소를 의미한다. 이 선정의 요소는 그것들과 함께 생긴 마음과 마음부수, 마음에서 생긴 물질을 조건 지어서 어떤 특정한 대상에 긴밀하게 고정하여 집중하도록 한다. 이런 유형의 조건 지음은 선정 조건에 의해 일어난다고 한다.

조건의 상설 경

선정의 요소는 선정 조건에 의해 그것들과 결합한 법(마음과 마음부수)과 관련되고 마음에서 생긴 물질과 관련된다.

3.1.18. 도 조건(Maggapaccayo)

도 조건은 12가지 도의 요소를 의미한다. 유익한 도의 구성 요소는 그것들과 함께 생긴 마음과 마음부수, 마음에서 생긴 물질을 조건 지어서 선처에서 과보를 맺도록 하는 도를 형성한다. 마찬가지로 해로운 도의 구성 요소는 그들과 함께 생긴 마음과 마음부수, 마음에서 생긴 물질을 조건 지어서 악처에서 과보를 맺도록 하는 도를 형성한다. 이런 유형의 조건 지음은 도 조건에 의해 일어난다고 한다.

조건의 상설 경

도의 요소들은 도 조건에 의해 그것과 결합한 법(마음과 마음부수)과 관련되고 마음에서 생긴 물질과 관련된다.

3.1.19. 관련 조건(Sampayuttapaccayo)

차와 우유와 설탕과 뜨거운 물은 컵 속에서 완전하게 섞여 서로 구별되지 않고 하나의 결합된 좋은 맛을 낸다.

마찬가지로 4가지 정신의 무더기를 형성하는 마음과 마음부수도 너무 완전하게 섞여서 서로 구별될 수 없다. 게다가 마음과 마음부수는 함께 일어나서 함께 무너지고 공통의 물질적인 토대와 공통의 대상을 가지고 있으며 함께 관련되어 서로를 돕는다. 마음과 마음부수는 관련 조건에 의해 서로를 돕는다.

조건의 상설 경

4가지 정신의 무더기(마음과 마음부수)는 관련 조건에 의해 서로와 관련된다.

3.1.20. 비관련 조건 (Vippayuttapaccayo)

시큼털털한 맛, 쓴맛, 단맛, 신맛, 짠맛, 톡 쏘는 맛 등 6가지 맛은 함께 섞이지 않지만 카레의 좋은 맛을 내기 위해 서로를 지원한다. 또 왕관과 목걸이에 있는 금과 보석은 완전하게 섞이지 않고 보아서 쉽게 구별되지만 금은 보석을 더 아름답게 만들고 보석은 금을 더 매력적으로 만든다.

마찬가지로 물질의 무더기와 정신의 무더기는 섞이지 않고 함께 일어나지 않고 함께 무너지지 않는다. 하지만 물질의 무더기는 정신의 무더기를 돕고, 정신의 무더기는 물질의 무더기를 많은 면에서 돕는다. 그것들은 비관련 조건에 의해 서로를 돕는다.

조건의 상설 경

(1) 물질 현상은 비관련 조건에 의해 정신 현상과 관련된다.

(2) 정신 현상은 비관련 조건에 의해 물질 현상과 관련된다.

3.1.21. 존재 조건(Atthipaccayo)

땅은 존재하기 때문에 식물과 동물이 그 위에서 자라도록 지원한다. 부모들은 존재하거나 살아 있는 동안에 자식을 지원하거나 돌볼 수 있다.

존재를 통하여 다른 법이 일어나는 조건이 되는 그런 법은 먼저 일어나든지 함께 일어나든지 간에 존재 조건이라고 불린다.

조건의 상설 경

(1) 4가지 정신의 무더기는 존재 조건에 의해 서로를 돕는다.

(2) 네 가지 큰 필수 요소〔四大〕는 존재 조건에 의해 서로를 돕는다.

(3) 잉태하는 순간에 정신(재생연결심과 마음부수)과 물질(업에서 생긴 물질)은 존재 조건에 의해 서로를 돕는다.

(4) 마음과 마음부수는 존재 조건에 의해 마음에서 생긴 물질이 일어나도록 조건 짓는다.

(5) 네 가지 큰 필수 요소〔四大〕는 존재 조건에 의해 파생된 물질이 일어나도록 조건 짓는다.

(6) 눈의 감각장소는 존재 조건에 의해 안식, 그것과 결합한 법이 일어나도록 조건 짓는다.

(7) 귀의 감각장소는 존재 조건에 의해 이식, 그것과 결합한 법이 일어나도록 조건 짓는다.

(8) 코의 감각장소는 존재 조건에 의해 비식, 그것과 결합한 법이 일어나도록 조건 짓는다.

(9) 혀의 감각장소는 존재 조건에 의해 설식, 그것과 결합한 법이 일어나도록 조건 짓는다.

(10) 몸의 감각장소는 존재 조건에 의해 신식, 그것과 결합한 법이 일어나도록 조건 짓는다.

(11) 형색은 존재 조건에 의해 안식, 그것과 결합한 법이 일어나도록 조건 짓는다.

(12) 소리는 존재 조건에 의해 이식, 그것과 결합한 법이 일어나도록 조건 짓는다.

(13) 냄새는 존재 조건에 의해 비식, 그것과 결합한 법이 일어나도록 조건 짓는다.

(14) 맛은 존재 조건에 의해 설식, 그것과 결합한 법이 일어나도록 조건 짓는다.

(15) 감촉은 존재 조건에 의해 신식, 그것과 결합한 법이 일어나도록 조건 짓는다.

(16) 형색, 소리, 냄새, 맛, 감촉은 존재 조건에 의해 의계, 그것과 결합한 법이 일어나도록 조건 짓는다.

(17) 이 물질(심장토대)에 의지하여 의계와 의식계가 일어난다. 이 물질이 존재 조건에 의해 의계와 의식계, 그것들과 결합한 법이 일어나도록 돕는다.

3.1.22. 비존재 조건 (Natthipaccayo)

태양의 부재는 달이 나타나는 데 기여한다. 빛의 부재는 어둠을 일으킨다. 왕의 죽음은 장남이 왕위를 계승하도록 한다. 이러한 예들은 어떤 것이 비존재 조건에 의해 어떻게 다른 것이 일어나도록 조건 지을 수 있는지를 보여준다.

정신의 법에서 막 무너졌던 마음 그리고 그것과 결합한 법은 뒤따르는 마음 그리고 그것과 결합한 법이 일어나기 위한 조건이 된다.

조건의 상설 경

빈 틈 없이 소멸한 마음과 마음부수는 비존재 조건에 의해 유사한 방식으로 일어난 마음과 마음부수의 법과 관련된다.

3.1.23. 떠난 조건(Vigatapaccayo)

어떤 것이 무너지거나 사라지면 더 이상 존재하지 않는다. 따라서 떠난 조건은 비존재 조건과 동의어이다.

떠난 조건은 비존재 조건처럼 이전의 마음이 그것의 마음부수와 함께 무너지거나 사라질 때 이후의 마음과 마음부수가 일어나는 정신의 법에만 적용된다.

조건의 상설 경

빈 틈 없이 소멸한 마음과 마음부수는 떠난 조건에 의해 유사한 방식으로 일어난 마음과 마음부수의 법과 관련된다.

3.1.24. 떠나지 않은 조건(Avigatapaccayo)

만약 어떤 것이 사라지지 않으면, 그것은 존재한다. 따라서 떠나지 않은 조건은 존재 조건과 동의어이다.

큰 대양은 그것이 사라지지 않음으로써 그 안에 사는 물고기와 바다거북의 행복에 기여한다.

사라지지 않음으로써 다른 법을 위한 조건이 되는 그런 법은 먼저 생긴 것이든 함께 생긴 것이든 떠나지 않은 조건이라고 한다.

조건의 상설 경

(1) 4가지 정신의 무더기는 떠나지 않은 조건에 의해 서로를 돕는다.
(2) 네 가지 큰 필수 요소[四大]는 떠나지 않은 조건에 의해 서로를 돕는다.
(3) 잉태하는 순간에 정신(재생연결심과 마음부수)과 물질(업에서 생긴 물질)은 떠나지 않은 조건에 의해 서로를 돕는다.
(4) 마음과 마음부수는 떠나지 않은 조건에 의해 마음에서 생긴 물질이 일어나도록 조건 짓는다.
(5) 네 가지 큰 필수 요소[四大]는 떠나지 않은 조건에 의해 파생된 물질이 일어나도록 조건 짓는다.
(6) 눈의 감각장소는 떠나지 않은 조건에 의해 안식, 그것과 결합한 법들이 일어나도록 조건 짓는다.
(7) 귀의 감각장소는 떠나지 않은 조건에 의해 이식, 그것과 결합한 법이 일어나도록 조건 짓는다.
(8) 코의 감각장소는 떠나지 않은 조건에 의해 비식, 그것과 결합한 법이 일어나도록 조건 짓는다.
(9) 혀의 감각장소는 떠나지 않은 조건에 의해 설식, 그것과 결합한 법이 일어나도록 조건 짓는다.
(10) 몸의 감각장소는 떠나지 않은 조건에 의해 신식, 그것과 결합한 법이 일어나도록 조건 짓는다.
(11) 형색은 떠나지 않은 조건에 의해 안식, 그것과 결합한 법이 일어나도록 조건 짓는다.

(12) 소리는 떠나지 않은 조건에 의해 이식, 그것과 결합한 법이 일어나도록 조건 짓는다.

(13) 냄새는 떠나지 않은 조건에 의해 비식, 그것과 결합한 법이 일어나도록 조건 짓는다.

(14) 맛은 떠나지 않은 조건에 의해 설식, 그것과 결합한 법이 일어나도록 조건 짓는다.

(15) 감촉은 떠나지 않은 조건에 의해 신식, 그것과 결합한 법이 일어나도록 조건 짓는다.

(16) 형색, 소리, 냄새, 맛, 감촉은 떠나지 않은 조건에 의해 의계, 그것과 결합한 법이 일어나도록 조건 짓는다.

(17) 이 물질(심장토대)에 의지하여 의계와 의식계가 일어난다. 이 물질은 떠나지 않은 조건에 의해 의계와 의식계, 그것들과 결합한 법이 일어나도록 돕는다.

3.2. 인과관계 요약

(1) 정신은 틈 없는 조건, 빈틈없는 조건, 반복 조건, 관련 조건, 비존재 조건, 떠난 조건 등 6가지 방식으로 정신과 관련된다.
정신은 어떻게 6가지 방식으로 정신과 관련되는가? 막 소멸한 마음과 마음부수는 틈 없는 조건, 빈틈없는 조건, 비존재 조건, 떠난 조건의 방식으로 현재의 마음, 마음부수와 관련된다. 이전의 속행은 반복 조건에 의해 뒤따르는 속행과 관련된다.

(2) 정신은 원인 조건, 선정 조건, 도 조건, 업 조건, 과보 조건 등 5가지 방식으로 정신, 물질과 관련된다.

정신은 어떻게 5가지 방식으로 정신, 물질과 관련되는가? 원인, 선정의 요소, 도의 요소는 원인 조건, 선정 조건, 도 조건에 의해 함께 생긴 정신, 물질과 관련된다.

함께 생긴 의도(함께 생긴 업)는 업 조건에 의해 함께 생긴 정신, 물질과 관련된다. 그리하여 함께 생기지 않은 의도(nānakkhaṇika-kamma, 다양한 순간의 업)도 업 조건에 의해 업에서 생긴 정신, 물질과 관련된다.

4가지 과보의 정신의 무더기는 과보(업의 과보) 조건에 의해 서로 관련되고 함께 생긴 물질과도 관련된다.

(3) 정신은 오직 1가지 후행 조건에 의해서만 어떤 물질과도 관련되지 않는다.

뒤따르는 마음과 마음부수는 후행 조건에 의해서 이전의 물질적인 토대(심장토대와 감각토대)와 관련된다.

(4) 물질은 오직 1가지 선행 조건에 의해서만 정신과 관련된다.

살아 있는 동안 6가지 토대는 선행 조건에 의해서 7가지 의식의 요소[識界, 모든 마음]와 관련된다. 그리하여 5가지 감각대상은 선행 조건에 의해서 5가지 의식의 인식과정과 관련된다.

(5) 개념, 정신, 물질은 대상 조건과 강한 의지 조건 등 2가지에 의해 정신과 관련된다.

대상 조건은 개념, 정신, 물질로 구성되어 있는 6가지 감각대상으로 이루어져 있다. 그것들은 대상 조건에 의해 마음, 마음부수와 관련된다.

강한 의지 조건은 대상으로서의 강한 의지, 빈틈없는 것으로서의 강한 의지, 고유한 속성으로서의 강한 의지 등 3가지이다. 대상

자체가 두드러져서 우리의 주의를 끌 때, 그것은 대상으로서의 강한 의지로 작용한다. 막 소멸한 마음과 마음부수는 빈틈없는 강한 의지로 작용한다. 고유한 속성으로서의 강한 의지는 여러 가지이다. 탐욕, 성냄 같은 해로운 법, 믿음, 마음챙김 같은 유익한 법, 몸의 즐거운 느낌, 몸의 고통, 사람, 음식, 날씨, 계절, 처소 등이다. 이것들은 강한 의지 조건에 의해 안에서(ajjhattika) 또는 밖에서(bahiddha) 뒤이어 일어나는 유익한 법, 해로운 법, 과보의 법(vipāka), 작용만 하는 법(kiriya)과 관련된다. 강한 업도 유사하게 그것의 결과와 관련된다.

(6) 정신, 물질은 지배 조건, 함께 생긴 조건, 상호 조건, 의지 조건, 음식 조건, 기능 조건, 비관련 조건, 존재 조건, 떠나지 않은 조건 등 9가지 방법으로 정신, 물질에 관련된다.

① 지배 조건관계는 2가지이다.

(a) 사람의 주의를 끄는 매우 두드러진 대상은 대상으로서의 지배(ārammaṇādhipati) 조건에 의해 마음, 마음부수와 관련된다.

(b) 4가지 함께 생긴 지배(열의, 정진, 마음, 검증)는 함께 생긴 지배 조건에 의해 함께 생긴 마음, 마음부수, 물질과 관련된다.

② 함께 생긴 조건관계는 3가지이다.

(a) 함께 생긴 마음과 마음부수는 함께 생긴 조건에 의해 서로 관련되고 함께 생긴 물질과 관련된다.

(b) 네 가지 큰 필수 요소〔四大〕는 함께 생긴 조건에 의해 서로 관련되고 함께 생긴 파생된 물질과 관련된다.

(c) 잉태의 순간에, 심장토대는 함께 생긴 조건에 의해 재생연결심, 그것과 결합한 법과 관련된다.

③ 상호 조건관계는 3가지이다.

(a) 함께 생긴 마음과 마음부수는 상호 조건에 의해 서로 관련된다.

(b) 사대(四大)는 상호 조건에 의해 서로 관련된다.

(c) 잉태의 순간에 심장토대는 상호 조건에 의해 재생연결심, 그것과 결합한 법과 관련된다.

④ 의지 조건관계는 3가지이다.

(a) 함께 생긴 마음과 마음부수는 의지 조건에 의해 서로 관련되고 함께 생긴 물질과 관련된다.

(b) 네 가지 큰 필수 요소〔四大〕는 의지 조건에 의해 서로 관련되고 함께 생긴 파생된 물질과 관련된다.

(c) 6가지 토대는 의지 조건에 의해서 7가지 의식의 요소〔識界〕와 관련된다.

⑤ 음식 조건관계는 2가지이다.

(a) 먹을 수 있는 음식은 음식 조건에 의해 물질과 관련된다.

(b) 3가지 정신의 음식(접촉, 의도, 의식)은 음식 조건에 의해 함께 생긴 정신, 물질의 무더기와 관련된다.

⑥ 기능 조건관계는 3가지이다.

(a) 5가지 감각기관(감성물질)은 기능 조건에 의해 오식(五識)과 관련된다.

(b) 물질의 생명기능은 기능 조건에 의해 업에서 생긴 물질과 관련된다.

(c) 정신적 기능(비물질 통제 요소)은 기능 조건에 의해 함께 생긴 정신, 물질과 관련된다.

⑦ 비관련 조건관계는 3가지이다.

(a) 잉태의 순간에 심장토대는 함께 생긴 비관련 조건에 의해 재생

연결심, 그것과 결합한 법과 관련된다. 이와 유사하게 마음과 마음부수도 함께 생긴 물질과 관련된다.

(b) 뒤따르는 마음과 마음부수는 후행의 비관련 조건에 의해 이전의 물질적인 토대들(심장토대와 감각토대들)과 관련된다.

(c) 6가지 토대는 후행의 비관련 조건에 의해 7가지 의식의 요소〔識界, 모든 마음〕와 관련된다.

⑧ 존재 조건관계와 떠나지 않은 조건관계는 각각 5가지이다.
함께 생긴 조건, 선행 조건, 후행 조건, 음식 조건, 물질의 생명기능의 관계도 존재 조건과 떠나지 않은 조건관계 역할을 한다. 존재 조건과 떠나지 않은 조건은 다소 동일하다.

(7) 24가지 모든 관계는 대상 조건, 강한 의지 조건, 업 조건, 존재 조건 등 4가지로 줄일 수 있다.

3.3. 정신, 물질의 구분

28가지 종류의 물질로 구성되어 있는 물질의 무더기는 물질이라고 불린다.

모든 마음, 모든 마음부수, 열반으로 구성되어 있는 4가지 정신의 무더기는 정신(nāma)이라고 불리는 비물질의 5가지 종류이다.

열반이 정신으로 분류된다는 것을 눈여겨봐야 한다. 이렇게 분류되는 이유는 열반이 출세간의 마음에 의해 관찰되고 따라서 출세간의 마음과 마음부수를 열반으로 향하게 하기 때문이다.

4. 개념(Paññatti)

정신, 물질 외에 개념이 있다. 개념은 2가지이다.

① 형태 개념(Attha-paññatti) : 이것은 의사소통 시 알려지는 어떤 것의 형태, 모양, 덩어리, 외모 따위의 이름이다. 우리가 일컫는 것은 궁극적 실재들이 아닌 사람, 개, 집, 또는 산일 수 있다. 또 어떤 것의 형태, 모양, 덩어리, 외모 등은 실재가 아니다. 그것들은 단지 마음에 나타나는 개념일 뿐이다. 더욱이 특정한 것을 여러 이름으로 부를 수도 있기 때문에 이름은 실재가 아니다.

② 소리 개념(Sadda-paññatti) : '삿다(sadda)'가 '소리'를 의미하기 때문에 소리 개념은 다양한 언어에서 사용되는 단어를 일컫는다. 의사소통 시 우리는 다양한 것들의 이름을 언급함으로써 그것들이 상대에게 알려지도록 한다.

형태 개념은 어떤 것에 적절한 이름을 부여하여 그것이 알려지도록 하고, 소리 개념에 따라 우리가 그 이름을 부름으로써 어떤 것이 상대에게 알려지도록 한다. 예를 들어 우리가 '사람'이라고 말하면 상대는 우리가 사람의 형태, 모양, 덩어리, 외모를 일컫는다는 걸 알게 된다. 따라서 '사람'은 소리 개념이다. 그리고 '사람'이라는 단어의 의해 알려지는 사람의 형태, 모양, 덩어리, 외모는 형태 개념으로 간주되어야 한다.

4.1. 형태 개념의 다양한 유형

형태 개념의 다양한 유형을 논할 때, 밖의 순수한 8원소 그룹(suddhaṭṭhaka-kalāpa)은 '근본물질(mahābhūta, 큰 필수 요소, 四大)'로 일컬어질 것이다.

① 양태 개념(Saṇṭhāna-paññatti) : '땅', '산', '언덕', '들판' 같은 단어는 근본물질〔四大〕의 연결과 퍼짐의 양태 때문에 그런 이름이 붙었다. 그것들은 '양태 개념'이라 불린다.

② 집단 개념(Samūha-paññatti) : '집', '학교', '전차', '마차' 같은 단어는 물질이 결합하는 양식 때문에 그런 이름이 붙었다. 그것들은 '집단 개념'이라 불린다.

③ 모양 개념(Saṇḍhāna-paññatti) : '접시', '사발', '받침 접시', '수저', '찻잔' 같은 단어는 물질(이 경우에는 도자기)의 형태나 모양 때문에 그런 이름이 붙었다. 그것들은 '모양 개념'이라 불린다.

④ 중생 개념(Satta-paññatti) : '남자', '여자', '어린이', '사람', '개' 같은 단어는 오온 때문에 그런 이름이 붙었다. 그것들은 '중생 개념'이라 불린다.

⑤ 방위 개념(Disā-paññatti) : '동쪽', '서쪽', '북쪽', '남쪽', '방향' 같은 단어는 태양과 달 등의 회전 때문에 그런 이름이 붙었다. 그것들은 '방위 개념'이라 불린다.

⑥ 시간 개념(Kāla-paññatti) : '아침', '정오', '오후', '저녁', '밤' '시간' 같은 단어는 시간에 의해 그런 이름이 붙었다. 그것들은 '시간 개념'이라 불린다.

⑦ 공간 개념(Ākāsa-paññatti) : '동굴', '우물', '구멍', '터널' 같은 단어는

빈 공간에 의해 그런 이름이 붙었다. 그것들은 '공간 개념'이라 불린다.

⑧ 까시나 개념(Kasiṇa-paññatti) : '흙 까시나', '불 까시나', '바람 까시나' 같은 용어는 근본물질〔四大〕에 있는 지배적인 요소에 의해 그런 이름이 붙었다. 그것들은 '까시나 개념'이라 불린다.

⑨ 표상 개념(Nimitta-paññatti) : '준비단계의 표상', '근접 표상', '닮은 표상' 같은 용어는 명상 수행에서의 삼매의 정도에 따라 그런 이름이 붙었다. 그것들은 '표상 개념'이라 불린다.

형태 개념의 다양한 형태들은 궁극적인 의미에서는 존재하지 않는다. 형태 개념은 실제 사물들로 구성되어 있는 대상을 일컫지만 이미지로 마음에 나타난다.

비록 형태 개념이 궁극적인 의미에서는 존재하지 않지만, 형태 개념은 (궁극적) 실재의 그림자 형태로 생각의 대상이 된다. 형태 개념은 대화에서 자신의 관점을 표현하고 남에게 자신의 소망을 알게 하기 위해 사용된다.

4.2. 소리 개념(Sadda-paññatti)의 6가지 이름

우리가 쓰는 단어들은, 그것이 어떤 언어로 쓰이든 모두 소리 개념이다.

① 이름(Nāma) : 이름은 어떤 것의 이름이며, 항상 그것이 표현하는 의미로 향한다. 예를 들어 '부미(bhūmi)'라는 단어는 '땅'이라는 의미를 표현하고, 항상 그 의미로 향한다. 더욱이 'bhūmi'가 '땅'이라는 의미

를 표현하기 때문에, 'bhūmi'는 '땅'이라는 의미를 항상 자기에게로 향하게 하여 그 의미를 자기 것으로 삼는다.

② 이름 업(Nāma-kamma) : 'bhūmi'라는 이름은 과거의 어떤 중요한 학식 있는 사람들에 의해 붙여졌다. 그러므로 '이름 업'이라고 불린다.

③ 이름 할당(Nāma-dheyya) : 'bhūmi'라는 이름은 학식 있는 사람들에 의해 오랫동안 확립되었다. 그러므로 '이름 할당'이라고 불린다.

④ 이름 언어(Nāma-nirutti) : 'bhūmi'라는 이름은 말하기 전에는 숨겨진 상태로 있기 때문에 그것은 언어로 표현하여 노출되어야 한다. 그리하여 '이름 언어'라고 불린다.

⑤ 이름 표시(Nāma-byañjana) : 'bhūmi'라는 이름은 그것의 의미를 매우 분명하게 보여줄 수 있기 때문에 '이름 표시'라고 불린다.

⑥ 이름 표현(Nāma-abhilāpa) : 'bhūmi'라는 단어는 그것의 의미를 표현하려는 의도를 가지고 말해져야 한다. 그리하여 '이름 표현'이라고 불린다.

4.3. 6가지 종류의 소리 개념

① 실재하는 개념(Vijjamāna-paññatti) : 어떤 이름이 실제로 존재하는 어떤 것에 붙여질 때, 그 이름은 '실재하는 개념'이라 불린다. 궁극적 실재의 모든 이름은 이 부류에 속한다. 물질, 마음, 마음부수, 의도, 인식, 일으킨 생각 등을 그 예로 들 수 있다.

② 실재하지 않는 개념(Avijjamāna-paññatti) : 어떤 이름이 실제로 존재하지 않는 어떤 것에 붙여질 때, 그 이름은 '실재하지 않는 개념'이라 불린다. 궁극적 실재가 아닌 모든 이름은 이 부류에 속한다. 사람, 개, 집, 학교, 언덕, 동굴 등을 그 예로 들 수 있다.

③ 실재하는 것을 통한 실재하지 않는 개념(Vijjamāna-avijjamāna-paññatti) : 이것은 실재하는 개념과 실재하지 않는 개념이 결합하여 형성된 복합어이다. '6가지 신통지를 소유한 사람(chaḷābhiññā)'을 그 예로 들 수 있다. 이 복합어에서 '6가지 신통지(abhiññā)'는 실재하는 개념인 반면에 '소유한 사람'은 오온에 붙여진 이름이기 때문에 실재하지 않는 개념이다. '3가지 명지(明知)를 소유한 사람(te-vijjā)'도 같은 예이다.

④ 실재하지 않는 것을 통한 실재하는 개념(Avijjamāna-vijjamāna-paññatti) : 이것은 실재하지 않는 개념과 실재하는 개념이 결합하여 형성된 복합어이다. '여성의 목소리(itthi-sadda)'를 그 예로 들 수 있다. 목소리는 소리로 존재하는 실재하는 개념이지만 '여성'은 오온에 붙여진 이름이기 때문에 실재하는 개념이 아니다. '여성의 물질(itthi-rūpa)'과 '남성의 목소리(purisa-sadda)'도 같은 예이다.

⑤ 실재하는 것을 통한 실재하는 개념(Vijjamāna-vijjamāna-paññatti) : 이것은 실재하는 개념과 실재하는 개념이 결합하여 형성된 복합어이다. 안식(cakkhu-viññāṇa), 귀의 감성(sota-pasāda), 코의 접촉(ghāna-samphassa), 물질에 대한 갈애(rūpa-taṇhā) 등을 그 예로 들 수 있다.

⑥ 실재하지 않는 것을 통한 실재하지 않는 개념(Avijjamāna-avijjamāna-paññatti) : 이것은 실재하지 않는 개념과 실재하지 않는 개념이 결합하여 형성된 복합어이다. 왕의 아들(rājā-putta), 여자 배우, 회사의 부장, 학교의 교장 등을 그 예로 들 수 있다.

제9장

명상주제

깜맛타나(kammaṭṭhāna)는 (명상을 위한) '행위의 장소' 혹은 '명상주제'를 의미한다. 이 '행위의 장소' 혹은 '명상주제'는 정신 계발을 위한 훈련 장소나 훈련 도구 역할을 한다. 정신 계발에는 2종류가 있다. 하나는 '고요'를 다루고 다른 하나는 '통찰'을 다룬다.

붓다가 가르친 정신 훈련법, 예를 들어 명상은 걱정을 그치게 하고, 정신적 긴장을 완화하며, 정신적인 우울을 제거하고, 마음에 즉시 평화를 주며, 삼매(samādhi)와 선정(jhāna)과 통찰지(vipassanā-ñāṇa)로 이끌고, 삶에서 가장 고상하고 성스러운 성취인 4가지 도(magga)와 4가지 과(phala)로 이끈다는 점에서 독특하다.

'바와나(bhāvanā)'는 일반적으로 '명상'이라고 다소 모호하게 번역되는데, '정신 계발'이라고 불리는 것이 더 좋긴 하다. 명상은 좋은 결과를 매우 많이 생기게 하는 정신 계발이므로, 각자의 마음에서 거듭 계발되어야 한다. 2가지 종류의 명상이 있다.

(1) **고요명상**(Samatha-bhāvanā)

'사마타(samatha)'는 집중되고, 마음이 흔들리지 않으며, 오염되지 않고, 평화로운 상태인 '고요'를 의미한다. 이것은 감각적 욕망을 포함하고 있는 5가지 장애(nīvaraṇa, 五蓋)를 가라앉히기 때문에 '고요'라고 불린다.

본질적으로 '사마타'는 세간의 유익한 마음 또는 세간의 작용만 하는 마음에 있는 집중의 마음부수(ekaggatā-cetasika)를 의미한다. 사마타는 또한 5가지 장애를 가라앉힐 수 있는 삼매(samādhi, 집중)를 일컬으며, 낮은 선정의 요소인 일으킨 생각(vitakka), 지속적 고찰(vicāra), 희열(pīti), 행복(sukha)을 가라앉힐 수 있는 높은 선정삼매(jhāna-samādhi)를 일컫는다.

(2) **통찰명상**(Vipassanā-bhāvanā)

'통찰명상'은 존재의 몸과 정신의 모든 현상의 무상(anicca), 괴로움(dukkha), 무아(anatta)를 직관적으로 통찰하는 것을 의미한다.

본질적으로 '통찰명상'은 큰 유익한 마음과 큰 작용만 하는 마음에 있는 통찰지의 마음부수(paññā-cetasika)를 의미한다.

1. 명상주제(Kammaṭṭhāna)

마음은 대상이 없이는 일어날 수 없으므로, 정신 훈련을 위해서는 적절한 대상들이 필요하다.

붓다는 고요명상을 위해 40가지 명상주제를 처방했다. 그것들은 '고요명상의 명상주제(samatha-kammaṭṭhāna)'라 불리며, 다음과 같은 7가지 부류로 구성되어 있다.

① 까시나(kasiṇa) : 10가지 까시나 대상

② 부정(asubha, 不淨) : 10가지 부정 대상

③ 수념(anussati, 隨念) : 10가지 수념 대상

④ 범주(brahama-vihāra, 梵住) : 4가지 고귀한 삶

⑤ 무색의 경지(āruppa) : 4가지 무색의 경지

⑥ 음식을 혐오하는 인식(āhāre-paṭikkūla-saññā) : 1가지 대상

⑦ 4가지 요소 분석(catu-dhātu-vavatthāna) : 1가지 대상

통찰명상의 명상 대상은 존재의 물질과 정신의 모든 현상에 대한 무상, 괴로움, 무아라는 '삼법인(tilakkaṇa, 3가지 특성)'이다.

1.1. 10가지 까시나

'까시나'는 '전체의, 모든, 완전한'을 의미한다. 그렇게 불리는 이유는 까시나가 명상할 때 전체적으로 혹은 완전하게 관찰되어야 하고, 또한 그 개념화된 영상에서 나오는 빛이 어떤 한계도 없이 모든 방향으로 확대되기 때문이다.

까시나가 전체적으로 관찰되어야 하기 때문에, 까시나의 모양은 한 뼘과 네 손가락, 즉 대략 30~40센티미터 정도의 지름을 가진 원이어야 한다.

① 흙 까시나(paṭhavī-kasiṇa) : 땅이나 캔버스 위에 지름이 30센티미터 정도인 원반 형태로 만들어놓은 순수한 흙이나 진흙

② 물 까시나(āpo-kasiṇa) : 지름이 30센티미터 정도인 적당한 원형의 그릇에 담은 물

③ 불 까시나(tejo-kasiṇa) : 통에 담긴 고르게 타고 있는 숯불, 또는 통의 구멍 사이로 보이는 큰 불의 중간 부분

④ 바람 까시나(vāyo-kasiṇa) : 머리 위 또는 잔디 위에 부는 바람이나

빰에 스치는 바람에 집중

⑤ 푸른색 까시나(nīla-kasiṇa) : 흰색 배경 위에 푸른색 원 모양의 종이나 천을 놓고 이용

⑥ 노란색 까시나(pīta-kasiṇa) : 흰색 배경 위에 노란색 원 모양의 종이나 천을 놓고 이용

⑦ 빨간색 까시나(lohita-kasiṇa) : 흰색 배경 위에 빨간색 원 모양의 종이나 천을 놓고 이용

⑧ 흰색 까시나(odāta-kasiṇa) : 검은색 배경 위에 흰색 원 모양의 종이나 천을 놓고 이용

⑨ 빛 까시나(āloka-kasiṇa) : 아침이나 저녁의 해나 달을 보거나, 구멍을 통해 들어온 빛이 마루나 벽에 원 모양으로 비친 것을 이용

⑩ 허공 까시나(ākāsa-kasiṇa) : 구멍을 통해 보이는 하늘을 배경으로 하는 바깥의 허공을 이용

까시나 수행의 한 예를 앞에서 설명했다(78~80쪽과 463~467쪽 참조). 수행자는 한 가지 까시나를 명상하여 5가지 색계 선정을 계발할 수 있다. 다음에 수행자는 계속해서 10가지 까시나에 기초한 4가지 무색계 선정과 5가지 세간의 신통지를 계발할 수 있다.

1.2. 부정(不淨)에 대한 명상(Asubha Bhāvanā)

부정명상의 대상은, 개나 늑대나 독수리 같이 고기를 먹는 동물이 빈번히 다니는 고대 인도의 묘지에서 발견되는, 묻거나 화장하지 않은 10가지 종류의 시체이다. 현대에는 몸의 더러움을 보여주는 어떤 종류

의 시체도 적절한 명상 대상이 된다.

우리는 일반적으로 자신의 몸뿐만 아니라 남의 몸에도 욕망(rāga)으로 강하게 집착한다. 그런 욕망을 억누를 수 있는 가장 좋은 방법과 그런 욕망의 병을 고칠 수 있는 가장 좋은 치료법은 부정명상이다. 이 명상은 붓다 재세 시에 특별히 젊은 비구들에게 적용된 표준 혹은 의무 명상주제였다.

심지어 오늘날에도 그 명상은 수호자나 보호자 역할을 하는 4가지 명상주제, 즉 자신을 안팎의 위험으로부터 보호하기 위한 4가지 수호자 명상주제(caturārakkha-kammaṭṭhāna)에 포함되어 있다. 10가지 종류의 시체는 다음과 같다.

① 썩고 부푼 시체(uddhumātaka)
② 검푸르게 탈색한 시체(vinīlaka)
③ 피부가 갈라지고 고름이 새어 나오는 시체(vipubbaka)
④ 두세 조각으로 나뉜 시체(vicchiddaka)
⑤ 개나 독수리 등에 물어뜯기고 심하게 훼손된 시체(vikkhāyitaka)
⑥ 개나 독수리 등에 물려서 조각나 흩어진 시체(vikkhittaka)
⑦ 칼이나 도끼 등으로 난도질당하여 조각나 버려진 시체(hatavikkhittaka)
⑧ 피가 흐르는 시체(lohitaka)
⑨ 벌레가 버글거리는 시체(puḷuvaka)
⑩ 해골이 된 시체(aṭṭhika)

어떤 종류이든 시체에 대한 명상은 초선정으로 이끌어질 것이다. 대상이 매우 혐오스럽기 때문에 일으킨 생각 없이 마음을 대상에 고정시키는 것은 불가능하다. 그리하여 이선정을 얻기 위해서 일으킨 생각을 제거할 수 없다.

1.3. 10가지 수념(Anussati)

'수념'은 '반복된 숙고' 또는 '끊임없는 마음챙김〔念〕'을 의미한다.

① 붓다의 공덕에 대한 수념(Buddhānussati) : 예를 들어 다음과 같이 붓다의 9가지 공덕을 수념할 수 있다. "실로 세존께서는 아라한, 바르게 깨달은 분, 명지와 실천을 구족한 분, 피안으로 잘 가신 분, 세상을 잘 아시는 분, 가장 높으신 분, 사람을 잘 길들이시는 분, 신과 인간의 스승, 붓다, 세존이시다."
또는 수행자가 가장 좋아하는 공덕을 선택하여 반복해서 수념해도 좋다. 예를 들어 '아라한, 아라한'이라고 반복해서 수념하는 것이다. 그렇게 수념하면서 다음과 같이 그것의 공덕을 마음에 그린다. "붓다께서는 모든 오염원들을 완전히 버린 가장 성스러운 분이시니 인간과 신의 공경을 받을 만하다."
두 번째 방법이 삼매를 계발하는 데 더 효과적이다.

② 법의 공덕에 대한 수념(Dhammānussati) : 다음과 같이 담마의 공덕에 대해 수념할 수 있다. "법은 세존에 의해서 잘 설해졌고, 스스로 깨달을 수 있고, 즉각적인 결실이 있고, 조사하라고 초대하고, 열반으로 인도하고, 현명한 이들이 이해할 수 있고, 각자 알아야 하는 것이다."
여기에서도 수행자는 자신이 가장 좋아하는 공덕을 선택하여 그것을 반복 수념할 수 있다.

③ 승가의 공덕에 대한 수념(Saṅghānussati) : 승가는 성자들의 교단이다. 수행자는 다음과 같이 승가의 9가지 공덕에 대해 수념할 수 있다. "세존의 제자의 승가는 훌륭한 행위를 하고, 세존의 제자의 승가는 올바른 행위를 하고, 세존의 제자의 승가는 현명한 행위를 하고, 세존의 제자의 승가는 해야 할 행위를 한다. 네 쌍의 사람이 여덟 가지 개인을 구성한다. 이러한 세존의 제자의 승가는 공양을 받을 만하고, 환대를 받을 만하고, 보시를 받을 만하고, 합장을 받을 만하며, 세상에서 비할 바 없는 공덕의 밭이다."

여기에서도 수행자는 자신이 가장 좋아하는 공덕을 선택하여 그것을 반복하여 수념할 수 있다.

④ 계의 공덕에 대한 수념(Sīlānussati) : 수행자 자신의 계(sīla)의 온전함에 대해 수념

⑤ 보시의 공덕에 대한 수념(Cāgānussati) : 수행자 자신의 보시(dāna)에 대해 수념

⑥ 신의 공덕에 대한 수념(Devatānussati) : 신을 증인 삼아 수행자 자신의 공덕에 대해 수념. 신의 공덕에 대한 수념의 예는 다음과 같다. "신들은 그들의 믿음, 계, 보시, 지혜, 통찰지, 도덕적 부끄러움, 도덕적 두려움 등을 구족하여 그렇게 수승한 상태로 태어났다. 나도 이런 공덕들을 구족하고 있다."

⑦ 고요함의 공덕에 대한 수념(Upasamānussati) : 열반의 공덕에 대해 수념

⑧ 죽음에 대한 수념(Maraṇānussati) : 다음의 예와 같이 수행자 자신의 죽음의 성품에 대해 수념한다. "나의 죽음은 확실하고, 나의 삶은 확실하지 않다."

⑨ 몸의 32가지 부분에 대한 수념(Kāyagatāsati) : 머리털, 몸털, 손·발

톱, 이빨, 살갗, 살, 힘줄, 뼈, 골수, 콩팥, 염통, 간, 횡격막, 지라, 허파, 창자, 장간막, 위, 똥, 뇌, 담즙, 점액, 고름, 피, 땀, 림프액, 눈물, 〔피부의〕 기름기, 침, 콧물, 관절활액, 오줌 등 몸의 32가지 부정한 부분을 수념한다.

⑩ 들숨날숨에 대한 마음챙김(Ānāpānassati) : 수행자 자신의 들숨날숨에 대해 마음챙김

10가지 수념 가운데 몸에 대한 마음챙김은 초선정으로 이끌 수 있고, 들숨날숨에 대한 마음챙김은 5가지 모든 색계 선정으로 이끌 수 있으며, 나머지는 근접삼매(upacāra-samādhi)로 이끌 수 있다.

붓다의 공덕에 대한 수념과 죽음에 대한 수념은 4가지 수호자 명상주제에 포함된다. 붓다의 공덕에 대한 수념을 반복하여 오랫동안 수행하면 수행자의 몸은 탑과 같이 공경할 만한 것이 된다. 그리하여 그 몸은 짐승이나 유령이나 사악한 사람에 의해 모욕을 당하지 않게 될 수 있다.

또한 수행자는 붓다와 함께 살고 있다는 생각을 갖게 된다. 그에 따라 수행자는 붓다에 대한 믿음과 도덕적 부끄러움과 도덕적 두려움을 크게 계발한다.

죽음에 대한 수념을 반복해서 수행하면 삶의 덧없는 성품을 이해할 수 있게 된다. 자신의 죽음이 언제라도 올 수 있다는 생각을 갖게 된 수행자는 모든 자만, 성냄, 집착 등을 떨쳐버리고, 감각적 욕망에 전적으로 탐닉하는 대신 정신적 계발을 위해 수행하여, 자신의 삶을 가장 잘 활용하도록 노력하게 된다.

들숨날숨에 대한 마음챙김은 삼매뿐만 아니라 통찰을 계발하기 위한 가장 좋은 명상주제 가운데 하나로, 모든 보살과 붓다가 수행한 주된

명상주제이다. 수행하기 쉬울 뿐 아니라, 앉아 있든, 서 있든, 걷든, 누워 있든 상관없이 언제 어디서나 수행할 수 있다. 호흡은 항상 존재한다. 필요한 것은 단지 그것을 마음챙김하는 것이다.

마음챙김은 호흡이 안팎으로 들고 나는 코끝에 확립되어야 한다. 그 관찰점에서 들숨과 날숨을 알아차려야 한다. 마치 출입문에 앉아서 들어오고 나가는 사람을 점검하는 것과 같다.

경전에는 다음과 같이 호흡 마음챙김의 간단한 방법을 설명한다.

> "비구들이여, 여기 비구는 숲속에 가거나, 나무 아래에 가거나, 외딴 곳에 가거나, 앉아서, 가부좌를 하고, 상체를 바로 세우고, 눈을 감고, 마음챙김을 확립하여 숨을 자연스럽게 쉰다.
>
> 그는 마음챙김하며 숨을 들이쉬고 마음챙김하며 숨을 내쉰다.
>
> ① 그가 숨을 길게 들이쉴 때는 '나는 숨을 길게 들이쉰다.'고 알고, 그가 숨을 길게 내쉴 때는 '나는 숨을 길게 내쉰다.'고 안다.
>
> ② 그가 숨을 짧게 들이쉴 때는 '나는 숨을 짧게 들이쉰다.'고 알고, 그가 숨을 짧게 내쉴 때는 '나는 숨을 짧게 내쉰다.'고 안다.
>
> ③ '나는 온몸을 경험하면서 들이쉴 것이다.'라고 그는 훈련하고, '나는 온몸을 경험하면서 내쉴 것이다.'라고 그는 훈련한다.
>
> ④ '나는 몸의 형성을 고요하게 하면서 들이쉴 것이다.'라고 그는 훈련하고, '나는 몸의 형성을 고요하게 하면서 내쉴 것이다.'라고 그는 훈련한다."

호흡이 리드미컬하게 일어나면 호흡은 수행자의 주의를 호흡 쪽으로 끌어당겨 매우 빠르게 집중을 만들어낸다. 만약 마음이 찻집, 식당,

극장 같은 몇몇 외부의 대상으로 나가 헤매면, 마음이 거기에 있다는 것을 알아차리고 다시 호흡에 마음을 집중한다. 5가지 장애(nīvaraṇa, 五蓋)가 완전히 제압될 때 희열(pīti), 마음의 고요함(passaddhi), 행복한 느낌(sukha vedanā), 삼매(samādhi)가 두드러져서 수행자는 전에 한 번도 경험한 적이 없는 행복을 경험한다. 수행자는 몸과 마음이 매우 가볍고 행복해졌음을 느낀다. 어떤 수행자들은 공중에 떠 있는 듯 느끼기도 한다.

이때쯤 하얀 덩어리나 밝은 별이나 반짝이는 다이아몬드나 밝은 루비 등의 형태로 된 개념화된 빛의 영상(nimitta)이 나타난다. 5가지 선정의 요소도 두드러지고 강해져서, 수행자는 근접삼매를 얻었다는 확신을 가질 수 있다. 만약 수행자가 〔들숨날숨에 대한〕 마음챙김을 진지하고 열심히 수행하면, 그는 곧 초선정과 더 높은 선정들을 얻을 것이다.

선정 삼매에 기초하여 마음과 몸의 정신적 현상과 물질적 현상을 상세하게 조사함으로써, 수행자는 통찰명상을 수행할 수 있다. 그다음, 모든 현상의 무상, 괴로움, 무아, 즉 삼법인을 숙고함으로써 점차적으로 도·과에 이를 것이다.

1.4. 4가지 고귀한 삶(Brahma-vihāra, 梵住)

'브라흐마(brahma)'는 '고귀한'을 뜻하고 '위하라(vihāra)'는 '거주'나 '삶의 상태'를 의미한다. 그리하여 '브라흐마 위하라'는 '고귀한 거주'나 '고귀한 삶의 상태'를 의미한다. 이 '고귀한 삶의 상태'는 범천의 유익한 삶과 비슷하다. 그리하여 이것은 '고귀한 삶〔梵住〕'이라 불린다.

4가지 '고귀한 삶'은 4가지 '무량(appamaññā)'이라 한다. 그렇게 불리는 이유는 이 수행을 하는 사람이 한계나 방해가 없이 모든 존재들에게 자애〔慈〕, 연민〔悲〕, 기쁨〔喜〕, 평정〔捨〕을 방사하기 때문이다.

① 자애(Mettā, 자애로움, 선의, 慈) : 자애는 마음(heart)을 부드럽게 한다. 그리고 모든 존재들의 이로움과 안전과 행복을 원하는 것이다. 도타운 사랑이 자애의 주된 특성이다.
자애는 감각적 욕망(rāga)이나 개인적인 애정(pema)이 아니다. 자애의 직접적인 적은 성냄이나 악의(dosa) 혹은 혐오감(kodha)이며, 자애의 간접적인 적은 애정(탐욕)이다. 자애는 악의의 불을 끌 수 있는 능력이다. 자애는 성냄 없음의 마음부수(adosa-cetasika)를 의미한다.
자애의 정점은 자신을 모든 존재와 동일시하는 것이다. 즉 자신과 다른 존재를 〔우선〕순위에서 더 이상 구별하지 않는다.

② 연민(Karuṇā, 悲) : 연민은 다른 존재가 고통을 당할 때 성자의 마음을 떨리게 만드는 것 혹은 다른 존재의 고통을 덜어주는 것이다. 다른 존재의 고통을 제거하고 싶은 바람이 연민의 주된 특성이다.
연민의 직접적인 적은 잔인함이나 해코지(hiṃsa)이며, 연민의 간접적인 적은 격정적인 슬픔(domanassa)이다. 연민은 잔인함이나 해코지를 버린다.
연민은 슬픔에 빠져 있는 존재들을 모든 고통에서 자유롭게 하려는 열렬한 바람을 가지고 그 존재들을 포용한다.

③ 기쁨(Muditā, 동정적 기쁨, 감사하는 기쁨, 喜) : 기쁨은 스스로 축하하는 태도이다. 기쁨의 주된 특성은 남의 번영과 성공에 대해 행복해하고 매우 기뻐하는 것이다. 기쁨의 직접적인 적은 질투이고, 기쁨의 간접적인 적은 의기양양함(pahāsa)이다. 기쁨은 싫어함(arati)을 제거한다. 기쁨은 기쁨의 마음부수(muditā-cetasika)를 나타낸다.

기쁨은 다른 존재들의 번영이 오랫동안 계속되기를 열렬히 바라는 마음을 가지고 모든 번영하는 존재들을 포용하는 것이다.

④ 평정(Upekkhā, 정신적 균형, 捨) : 평정은 문자 그대로 '편견 없이 보는 것', 즉 집착이나 혐오감 없이 보는 것을 의미한다. 편견 없는 태도가 평정의 주된 특성이다.

평정은 쾌락적 무관심도 중립적 느낌(upekkhā vedanā)도 아니다. 평정은 중립의 마음부수(tatramajjhattatā-cetasika)를 나타내고 완전한 평정 또는 균형이 잘 잡힌 마음을 의미한다. 평정은 연민〔悲〕과 기쁨〔喜〕 사이에 있다. 평정은 칭찬과 비난, 행복과 불행, 이득과 손실, 명성과 오명과 같은 삶의 우여곡절 속에서도 마음이 균형 잡히도록 하고 흔들리지 않도록 한다.

평정의 직접적인 적은 탐욕이고, 평정의 간접적인 적은 냉소이다. 평정은 집착과 혐오를 제거한다.

범주(Brahama-vihāra)에서 사는 것

선정을 얻기 위해 4가지 범주 가운데 하나를 수행하고 있는 사람은 범주에서 살고 있다고 일컬어진다.

자애〔慈〕를 수행하려면 다음과 같은 진실한 바람을 가지고 모든 존재들을 향하여 자신의 자애를 확대한다. "모든 존재가 위험에서 벗어나기를! 모든 존재가 몸의 고통과 정신의 고통에서 벗어나기를! 모든 존재가 건강하고 행복하기를!"

연민〔悲〕을 수행하려면 다음과 같은 진실한 바람을 가지고 슬픔에 빠져 있는 모든 존재를 포용한다. "고통을 당하는 모든 존재가 모든 고통에서 벗어나기를!"

기쁨〔喜〕을 수행하려면 다음과 같은 진실한 바람을 가지고 모든 번영하고 성공하는 존재를 포용한다. "사람들의 이득과 번영이 그들과 오랫동안 함께하기를!"

평정〔捨〕을 수행하려면 다음과 같이 숙고하면서 좋은 사람과 나쁜 사람, 사랑하는 사람과 사랑하지 않는 사람, 슬픔에 빠져 있는 사람과 번영하는 사람을 평정한 마음으로 포용한다. "모든 존재는 그들 자신의 업에 의해 조건 지어져 살아간다."

첫 번째 3가지 범주 수행은 4가지 색계 선정으로 이끌 수 있지만, 평정 수행은 오선정으로 이끌 수 있다. 오직 오선정만이 평정하고 중립적인 느낌과 함께한다는 사실을 기억하라.

오직 모든 존재를 선정의 자애, 선정의 연민, 선정의 기쁨, 선정의 평정으로 가득 채울 때, 수행자는 진정으로 범주에서 살아가고 있는 것이다. 이 4가지 범주에서 살아가는 것에 대해 경에서는 다음과 같이 언급하고 있다.

> "오, 비구들이여, 여기 비구는 자애가 함께한 마음으로 첫 번째 한 방향을 가득 채우면서 머문다. 다음에 두 번째 방향을, 다음에 세 번째 방향을, 다음에 네 번째 방향을 가득 채우면서 머문다. 이와 같이 위로, 아래로, 옆으로, 모든 곳에서 모두를 자신처럼 여기면서 모든 세상을 풍만하고, 광대하고, 무량하고, 원한 없고, 악의 없는, 자애가 함께한 마음으로 가득 채우고 머문다."

자애에 이어 연민, 기쁨, 평정에 대해서도 같은 식으로 경에서 언급한다.

1.5. 음식을 혐오하는 인식(Āhāre-paṭikūla-saññā)

음식을 혐오하는 인식은 우리가 먹고 마시는 음식과 음료를 혐오하는 인식을 계발하기 위해 반복하는 숙고이다. 우리는 어떻게 우리가 먹는 음식을 혐오하는 인식을 계발하는가?

다양한 음식이 매력적으로 차려져 있으면 그 음식은 우리의 식욕을 끌지만, 그 음식이 섞이면 매력이 줄어든다는 사실에 주목하라. 입에서 음식을 씹을 때 고추를 빻듯 턱을 내리고 올려서 음식을 빻아 죽처럼 만드는 것이 얼마나 피곤한 일인가에 주목하라.

또 씹고 있는 동안에 침, 담즙, 가래, 다른 소화액들이 혀 밑에서 생기고, 혀가 그것들을 끈적대고 혐오스러워지는 음식과 섞는다는 것에 주목하라. 음식을 삼키자마자 그것은 평생 청소된 적이 없는 위에 도달한다. 그곳에서 그 음식은 더 소화되어야 한다. 소화되지 않은 음식은 장에 모이고 때때로 화장실에서 배출되어야 한다. 대변은 매우 혐오스럽기 때문에, 그 대변을 배설하기 위해서는 화장실에서 창피스럽게 숨어 있어야 한다.

음식에 대한 집착(rasa-taṇhā, 맛에 대한 갈애)은 삼매 계발에 장애가 되는 강한 탐욕이다. 그리하여 붓다는 제자들에게 음식을 혐오하는 인식으로 그 탐욕을 제압하라고 권고했다.

1.6. 4가지 요소 분석(Catu-dhātu-vavatthāna)

'4가지 요소(catu-dhātu)'는 4가지 필수 요소인 지대, 수대, 화대, 풍대를 의미한다. '분석(vavatthāna)'은 (요소들의) 특성을 아는 지혜를 의미한다. 4가지 필수 요소가 모든 물질적인 현상의 기반을 이루고 있기 때문에, 그 요소들의 특성은 조사되고 인지되어야 한다.

제6장에서 우리는 몸이 깔라빠라 불리는 21가지 종류의 물질 그룹으로 구성되어 있고 각각의 깔라빠는 적어도 4가지 필수 요소와 그것들의 4가지 물질적인 특성인 형색(vaṇṇa), 냄새(gandha), 맛(rasa), 영양소(ojā)로 구성되어 있다는 것을 살펴보았다.

그러므로 4가지 필수 요소는 우리 몸의 모든 부분과 모든 입자 속에 존재한다. 지대(paṭhavī)는 딱딱함과 부드러움의 특성을 가지고 있는 연장의 요소이다. 수대(āpo)는 응집과 흐름의 특성을 가지고 있는 응집의 요소이다. 화대(tejo)는 뜨거움과 차가움의 특성을 가지고 있는 열의 요소이다. 풍대(vāyo)는 밂(pushing)과 지탱의 특성을 가지고 있는 움직임의 요소이다.

우리는 몸에서 몸의 모든 부분과 모든 입자 속에 존재하는 딱딱함과 부드러움, 응집과 흐름, 뜨거움과 차가움, 밂과 지탱의 특성을 조사해야 한다. 우리는 이 특성들을 느껴야 하고 그 특성의 존재를 마음속에서 확신하기 위해 그 특성을 알아차려야 한다. 그 특성이 마음속에서 두드러질 때, 수행자는 자신의 삼매를 계발하기 위해 그 특성에 계속 집중하고 계속 알아차린다. 여기에서 얻을 수 있는 가장 높은 삼매는 근접삼매이다. 그 이유는 그 명상대상이 너무 깊고 광대하기 때문이다.

국제파욱숲속명상센터에서 발견한 결과들에 따르면, 4가지 요소 분석은 삼매를 매우 빠르게 계발하기 위한 가장 효과적인 명상주제이다. 수행자가 근접삼매를 얻으면, 그는 몸에 대한 마음챙김에서 보는 것처럼 살, 힘줄, 뼈, 심장, 간 등을 관찰하기 위해 몸을 꿰뚫어 볼 수 있다.

다음에 수행자는 자신의 몸 안에 있는 뼈를 꿰뚫어 보면서 첫 번째 선정까지 삼매를 높이기 위해 그 뼈에 대해 명상할 수 있다. 더욱이 뼈를 보는 명상에서는 앞에 앉아 있는 수행자의 두개골을 흰색 까시나 명상대상으로 사용하여 명상할 수 있다. 수행자는 삼매를 초선정 수준까지 더 높이기 위해 그 뼈에 대해 명상한다.

이와 같이 삼매를 계발하는 순차적인 방법이 『청정도론』에 설명되어 있고 그 방법대로 국제파욱숲속명상센터에서 성공적으로 수행하고 있다.

1.7. 4가지 무색의 경지(Āruppa)

4가지 무색계인 공무변처, 식무변처, 무소유처, 비상비비상처가 각각의 4가지 무색계 선정을 계발하기 위해 사용된다.

실제로 수행자는 먼저 까시나들 중 하나를 명상하여 5가지 색계 선정을 계발해야 한다. 다음에 오선정을 기반으로 4가지 무색계 선정을 계발하기 위해 4가지 무색의 경지까지 가야 한다.

1.8. 6가지 유형의 기질(Carita)

기질이나 성품에 따라 6가지 유형의 사람이 있다.

① 탐욕의 기질(rāga-carita) : 부끄러워하지 않고 감각적 욕망에 탐닉하는 사람의 기질

② 성냄의 기질(dosa-carita) : 사소한 것에도 쉽게 화를 내는 사람의 기질

③ 미혹의 기질(moha-carita) : 어리석거나 둔한 성품인 사람의 기질

④ 믿음의 기질(saddhā-carita) : 삼보를 공경하는 사람의 믿음의 기질

⑤ 지성의 기질(buddhi-carita) : 이성에 의지하고 쉽게 믿지 않는 사람의 기질

⑥ 사색의 기질(vitakka-carita) : 많은 것을 성취하지 못하면서 이것저것을 생각하는 사람의 기질

명상대상과 기질의 결합

유익한 결과를 얻기 위해 4가지 명상주제와 6가지 기질을 결합해야 한다.

탐욕의 기질을 갖고 있는 사람은 10가지 부정과 몸에 대한 마음챙김을 수행해야 한다. 이 명상주제들은 감각적 욕망을 효과적으로 제압할 수 있기 때문이다.

성냄의 기질을 갖고 있는 사람은 4가지 범주와 4가지 색깔 까시나(푸른색 까시나, 노란색 까시나, 빨간색 까시나, 흰색 까시나)를 수행해야 한다. 이 명상주제들은 순수하고 고요하여 수행자를 기쁘게 할 수 있다.

미혹의 기질을 갖고 있는 사람과 심사숙고하는 기질을 갖고 있는 사람은 들숨날숨에 대한 마음챙김을 수행해야 한다. 이 사람들의 마음은 들뜸과 의심과 생각 때문에 들뜨고 산만하다. 들숨날숨에 대한 마음챙김에서는 들숨과 날숨을 리드미컬하게 알아차려야 한다. 그리하여 들숨날숨에 대한 마음챙김은 들뜬 마음을 제어하고 가라앉힐 수 있다.

믿음의 기질을 갖고 있는 사람은 붓다에 대한 수념, 법에 대한 수념, 승가에 대한 수념, 보시에 대한 수념, 천신에 대한 수념을 수행해야 한다. 믿음은 이미 이 사람들에게 강하다. 수념의 명상주제를 수행하면

믿음이 더욱 강해져서 큰 이익을 얻게 될 것이다.

지성의 기질을 갖고 있는 사람은 죽음에 대한 수념, 열반에 대한 수념, 음식을 혐오하는 인식, 4가지 요소 분석을 수행해야 한다. 이 명상주제들은 깊고 미묘하여 지적인 기질을 갖고 있는 사람의 통찰지를 자극하고 강화할 수 있다.

모든 유형의 사람에게 적합한 명상주제는 흙 까시나, 물 까시나, 불 까시나, 바람 까시나, 빛 까시나, 허공 까시나, 4가지 무색의 경지이다.

2. 고요명상(samatha)의 3가지 단계

명상은 그것이 일으킬 수 있는 삼매 혹은 정신 계발의 정도에 따라 3가지로 나뉜다.

(1) 준비단계의 명상(Parikamma-bhāvanā)

까시나와 같은 명상대상은 준비단계의 표상이라고 불린다. 흙 원반을 관찰하며 수행자는 '흙, 흙'이라고 마음속으로 천천히 읊조리거나 단지 알아차리면서 명상한다. 준비단계의 삼매를 계발할 수 있는 이 초기단계의 명상이 준비단계의 명상인데, 후에 계속해서 더 높은 명상이 일어나기 위한 길을 닦는다.

명상 수행자가 눈을 뜨고 흙 원반을 보듯이 눈을 감고도 그 원반을 볼 수 있을 때, 이 표상은 익힌 표상(uggaha-nimitta)이라고 불린다. 수행자는 '닮은 표상(paṭibhāga-nimitta)'이라고 불리는 맑고 밝은 표상이 나타날 때까지 '흙, 흙'이라고 읊조리면서 명상한다. 닮은 표상이 나타나기 바로 전 단계의 명상은 준비단계의 명상이다.

준비단계의 삼매는 초기의 마음이 아직 덜 계발된 삼매이다. 이 초기의 단계부터 시작하여 근접삼매 바로 전 단계의 모든 삼매는 준비단계의 삼매이다.

(2) 근접단계의 명상(Upacāra-bhāvanā)

'우빠짜라(upacāra)'는 '근접' 또는 '접근의 순간'을 의미한다.

'근접단계의 명상'은 선정과 도·과의 근처에 다가온 명상이다. 이것은 몰입단계의 명상(appanā-bhāvanā)이라 불리는 명상의 단계에 막 들어가려 하는 명상으로 간주될 수도 있다. 근접단계의 명상은 닮은 표상이 나타날 때의 명상 단계이다.

준비단계의 명상 자체가 근접단계의 명상으로 이어진다. 근접단계의 명상의 대상은 닮은 표상이다.

근접단계의 명상과 연관된 삼매는 근접삼매라고 불린다. 근접삼매는 몰입(jhāna, 선정)에 들어가기 바로 전 단계의 삼매이다.

(3) 몰입단계의 명상(Appanā-bhāvanā)

선정(jhāna)과 도·과까지 계발된 명상 수행은 '몰입단계의 명상'이라고 불린다. 선정과 도·과는 각각의 대상에 계속 몰입되고 고정되어 있다.

선정의 대상은 닮은 표상인 반면, 도·과의 대상은 열반이다. 몰입단계의 명상과 연관된 삼매는 '몰입삼매(appanā-samādhi)'라고 불린다.

2.1. 명상주제

(1) 명상과 명상주제

준비단계의 명상은 40가지 모든 명상주제에서 얻어질 수 있다.

준비단계의 명상과 근접단계의 명상은 첫 번째 8가지 수념, 음식을 혐오하는 인식, 4가지 요소 분석에서 일어난다(총 10가지).

3가지 모든 명상은 나머지 30가지 명상대상인 10가지 까시나, 10가지 부정, 4가지 범주, 4가지 무색의 경지, 몸에 대한 마음챙김, 들숨날숨에 대한 마음챙김에서 일어난다.

(2) 선정과 명상주제

선정과 명상주제의 관계는 〈표 9.1〉에 정리해놓았다.

<표 9.1> 선정에 의한 명상주제의 구별

	명상주제 (총가짓수)	얻을 수 있는 선정
1	10가지 까시나, 들숨날숨에 대한 마음챙김 (11)	5가지 색계 선정
2	10가지 부정, 몸에 대한 마음챙김 (11)	색계 초선정
3	자애, 연민, 기쁨 (3)	색계 초선정, 이선정, 삼선정, 사선정
4	평정 (1)	색계 오선정
5	4가지 무색의 경지 (4)	4가지 무색계 선정

〈표 9.1〉에서 다음 사실을 알 수 있다.

(1) 색계 초선정을 생기게 할 수 있는 25가지 명상주제가 있다 (1+2+3).
(2) 14가지 명상주제는 색계 이선정, 삼선정, 사선정을 생기게 할 수 있다(1+3).
(3) 12가지 명상주제는 색계 오선정을 생기게 할 수 있다(1+4).
(4) 4가지 무색의 경지는 4가지 무색계 선정을 생기게 할 수 있다.
(5) 첫 번째 8가지 수념, 음식을 혐오하는 인식, 4가지 요소 분석으로 구성되어 있는 10가지 명상주제는 어떤 선정도 생기게 할 수 없다. 하지만 그것들은 근접삼매를 얻는 데 도움이 된다.

2.2. 명상표상(Bhāvanā-nimitta)

'니밋따(nimitta)'는 '표시, 표상, 영상' 등을 의미한다. 여기에서 표상은 명상에서 얻어지는 '정신적 영상'을 일컫는다. 3가지 유형의 표상을 알아야 한다.

(1) 준비단계의 표상(Parikamma-nimitta)

이것은 준비단계의 명상의 대상이다. 그것은 명상의 초기단계에서 인식되는 대상이다.

(2) 익힌 표상(Uggaha-nimitta)

명상이 진행됨에 따라, 명상 수행자는 대상을 직접 보지 않고도 대상(예를 들어 까시나)을 볼 수 있다는 것을 알게 된다. 수행자는 마음으로 그 영상을 얻었고, 그래서 눈을 감고도 그 영상을 볼 수 있게 된 것이다.

익힌 표상은 아직 불안해서 명료하지는 않다. 익힌 표상은 마음이 약한 정도의 삼매에 도달했을 때 일어난다.

(3) 닮은 표상(Paṭibhāga-nimitta)

명상이 더 진행되어 삼매가 근접삼매에 이르는 시점에서, 익힌 표상은 갑자기 명료하고 안정된 영상으로 변한다. 그 표상은 원래 대상과 유사하지만, 익힌 표상보다 여러 배 더 밝고 명료하다. 그 표상에서는 원래 대상에 있을 수 있는 울퉁불퉁함, 입자성 같은 결함이 완전히 없어진다. 마치 그 표상이 눈에 고정된 것처럼 움직이지 않는다. 이런 영상이 일어나자마나 근접단계의 명상과 근접삼매의 단계에 이른다.

(4) 명상표상과 명상주제

명상표상과 명상주제의 관계를 〈표 9.2〉에 정리했다.

<표 9.2> 표상에 의한 명상주제의 구별

	명상주제 (총 가짓수)	얻을 수 있는 표상
1	모든 명상주제 (40)	준비단계의 표상과 익힌 표상 (어떤 명상주제에서는 구별되지 않음)
2	10가지 까시나, 10가지 부정, 몸에 대한 마음챙김, 들숨날숨에 대한 마음챙김 (22)	준비단계의 표상, 익힌 표상, 닮은 표상 모두가 나타날 수 있음
3	첫 번째 8가지 수념, 범주, 4가지 무색의 경지, 음식을 혐오하는 인식, 4가지 요소 분석 (18)	준비단계의 표상과 익힌 표상만 얻어짐, 닮은 표상은 형성되지 않음

2.3. 명상과 표상의 실제적인 결합

준비단계의 명상은 대상으로 준비단계의 표상과 익힌 표상을 취한다. 근접단계의 명상과 몰입단계의 명상은 대상으로 닮은 표상을 취한다. 명상과 표상의 이런 결합을 흙 까시나에 대한 명상을 예로 살펴보자.

흙 까시나는 매트나 캔버스 위에 순수한 흙을 지름이 30~40센티미터인 원반 모양으로 발라 만든다. 흙 원반의 표면은 최대한 매끈해야 한다. 이런 흙 원반을 까시나 만달라(kasiṇa-mandala)라고 한다.

이제 이 흙 원반을 앉을 자리에서 1미터쯤 떨어진 곳에 놓는다. 상체를 바로 세우고 30센티미터 높이의 의자에 편안하게 앉는다.

(1) 준비단계의 표상과 준비단계의 명상

명상 수행자는 흙 원반을 주의 깊게 보고 마음으로 '흙, 흙'이라고 읊조리며 명상한다. 이때부터 그 수행자가 보고 있는 흙 원반은 준비단계의 표상이 되고 그가 하고 있는 명상은 준비단계의 명상이 된다.

(2) 익힌 표상과 준비단계의 명상

얼마 동안, 아마도 며칠이나 몇 주 동안 명상한 후에, 수행자는 눈을 감고도 그 대상을 영상화할 수 있을 것이다. 눈을 감고 있어도 눈을 뜨고 보는 것처럼 마음으로 그 대상을 생생하게 볼 수 있게 된 것이다. 이 영상화된 이미지 혹은 익힌 영상을 '익힌 표상'이라고 부른다.

비록 표상은 바뀌었어도 명상은 아직 바뀌지 않는다. 이 단계에서 수행자는 준비단계의 명상으로 익힌 표상을 명상하고 있는 것이다.

(3) 닮은 표상과 근접단계의 명상

익힌 표상이 나타날 때부터는, 삼매가 사라지지 않으면 더 이상 원래의 흙 원반을 볼 필요가 없다. 익힌 표상에 집중하여 수행자는 '흙, 흙' 하면서 명상을 계속한다.

수행자의 삼매가 근접삼매에 이르렀을 때, 익힌 표상은 닮은 표상으로 변한다. 닮은 표상은 익힌 표상과는 매우 다르기 때문에 이 변화는 뚜렷하고 쉽게 알아차릴 수 있다. 이 변화는 거울을 가죽 케이스에서 꺼내는 것만큼 혹은 한 떼의 왜가리가 어두운 구름 밖으로 날아가는 것만큼 뚜렷하다.

준비단계의 명상은 이제 근접단계의 명상 수준으로 올라갔다. 이제 명상 수행은 닮은 표상과 근접단계의 명상의 단계에 있다.

이 단계에서는 모든 장애(nīvaraṇa, 五蓋)는 제압되고 5가지 선정의 요소는 꽤 강해져서 그 요소들의 임무를 효율적으로 수행한다. 그러므로 마음은 닮은 표상에 잘 고정된다. 이런 이유로 근접단계의 명상은 또한 근접선정(upacāra-jhāna)이라고 불린다.

(4) 닮은 표상과 몰입단계의 명상

닮은 표상에 집중하면서 수행자는 예전처럼 '흙, 흙'을 알아차리면서 명상한다. 닮은 표상이 확고하고 움직이지 않게 되었을 때, 그 닮은 표상은 명상 수행자의 의지력에 의해 조금씩 모든 방향으로 모든 공간을 채울 때까지 확대된다. 이 새로운 추상적인 표상에 집중하면서, 수행자는 '흙, 흙'을 계속 명상한다. 만약 수행자가 지적이고 영리한 사람이면, 첫 번째 선정이 일어날 때 곧 몰입(appanā)에 이른다. 만약 수행자가 영리하지 못한 사람이면, 그는 특별히 주의하여 닮은 표상을 유지하기 위해 근면하게 노력해야 한다. 명상을 계속하면, 그 수행자도 조만간 초선정을 얻게 된다.

이제 명상 수행자는 닮은 표상과 몰입단계의 명상 단계에 있다. 이것은 몰입단계의 명상의 대상이 흙 원반의 닮은 표상이라는 것을 의미한다.

2.4. 이선정과 더 높은 선정들을 향하여

초선정을 얻은 명상 수행자는 그 선정에 대한 5가지 종류의 능력을 계발해야 한다. 이 능력들은 문자 그대로 '습관'을 뜻하는 '자유자재(vasitā)'라고 불린다.

① 전향의 자유자재(āvajjana-vasitā) : 선정의 요소들로 빠르게 전향할 수 있는 능력

② 입정의 자유자재(samāpajjana-visitā) : 선정을 빠르게 계발할 수 있는 능력

③ 결정의 자유자재(adhitthāna-vasitā) : 선정에서 원하는 만큼 머물 수 있는 능력

④ 출정의 자유자재(vuṭṭhāna-vasitā) : 선정에서 미리 결정한 순간(예를 들어 선정을 계발하고 1시간 후)에 나올 수 있는 능력

⑤ 반조의 자유자재(paccavekkhaṇa-vasitā) : 인식과정 사이에 일어나는 생명연속심의 수를 줄여 선정의 요소들을 반조할 수 있는 능력

이제 일으킨 생각(vitakka)을 제거하여 이선정에 이르기 위해 명상

수행자는 일으킨 생각의 거친 성품에 대해, 그것이 어떻게 마음을 감각적 욕망의 대상으로 기울게 하고, 그리하여 어떻게 선정을 파괴하는지에 대해 숙고한다. 수행자는 또한 일으킨 생각이 없는 이선정의 미묘한 성품에 대해 숙고한다.

다음에 명상 수행자는 흙 까시나의 닮은 표상에 집중하면서 일으킨 생각이 마음과 함께하도록 허용하지 않고 준비, 근접, 몰입의 정상적인 순서의 명상을 계발하려고 노력한다. 일으킨 생각에 대한 욕구가 없는 이런 일련의 명상은 '일으킨 생각이 빛바랜 명상(vitakka-virāga-bhāvanā)'이라고 한다.

이선정은 초선정에 있는 선정의 요소들보다 더 미묘한 4가지 선정의 요소들인 지속적 고찰(vicāra), 희열(pīti), 행복(sukha), 집중(ekaggatā)만을 포함하고 있다.

명상 수행자는 다음에 이선정에 대한 '자유자재'라 불리는 5가지 능력을 계발하기 위해 노력한다. 다음에 수행자는 유사한 방식으로 삼선정을 얻기 위해 지속적 고찰을 제거한다. 사선정과 오선정은 유사한 방식으로 각각 희열과 행복을 제거하여 얻어진다.

2.5. 무색계 선정을 향하여

색계 오선정이 무색계 선정으로 올라가기 위한 기반으로 사용된다. 먼저 오선정과 관련해 '자유자재'라 불리는 5가지 능력을 계발해야 한다. 다음에 명상 수행자는 물질에 대한 집착을 제압하기 위해 물질의 결함에 대해 숙고한다. 수행자는 다음과 같이 생각할 수 있다.

'이 몸은 뜨거움과 차가움과 배고픔과 갈증을 겪고 모든 종류의 질병에 걸린다. 이 몸 때문에 사람은 남과 다툰다. 이 몸에 옷을 입히고 이 몸을 먹이고 이 몸에 거할 곳을 제공하기 위해 사람은 많을 고통을 겪어야 한다.'

명상 수행자는 무색계 선정을 얻기 위한 수행자의 열의를 강화하기 위해 무색계 선정이 얼마나 미묘하고 고요한지에 대해 숙고한다.

다음에 수행자는 허공 까시나를 제외한 9가지 까시나 중 하나에서 차례로 5가지 색계 선정을 계발한다. 오선정에서 나와, 닮은 표상에 주의를 기울이지 않고 그 닮은 표상 뒤에 있는 허공에 집중하여 '무한한 허공, 무한한 허공'이라고 하면서 계속해서 명상한다. 이것이 보다 높은 명상이 일어나기 위한 예비단계의 명상이다.

닮은 표상은 명상 수행자가 그것에 미세한 욕망(nikanti)을 갖고 있는 한 그의 앞에 있을 것이다. 그 욕망이 없어지면, 그 닮은 표상도 없어지고 무한한 공간이 펼쳐진다. 이 허공에 집중하여 '무한한 허공, 무한한 허공'이라고 명상한다.

색계 오선정에 대한 수행자의 욕망이 사라질 때, 명상 수행자는 근접단계의 명상에 이른 것이다. 수행자가 진지하고 근면하게 계속해서 명상하면, 그는 곧 몰입단계의 명상에 도달하여 공무변처의 유익한 마음(ākāsānañcāyatana-kusala citta)이라고 불리는 첫 번째 무색계 선정을 얻을 수 있다.

다음에 그는 첫 번째 무색계 선정에 대한 5가지 능력(vasitā, 자유자재)을 계발한다. 다음에 두 번째 무색계 선정을 얻기 위해 그는 첫 번째 무색계 선정의 불만족스러움에 대해 숙고하고 그 선정이 색계 선정에 가깝고 두 번째 무색계 선정에 비해 거칠다고 숙고한다. 다음에 무한한 허공에 집중하고 있는 공무변처의 유익한 마음에 집중하여 수행자는

'무한한 의식, 무한한 의식'에 대해 명상한다. 이것은 새로운 예비단계의 명상이다. 첫 번째 무색계 선정에 대한 미세한 집착이 사라질 때, 수행자는 근접단계의 명상에 접어든다. 그가 식무변처의 유익한 마음(viññāṇañcāyatana-kusala citta)이라고 불리는 두 번째 무색계 선정을 얻게 될 때, 그는 몰입단계의 명상에 이른다.

마찬가지로 공무변처의 유익한 마음이 존재하지 않음에 대한 예비단계의 명상을 수행하여 '아무것도 없다'고 마음으로 반복하면서 명상함으로써 무소유처의 유익한 마음(ākiñcaññāyatana-kusala citta)이라고 불리는 세 번째 무색계 선정을 얻는다.

더 나아가 무소유처의 유익한 마음에 대한 예비단계의 명상을 수행하여 '이 마음은 고요하다. 이것은 수승하다.'라고 마음으로 반복하면서 명상함으로써 비상비비상처의 유익한 마음(nevasaññā-nāsaññāyatana-kusala citta)이라고 불리는 네 번째 무색계 선정을 최종적으로 얻게 된다.

2.6. 신통지(Abhiññā)까지 더 높이 가기

'아빈냐(abhiññā)'는 '더 높은 힘, 비범한 지혜'를 의미한다. 10가지 모든 까시나에서 5가지 색계 선정과 4가지 무색계 선정을 얻은 수행자는 10가지 까시나에 기초하여 다양한 방법으로 5가지 세간의 신통지를 더욱 계발할 수 있다.

① 신족통(Iddhividha Abhiññā) : 형태들을 창조하는 힘, 하늘을 나는 힘, 물 위를 걷는 힘, 땅속으로 들어가는 힘 등

② 천이통(Dibba-sota Abhiññā) : 멀거나 가깝거나 미세하거나 거친 소

리들을 듣게 할 수 있는 신성한 귀 혹은 신통한 투청력

③ 타심통(Paracitta-vijānana, Ceto-pariya ñāṇa) : 다른 사람의 생각을 분별하기 위해 그들의 마음을 꿰뚫어 볼 수 있는 능력

④ 숙명통(Pubbenivāsānussati) : 자신의 전생이나 이전의 세계를 기억할 수 있는 능력

⑤ 천안통(Dibba-cakkhu) : 멀거나 가깝거나 미세하거나 거친 것, 천상의 세상이나 악처를 볼 수 있게 하는 신성한 귀 혹은 신통의 투시력. 천안통은 다음 2가지 신통력으로 더 확대될 수 있다.

⑥ 특정한 재생을 아는 지혜(Yathākammūpaga-ñāṇa) : 31가지 존재계에 있는 존재들을 볼 수 있는 능력과 그 존재들의 재생을 일으키는 업을 각각 알 수 있는 능력

⑦ 미래를 아는 지혜(Anāgataṁsa-ñāṇa) : 미래의 존재들과 미래의 세계들을 아는 능력

그리하여 7가지 세간의 신통지(lokiya-abhiññā)가 있다고 말할 수 있다. 그러나 5가지 세간의 신통지로 계산하면 6번과 7번은 천안통에 포함된다. 또한 존재들의 죽음과 재생에 관한 지혜도 천안통에 포함된다.

6가지 신통지로 계산할 때는 출세간의 신통지(lokuttara-abhiññā) 하나가 5가지 세간의 신통지에 추가된다. 이 출세간의 신통지는 누진지(āsavakkhaya-ñāṇa, 漏盡智)라고 불린다.

⑧ 누진지(Āsavakkhaya-ñāṇa, 아라한의 도의 지혜) : 모든 번뇌(āsava)를 소멸시킬 수 있는 아라한도(arahatta-magga)와 연관된 지혜

6가지 신통지를 소유한 사람(chaḷābhiñña)은 위에서 언급된 6가지 신통지를 소유하고 있는 아라한이다. 5가지 세간의 신통지는 삼매를 최대한으로 완성시켜야 얻을 수 있으며, 고요명상(samatha-bhāvanā)의 정점이라는 사실에 주목해야 한다. 출세간의 신통지인 번뇌 소멸의 지혜[漏盡智]는 통찰(vipassanā)에 의해 얻어지며, 통찰명상(vipassanā-bhāvanā)의 정점이다.

3. 통찰명상(Vipassanā-Bhāvanā)

통찰명상에서는 다음과 같은 지혜가 있어야 한다.

① 7가지 청정(visuddhi)
② 3가지 특성(ti-lakkhaṇa)
③ 3가지 수관(anupassanā)
④ 10가지 통찰지혜(vipassanā-ñāṇa)
⑤ 3가지 해탈(vimokkha)
⑥ 3가지 해탈의 문(vimokkha-mukha)

3.1. 7가지 청정(Visuddhi, 七淸淨)

'위숫디(visuddhi)'는 '청정'을 의미한다. 3가지 성스러운 공부에 의해 마음을 청정하게 하는 데는 7가지 단계가 있다.

① 계의 청정(sīla-visuddhi, 戒淸淨)

② 마음의 청정(citta-visuddhi, 心淸淨)

③ 견해의 청정(diṭṭhi-visuddhi, 見淸淨)

④ 의심을 극복함에 의한 청정(kaṅkhā-vitaraṇa-visuddhi, 度疑淸淨)

⑤ 도와 도 아님을 알고 보는 것에 의한 청정(maggāmagga-ñāṇadassana-visuddhi, 道非道知見淸淨)

⑥ 도닦음을 알고 보는 것에 의한 청정(paṭipadā-ñāṇadassana-visuddhi, 行道知見淸淨)

⑦ 〔4가지 도를〕 알고 보는 것에 의한 청정(ñāṇadassana-visuddhi, 知見淸淨)

『맛지마 니까야』(24)에서 7가지 청정을 7가지 역마차에 비유하여 설명하고 있다. 첫 번째 마차에 타서 계의 청정역으로 여행하고 두 번째 마차를 잡는다. 다음에 두 번째 마차에 타서 마음의 청정역으로 여행하고, 같은 방식으로 세 번째, 네 번째… 마차를 타고 여행한다.

이와 똑같이, 마음의 청정이라는 출발점에 도달하기 위해 자신의 계를 청정하게 한다. 다음에 견해의 청정이라는 출발점에 도달하기 위해 마음을 청정하게 한다. 다음에 의심을 극복함에 의한 청정이라는 출발점에 도달하기 위해 견해를 청정하게 한다. 수행자는 이런 방법으로 4가지 도·과를 얻을 때까지 진행해간다.

『맛지마 니까야』(24)에서는 궁극의 목표가 계의 청정, 마음의 청정, 견해의 청정 등에 있는 것이 아니라 번뇌로부터의 완전한 해탈과 번뇌의 소멸에 있다고 말한다.

3.2. 3가지 특성(Ti-lakkhaṇa, 三法印)

정신적 현상과 물질적 현상, 즉 오온에 대한 3가지 특성이 있다. 그 3가지 특성이 통찰명상의 대상이 된다.

① 무상의 특성(anicca-lakkhaṇa)
② 고의 특성(dukkha-lakkhaṇa)
③ 무아의 특성(anatta-lakkhaṇa)

『앙굿따라 니까야』(134)에는 다음과 같은 언급이 있다.

"정등각자(붓다)가 세상에 나타나든지 세상에 나타나지 않든지, 모든 형성된 것들은 무상하고 모든 형성된 것들은 괴로움이며 모든 것이 무아라는 것은 확고한 조건이고 바꿀 수 없는 사실이며 고정된 법이다."

3.3. 3가지 수관(Anupassanā)

이 주제는 정신·물질, 즉 오온에 대한 통찰명상을 수행하기 위한 3가지 방법을 설명한다.

① 무상의 수관(aniccānupassanā) : 오온에 있는 정신·물질의 무상한 성질을 반복해서 숙고하는 것
② 괴로움의 수관(dukkhānupassanā) : 오온에 있는 정신·물질의 불만족스러운 성질을 반복해서 숙고하는 것

③ 무아의 수관(anattānupassanā) : 오온에 있는 정신·물질의 무아의 성질을 반복해서 숙고하는 것

궁극적인 정신·물질의 끊임없는 일어남과 사라짐을 관찰함으로써 정신·물질의 무상한 성질뿐만 아니라 불만족스러운 성질도 이해하게 된다. 정신·물질의 끊임없는 소멸에 종속되어 있다는 것 자체가 고통을 의미한다. 수행자는 몸과 마음이 오온으로 만들어져 있고, 오온은 끊임없이 형성되고 무너지면서 단 하나의 독립체도 영원하도록 두지 않는 걸 보고 자아나 영혼이 없다는 것을 깨닫게 된다. 이렇듯 통찰명상에서는 실제로 궁극적 실재를 보고 그것의 본질을 알게 된다.

무상의 수관에서는 궁극적인 정신·물질의 무상한 성품에 집중하여 30분 정도 '무상(anicca), 무상, 무상…'이라고 계속해서 숙고한다. 다음에 괴로움의 수관을 시작한다.

괴로움의 수관에서는 궁극적인 정신·물질의 불만족스러운 성질에 집중하여 30분 정도 '괴로움(dukkha), 괴로움, 괴로움…'이라고 계속해서 숙고한다. 다음에 무아의 수관을 시작한다.

무아의 수관에서는 궁극적인 정신·물질의 무아의 성질에 집중하여 30분 정도 '무아(anatta), 무아, 무아…'라고 계속해서 숙고한다.

이런 방법으로 통찰명상을 수행해나가면 10가지 통찰지혜(vipassanā-ñāṇa)가 적절한 과정에서 나타날 것이다. 마지막 통찰지혜가 일어난 직후에 도의 지혜(magga-ñāṇa)와 과의 지혜(phala-ñāṇa)도 일어난다.

3.4. 10가지 통찰지혜(Vipassanā-ñāṇa)

① 명상의 지혜(Sammasana-ñāṇa) : 정신·물질을 무상·고·무아로 정의하는 지혜

② 생멸의 지혜(Udayabbaya-ñāṇa) : 일어나는 순간뿐만 아니라 사라지는 순간에도 존재의 3가지 특성〔三法印〕과 더불어 정신·물질을 분명하게 이해하는 지혜

③ 무너짐의 지혜(Bhaṅga-ñāṇa) : 정신·물질의 빠르고 끊임없는 무너짐을 식별하는 지혜

④ 공포의 지혜(Bhaya-ñāṇa) : 공포로 나타나는 모든 형성들(정신·물질)의 두려운 성질을 식별하는 지혜

⑤ 위험의 지혜(Ādīnava-ñāṇa) : 매우 빠르고 끊임없이 일어나서 사라지는 모든 형성들(정신·물질)의 결함과 불만족스러움을 깨닫는 지혜

⑥ 역겨움의 지혜(Nibbidā-ñāṇa) : 결함과 불만족스러움이 함께하는 모든 형성들(정신·물질)에 대해 지루함과 역겨움을 느끼는 지혜.

⑦ 해탈을 원하는 지혜(Muncitukamyatā-ñāṇa) : 31가지 존재계에 있는 모든 형성들(정신·물질)로부터 해탈을 원하는 지혜

⑧ 깊이 숙고하는 지혜(Paṭisaṅkhā-ñāṇa) : 존재의 3가지 특성〔三法印〕의 견지에서 31가지 존재계에 있는 모든 형성들(정신·물질)을 깊이 숙고하여 해탈하려고 노력하는 지혜

⑨ 형성들에 대한 평정의 지혜(Saṅkhār'upekkhā-ñāṇa) : 31가지 존재계에 있는 모든 형성들(정신·물질)에 대한 평정의 지혜

⑩ 수순의 지혜(Anuloma-ñāṇa) : 이전의 9가지 통찰지혜와 뒤따르는 37가지 깨달음의 요소에 있는 진리의 기능에 순응하는 지혜

3.5. 3가지 해탈(Vimokkha)

'위목카(vimokkha)'는 '해탈, 해방, 벗어남'을 의미한다. 이것은 정신·물질의 엉킴, 즉 재생의 회전 또는 고통의 윤회에서 해탈하는 것을 일컫는다.

여기에서의 '해탈'은 오염원(kilesa)에서 해탈한 도·과(magga-phala)를 나타낸다.

① 공의 해탈(Suññata-vimokkha) : 무아의 수관(anatta-anupassanā)에 의한 공의 개념을 통한 해탈. 여기에서 공(suññata)은 정신·물질과 오온에 자아(atta)나 어떤 영원한 실체가 없다는 것을 의미한다. 무아의 수관을 수행하는 사람은 이런 공의 개념을 깨닫게 되고, 만약 그가 무아의 수관을 수행하는 동안 해탈을 얻으면, 그의 도·과 혹은 해탈은 '공의 해탈'이라 한다.

② 표상 없음의 해탈(Animitta-vimokkha) : 무상의 수관(aniccca-anupassanā)에 의해 표상 없음의 개념을 통한 해탈. 니밋따(nimitta)는 '표시, 표상, 영상, 대상' 등을 의미한다. 그리하여 아니밋따(animitta)는 '표시 없음, 표상 없음, 영상 없음' 등을 의미한다. 무상의 수관을 수행하는 동안에 명상 수행자는 항상 오온에 있는 정신·물질의 끊임없는 무너짐을 관찰한다. 궁극적인 상태에서는 단지 정신·물질인 오온은 어떤 형태도 모양도 표상도 영상도 갖고 있지 않다. 그리하여 정신·물질의 끊임없는 무너짐을 관찰하는 동안 수행자는 어떤 형태도 표상도 전혀 관찰하지 못한다. 수행자는 표상 없음의 개념을 얻게 된다. 만약 그가 무상의 수관을 통해 오염원들로부터 해탈을 얻으면, 그의 도·과 또는 해탈은 '표상 없음의 해탈'

이라 한다.

③ 원함 없음의 해탈(Appanihita-vimokkha) : 괴로움의 수관(dukkha-anupassanā)에 의해 원함 없음의 개념을 통한 해탈. 수행자는 괴로움의 수관을 수행하는 동안에 항상 오온에 있는 정신·물질의 불만족스러운 성질이나 고통스러운 성질을 관찰한다. 그리하여 수행자는 정신·물질에 대해 어떤 원함이나 집착을 갖지 않게 된다. 다시 말해서 수행자는 원함 없음(appanihita)의 개념을 얻게 된다. 만약 수행자가 고의 수관을 통해 오염원으로부터 해탈을 얻으면, 그의 도·과 또는 해탈은 '원함 없음의 해탈'이라 한다.

3.6. 3가지 해탈의 문(Vimokkha-mukha)

'무카(mukha)'는 '문'을 의미한다. 오염원의 엉킴으로부터의 3가지 해탈의 문은 다시 3가지 수관(anupassanā)을 말한다.

① 무아의 수관은 공함의 해탈의 문(suññata-vimokkha-mukha)이다. 이것은 정신·물질의 형성들이 '자아'나 '에고'가 없다는 것을 깨닫는 것이다. 공은 '자아의 비어 있음'을 말한다.

② 무상의 수관은 표상 없음의 해탈의 문(animitta-vimokkha-mukha)이다. 이것은 정신·물질의 형성들이 형태나 표상이나 영상이 없다는 것을 이해하는 것이다. 표상 없음은 정신·물질의 표상 없음의 상태를 말한다.

③ 괴로움의 수관은 원함 없음의 해탈의 문(appanihita-vimokkha-mukha)이다. 이것은 정신·물질의 형성들이 단지 괴로움에 불과하다고 이해하는 것이다. 그리하여 이것은 정신·물질의 형성들에 대한

어떤 원함(taṇhā)도 일으키지 않는다. 원함 없음의 상태를 말한다.

『청정도론』(제21장, 70)에 다음과 같은 언급이 있다.

"결정심(adhimokkha)으로 가득 찬 상태에서 모든 형성들을 무상(anicca)으로 수관하는 수행자는 누구든지 표상 없음의 해탈을 얻는다."

"삼매로 가득 찬 상태에서 모든 형성들을 괴로움(dukkha)으로 수관하는 수행자는 누구든지 원함 없음의 해탈을 얻는다."

"통찰지로 가득 찬 상태에서 모든 형성들을 무아(anatta)로 수관하는 수행자는 누구든지 공함(suññata)의 해탈을 얻는다."

4. 7가지 단계의 청정도

「대념처경」에 완전한 청정과 모든 고통의 소멸에 이르는 유일한 길은 팔정도(aṭṭhaṅgika-magga)라고 분명하게 언급되어 있다. 팔정도의 8가지 구성 요소는 3가지 그룹의 공부(sikkhā, 學)로 정리된다.

① 계의 공부(Sīla-sikkhā, 戒學) : 3가지 도의 요소(maggaṅga)로 구성되어 있다.

(a) 바른 말(sammā-vācā)

(b) 바른 행위(sammā-kammanta)

(c) 바른 생계(sammā-ājīva)

② 삼매의 공부(Samādhi-sikkhā, 定學) : 3가지 도의 요소로 구성되어 있다.

(a) 바른 정진(sammā-vāyāma)

(b) 바른 마음챙김(sammā-sati)

(c) 바른 삼매(sammā-samādhi)

③ 통찰지의 공부(Paññā-sikkhā, 慧學) : 2가지 도의 요소로 구성되어 있다.

(a) 바른 견해(sammā-diṭṭhi)

(b) 바른 사유(sammā-saṅkappa)

비록 바른 견해(통찰지)가 청정의 전 과정에서 길을 인도해야 하지만, 수행자는 도의 기초를 놓기 위한 목적으로 계의 공부부터 시작해야 한다. 수행자는 계에 기초하여 삼매를 계발할 것이고, 삼매에 기초하여 통찰지를 계발하기 위해 통찰명상을 수행할 것이다.

그리하여 『청정도론』에는 계의 청정(sīla-visuddhi, 戒學)이 먼저 나오고 마음의 청정(citta-visuddhi, 定學)이 다음에 나온다. 나머지 5가지 청정은 통찰지의 공부에 상응한다.

도의 과정은 7가지 청정에 의해 표시될 것이다. 마지막 청정은 도의 끝이다. 각 청정은 특정한 통찰지혜의 특성을 갖는다. 이제 고요·통찰(samatha-vipassanā) 명상의 실제적인 측면들과 함께하는 이 현상들을 살펴보자.

4.1. 계의 청정(Sīla-Visuddhi)

재가자는 3가지 계의 도 요소를 충족하여 계의 청정을 얻을 수 있다.

① 바른 말: 거짓말, 중상모략, 욕설, 잡담을 삼가는 것
② 바른 행위: 살생, 도둑질, 삿된 음행을 삼가는 것
③ 바른 생계: 해로운 말, 해로운 행위와 연관된 삶을 삼가는 것

5계를 지키면 위에 언급된 도덕적 요구사항들을 충족시킬 수 있다. 8계나 9계나 10계를 지키면 더 좋다. 미얀마에 있는 대부분의 수행센터에서는 수행자들에게 8계나 9계를 지킬 것을 요청한다. 수행자가 오후와 저녁에 음식을 먹지 않으면 수행할 시간이 더 많아지고 더 잘 수행할 수 있게 된다. 단, 우유, 보리, 요리된 채소 등이 들어 있지 않는 가벼운 음료와 신선한 과일 주스는 허용된다. 바른 삼매를 위해서는 감각적 즐거움을 자제할 필요가 있다.

비구의 계의 청정은 4가지 종류의 계(sīla)로 구성되어 있다.

① 계목의 단속에 관한 계(Pātimokkha-saṁvāra-sīla): 계목에서 붓다가 규정한 227가지 계를 지키는 것
② 감각기능의 단속에 관한 계(Indriya-saṁvāra-sīla): 6가지 감각의 문(안·이·비·설·신·의)에 오염원이 일어나는 것을 예방하기 위한 마음챙김
③ 생계의 청정에 관한 계(Ājīvapārisuddhi-sīla)
④ 필수품에 관한 계(Paccayasannissita-sīla): 필수품을 사용할 때 오염원이 일어나는 것을 예방하기 위해 필수품을 사용하는 목적을 숙고하는 것

재가자도 위에 언급된 계를 지켜야 한다. 그 이유는 이 계가 도덕적

인 면뿐만 아니라 정신적인 면도 계발할 수 있기 때문이다. 이 2가지는 삼매로 향하는 길을 닦아준다. 당연히 8계나 9계는 재가자의 계목의 단속에 관한 계이기도 하다.

4.2. 마음의 청정(Citta-Visuddhi)

마음의 청정을 얻기 위해 수행자는 3가지 삼매의 도 요소를 계발해야 한다.

① 바른 정진 : 고요명상(사마타)을 근면하게 하는 것
② 바른 마음챙김 : 명상대상을 마음챙김하는 것
③ 바른 삼매 : 명상대상에 마음을 집중하는 것

수행이 근접단계의 명상(upacāra-bhāvanā)까지 진행되면 근접삼매를 얻게 된다. 이 단계에서는 모든 장애(nīvaraṇa)가 마음에서 일시적으로 쫓겨난다. 그리하여 마음은 오염원이 없어져서 청정해진다. 수행자는 이 단계에서 마음의 청정을 얻었다고 말한다. 하지만 수행자가 본삼매(appanā-samādhi)를 얻을 때까지 명상을 계속하여 선정삼매(jhāna-samādhi)까지 집중을 높일 수 있다면, 그의 마음은 더 긴 기간 동안 오염원으로부터 자유로워질 것이다. 선정삼매는 근접삼매보다 훨씬 더 안정적이다.

마음의 청정을 얻기 위해서는 근접삼매(upacāra-samādhi)나 본삼매(선정삼매)를 얻어야 한다고 아비담마에 분명하게 언급되어 있다. 본삼매는 5가지 색계 선정 혹은 4가지 무색계 선정과 연관된 삼매를 의미

한다.

그리하여 마음의 청정을 얻기 위해서는 적어도 근접삼매는 계발해야 한다. 근접삼매 없이는 통찰명상에서 궁극적 실재를 꿰뚫어 볼 수도 통찰지혜를 얻을 수도 없다.

근접삼매는 불안정하기 때문에 매우 안정되고 매우 강력하며 매우 밝고 속속들이 비추는 빛을 발산하는 네 번째 색계 선정을 계발하는 것이 더 좋다. 이 빛의 도움으로 수행자는 궁극적 실재를 분명하게 식별할 수 있다. 붓다가 통찰명상을 위해 4가지 선정 방법의 사선정을 사용했기 때문에, 사선정은 통찰을 시작하기 위한 가장 좋은 삼매로 간주된다.

독자는 역마차의 비유를 잊지 말아야 한다. 한 마차를 놓치면 나머지 마차들을 잡을 수 없다. 만약 계의 청정을 놓치면 마음의 청정을 놓칠 것이다. 만약 마음의 청정을 계발할 수 없다면 다음의 모든 마차를 놓칠 것이다.

4.3. 견해의 청정(Diṭṭhi-Visuddhi)

명상 수행자는 자기 몸을 물질 깔라빠(rūpa-kalāpa)라고 불리는 작은 입자들로 세분하기 위해서, 그것들이 끊임없이 일어나고 사라지는 것을 보기 위해서, 물질 명상주제(rūpa-kammaṭṭhāna)인 4가지 요소 분석(catudhātuvavatthāna)을 시작해야 한다. 먼저 궁극적 물질인 흙, 물, 불, 바람, 형색, 냄새, 맛, 영양소, 생명기능 물질, 눈의 감성 등을 알기 위해 물질 깔라빠를 분석한다. 다음에 물질의 특성(lakkhaṇa), 물질의 기능(rasa), 그 기능의 결과나 물질이 수행자의 마음의 눈에 나타나는 방식

(paccupaṭṭhāna), 그 물질이 일어나도록 조건 짓는 가장 가까운 원인(padaṭṭhāna) 등 4가지를 사용하여 각 물질의 특성을 인식한다.

다음에 수행자는 인식과정에서 연속적으로 일어나는 인식과정의 마음을 관찰하여 정신 명상주제(nāma-kammaṭṭhāna)를 수행한다. 수행자는 6가지 감각 문의 6가지 모든 유형의 인식과정에서 일어나는 모든 마음을 철저하게 조사한다. 각각의 마음을 조사한 후, 그 각각의 마음과 결합하는 마음부수를 조사한다.

다음에 수행자는 각 물질을 가지고 했던 대로 마음과 마음부수의 특성, 그것의 기능, 그 기능의 결과나 그것이 수행자의 마음의 눈에 나타나는 방식, 그것이 일어나도록 조건 짓는 가장 가까운 원인 등 4가지를 사용하여 각각의 마음을 조사한 후에 각각의 마음과 마음부수의 특성을 인식한다.

마음과 몸에 있는 각 유형의 마음과 각 유형의 마음부수와 각 유형의 물질의 특성을 인식한 후, 수행자는 오직 물질의 그룹, 느낌의 그룹, 인식의 그룹, 형성들의 그룹, 마음의 그룹만이 존재하고 '자아'나 '에고'와 같은 것은 어떤 것도 존재하지 않는다는 것을 알게 된다.

수행자는 또한 바퀴, 차축, 차체, 말 등의 결합을 마차라고 부르듯이 오온의 결합을 '나, 너, 그, 그녀, 자아, 사람'이라고 부른다는 사실을 이해하게 된다.

수행자는 이제 '나, 너, 그, 그녀, 자아, 사람'이 존재한다는 그릇된 견해에서 자유로워진다. 그 수행자는 견해의 청정을 얻었다.

특성, 기능, 그 기능의 결과나 그것이 수행자의 마음의 눈에 나타나는 방식, 그것이 일어나도록 조건 짓는 가장 가까운 원인 등 4가지를 사용하여 각 유형의 마음과 각 유형의 마음부수와 각 유형의 물질의 특성을 인식할 수 있는 능력을 '정신·물질을 식별하는 지혜(nāma-rūpa-pariccheda-ñāṇa)'라고 한다. 이 지혜가 견해의 청정의 경계이다.

특성, 기능, 그 기능의 결과나 그것이 수행자의 마음의 눈에 나타나는 방식, 그것이 일어나도록 조건 짓는 가장 가까운 원인 등 4가지를 사용하여 각 유형의 마음과 각 유형의 마음부수와 각 유형의 물질의 특성을 인식하는 수행은 국제파욱숲속명상센터에서 체계적으로 진행되고 있다.

4.4. 의심을 극복함에 의한 청정(Kaṅkhā-vitaraṇa-visuddhi)

'깡카(kaṅkhā)'는 '의심'을 뜻한다. 이것은 지적인 의심일 수도 있고 윤리적인 의심일 수도 있다. 즉 체계적인 의심일 수도 있고 회의적인 의심일 수도 있다. '위찌낏차(vicikicchā, 의심)'와 동일한 의미인 회의적 의심만이 극복되어야 하는데, 이는 회의적 의심이 사람의 내적인 계발을 방해하는 해로운 업이 되기 때문이다.

『맛지마 니까야』 두 번째 경과 같은 경들에 열거되어 있는 16가지 의심은 다음과 같다.

과거에 관한 5가지 의심

① 나는 과거에 태어났는가?

② 나는 과거에 태어나지 않았는가?

③ 나는 과거에 무엇이었는가?

④ 나는 과거에 어땠는가?

⑤ 나는 과거에 어떤 상태에서 어떤 상태로 변했는가?

미래에 관한 5가지 의심

① 나는 미래에 다시 태어날 것인가?

② 나는 미래에 다시 태어나지 않을 것인가?

③ 나는 미래에 무엇이 될 것인가?

④ 나는 미래에 어떻게 될 것인가?

⑤ 나는 미래에 어떤 상태에서 어떤 상태로 변할 것인가?

현재에 관한 6가지 의심

① 나는 존재하는가?

② 나는 존재하지 않는가?

③ 나는 누구인가?

④ 나는 어떠한가?

⑤ 이것은 어디에서 왔는가?

⑥ 이것은 어디로 갈 것인가?

'의심을 극복함에 의한 청정'은 '의심을 초월함에 의한 청정'을 의미한다. 따라서 이 단계의 청정에 이르기 위해서는 위에서 언급된 16가지 의심뿐만 아니라 '제2장 마음부수'에서에서 설명된 8가지 유형의 의심을 초월하거나 극복해야 할 필요가 있다.

그리하여 수행자는 그의 전생뿐만 아니라 내생을 알 필요가 있고, 과거와 현재와 미래가 어떻게 연기법에 의해 서로 연관되는지를 알 필요가 있다.

자신의 통찰지의 눈으로 연기의 인과관계를 보지 못하면서 깨달은 사람은 아무도, 심지어 꿈속에서조차도 없다는 것이 『청정도론』(ii)과

『아비담마 주석서』(Abhidhamma-aṭṭhakathā, ii)에 분명하게 언급되어 있다.

과거의 정신·물질 현상과 현재의 정신·물질 현상의 상관성을 알기 위해서는 전생의 정신·물질의 법뿐만 아니라 현생의 정신·물질의 법을 알아야 한다. 그리고 현재와 미래의 상관성을 알기 위해서는 내생의 정신·물질의 법을 알아야 한다.

수행자는 이미 사라진 과거의 정신·물질의 현상과 아직 존재하지 않는 미래의 현상을 어떻게 알 수 있는가?

삼매에 든 마음의 능력은 놀랍다. 우리는 수천 번의 전생을 기억할 수 있는 숙명통과 자신의 미래의 존재들을 알 수 있는 미래를 아는 지혜에 대해 살펴보았다.

통찰명상의 경우, 우리는 신통지의 단계까지 갈 필요가 없고 신통력을 이용하지도 않는다. 그러나 만약 우리가 필요한 삼매를 갖추고 안팎(자신과 남)에 있는 정신·물질 현상의 특성을 인식할 수 있는 지혜를 갖추면, 우리는 전생으로 거슬러 가서 일어나고 사라지는 정신·물질의 흐름을 추적할 수 있다. 이 방법은 숙명통의 신통지(pubbenivāsānussati abhiññā)를 계발하기 위해 전생을 식별할 때, 전생으로 거슬러 가서 일어나고 사라지는 정신·물질의 흐름을 추적하는 것과 비슷하다. 이것은 현재 국제파욱숲속명상센터에서 만족스럽게 수행되고 있다.

국제파욱숲속명상센터에서 수행자는 법당에서 초와 꽃을 공양 올리는 등 공덕이 되는 행위를 한다. 그리고 이런 행위를 하는 동안에 일어나는 정신·물질 현상의 특성을 인식한다. 다음에 수행자는 공용 명상홀에 가서 다른 수행자와 함께 명상한다. 수행자는 삼매를 계발하고, 그의 정신·물질을 분석하고, 이전에 공덕이 되는 행위를 한 것으로 거슬러 올라가서 일련의 정신·물질을 추적하고, 다시 그때 일어났던 정신·물질의 현상을 분석한다. 만약 수행자가 전에 알아차렸던 것과 같은 결과를 관찰한다면, 그는 가까운 과거의 정신·물질의 특성도 확실하게 인식할 수 있게 된다.

그 후에 수행자는 어머니의 자궁 속에서 잉태할 때의 정신·물질을 식별할 수 있을 때까지 정신·물질의 흐름을 관찰하기 위해 일련의 정신·물질을 거꾸로 계속 추적할 수 있다.

그리하여 이제 수행자는 현재의 존재에 속하는 현재의 5가지 결과를 안다. 그 결과는 재생연결심, 그것과 결합한 마음부수, 감각토대를 포함하는 업에서 생긴 물질, 감각토대에 감각대상이 접촉하는 것, 과보의 느낌(의식, 정신·물질, 6가지 감각장소, 접촉, 느낌)이다.

다음에 수행자는 바로 전생의 존재로 거슬러 가서 일련의 정신·물질의 흐름을 계속 추적한다. 수행자는 실제로 그의 과거의 존재와 그 존재에서 행한 중요한 사건과 행위를 관찰할 수 있다. 다음에 수행자는 임종 직전의 표상이 나타났을 때 임종 직전에 일어난 정신·물질에 마음을 집중한다. 수행자는 이 표상으로부터 업의 형성과 현재의 존재를 생기게 하는 업을 식별한다. 그는 또한 3가지 지원하는 힘인 무명과 갈애와 취착을 죽음 직전의 표상이 나타났을 때 일어난 것들과 함께하는 마음(무명, 갈애, 취착, 의도적 행위, 업의 존재)과 구별한다.

다음에 수행자는 과거의 5가지 원인이 현재의 5가지 결과를 일으켰는지를 식별하려고 노력한다. 만약 그 원인과 결과가 진정한 인과관계를 나타낸다면 5가지 원인으로 5가지 결과가 일어난다는 것을 알 수 있다. 수행자는 또한 그 과거의 존재가 그의 진정한 존재였음이 확실하다는 느낌을 갖는다.

다음에 수행자는 재생연결심, 그것과 결합한 마음부수, 업에서 생긴 물질, 감각토대, 감각토대에 감각대상이 접촉하는 것, 과보의 느낌을 식별할 때까지 그의 첫 번째 과거 존재의 일련의 정신·물질을 거꾸로 추적한다.

다음에 수행자는 첫 번째 과거 존재의 5가지 결과를 일으킨 그 존재의 5가지 원인을 발견하기 위해 그의 두 번째 과거 존재의 일련의 정신·물질을 계속 추적한다. 만약 성공하면, 수행자는 세 번째 과거 존재와 두 번째 과거 존재의 인과관계를 알기 위해 같은 방식으로 추적할 수 있다.

수행자는 또한 현재 존재와 미래 존재의 인과관계를 식별해야 한다. 그리하여 수행자는 다시 붓다에게 음식을 바치고 다음 존재에서 되고 싶은 것을 소망한다. 만약 수행자가 천상의 존재가 되기를 원하면, 천상의 존재가 정말로 존재한다고 생각하는 것은 무명이고, 천상의 존재가 되려는 욕망은 갈애이며, 그 욕망에 집착하는 것은 취착이다. 붓다에게 음식을 바치는 수행자의 유익한 마음과 의도는 업의 형성(saṅkhāra, 行)이고, 그의 마음의 흐름에 뿌려진 업의 씨는 업의 존재(kamma-bhava, 業有)이다. 그리하여 이제 수행자는 새로운 존재가 일어나기 위한 5가지 원인을 계발했다.

다음에 수행자는 매우 밝은 빛을 발산할 때까지 삼매를 계발하고, 5가지 현재의 원인 때문에 일어날 새로운 존재를 관찰하려고 열심히 노력한다. 보통 수행자가 소망했던 새로운 존재는 생생하게 나타난다. 수행자는 새로운 존재의 재생 순간에 재생연결심(의식, 識), 그것과 결합한 마음부수(정신, 名), 업에서 생긴 물질〔色〕, 감각토대와 감각대상의 접촉〔觸〕, 과보의 느낌〔受〕을 식별한다.

다음에 수행자는 현재의 5가지 원인이 미래의 5가지 결과를 일으키는지를 식별하려고 노력한다. 만약 그 원인과 결과에 진정한 인과관계가 있으면, 수행자는 현재의 5가지 원인 때문에 미래의 5가지 결과가 일어나는 것을 관찰할 수 있다. 수행자는 첫 번째 미래 존재와 두 번째 미래 존재의 인과관계를 유사한 방법으로 계속 식별하고, 더 이상의 미래 존재를 식별할 수 없을 때까지 그렇게 계속한다.

그리하여 이제 수행자는 5가지 원인과 5가지 결과의 관점에서 그의 과거 3가지 존재와, 현재 존재와, 미래 존재의 연기의 인과관계를 성공적으로 식별했다.

> "5가지 원인이 과거에 있었다.
> 우리는 현생에서 5가지 결과를 발견한다.
> 우리는 이제 5가지 원인을 생기게 한다.
> 우리는 미래 생에서 5가지 결과를 거둘 것이다."
>
> – 『청정도론』 2.214, 『무애해도』 50

수행자는 1가지 원인과 1가지 결과의 관점에서 한 존재에서 다른 존재에 이르는 연기의 인과관계를 다음과 같이 더 식별한다.

(1) 무명(avijjā)을 조건으로 업의 형성(saṅkhāra, 의도적 행위, 行)이 일어난다.
(2) 업의 형성을 조건으로 과보의 마음(viññāṇa, 의식, 識)이 일어난다.
(3) 과보의 마음을 조건으로 그것과 결합한 마음부수(nāma, 정신, 名)와 업에서 생긴 물질(rūpa, 色)이 일어난다.

(4) 정신·물질을 조건으로 6가지 안의 감각장소(saḷāyatana, 六入)가 일어난다.

(5) 6가지 안의 감각장소를 조건으로 접촉(phassa, 觸)이 일어난다.

(6) 접촉을 조건으로 느낌(vedanā, 受)이 일어난다.

(7) 느낌을 조건으로 갈애(taṇhā, 愛)가 일어난다.

(8) 갈애를 조건으로 취착(upādāna, 取)이 일어난다.

(9) 취착을 조건으로 업의 존재(kamma-bhava, 業有)와 재생의 존재(upapatti-bhava, 生有)가 일어난다.

(10) 〔현재 존재의〕 업의 존재를 조건으로 〔미래 존재의〕 태어남(jāti, 生)이 일어난다.

(11) 태어남을 조건으로 늙음·죽음(jarā-maraṇa, 老死), 근심(soka), 탄식(parideva), 육체적 고통(dukkha), 정신적 고통(domanassa), 절망(upāyāsa)이 일어난다.

세 번째 과거 존재에서 마지막 미래 존재까지의 모든 인과관계를 분명하게 식별한 후에, 수행자는 가장 먼 과거 존재에서 가장 마지막의 미래 존재에 이르기까지의 정신·물질이 일어나고 사라지는 전체 과정을 관찰할 수 있다. 그리하여 수행자는 위에서 살펴본 16가지 모든 의심을 제거할 수 있다.

연기법과 조건관계법(Paṭṭhāna)의 24가지 조건에서 묘사된 바와 같은 인과관계들은 자신과 남에게 일어나고 있는 정신·물질 현상들의 일어남과 사라짐을 지배하는 주된 인과관계들이다. 수행자가 조사해야 하는 몇몇의 당면한 원인들이 있다.

예를 들어 안문의 인식과정(cakkhu-dvāra vīthi)이 일어나기 위해서는

4가지 원인이 있어야 한다. 이 원인들은 안문, 형색, 빛, 주의이다. 유사한 4가지 원인이 다른 문의 인식과정이 일어나기 위해 필요하다.

각각의 인식과정에서 만약 '현명한 숙고(yoniso manasikāra)'가 있다면 유익한 마음이 속행(javana)으로 일어나고, 만약 '어리석은 숙고(ayoniso manasikāra)'가 있다면 해로운 마음이 속행으로 일어난다. 이 마음에서 기인한 업의 존재를 조건으로 재생연결심과 다른 과보의 마음이 내생에서 일어난다.

물질의 그룹은 4가지 원인인 업(kamma), 마음(citta), 온도(utu, tejo), 음식(āhāra, ojā)에 의해 생긴다. 이 원인과 그것의 결과를 함께 삼매의 마음의 눈으로 생생하게 보아야 한다.

정신·물질의 그룹들이 일어나게 하는 직접 원인들뿐만 아니라 주된 원인까지 완전하게 조사했을 때, 수행자는 각각의 존재를 구성하고 있는 오온이 각각의 적절한 조건에 의해 생성되고 있다는 것을 알게 된다. 그리하여 수행자는 원인 없이 중생이 생긴다고 믿는 원인이 없다는 견해(ahetuka-diṭṭhi)와 창조자가 중생을 창조했다고 믿는 그릇된 존재의 원인에 대한 견해(visama-hetuka-diṭṭhi)를 제거할 수 있게 된다.

더욱이 수행자는 연기법에 따라 인과관계의 끊임없는 연쇄를 관찰했기 때문에, '행위에 효력이 없다는 견해(akiriya-diṭṭhi)'와 '허무주의 견해(natthika-diṭṭhi)'와 '영혼이나 에고가 영원하다는 견해(sassata-diṭṭhi)'와 '영혼이나 에고가 단멸한다는 견해(uccheda-diṭṭhi)'를 버릴 수 있다.

인류에게 항상 영향을 끼쳐왔고 아직도 영향을 끼치고 있으며 인과관계와 일치하지 않는 수많은 사색적인 의견들과 이론들이 제거될 수 있다.

이제 수행자의 마음은 모든 그릇된 견해로부터 자유롭다. 이에 따라

'견해의 청정(Diṭṭhi Visuddhi)' 단계가 더욱 강화된다. 게다가 이제 16가지 의심(kaṅkhā)과 인과관계에 대한 회의적인 의심(vicikicchā)을 극복했기 때문에, 수행자는 모든 의심을 초월하거나 극복한 것이 된다. 그리하여 수행자는 '의심을 초월함에 의한 청정(Kaṅkhā-vitarana Visuddhi)' 역시 얻게 되었다.

이 단계의 청정의 눈에 띄는 특성은 실재를 정확하게 식별할 수 있는 지혜(yathā-bhūta-ñāṇa) 혹은 정신 · 물질의 모든 원인을 파악할 수 있는 지혜(paccaya-pariggaha-ñāṇa)이다.

작은 예류자(Cūla-Sotāpanna)

'예류자'는 2가지 족쇄(사견과 의심)를 완전히 제거한 성자이다. 예류자는 악처에 결코 재생하지 않을 것이며, 적절한 과정을 밟아 열반에 들 것이다.

이제 정신 · 물질을 식별하는 지혜와 조건을 파악하는 지혜를 얻은 수행자는 위에서 언급한 사견과 의심을 일시적으로 제거했다. 그리하여 그 수행자는 예류자를 닮았지만 아직 예류자는 아니다. 그 수행자는 작은 예류자라고 불린다. 그 수행자는 다음 생에는 악처에 재생하지 않을 것이다.

정신 · 물질을 식별하는 지혜와 조건을 파악하는 지혜는 모두 매우 중요하다. 이 2가지 지혜는 통찰명상의 기초일 뿐 아니라, 다음 단계의 10가지 통찰 지혜(vipassanā-ñāṇa)가 일어나기 위한 기초가 된다. 그 지혜들은 존재의 3가지 특성(Ti-lakkhaṇa, 三法印)에 집중하지 않기 때문에 통찰명상의 지혜에 포함되지 않는다.

그 지혜들은 그릇된 견해(micchā-diṭṭhi)를 제거하고 바른 견해(sammā-diṭṭhi)를 강화하기 때문에 중요하다. 그릇된 견해는 사악한 열망과 행위의 근원이 되기 때문에 거부된다. 『앙굿따라 니까야』(22)에는 다음과 같이 언급되어 있다.

"비구들이여, 삿된 견해보다 아직 일어나지 않은 해로운 법이 아주 크게 일어나고 이미 일어난 해로운 법이 증가하고 풍부해지는 다른 어떤 법도 나는 알지 못한다. 삿된 견해보다 아직 일어나지 않은 유익한 법이 아주 크게 방해받고 이미 일어난 유익한 법이 사라지는 다른 어떤 법도 나는 알지 못한다. 삿된 견해보다 인간이 죽어 몸이 무너졌을 때 처참한 곳으로, 지옥으로 들어가 고통을 당하는 다른 어떤 법도 나는 알지 못한다."

더 나아가 『앙굿따라 니까야』(23)에는 다음과 같이 언급되어 있다.

"삿된 견해로 가득 찬 사람이 행하거나 시작하는 것은 무엇이든 혹은 그가 열의와 열망과 갈애와 잠재성향의 어떤 것을 갖고 있든, 이 모든 것들은 그를 바람직하지 않고 즐겁지 않고 유쾌하지 않은 상태인 비통과 고통으로 데려간다."

4.5. 도와 도 아님을 알고 보는 것에 의한 청정 (Maggāmagga-ñāṇadassana Visuddhi)

이 청정의 기준은 생멸의 지혜(udayabbaya-ñāṇa)의 첫 번째 부분과 명상의 지혜(sammasana-ñāṇa)이다. 명상의 지혜는 오온에 있는 정신·

물질의 3가지 특성〔三法印〕을 조사할 수 있는 지혜이다. 생멸의 지혜는 3가지 특성과 함께 궁극적인 정신·물질의 일어남〔生〕과 사라짐〔滅〕을 조사할 수 있는 지혜이다.

엄격하게 말해서 31가지 존재계에 있는 정신·물질의 3가지 특성을 조사하는 통찰명상은 이 단계에서 시작된다. 존재의 3가지 특성을 조사하기 위한 4가지 방법이 있다.

4.5.1. 무더기 명상(kalāpa-sammasana) 방법

이 방법은 31가지 존재계에 있는 모든 조건 지어진 것(의도적 행위, 즉 정신·물질)을 과거나 현재나 미래에 속하는 것으로 구별하지 않고 오온의 견지에서 조사하는 것이다.

수행자는 원인에 따라 형성된 31가지 존재계의 모든 물질〔色〕의 무더기들을 숙고하면서, '이 물질의 무더기는 무너지고 사라지는 속성이 있다. 그리하여 그것은 무상하다.'라고 명상한다. 그것은 끊임없는 무너짐으로 인해 공포의 속성이 있다. 그리하여 그것은 만족스럽지 않고 고통이다. 그것은 무너지지 않는 어떤 실체도 없다. 그리하여 그것은 '나'도 '사람'도 '에고'도 '자아'도 아니다.

다음에 수행자는 느낌〔受〕의 무더기, 인식〔想〕의 무더기, 정신적 형성〔行〕의 무더기, 의식〔識〕의 무더기를 차례대로 숙고하고 위에서 설명한 바대로 명상한다.

4.5.2. 기간 명상(addhāna-sammasana) 방법

이 방법은 31가지 존재계에 있는 조건 지어진 것들을 기간에 따라 조사하는 것이다. 수행자는 조건 지어진 것들을 과거, 현재, 미래의 그룹으로 나눈다.

수행자는 '전생의 물질의 무더기는 전생에 모두 무너졌다. 그것은 현재까지 진행되거나 전달되지 않는다. 이렇게 무너지고 사라지는 속성으로 인해 그것은 무상하다. 이와 같은 공포의 속성으로 인해 그것은 고통이다. 에고나 자아가 아닌 속성으로 인해 그것은 무아이다(anatta).'라고 명상한다.

그다음, 금생의 모든 물질의 무더기가 금생에 무너질 것이고 내생까지 진행되지 않고 전달되지 않을 것이라고 숙고하면서 수행자는 다시 현재의 물질의 무더기를 무상, 고, 무아로 명상한다.

수행자는 4가지 정신의 무더기도 한 번에 하나씩 숙고하면서 동일한 방법으로 명상한다.

4.5.3. 상속 명상(santati-sammasana) 방법

이 방법은 31가지 존재계에 있는 조건 지어진 것들을 상속의 관점에서 조사하는 것이다. 이 방법으로 수행하기 위해 수행자는 한 생의 물질의 무더기를 일련의 뜨거운 물질, 일련의 차가운 물질 등으로 나눈다.

다음에 수행자는 '일련의 뜨거운 물질은 모두 무너졌다. 그것은 일련의 차가운 물질까지 이어지지 않는다. 무너짐의 속성으로 인해 그것은 무상하다. 공포의 속성으로 인해 그것은 고통이다. 에고나 자아가 아닌 속성으로 인해 그것은 무아이다.'라고 명상한다.

마찬가지로 마음의 다양한 인식과정을 숙고하면서, 수행자는 '안문 인식과정의 마음은 형성된 직후에 무너져 이문 인식과정의 마음까지

이어지지 않고, 이문 인식과정의 마음은 형성된 직후에 비문 인식과정의 마음까지 이어지지 않는다.' 등으로 명상한다. 그리하여 그것들은 무너짐, 공포, 에고나 자아도 아닌 것으로 인해 무상, 고, 무아이다.

4.5.4. 순간 명상(khaṇa-sammasana) 방법

이 방법은 31가지 존재계의 조건 지어진 것들을 순간의 관점에서 조사하는 것이다.

수행자는 '과거의 순간에 형성된 물질의 무더기는 과거에 무너졌다. 그 물질은 현재의 순간까지 이어지지 않는다. 그것의 무너짐의 속성으로 인해 그것은 무상하다. 이와 같은 공포의 속성으로 인해 그것은 고통이다. 에고나 자아가 아닌 속성으로 인해 그것은 무아이다.'라고 명상한다.

수행자는 '지나간 생명연속심(atīta-bhavaṅga)의 순간에 일어난 정신의 무더기(마음과 마음부수)는 그 순간에 모두 무너졌다. 그 정신의 무더기는 생명연속심의 동요(bhavaṅga-calana)의 순간까지 이어지지 않는다. 그것의 무너짐의 속성으로 인해 그것은 무상하다. 공포의 속성으로 인해 그것은 고통이다. 에고나 자아가 아닌 속성으로 인해 그것은 무아이다.'라고 명상한다.

수행자는 '생명연속심의 동요의 순간에 일어난 정신의 무더기(마음과 마음부수)는 그 순간에 모두 무너졌다. 그것들은 생명연속심의 끊어짐(bhavaṅga-upaccheda)의 순간까지 이어지지 않는다. 그것의 무너짐의 속성으로 인해 그것은 무상하다. 이와 같은 공포의 속성으로 인해 그것은 고통스럽다. 에고나 자아가 아닌 속성으로 인해 그것은 무아이다.'라고 명상한다.

수행자의 지혜가 정신·물질의 자연현상을 수용할 수 있는 데까지 이 방법을 확장할 수 있다.

전생과 현생과 미래생의 오온을 체계적으로 조사하고 특성, 기능, 나타남, 가까운 원인에 의해 각 유형의 물질과 마음과 마음부수의 특성을 인식하고 연기의 법에 따라 이 궁극적 실재를 서로 연관시켰던 수행자는 정신·물질 현상의 일어남과 무너짐을 조사했던 가장 이른 전생에서부터 그 다음의 전생까지, 금생까지, 다음에는 미래생까지 연속해서 일어나는 것을 생생하게 볼 수 있다. 그 연쇄에 있는 개개의 정신·물질의 일어남과 무너짐을 볼 수 있기 때문에, 수행자는 존재의 3가지 특성을 쉽게 명상할 수 있다.

파욱 숲속 수행자들의 경험에 따르면, 정신·물질 현상의 일어남과 무너짐의 긴 연쇄가 너무 뚜렷해서, 그들은 현상의 일어남과 무너짐을 보기만 하고, 30분 동안 무상의 수관(anicccānupassanā)으로 명상하고, 다시 30분 동안 고의 수관(dukkhānupassanā)으로 명상하고, 다시 30분 동안 무아의 수관(anattānupassanā)으로 명상한다.

계속해서 명상하고 차례로 수관을 돌아가면서 수행함에 따라, 수행자들은 정신·물질의 3가지 특성을 조사하는 능력이 점점 더 좋아져서 마침내 각각의 정신·물질이 일어나는 순간과 머무는 순간과 무너지는 순간을 보게 된다. 이것이 명상의 지혜의 정점이다.

다음에 조건 지어진 것들을 인과관계에 따라 조사한다. 원인이 일어나기 때문에 결과가 일어난다. 원인이 무너지면 결과도 무너진다. 물질이 일어나도록 조건 짓는 원인들은 무명(avijjā), 갈애(taṇhā), 업(kamma), 음식(āhāra)이다. 마음부수가 일어나도록 조건 짓는 원인들은 무명, 갈애, 업, 접촉(phassa)이다. 마음이 일어나도록 조건 짓는 원인들은 무명, 갈애, 업, 정신·물질(nāma-rūpa)이다. 이와 같은 것들을 수행자는 매우 잘 알게 된다.

이와 같은 방법으로 수천 번 명상하면 수행자의 조사하는 능력이 점점 더 좋아져서 마침내 정신·물질이 일어나는 순간과 머무는 순간과 무너지는 순간을 매우 분명하게 볼 수 있게 된다. 이 단계에서 수행자는 인과관계를 숙고하는 것을 멈추고 정신·물질이 일어나는 순간과 무너지는 순간에 집중한다. 정신·물질의 무더기가 일어나고 무너지는 현상은 이 현상을 관찰하는 생멸의 지혜가 일어날 때 매우 뚜렷해진다.

이 지혜가 힘을 얻으면서 위빳사나의 10가지 불순물(upakkilesā)이 생기는 게 보통이다. 이 불순물은 매우 뚜렷해서 수행자가 진정으로 생멸의 지혜를 얻었는지를 판단하기 위한 좋은 기준이 된다.

위빳사나의 10가지 불순물

① 광명(obhāsa) : 통찰력으로 인해 몸에서 발산되는 빛

② 희열(pīti) : 5가지 종류의 〔전례 없는〕 희열

③ 고요함(passaddhi) : 마음부수의 고요함과 마음의 고요함

④ 결정(adhimokkha) : 강한 믿음의 통제하는 기능

⑤ 분발(paggaha) : 위빳사나의 마음을 지원하는 강한 노력

⑥ 행복(sukha) : 유익한 마음에서 생긴 물질(cittaja-rūpa)로 인해 온몸에서 일어나는 즐거운 느낌

⑦ 지혜(ñāṇa) : 빠른 통찰지

⑧ 확립(upaṭṭhāna) : 명상주제에 고정된 마음챙김

⑨ 평정(upekkha) : 중립적 평정(tatramajjattatupekkhā)과 전향적 평정(āvajjanupekkhā). 〔전자는 현상을 수월하게 관찰할 수 있는 중립의 마음부수를 나타내고, 후자는 현상을 빠르게 반조할 수 있는 전향의 마음과 결합한 의도를 일컫는다.〕

⑩ 집착(nikanti) : 희열, 고요함, 행복, 광명이 함께하는 위빳사나의 지혜에 대한 가벼운 집착

위에 언급된 10가지 불순물 가운데 오직 '집착'만이 오염원에 속한다. 나머지는 유익한 자질들이다. 그러나 수행자가 이런 자질들, 특히 몸에서 나오는 빛, 전에 체험하지 못했던 기쁨, 즐거운 느낌에서 생기는 고요함과 행복, 강한 믿음에서 생기는 강한 종교적인 열정, 통찰지, 조건 지어진 것들이 일어나고 사라지는 것을 빠르고 수월하게 관찰할 수 있는 능력을 갖게 되었을 때, 그는 집착을 일으키는 사견(diṭṭhi, 그것들이 수행에서 일어난다는 그릇된 견해), 심한 자만(māna, 나만이 이 놀라운 자질들을 소유하고 있다는 자만), 집착을 일으키는 갈애(taṇhā, 그 자질들이 수행자의 것이라는 강한 갈애)를 일으킬 수 있다. 이 그릇된 견해와 자만과 갈애는 진정한 오염원이어서 수행자의 명상을 실제로 오염시킨다.

담마(Dhamma, 법)에 대한 부실한 지혜를 갖고 있는 사람은 광명, 희열, 고요, 행복을 갖게 될 때 도·과를 얻었다고 생각할 수 있다.

그런 그릇된 견해나 사악한 자만이나 집착(갈애)을 갖고 있는 모든 사람은 잘못된 길을 걷고 있다. 그 수행자들의 명상은 정체되고 쇠퇴할 것이다.

담마에 대한 충분한 지혜를 갖고 있는 사람들은 광명, 희열, 행복 같은 특이한 현상이 단지 위빳사나의 불순물이며, 그 현상이 도·과를

나타내는 것이 아님을 아주 잘 알고 있다. 바른 길[도]을 걷기 원하면 수행자는 조건 지어진 것들이 일어나고 사라지는 것을 명상해야 한다. 그릇된 도와 바른 도를 구분할 수 있는 이 지혜는 도와 도 아님을 알고 보는 것에 의한 청정이라고 불린다. 이 지혜를 소유한 수행자는 도와 도 아님을 알고 보는 것에 의한 청정을 얻었다고 한다.

4.6. 도닦음을 알고 보는 것에 의한 청정 (Paṭipadā-ñāṇadassana-visuddhi)

도닦음을 알고 보는 것에 의한 청정은 생멸의 지혜의 후반부에서 마지막 위빳사나의 지혜까지이며 모두 합해 9가지 통찰지가 된다. 이 지혜들은 조건 지어진 것들(형성들, 즉 정신·물질)의 3가지 특성을 진지하고 근면하게 명상하여 하나씩 계발되어야 한다.

(1) 생멸의 지혜(udayabbaya-ñāṇa) : 정신 · 물질이 일어나고 사라지는 것을 식별하는 지혜

도와 도 아님을 알고 보는 것에 의한 청정을 얻은 후에, 수행자는 통찰명상에 다시 진지하게 착수하여 조건 지어진 것들이 일어나고 무너지는 현상에 특별히 주의를 기울여 존재의 3가지 특성을 명상한다. 점차적으로 수행자의 생멸의 지혜는 성숙해진다.

(2) 무너짐의 지혜(bhaṅga-ñāṇa) : 정신 · 물질의 빠르고 끊임없는 무너짐을 식별하는 지혜

수행자의 통찰지가 점차적으로 계발되면서, 수행자는 정신·물질의 일어남과 사라짐을 점점 더 빠르게 알아차릴 수 있게 된다. 정신·물질이 초당 수십억 번의 속도로 일어나고 사라지기 때문에, 어떤 수행자도 마음과 마음부수가 일어나고 사라질 때 그것들을 전부 관찰할 수는 없을 것이다. 비록 수행자가 꽤 빠르게 알아차릴 수 있어도, 그는 일어나는 현상을 더 이상 관찰하지 못할 것이고, 그가 관찰하는 모든 것은 오직 무너지는 현상뿐이다. 수행자가 무엇을 보든지 그는 조건 지어진 것의 무너짐을 관찰한다.

궁극적인 정신·물질의 끊임없는 무너짐을 관찰하는 지혜는 무너짐의 지혜라고 불린다. 만약 수행자가 무너짐의 지혜의 무너지는 순간을 관찰할 수 있다면, 그것은 조건 지어진 것의 무너지는 순간을 무너짐의 지혜로써 조사하는 것이고, 그때 그의 무너짐의 지혜는 정점에 도달했다고 한다.

(3) 공포의 지혜(bhaya-ñāṇa) : 정신·물질의 두려운 특성을 식별하는 지혜

수행자가 조건에 따라 형성된 것들의 무너지는 순간을 계속해서 관찰할 때, 그는 오온에 있는 정신·물질의 공포의 특성을 깨닫게 된다. 수행자는 정신·물질의 공포의 특성을 깨닫는 지혜인 공포의 지혜를 얻었다고 일컬어진다.

(4) 위험의 지혜(ādīnava-ñāṇa) : 정신·물질의 결함이 있고 불만족스러운 특성을 식별하는 지혜

수행자가 정신·물질의 공포의 특성을 깨닫는 지혜를 가질 때, 그는 정신·물질의 결함이 있고 불만족스러운 특성을 발견한다. 그러므로 수행자는 또한 정신·물질에 있는 결함과 불만족스러움을 깨닫는 지혜

인 위험의 지혜를 얻는다.

(5) 역겨움의 지혜(nibbidā-ñāṇa) : 모든 형성들이 결함 있고 불만족스러운 것이라는 것을 알아 지겹고 역겹게 느끼는 지혜

수행자가 정신·물질의 결함을 발견하고 조건 지어진 것들이 얼마나 불만족스러운 것인지를 매우 잘 알게 될 때, 그는 그것들에게서 역겨움을 일으킨다. 수행자는 그것들을 소유하는 것이 더 이상 행복하지 않다. 수행자는 정신·물질에 대한 역겨움을 일으키는 지혜인 역겨움의 지혜를 계발했다고 일컬어진다.

(6) 해탈하기를 원하는 지혜(muñcitukamyatā-ñāṇa) : 모든 형성들로부터 벗어나기를 원하는 지혜

수행자가 조건에 따라 형성된 것인 정신·물질에 대한 역겨움을 갖고 있을 때, 그는 어부의 그물에 걸린 고기나 뱀의 입속에 있는 작은 개구리가 탈출하기를 원하는 것처럼 정신·물질의 엉킴에서 탈출하기를 원한다. 그러므로 정신·물질의 엉킴에서 탈출하기를 원하는 지혜인 해탈하기를 원하는 지혜가 수행자의 마음에 일어난다.

(7) 깊은 숙고의 지혜(paṭisaṅkhā-ñāṇa) : 모든 형성들을 다시 조사하여 그것들로부터 해탈하려고 노력하는 지혜

정신·물질의 그물에서 탈출하기를 원하는 수행자는 오온에 있는 존재의 3가지 특성을 안팎으로 명상하는 것 외에는 다른 길을 찾지 못한다.

아랫부분이 넓은 종 모양의 대나무 통발을 이용하여 고기를 잡는

어부를 예로 들어 설명하겠다. 그는 시냇물 바닥에 닿도록 통발을 물속에 박은 후 통발 위쪽의 좁은 구멍으로 손을 넣고 더듬으며 통발 속에 고기가 있는지 살핀다. 만약 손에 고기가 닿으면 그는 고기를 잡을 것이다. 이렇게 어부는 자리를 옮겨 가며 물속에 통발을 반복해서 박고 고기가 통발에 갇혔는지 아닌지를 살핀다.

이제 어부의 손에 고기 같은 무언가가 닿는다. 어부는 그것을 잡아 물 밖으로 꺼낸다. 그것의 윗부분이 물 밖으로 나왔을 때, 어부는 그것의 목 주변에 줄이 셋 난 것을 보고 그것이 물에 사는 코브라인 줄을 안다. 독을 품은 그 뱀은 어부를 물어 죽일 수 있다.

처음에 어부는 큰 고기를 잡았다고 생각하고 기뻐했다. 이와 비슷하게 모든 범부도 정신·물질의 두려운 특성을 아직 모르기 때문에 정신과 몸을 소유하게 된 것을 기뻐한다.

어부가 뱀의 목에 나 있는 세 개의 줄을 보았을 때, 그는 그것이 코브라이며 매우 위험하다는 것을 알게 되었다. 이것은 수행자가 존재의 3가지 특성과 조건 지어진 것(정신·물질)의 두려운 특성을 본 상황과 유사하다. 이때 수행자는 두려움의 지혜를 얻는다.

위험을 본 어부는 그 상황이 불만족스러우며 뱀이 역겹다는 것을 알게 된다. 마찬가지로 조건 지어진 것의 두려운 특성을 깨달은 수행자도 그것이 불만족스럽다는 것을 알게 되어 그것에 대한 역겨움을 일으키게 된다. 이것은 수행자가 각각의 위험의 지혜와 역겨움의 지혜를 계발할 때에 해당한다.

어부는 더 이상 손에 뱀을 쥐고 있는 것이 행복하지 않아서 뱀으로부터 벗어나려는 강한 열망을 일으켰다. 이것은 수행자가 해탈하기를 원하는 지혜를 얻게 되어 정신·물질의 엉킴에서 벗어나려고 하는 상황과 유사하다.

뱀으로부터 벗어나기를 원하는 어부는, 그냥 두면 뱀이 자기를 물 것을 알기 때문에 감히 뱀을 그냥 놔둘 수 없다. 그리하여 좋든 싫든 뱀을 잡아 물 밖으로 꺼내 자기 머리 위에서 서너 번 돌린 후에 가능한 한 멀리 던지고서 서둘러 높은 땅 위로 올라간다. 마찬가지로 정신·물질로부터 벗어나기를 원하는 수행자는 그 정신·물질을 무시할 수도 없고 잊을 수도 없다. 수행자는 존재의 3가지 특성을 명상하여 그 특성들을 꽉 잡는다. 이것이 깊은 숙고의 지혜에 해당하는 것이다.

(8) 형성들에 대한 평정의 지혜(saṅkhārupekkhā-ñāṇa) : 31가지 존재계의 모든 형성들(정신·물질)에 대한 평정의 지혜

뱀을 내던지고 서둘러 높은 땅으로 올라간 어부는 곧 안전하고 편안한 느낌을 갖는다. 마찬가지로 조건 지어진 것들의 3가지 특성을 진지하게 명상하는 수행자는 곧 정신·물질에 대한 평정을 계발하게 된다. 그는 정신·물질의 진정한 성품을 관찰하고 있어도 균형 잡힌 마음을 유지할 수 있다.

다시 예를 들어 설명하겠다. 어떤 남자에게 아름다운 아내가 있었다. 우리는 그 남자에게 행운이 있다고 생각할지도 모른다. 그런데 그 아내의 아름다움이 다른 남자들의 주의를 끌었고, 그 남자들 가운데 몇몇은 그녀의 사랑을 얻기 위해 온갖 수단을 쓰기도 했다. 만약 그녀에게 신의가 없고 그녀 마음이 확고하지 않다면, 그녀는 아마도 바람을 피울 것이다.

그녀는 신의를 저버리고 몇몇 남자와 놀아났다. 이에 마음이 많이 상한 그녀의 남편은 자신에게 충실할 것을 아내에게 애원했다. 그녀는 남편의 말에 따르길 거부하고 다른 남자들과 계속 놀아났다. 분통이 터진 남편은 더 이상 참지 않고 법정에서 아내와 이혼했다.

그 후 그녀는 여느 때처럼 몇몇 남자들과 놀아났고, 전 남편은 이 사실을 알았지만 그녀의 행동이 더 이상 자신과 관계없기 때문에 화를 내지 않았다.

마찬가지로 형성에 대한 평정의 지혜를 계발한 수행자는 비록 정신·물질과 형성된 것들의 끊임없는 무너짐과 불만족스러운 특성을 관찰하고 있더라도 그것들에 대해 평정을 유지할 수 있다.

(9) 수순의 지혜(anuloma-ñāṇa)

정신·물질과 조건 지어진 것들에 대한 평정을 유지할 수 있는 수행자는 3가지 수관을 통해 존재의 3가지 특성을 명상한다. 하지만 그의 마음은 더 이상 조건 지어진 것들을 관찰하고 싶어 하지 않는다. 수행자의 마음은 열반을 찾고 있다. 수행자의 마음이 열반을 찾을 수 없는 한, 그의 마음은 계속해서 조건 지어진 것들을 관찰한다. 하지만 그 마음이 열반을 찾으면, 마음은 조건 지어진 것들을 떠나 열반의 영역으로 들어간다.

다시 비유를 들어 설명하겠다. 오래전, 선원들은 항해할 때 까마귀를 데려갔다. 며칠을 항해한 후에 선원들은 육지를 볼 것을 기대했는데, 만약 육지가 가깝다는 어떤 징후도 포착되지 않으면 배가 항해하는 방향으로 날아가도록 까마귀를 풀어놓았다. 그러면 까마귀는 가능한 한 멀리 날아갔고, 육지를 찾지 못하면 배로 돌아와 돛 위에서 쉬었다.

며칠을 더 항해한 후에, 선원들은 다시 다른 까마귀를 풀어놓는다. 최대한 멀리 날아간 까마귀는, 육지를 찾지 못하면 다시 돌아오지만 육지를 보면 배로 돌아오지 않고 육지로 계속 날아가버렸다. 그때 선원들은 육지가 가깝다는 것을 알고 육지를 향해서 항해했다.

마찬가지로, 조사하는 마음은 열반을 보지 못하는 한 형성들에 대한 평정의 지혜로 계속해서 돌아올 것이다. 그 마음은 일단 열반을 보면 돌아오지 않고 도의 인식과정(magga-vīthi)을 통해 열반을 향해 계속 진행한다. '제4장 인식과정'에서에서 살펴본 것처럼 도의 인식과정은 다음과 같이 일어난다.

① 둔한 통찰지(manda-paññā)를 갖고 있는 사람의 도의 인식과정
"Na-Da-Ma-Pa-U-Nu-Go-Magga-Phala-Phala"-Bha

② 예리한 통찰지(tikkha-paññā)를 갖고 있는 사람의 도의 인식과정
"Na-Da-Ma-U-Nu-Go-Magga-Phala-Phala"-Bha

위의 인식과정에서 'Pa-U-Nu'와 결합한 통찰지가 수순의 지혜이다.

* Pa : 도의 일어남을 준비하는 것(parikamma, 준비)
〔예리한 통찰지를 갖고 있는 사람에게는 없음〕
* U : 도에의 근접(upacāra, 근접)
* Nu : 적응 또는 연결(anuloma, 수순)
* Go : 종성(gotrabhū)
〔성자의 혈통을 형성하기 위해 범부의 혈통을 끊어내는 마음〕

위에 언급된 인식과정에 있는 준비, 근접, 수순의 마음은 대상으로 3가지 특성을 취한다. 그리하여 그 마음들은 위빳사나의 마음들에 포함된다. 그 마음들과 결합한 지혜를 수순의 지혜라고 부른다.

(10) 종성의 지혜(gotrabhū-ñāṇa) : 성자의 혈통을 형성하기 위해 범부의 혈통을 끊어내는 지혜

반면에 종성은 그것의 대상으로 열반을 취하고, 3가지 특성을 취하지 않는다. 그리하여 그것은 위빳사나의 마음에 포함되지 않는다. 종성과 결합한 통찰지혜를 종성의 지혜라고 부른다.

(11) 도의 지혜(magga-ñāṇa)와 과의 지혜(phala-ñāṇa)

종성이 열반으로 향하는 길을 지시하면 도의 마음(magga-citta)과 과의 마음(phala-citta)이 바로 이어 열반을 대상으로 취한다. 도·과와 결합한 통찰지(paññā)를 각각 도의 지혜와 과의 지혜라고 부른다.

도의 지혜는 단지 한 번만 일어나도 매우 강력하다. 이 도의 지혜는 동시에 다음 4가지 기능을 수행한다.

① 고의 진리를 앎
② 고의 원인인 갈애를 제거함
③ 열반을 실현함
④ 도의 여덟 가지 구성 요소〔八正道〕를 완전하게 계발함

"밤에 여행하는 사람이 번개의 섬광으로 주변 광경을 보았을 때, 그렇게 본 광경이 눈앞에서 오랫동안 가물거리듯, 수행자는 번갯불과 같은 통찰력에 의해 아주 명료하게 열반(Nibbāna)을 잠깐 보게 되지만 그 모습은 그의 마음에서 결코 사라지지 않는다."

– 폴 달케(Paul Dahlke)

도 바로 다음에 2가지 또는 3가지 도의 과가 뒤따른다. 담마(Dhamma)를 '아깔리까(akālika, 시간이 걸리지 않는, 즉각 효과가 있는)'라고 부르는 이유가 여기에 있다.

(12) 반조의 지혜(paccavekkhaṇa-ñāṇa) : 도, 과, 열반, 제거되었거나 남아 있는 오염원을 반조하는 지혜

도의 인식과정과 몇 개의 생명연속심 후에 반조의 인식과정(paccavekkhaṇa-vīthi)이 보통 일어난다. 이 인식과정에 의해 수행자는 ① 도를 반조하고, ② 과를 반조하고, ③ 자신이 실현한 열반을 반조하고, ④ 자신이 소멸시킨 오염원을 반조하고, ⑤ 자신이 아직 소멸시키지 않은 오염원을 반조한다.

반조의 속행의 마음(paccavekkhaṇa-javana citta)과 결합한 지혜를 반조의 지혜라고 부른다.

(13) 일련의 16가지 지혜

지금까지 수행자는 16가지 지혜인 ① 정신·물질을 식별하는 지혜, ② 조건을 파악하는 지혜, ③~⑫ (명상의 지혜부터 반조의 지혜까지) 10가지 위빳사나 지혜, ⑬ 종성의 지혜, ⑭ 도의 지혜, ⑮ 과의 지혜, ⑯ 반조의 지혜를 얻었다.

4.7. 네 가지 도를 알고 보는 것에 의한 청정 (Ñāṇadassana-visuddhi)

마음을 단계적으로 청정하게 하려는 노력은 계의 청정부터 시작한다. 수순의 지혜를 얻을 때, 첫 번째 6가지 단계가 완성된다. 도·과를 얻을 때, 알고 보는 것〔知見〕에 의한 청정이라고 불리는 마지막 청정의 단계에 도달한다.

알고 보는 것에 의한 청정은 네 가지 도를 직접 알고 아래에서 설명하는 바와 같은 오염원으로부터 마음을 단계적으로 청정하게 하는 4가지 도로 구성되어 있다.

(1) 예류도(Sotāpatti-magga) : 열반을 실현하는 첫 번째 도의 마음

첫 번째 성자의 단계로 간주될 수 있는 예류도는 2가지 오염원(kilesa)인 사견과 의심, 그리고 3가지 족쇄(saṁyojana)인 유신견(sakkāya-diṭṭhi)과 의심(vicikicchā)과 계율과 의식에 대한 집착(sīlabbataparāmāsa)을 제거한다.

① 유신견 : 몸과 마음을 '나'로 간주하는 견해

② 의심 : 붓다, 담마, 승가, 계율, 전생, 내생, 전생과 내생, 연기법에 대한 회의적 의심

③ 계율과 의식에 대한 집착 : 소나 개의 계율이나 의식에 의해 청정해지고 해탈한다는 그릇된 견해에 집착하는 것

(2) 일래도(Sakadāgāmi-magga) : 열반을 실현하는 두 번째 도의 마음

성자의 두 번째 단계로 간주될 수 있는 일래도는 나머지 오염원들과 족쇄들 가운데 어떤 것도 제거하지 못하지만, 이 오염원들의 힘을 약화시킨다.

(3) 불환도(Anāgāmi-magga) : 열반을 실현하는 세 번째 도의 마음

불환도는 성자의 세 번째 단계로 간주될 수 있다. 불환도는 1가지 오염원인 성냄과 2가지 족쇄인 감각적 욕망(kāmarāga)과 적의(paṭigha)를 제거한다.

(4) 아라한도(Arahatta-magga) : 열반을 실현하는 네 번째 도의 마음

아라한도는 성자의 마지막 단계로 간주될 수 있다. 아라한도는 마음에서 나머지 모든 오염원들과 족쇄들을 제거한다.

5. 성자들(Ariyā)

8가지 부류의 성자인 4가지 도의(maggaṭṭha) 개인과 4가지 과의(phalaṭṭha) 개인이 있다. 하지만 도의 개인은 각각 한 마음순간, 즉 그가 경험하고 있는 도의 마음(magga-citta) 동안에만 존재한다. 그 도의 마음이 무너진 후 그 개인은 과의 개인이 된다.

예를 들어 어떤 개인은 그에게 예류도의 마음이 일어나는 동안에 예류도의 개인이라고 불린다. 이 마음이 무너진 후에 예류과의 마음이 그에게 일어나고, 이 순간부터 그는 계속 예류과의(sotāpatti-phalaṭṭha) 개인 또는 예류자(sotāpanna)라고 불린다.

만약 예류자가 다시 통찰명상을 시작하면, 그는 적절한 과정에서 일래도를 얻을 것이다. 그는 이 두 번째 도의 마음 동안 일래도의(sakadāgāmi-maggaṭṭha) 개인이라고 불린다. 이 마음이 무너진 후에, 일래과의 마음이 그에게 일어나고 그는 이 순간부터 계속해서 일래과의

(sakadāgāmi-phalaṭṭha) 개인 또는 일래자(sakadāgāmī)라고 불린다.

일래자는 다시 통찰명상을 시작할 수 있다. 일래자가 세 번째 도를 얻을 때, 그 도의 마음이 지속되는 동안 그는 불환도의 개인이라고 불린다. 그 도의 마음이 무너지자마자, 불환과의 마음이 그에게 일어나고 그는 이 순간부터 계속해서 불환과의(anāgāmi-phalaṭṭha) 개인 또는 불환자(anāgāmī)라고 불린다.

다시 불환자는 통찰명상을 시작할 수 있고, 그가 네 번째 도를 얻을 때, 그는 아라한도의 개인이 된다. 그러나 그 아라한도의 마음이 무너지자마자, 아라한과의 마음이 일어나고 그는 이 순간부터 계속해서 아라한과의(arahatta-phalaṭṭha) 개인 또는 아라한(arahant)이 된다.

4가지 도의 개인은 너무 짧은 기간 동안 존재하기 때문에 볼 수 없다. 오직 4가지 과의 개인만을 볼 수 있다. 그 성자들의 구별되는 특징들을 다음과 같이 알 수 있다.

5.1. 예류자(Sotāpanna)

예류자는 예류도와 예류과를 얻은 자이다. 예류자는 원할 때마다 예류과의 증득(sotāpatti-phala-samāpatt)에 상응하는 몰입〔본〕삼매를 계발하여 열반의 평화를 즐길 수 있다.

그가 예류자라고 불리는 이유는 그가 열반으로 인도하는 흐름에 들어섰기 때문이다. 그 흐름이란 성스러운 팔정도를 말한다. 그는 더 이상 범부(puthujjana)가 아니고 성자(ariyā)이다.

예류자는 2가지 가장 나쁜 오염원인 사견과 의심 그리고 3가지 기본적인 족쇄인 유신견과 의심과 계율과 의식에 대한 집착을 제거했다.

예류자는 또한 나머지 오염원의 거친 속성, 즉 악처에 떨어지게 하는 속성을 제거했다. 그리하여 악처의 문이 영원히 닫혀 예류자는 범부로 다시는 돌아가지 않는다.

예류자는 붓다와 담마와 상가에 대한 흔들리지 않는 믿음을 가진다. 그는 또한 5계를 확고하게 지킬 것이며 10가지 해로운 행위를 삼갈 것이다. 4가지 탐욕에 뿌리박고 사견과 결합한 마음(lobha-mūla diṭṭhigata-sampayutta citta) 그리고 어리석음에 뿌리박고 의심과 결합한 마음(moha-mūla vicikicchā-sampayutta citta)은 결코 그에게 일어나지 않을 것이다.

예류자는 보통 사람들처럼 감각적인 즐거움을 즐길 수 있다. 그러나 욕계 세상에 일곱 번 넘게 재생하지는 않을 것이다. 예류자는 적절한 과정에서 아라한이 될 것이고, 그 마지막 삶이 지난 후에 영원히 열반의 평화를 즐길 것이다.

3가지 부류의 예류자가 있다.

① 일곱 번 재생한 후에 열반에 드는 자

② 두 번에서 여섯 번 재생한 후에 열반에 드는 자

③ 한 번 재생한 후에 열반에 드는 자

5.2. 일래자(Sakadāgāmī)

일래자는 일래도와 일래과를 얻은 자이다. 일래자는 원할 때마다 일래과의 증득(sakadāgāmi-phala-samāpatti)에 상응하는 몰입삼매를 계발하여 열반의 평화를 즐길 수 있다.

일래자의 문자 그대로의 의미는 '한 번 돌아오는 자'이다. 일래자는 오직 한 번만 욕계에 재생하여 그때 아라한이 되고, 그 마지막 삶 후에 영원히 열반 상태에 있게 된다.

일래자에게 일어나는 마음은 일래자가 예류과의 증득 대신에 일래과의 증득을 즐긴다는 것을 제외하고는 예류자에게 일어나는 마음과 동일하다.

예류자와 비교해볼 때, 일래자는 더 적은 탐욕, 성냄, 미혹을 갖고 있다. 그러므로 일래자는 예류자보다 더 성스럽다.

다음과 같은 6가지 종류의 일래자가 있다.

① 인간 세상에서 일래자가 되어 거기에서 반열반(parinibbāna)을 얻는 자
② 인간 세상에서 일래자가 되어 천상에서 반열반을 얻는 자
③ 천상에서 일래자가 되어 거기에서 반열반을 얻는 자
④ 천상에서 일래자가 되어 인간 세상에서 반열반을 얻는 자
⑤ 인간 세상에서 일래자가 되고, 천상에서 한 번 재생한 후에, 인간 세상에서 반열반을 얻는 자
⑥ 천상에서 일래자가 되고, 인간 세상에서 한 번 재생한 후에, 천상에서 반열반을 얻는 자

5.3. 불환자(Anāgāmī)

불환자는 불환도와 불환과를 얻은 자이다. 불환자는 원할 때마다 불환과의 증득(anāgāmi-phala-samāpatti)에 상응하는 몰입삼매를 계발하여

열반의 평화를 즐길 수 있다.

불환자는 문자 그대로 '돌아오지 않는 자'를 의미한다. 불환자는 욕계에서 재생하지 않는다. 만약 불환자가 아직 금생에 아라한이 되지 못하면, 그는 범천(Brahma)이나 정거천(Suddhāvāsa)에 재생하여 그곳에서 아라한이 되어 열반에 이를 것이다.

불환도가 성냄과 2가지 족쇄인 감각적 욕망(kāmarāga)과 적의(paṭigha)의 오염원을 제거하기 때문에, 불환자는 더 이상 성냄, 적의, 근심, 절망, 공포, 유쾌하지 않은 정신적인 느낌을 경험하지 않으며 감각적 욕망 또한 즐기지 않는다.

불환자의 마음은 항상 평화로우며, 그는 원할 때마다 불환과의 증득을 계발하여 열반의 고귀한 평화를 즐길 것이다. 만약 그가 8가지 모든 선정을 얻으면, 그는 또한 모든 마음과 정신의 활동이 일시적으로 중단되는 멸진정(nirodha-samāpatti)을 즐길 수 있다.

5가지 유형의 불환자가 있다.

① 재생하는 정거천의 삶의 전반부에 아라한이 되는 자

② 재생하는 정거천의 삶의 후반부에 아라한이 되는 자

③ 매우 열심히 노력하지 않고도 오염원의 반열반(kilesa-parinibbāna, 아라한)을 얻는 자

④ 매우 열심히 노력하여 오염원의 반열반을 얻는 자

⑤ 5가지 정거천 가운데 낮은 4가지 정거천에서 아라한이 되지 않고 정거천의 가장 높은 곳인 색구경천(Akaniṭṭha)에서 아라한이 되는 자

5.4. 아라한(Arahant)

아라한은 아라한도와 아라한과를 얻은 자이다. 아라한은 원할 때마다 아라한과의 증득(arahatta-phala-samāpatti)에 상응하는 몰입삼매를 계발하여 열반의 평화를 즐길 수 있다. 만약 그가 8가지 선정을 얻으면, 그는 멸진정을 즐길 수 있다.

아라한도가 모든 오염원을 제거하기 때문에, 아라한은 탐욕, 적의, 미혹〔無明〕, 자만, 유신견, 다른 나쁜 정신적인 요소들을 갖고 있지 않다. 아라한은 어떤 것에도 집착하지 않는다. 그리하여 아라한은 모든 엉킴에서 자유롭다. 아라한은 어떤 것도 자기 자신의 것으로 간주하지 않는다. 그러므로 아라한으로부터 어떤 것을 가져가고 훔쳐간다고 해서 슬퍼할 이유가 없다.

아라한이 모든 성냄(dosa, 증오 또는 악의)을 근절했기 때문에, 그는 결코 성냄에 뿌리박은 마음과 함께하는 유쾌하지 않은 정신적 느낌을 경험하지 않을 것이다. 12가지 모든 해로운 마음은 결코 아라한에게 일어나지 않을 것이다.

아라한의 마음에는 모든 오염원이 항상 없기 때문에, 아라한의 마음은 그를 가장 성스러운 자로 만들어주는 가장 청정한 상태에 있다. 아라한은 인간과 천신에 의해 존경을 받을 만한 진정한 성자이며, 금생과 내생의 이익을 향유하려는 의도로 그에게 바치는 공양을 받을 만한 진정한 성자이다.

문자 그대로 '가치 있는 자'를 의미하는 아라한은 새로운 업을 일으키는 행위를 하지 않고 그의 재생을 위한 조건(무명, 갈애, 취착)이 파괴되었기 때문에 재생하지 않는다.

예류자와 일래자와 불환자는 아직 공부를 더 해야 하기 때문에 유학(sekkha)이라고 불린다. 아라한은 더 이상 공부할 것이 없기 때문에 무학(asekkha)이라고 불린다.

아라한은 해야 할 일을 끝마쳤다는 것을 깨닫는다. 고통의 무거운 짐이 마침내 버려졌고 모든 형태의 갈애와 모든 미혹의 그림자가 멸절되었다. 이제 아라한은 천상보다 더 높은 곳에 서 있으며 통제되지 않는 감각적 욕망과 세상의 오염원들을 다 제거했다.

5가지 유형의 아라한이 있다.

① 혜해탈의 아라한(Paññāvimutta-arahant) : 통찰지를 통해 해탈한 자

② 양면해탈의 아라한(Ubhatobhāgavimutta-arahant) : 2가지 방법, 즉 무색계 선정과 성스러운 도를 통해 해탈한 자

③ 삼명의 아라한(Tevijjā-arahant) : 3가지 명지(vijjā)를 소유한 자

④ 육신통의 아라한(Chalābhiññā-arahant) : 6가지 신통지(abhiññā)를 소유한 자

⑤ 무애해의 아라한(Paṭisambhidhāpatta-arahant) : 4가지 무애해(sambhidhā)인 각 단어의 의미에 대한 지혜〔法無碍解〕, 성전에 대한 지혜〔義無碍解〕, 말의 기원에 대한 지혜〔詞無碍解〕, 처음 3가지의 정확한 분별과 함께하는 확실한 지혜〔辯無碍解〕를 소유하고 있는 자

결론

마음이 모든 세상을 다스린다(Cittena niyate loko). 사람의 마음이 그 사람을 통제하고 그의 모든 행위를 이끌고 그의 운명을 형성한다. 인간의 마음이 현대 과학을 생겨나게 했고 과학과 기술을 매우 빠르게 발전시켜왔다. 세상의 다양한 문명을 형성한 것도 인간의 마음이고, 대지 위에서 인간문명과 인류를 일소시킬 원자무기의 방아쇠를 당기도록 손을 가져가는 것도 인간의 마음이다.

실로 마음은 모든 세상에서 가장 강력한 행위주체이다. 각 개인의 운명을 악처나 인간 세상이나 천상에 재생하도록 조작하는 것도 마음이다.

그리하여 마음의 진정한 속성과 각 마음의 구성 요소의 기능을 이해하는 것은 최고로 중요한 일이다.

오직 붓다 아비담마만이 마음을 상세하게 분석할 수 있고 정신을 구성하고 있는 마음과 마음부수의 기능을 정확하게 묘사할 수 있다는 데는 의심의 여지가 없다. 또 각 개인이 겪는 윤회를 생생하게 묘사하는 웅대한 연기법으로 정신·물질의 다양한 요소의 상호연관을 완전하고 정확하게 설명하는 것은 오직 붓다 아비담마뿐이다.

더 나아가, 아비담마는 정신집중과 통찰을 계발하여 7가지 단계로 오염원으로부터 마음을 청정하게 하는 성스러운 팔정도[중도]의 이론적인 측면뿐만 아니라 실제적인 측면도 분명하게 드러낸다.

감각적 즐거움을 능가하는 다양한 지복의 경험을 얻는 것과, 금생에 열반의 유일무이한 평화를 실현하는 것은 실제로 가능하다. 아비담마는 삶의 가장 높은 목표를 얻으려는 모든 사람이 따라야 하는 바른 길을 환히 밝혀준다. 모든 사람이 아비담마를 진지하게 공부해서 아비담마의 지혜를 삶을 인도하는 횃불로 삼길 바란다.

삶을 인도하는 아비담마의 횃불이 영원히 빛나기를!

아비담마의 최고의 지혜가 모든 세상을 늘 일깨우기를!

• 부록

본문에 나오는 빠알리 단어 모음

* 빠알리어에 익숙지 않은 초심자가 이용하기 편하도록 원서를 따라 영어 알파벳 순서대로 단어를 정리하고, 한글 발음을 병기했습니다. — 역자

A

abhidhamma〔아비담마〕 붓다가 궁극적 실재들이라고 불리는 궁극적인 구성 요소들로 정신·물질을 분석하고 이 궁극적 실재들의 견지에서 정신·물질의 현상들을 설명하는 붓다의 높은 가르침.

abhijjā〔아빗자-〕 욕심. 남의 재산을 불법적으로 얻으려는 계획.

abhiññā〔아빈냐-〕 신통지.

aciṇṇa-kamma〔아찐나 깜마〕 습관적인 업.

adhipati〔아디빠띠, 지배〕 최고의. 주재의. 장. 왕. 지배적인 요소.

adhipati-paccayo〔아디빠띠 빳짜요-〕 지배 조건.

adimokkha〔아디목카〕 결정. 감각대상이 윤리적으로 좋은지 나쁜지를 결정하는 능력.

ādīnava-ñāṇa〔아-디-나와 냐-나〕 위험의 지혜. 매우 빠르게 끊임없이 일어나는 모든 형성들(정신·물질)의 결함과 불만족스러움을 깨닫는 지혜.

adinnādānā〔아딘나-다-나-〕 도둑질.

adinnādānā-virati〔아딘나-다-나- 위라띠〕 도둑질의 절제.

adosa〔아도-사〕 성냄 없음. 증오 없음. 관용(khantī), 용서, 선의, 자애(mettā)

āgantuka〔아-간뚜까〕 손님. 낯선 사람.

āhāra〔아-하-라〕 음식. 영양소. 원인. 자양물.

āhāraja-rūpa〔아-하-라자 루-빠〕 음식에서 생긴 물질.

āhāra-paccayo〔아-하-라 빳짜요-〕 음식 조건.

āhāraja-rūpa, ojā〔아-하-라자 루-빠, 오-자-〕 음식에서 생긴 물질의 영양소.

āhāre-paṭikūla-saññā〔아-하-레- 빠띠꿀-라 산냐-〕 음식을 혐오하는 인식.

ahetuka〔아헤-뚜까〕 원인 없는.

ahirika〔아히리까〕 도덕적 부끄러움.

ahosi-kamma〔아호-시 깜마〕 더 이상 과보를 맺지 않는 효력이 없는 업.

ajjattika〔앗잣띠까〕 안의.

ākāra〔아-까-라〕 양상.

ākāsa〔아-까-사〕 허공.

ākāsānañcāyatana-bhūmi〔아-까-사-난짜-야따나 부-미〕 공무변처 세상.

ākiñcaññāyatana-bhūmi〔아-낀짠냐-야따나 부-미〕 무소유처 세상.

akusala〔아꾸살라〕 해로운.

akusala cetasika〔아꾸살라 쩨-따시까〕 해로운 마음부수.

akusala citta〔아꾸살라 찟따〕 해로운 마음.

akusala kamma〔아꾸살라 깜마〕 해로운 업.

alobha〔알로-바〕 탐욕 없음. 갈애 없음. 관대함.

āloka〔알-로-까〕 빛.

amandāyuka〔아만다-유까〕 더 긴 수명.

amoha〔아모-하〕, paññā〔빤냐-〕, vijjā〔윗자-〕 어리석음 없음. 통찰지. 명지.

anāgāmi-magga-citta〔아나-가-미 막가 찟따〕 불환도의 마음.

anāgāmi-phala-citta〔아나-가-미 팔라 찟따〕 불환과의 마음.

anāgāmī〔아나-가-미-〕 불환자.

anāgataṁsa-ñāṇa〔아나-가땅사 냐-나〕 미래의 존재와 미래의 세상을 아는 지혜.

anantara-paccayo〔아난따라 빳짜요-〕 틈 없는 조건.

ānāpāna〔아-나-빠-나〕 들숨날숨.

ānāpānassati〔아-나-빠-낫사띠〕 들숨날숨에 대한 마음챙김.

anatta〔안앗따〕 무아. 영혼 없음. 에고 없음. 내가 아님. 당신이 아님. 사람이 아님.

andaja-paṭisandhi〔안다자 빠띠산디〕 난생의 재생연결.

anekaja-rūpa〔안에-까자 루-빠〕 여러 가지에서 생긴 물질.

aṅga〔앙가〕 요소.

anicca〔아닛짜〕 무상.

aniccatārūpa〔아닛짜따-루-빠〕 소멸하는 단계의 물질.

aniyata-yogī〔아니야따 요-기-〕 고정되어 있지 않은 정신의 요소.

aññamañña〔안냐만냐〕 상호.

aññamañña-paccayo〔안냐만냐 빳짜요-〕 상호 조건.

anottappa〔안옷땁빠〕 도덕적 두려움 없음.

anuloma〔아눌로-마〕 수순. 낮은 마음과 높은 마음 사이의 적응 혹은 연결.

anuloma-ñāṇa〔아눌로-마 냐-나〕 수순의 지혜. 이전의 9가지 통찰지혜와 뒤따르는 37가지 깨달음의 요소[조도품]에 있는 진리의 작용에 따르는 수순의 지혜.

anusaya[아누사야] 잠재성향.

anussati[아눗사띠] 수관(隨觀). 계속된 반조. 끊임없는 마음챙김.

apacāyana[아빠짜-야나] 공경. 손윗사람과 스승과 성자를 공경하는 것.

aparāpariyavedaniya kamma[아빠라-빠리야웨-다니야 깜마] 세 번째 존재부터 마지막 존재까지 무기한으로 효력이 있는 업.

apāya[아빠-야] 행복이 없는.

apāya-bhūmi[아빠-야 부-미] 악처 세상.

āpo[아-뽀-] 응집이나 흐름의 요소. 물의 요소.

āpo-kasiṇa[아-뽀- 까시나] 물 까시나.

appamaññā[압빠만냐-] 무량.

appanā[압빠나-] 몰입. 선정. 도. 과.

appanā-bhāvanā[압빠나- 바-와나-] 몰입단계의 명상.

appanā-samādhi[압빠나- 사마-디] 선정(jhāna) 삼매.

arahat[아라하뜨], arahant[아라한뜨] 아라한. 네 번째 단계의 성자. 번뇌가 없는 자.

ārammaṇa[아-람마나] = ālambhaṇa[알-람바나] 감각대상.

arūpa-bhūmi[아루-빠 부-미] 무색계 세상.

arūpa-brahmā[아루-빠 브라흐마-] 무색계 거주자.

arūpa-citta[아루-빠 찟따] = arūpāvacara-citta[아루-빠-와짜라 찟따] 무색계 마음.

arūpa-loka[아루-빠 로-까] 4가지 무색계 세상.

arūpāvacara kusala kamma[아루-빠-와짜라 꾸살라 깜마] 무색계의 유익한 업.

āruppa[아-룹빠] 무색계 선정을 계발하기 위한 명상주제.

asaṅkhārika[아상카-리까] 자극받지 않은. 자발적인.

āsanna-kamma[아-산나 깜마] 직전의 업. 임종 직전에 행하거나 기억하는 업.

asaññasattā[아산냐삿따-] 무상유정천. 인식이나 정신이 없고 육체만 존재하는 존재.

āsava[아-사와] 번뇌.

asevana-paccayo[아세-와나 빳짜요-] 반복 조건.

asubha-bhāvanā[아수바 바-와나-] 부정에 대한 명상.

asurā[아수라-] 아수라. 악마. 악령.

asurā-loka[아수라- 로-까] 아수라 세상.

atimahantā[아띠마한따-] 매우 큰 강도.

atiparittā[아띠빠릿따-] 매우 약한 강도.

atītabhavaṅga〔아띠-따바왕가〕 지나간 생명연속심.

atta〔앗따〕 영혼. 에고. 자아. 사람.

atta-diṭṭhi〔앗따 딧티〕 아견(我見). 영혼, 에고, 자아, 사람이 존재한다고 생각하는 잘못된 견해.

attha-paññatti〔앗타 빤냣띠〕 형태 개념.

aṭṭhika〔앗티까〕 뼈대.

aṭṭhi-paccayo〔앗티 빳짜요-〕 존재 조건.

āvajjana〔아-왓자나〕 전향. 감각의 문에 나타나는 감각대상을 취하거나 알아차리는 것.

avibhūtā〔아위부-따-〕 희미한.

avigata-paccayo〔아위가따 빳짜요-〕 떠나지 않은 조건.

avinibbhoga〔아위닙보-가〕 분리할 수 없는.

avinibbhoga-rūpa〔아위닙보-가 루-빠〕 분리할 수 없는 물질.

avyākata〔아워야-까따〕 = abyākata〔아뱌-까따〕 무기(無記). 유익하거나 해로운 것으로 업의 관점에서 결정되지 않은.

āyatana〔아-야따나〕 감각장소. 원천. 영역.

āyukkhaya-maraṇa〔아-육카야 마라나〕 수명이 다한 죽음.

B

bāhira〔바-히라〕 밖의. 자신의 밖에 있는.

bala〔발라〕 힘. 강하고 확고하며 반대의 힘에 의해 흔들리지 않는 힘.

bhaṅga〔방가〕 무너짐.

bhaṅga-ñāṇa〔방가 냐-나〕 무너짐의 지혜. 정신 · 물질의 빠르고 끊임없는 무너짐을 식별하는 지혜.

bhāvanā〔바-와나-〕 명상. 정신 계발.

bhavaṅga〔바왕가〕 생명연속심.

bhavaṅga-calana〔바왕가 짤라나〕 생명연속심의 동요.

bhavaṅga-kicca〔바왕가 낏짜〕 생명연속심의 기능.

bhavaṅgupaccheda〔바왕구빳체-다〕 생명연속심의 끊어짐.

bhāva-rūpa〔바-와 루-빠〕 성의 물질.

bhaya-ñāṇa〔바야 냐-나〕 공포의 지혜. 공포로 나타나는 모든 형성(정신·물질)의 두려운 특성을 식별하는 지혜.

bhūmi〔부-미〕 존재계.

bhūmi-catukka〔부-미 짜뚝까〕 4가지 존재계.

bhūta-rūpa〔부-따 루-빠〕 근본물질. 주된 요소(땅 paṭhavī, 물 āpo, 불 tejo, 바람 vāyo)

bodhi〔보-디〕 깨달음. 도의 지혜.

bodhipakkhiya〔보-디빡키야〕 깨달음의 요소. 도 지혜의 구성 요소.

bojjhaṅga〔봇장가〕 = bodhi-aṅga〔보-디 앙가〕 도 지혜

의 요소.

brahma-vihāra〔브라흐마 위하-라〕 고귀한 삶. 범주(梵住).

Buddha〔붓다〕 알아야 할 것을 모두 정확하게 아는 일체지를 소유하고 있는 완전하게 깨달은 분.

buddhi-carita〔붓디 짜리따〕 지적인 기질.

C

cāga〔짜-가〕 =

dāna〔다-나〕 보시.

cāgānussati〔짜-가-눗사띠〕 보시의 공덕에 대한 수관.

cakkhu〔짝쿠〕 눈.

cakkhu-dvāra〔짝쿠 드와-라〕 눈의 문. 안문.

cakkhu-dvāra vīthi〔짝쿠 드와-라 위-티〕 안문 인식과정.

cakkhu-pasāda〔짝쿠 빠사-다〕 눈의 투명물질.

cakkhu-vatthu〔짝쿠 왓투〕 눈의 토대.

cakkhu-viññāṇa〔짝쿠 윈냐-나〕 안식.

cakkhu-viññāṇa dhātu〔짝쿠 윈냐-나 다-뚜〕 안식의 요소. 안식계.

catudhātu〔짜뚜다-뚜〕 4가지 주된 요소.

catudhātu-vavatthāna〔짜뚜다-뚜 와왓타-나〕 4가지 요소 분석/정의.

cetanā〔쩨-따나-〕 의도.

cetasika〔쩨-따시까〕 마음부수.

chandha〔찬다〕 열의. 소망. 욕망. 의지.

chandhādhipati〔찬다-디빠띠〕 열의의 지배. 의지.

citta〔찟따〕 마음.

cittādhipati〔찟따-디빠띠〕 마음의 지배.

citta-kammaññatā〔찟따 깜만냐따-〕 마음의 적합함.

citta-lahutā〔찟따 라후따-〕 마음의 가벼움.

citta-mudutā〔찟따 무두따-〕 마음의 탄력성/부드러움.

citta-niyāma〔찟따 니야-마〕 마음의 법칙.

citta-pāguññatā〔찟따 빠-군냐따-〕 마음의 능숙함.

citta-passaddhi〔찟따 빳삿디〕 마음의 고요함.

citta-visuddhi〔찟따 위숫디〕 마음의 청정.

cittujjugatā〔찟뚯주가따-〕 마음의 올곧음.

cuti〔쭈띠〕 죽음.

cuti-kicca〔찟따 낏짜〕 마음의 기능.

D

dāna〔다-나〕 보시.

dassana-kicca〔닷사나 낏짜〕 보는 기능.

deva〔데-와〕 천신.

devatānussati〔데-와따-눗사띠〕 신들의 미덕과 유사한 자신의 미덕에 대한 수관.

dhamma〔담마〕 법. 붓다의 가르침. 붓다가 가르친 자연의 진리.

dhamma-desanā〔담마 데-사나-〕 법문을 설함.

dhamma-sāvana〔담마 사-와나〕 법문을 들음.

dibba-cakkhu〔딥바 짝쿠〕 신성한 눈. 천리안.

dibba-sota〔딥바 소-따〕 신성한 귀. 초인적인 청력.

diṭṭhadhamma-vedanīya-kamma〔딧타담마 웨-다니-야 깜마〕 금생에 과보를 맺는. 즉시 효력이 있는 업.

diṭṭhi〔딧티〕 견해. 사견.

diṭṭihjjukamma〔딧팃주깜마〕 견해를 바로잡음.

diṭṭhi-visuddhi〔딧티 위숫디〕 견해의 청정.

domanassa〔도-마낫사〕 고통스러운 정신적 느낌. 불쾌감.

dosa〔도-사〕 성냄. 증오.

dosa-carita〔도-사 짜리따〕 성냄의 기질. 성마른 성질.

ducarita〔두짜리따〕 나쁜 행위.

duggati〔둑가띠〕 악처의.

duggati-ahetuka-puggala〔둑가띠 아헤-뚜까 뿍갈라〕 악처의 원인 없는 개인.

dukkha〔둑카〕 고통.

dve〔드웨-〕 =

dvi〔드위〕 둘.

dvi-hetuka kusala kamma〔드위 헤-뚜까꾸살라깜마〕 2가지 원인 있는 유익한 업.

dvi-hetuka-puggala〔드위 헤-뚜까 뿍갈라〕 2가지 원인 있는 개인.

dvi-pañca-viññāṇa〔드위 빤짜 윈냐-나〕 전오식(前五識). 5가지 감각을 아는 5가지 의식의 쌍.

E

eka〔에-까〕 =

ekaṁ〔에-깡〕 하나.

ekaggatā〔에-깍가따-〕 집중. 그것과 결합한 법들이 한 감각대상에 집중해 머물도록 하는 마음부수.

ekaja-rūpa〔에-까자 루-빠〕 하나의 원인에서 생긴 물질.

evaṁ〔에-왕〕 이와 같이.

G

gabbhaseyaka-paṭisandhi〔갑바세-야까 빠띠산디〕 어머니의 자궁에서 잉태하는.

gandha〔간다〕 =

gandhāmmaṇa〔간다-람마나〕 냄새.

gantha〔간타〕 매듭.

gati-nimitta〔가띠 니밋따〕 태어날 곳의 표상.

ghāna〔가-나〕 코.

ghāna-dvāra vīthi〔가-나 드와-라 위-티〕

비문 인식과정.

ghāna-vatthu〔가-나 왓투〕 코의 토대.

ghāna-viññāṇa〔가-나 윈냐-나〕 비식.

ghāyana-kicca〔가-야나 낏짜〕 냄새 맡는 기능.

gocaraggāhika-rūpa〔고-짜락가-히까 루-빠〕 감각대상이 나타날 수 있는 물질.

gocara-rūpa〔고-짜라 루-빠〕 5가지 감각대상 물질.

gotrabhu〔고-뜨라부〕 고귀한 혈통을 형성하기 위해 욕계의 혈통을 끊는 마음. 성자의 혈통을 형성하기 위해 범부의 혈통을 끊는 마음.

gotrabhu-ñāṇa〔고-뜨라부 냐-나〕 종성의 지혜. 열반(Nibbāna)을 보고 수행자의 혈통을 범부에서 성자로 바꾸는 지혜.

garuka kamma〔가루까 깜마〕 무거운 업.

H

hadaya〔하다야〕 심장.

hadaya-vatthu〔하다야 왓투〕 심장토대.

hatavikkhittaka〔하따윅킷따까〕 칼로 난도질당하여 끊어진 시체.

hetu〔헤-뚜〕 =
mūla〔물-라〕 원인. 뿌리.

hetu-paccayo〔헤-뚜 빳짜요-〕 원인/뿌리 조건.

hirī〔히리-〕 도덕적 부끄러움. 사악한 행위를 저지르는 것을 부끄럽게 느끼도록 하는 것.

I

iddhi〔잇디〕 성취.

iddhipāda〔잇디빠-다〕 성취의 기초. 사여의족(四如意足).

iddhividha abhiññā〔잇디위다 아빈냐-〕 다양한 형태들을 만드는 것. 허공에서 나는 것, 땅 속으로 들어가는 것과 같은 다양한 신통력(神足通).

indriya〔인드리야〕 지배하는 기능.

indriya-paccayo〔인드리야 빳짜요-〕 기능 조건.

issā〔잇사-〕 질투.

itthibhāva〔잇티바-와〕 여성 물질.

J

jalābuja-paṭisandhi〔잘라-부자 빠띠산디〕 태생의 재생연결.

janaka kamma〔자나까 깜마〕 생산하는 업.

jarā〔자라-〕 늙음.

jāti〔자-띠〕 태어남.

javana-citta〔자와나 찟따〕 속행의 마음.

javana-kicca〔자와나 낏짜〕 속행의 기능. 감각대상의 맛을 즐기는 통각 기능.

jhāna〔자-나〕 선정. 정신의 몰입. 마음을 감각대상에 계속 고정시키는 선정 요소들의 결합.

jhānaṅga〔자-낭가〕 선정의 요소.
jhāna-paccayo〔자-나 빳짜요-〕 선정 조건.
jivhā〔지워하-〕 혀.
jivhā-dvāra〔지워하- 드와-라〕 혀의 문. 설문.
jivhā-dvāra-vīthi〔지워하- 드와-라 위-티〕 설문 인식과정.
jivhā-vatthu〔지워하- 왓투〕 혀의 토대.
jīvita-rūpa〔지-위따 루-빠〕 생명기능 물질.
jīvitindriya〔지-위띤드리야〕 정신적 생명기능.

K

kāla〔깔-라〕 시간. 기간.
kāma-citta〔까-마 찟따〕 욕계의 마음.
kāma-loka〔까-마 로-까〕 인간의 영역, 6가지 천신의 영역, 4가지 악처로 구성되어 있는 욕계 세상.
kāma-sugati-bhūmi〔까-마 수가띠 부-미〕 인간의 영역과 6가지 천신의 영역으로 구성되어 있는 욕계선처 세상.
kāmesumicchācārā〔까-메-수밋차-짜-라-〕 삿된 음행.
kamma〔깜마〕 업.
kamma-catukka〔깜마 짜뚝까〕 4가지 종류의 업.
kamma-bhava〔깜마 바와〕 재생을 일으키는 업(業有).
kamma-dvāra〔깜마 드와-라〕 업의 문. 업이 일어나는 문. 업이 일어나는 수단.
kammaja-rūpa〔깜마자 루-빠〕 업에서 생긴 물질.
kammakkhaya-maraṇa〔깜막카야 마라나〕 생산하는 업이 다해서 오는 죽음.
kamma-nimitta〔깜마 니밋따〕 업의 표상. 행위를 하는 동안에 관찰되는 대상.
kamma-niyāma〔깜마 니야-마〕 업의 법칙.
kamma-patha〔깜마 빠타〕 업의 길(業道).
kamma-paccayo〔깜마 빳짜요-〕 업 조건.
kammaṭṭhāna〔깜맛타-나〕 명상주제.
kaṅkhāvitarana-visuddhi〔깡카-위따라나 위숫디〕 의심을 극복함에 의한 청정.
karuṇā〔까루나-〕 연민.
karuṇā-bhāvanā〔까루나- 바-와나-〕 연민의 방사.
kaṭattā-kamma〔까땃따- 깜마〕 확정되지 않은 업.
kaṭattā-rūpa〔까땃따- 루-빠〕 업에서 생긴 물질과 온도에서 생긴 물질.
kasiṇa〔까시나〕 까시나. 관찰 대상이 삼계에 가득 차 있음을 명상하는 수행에서 그 대상.
kāya〔까-야〕 결합. 몸.

kāya-dvāra〔까-야 드와-라〕 몸의 문. 신문(身門).

kāya-dvāra-vīthi〔까-야 드와-라 위-티〕 신문 인식과정.

kāyagatāsati〔까-야가따-사띠〕 몸의 32가지 부분에 대한 수관.

kāya-kammaññatā〔까-야 깜만냐따-〕 마음부수들의 적합함.

kāya-lahutā〔까-야 라후따-〕 마음부수들의 가벼움.

kāya-mudutā〔까-야 무두따-〕 마음부수들의 탄력성/부드러움.

kāya-pāguññatā〔까-야 빠-군냐따-〕 마음부수들의 능숙함.

kāya-passaddhi〔까-야 빳삿디〕 마음부수들의 고요함.

kāya-viññatti〔까-야 윈냣띠〕 몸의 암시. 남에게 자신의 의도를 알게 하는 특별한 몸의 움직임.

kāya-vatthu〔까-야 왓투〕 몸의 토대.

khandha〔칸다〕 그룹. 무더기. 온(蘊).

khaṇika-maraṇa〔카니까 마라나〕 순간적인 죽음.

khaṇka-pīti〔칸까 삐-띠〕 번갯불과 같은 순간적인 희열.

khuddaka-pīti〔쿳다까 삐-띠〕 소름끼치게 만드는 희열.

kicca〔낏짜〕 기능.

kilesa〔낄레-사〕 오염원. 마음을 더럽히고 타락시키고 고통 주고 불타게 하는 오염원.

kiriya〔끼리야〕 작용만 하는. 업으로 결정되지 않는.

kusala〔꾸살라〕 유익한. 건전한.

kusala citta〔꾸살라 찟따〕 유익한 마음.

kusala kamma〔꾸살라 깜마〕 유익한 업.

kukkucca〔꾹꿋짜〕 후회. 걱정.

L

lakkhaṇa〔락카나〕 특성.

lakkhaṇa-rūpa〔락카나 루-빠〕 특성의 물질.

lobha〔로-바〕 탐욕. =

taṇhā〔딴하-〕 갈애. =

rāga〔라-가〕 욕탐.

lohitaka〔로-히따〕 피가 흐르는 시체.

lohita-kasiṇa〔로-히따 까시나〕 빨간색 까시나.

loka〔로-까〕 세상.

lokiya〔로-끼야〕 세간의.

lokiya-abhiññā〔로-끼야 아빈냐-〕 세간의 신통지.

lokuttara〔로-꿋따라〕 출세간의. 31가지 존재계를 넘어서는.

M

macchariya〔맛차리야〕 인색.

magga〔막가〕 도.

magga-citta〔막가 찟따〕 도의 마음.

magga-appanā-vīthi〔막가 압빠나- 위-

티〕 도의 몰입(본삼매) 인식과정.

maggāmagga-ñāṇadassana visuddhi〔막가-막가 냐-나닷사나 위숫디〕 도와 도 아님을 알고 보는 것에 의한 청정.

magga-ñāṇa〔막가 냐-나〕 도의 지혜.

maggaṅga〔막강가〕 도의 요소.

mahaggata〔마학가따〕 고귀한. 더욱 계발된.

mahantārammaṇa〔마한따-람마나〕 큰 강도를 가진 감각대상.

māna〔마-나〕 자만.

manasikāra〔마나시까-라〕 주의. 숙고.

mandāyuka〔만다-유까〕 더 짧은 수명.

manodhātu〔마노-다-뚜〕 오문전향(pañcadvārāvajjana)과 2가지 받아들임(sampaṭicchanadvi)으로 구성된 의계.

manodvāra〔마노-드와-라〕 의문(意門).

manodvārāvajjana〔마노-드와-라-왓자나〕 의문전향의 마음.

manodvāra vīthi〔마노-드와-라 위-티〕 의문 인식과정.

mano-kamma〔마노- 깜마〕 의업.

mano-viññāṇa-dhātu〔마노- 윈냐-나 다-뚜〕 의식계. 76가지 마음(citta).

maraṇa〔마라나〕 죽음.

maraṇānussati〔마라나-눗사띠〕 죽음의 속성에 대한 수관.

maraṇāsanna-nimitta〔마라나-산나 니밋따〕 죽음 직전의 표상.

maraṇāsanna-vīthi〔마라나-산나 위-티〕 죽음 직전의 인식과정.

maraṇuppatti-catukka〔마라눕빳띠 짜뚝까〕 4가지 죽음의 도래.

mettā〔멧따-〕 자애.

mettā bhāvanā〔멧따- 바-와나-〕 자애의 방사.

micchāditthi〔밋차-딧티〕 그릇된 견해. 사견(邪見).

middha〔밋다〕 혼침. 마음부수들을 둔하고 비활동적으로 만드는 것.

moha〔모-하〕 미혹. =

avijjā〔아윗자-〕 무명.

moha-carita〔모-하 짜리따〕 미혹의 기질.

muditā〔무디따-〕 더불어 기뻐함(喜). 다른 사람의 성공과 번영을 기뻐함.

muditā bhāvanā〔무디따- 바-와나-〕 기쁨의 방사.

mūla〔물-라〕 뿌리. =

hetu〔헤-뚜〕 원인.

muncitukamyatāñāṇa〔문찌뚜깜야따-냐-나〕 31가지 존재계의 모든 형성으로부터 해탈하기를 원하는 지혜.

N

nāma〔나-마〕 마음과 마음부수로 구성되는 정신.

nāma-rūpa〔나-마 루-빠〕 정신 · 물질.

nāma-rūpa-pariccheda-ñāṇa〔나-마 루-빠 빠릿체-다 냐-나〕 각각의 특징, 기

능, 나타남, 가까운 원인에 의해 정신 · 물질을 식별하는 지혜.

ñāṇadassana-visuddhi〔냐-나닷사나 위숫디〕 4가지 도를 알고 보는 것에 의한 청정.

nānākadāci〔나-나-까다-찌〕 오직 조건들이 만족될 때, 고정되지 않은 마음부수들이 따로 일어나는 방식.

natthi〔낫티〕 비존재.

natthi-paccayo〔낫티 빳짜요-〕 비존재 조건.

nevasaññā-nāsaññāyatana〔네-와산냐-나-산냐-야따나〕 비상비비상처.

nibbāna〔닙바-나〕 열반. 오염원과 고통의 소멸. 영원한 평화와 행복.

nibbidā-ñāṇa〔닙비다-냐-나〕 역겨움의 지혜. 모든 형성들이 허물이 있고 불만족스러운 것임을 알고 모든 형성들에 대해 지겨움과 역겨움을 느끼는 지혜.

nicca〔닛짜〕 영원한.

nīla-kasiṇa〔닐-라 까시나〕 갈색 또는 푸른색 까시나.

nimitta〔니밋따〕 표상. 영상.

nipphanna-rūpla〔닙판나 루-빠〕 업, 마음, 온도, 음식에서 생기고 조건 지어지는 실제적인/구체적인 물질.

niraya〔니라야〕 지옥.

nirodha〔니로-다〕 소멸.

nissaya-paccayo〔닛사야 빳짜요-〕 의지 조건.

niyata-yogī〔니야따 요-기-〕 그것이 결합한다고 알려진 마음들과 항상 결합하는 고정된 마음부수.

nīvaraṇa〔니-와라나〕 장애. 유익한 마음과 선정과 도의 마음을 방해하는 보통의 오염원.

O

odāta-kasiṇa〔오-다-따 까시나〕 흰색 까시나.

ogha〔오-가〕 홍수. 격류. 압도.

okkantika-pīti〔옥깐띠까 삐-띠〕 해안에 부서지는 물결과 같이 희열이 밀려오는 것. 조수 위에 있는 배를 타고 있는 느낌.

oḷārika〔올-라-리까〕 거친.

omaka kamma〔오-마까 깜마〕 저열한 업.

opapātika-paṭisandhi〔오-빠빠-띠까 빠띠산디〕 성인으로 화현하는 재생연결.

ottappa〔옷땁빠〕 도덕적인 두려움. 해로운 행위를 하는 것을 두렵게 만드는 것.

P

paccavekkhaṇa-ñāṇa〔빳짜웩카나 냐-나〕 반조의 지혜.

paccaya〔빳짜야〕 원인. 조건.

paccaya-pariggaha-ñāṇa〔빳짜야 빠릭가하 냐-나〕 정신 · 물질의 원인을 파악하는 지혜.

paccayuppanna〔빳짜윱빤나〕 조건 지어져 일어난 것.

paccaya-satti〔빳짜야 삿띠〕 조건 짓는 힘이나 속성.

pacchājāta-paccayo〔빳차-자-따 빳짜요-〕 후행 조건.

pākadānapariyāya-kamma catukka〔빠-까다-나빠리야-야 깜마 짜뚝까〕 과보를 맺는 우선순위에 따른 4가지 종류의 업.

pākakāla-kamma-catukka〔빠-까깔-라깜마 짜뚝까〕 과보를 맺는 시간에 따른 4가지 종류의 업.

pākaṭhāna-kamma-catukka〔빠-까타-나 깜마 짜뚝까〕 업의 효력이 생기는 장소에 따른 4가지 종류의 업.

pakiṇṇaka〔빠낀나까〕 여러 가지의. 혼합된.

pānātipātā〔빠-나-띠빠-따-〕 살생.

pānātipātā-virata〔빠-나-띠빠-따- 위라띠〕 살생을 삼가는 것.

pañcadvārāvajjana〔빤짜드와-라-왓자나〕 오문전향의 마음. 오문 가운데 하나에 나타나는 감각대상을 취하거나 감지하고 정신의 흐름을 그 대상으로 인도하는 마음.

pañcadvāra-vīthi〔빤짜드와-라 위-티〕 오문 인식과정.

pañca-sīla〔빤짜 실-라〕 5계.

pañca-viññāṇa〔빤짜 윈냐-나〕 5가지 감각을 아는 5식.

paññatti〔빤냣띠〕 개념. 실재처럼 보이는 것. 정신적 구조물.

paññindriya〔빤뉜드리야〕 통찰지의 기능. =

paññā〔빤냐-〕 통찰지. =

amoha〔아모-하〕 미혹 없음. =

vijjā〔윗자-〕 명지.

paracitta-vijjānana abhiññāṇa〔빠라찟따 윗자-나나 아빈냐-나〕 =

cetopariya-ñāṇa〔쩨-또-빠리야 냐-나〕 타심통. 남의 마음을 여러 가지 방법으로 아는 힘.

paramattha〔빠라맛타〕 궁극적 실재.

paramattha-sacca〔빠라맛타 삿짜〕 궁극적 진리.

pariccheda-rūpa〔빠릿체-다 루-빠〕 제한하는 물질. =

ākāsa-dhātu〔아-까-사 다-뚜〕 허공의 요소.

parikamma bhāvanā〔빠리깜마 바-와나-〕 준비단계의 명상.

parikamma samādhi〔빠리깜마 사마-디〕 준비단계의 삼매.

parikamma nimitta〔빠리깜마 니밋따〕 준비단계의 표상.

parittārammaṇa〔빠릿따-람마나〕 약한 강도의 감각대상.

paṭhavī〔빠타위-〕 견고성 또는 팽창의

요소, 땅의 요소.

paṭhavī-kasiṇa〔빠타위- 까시나〕 땅 까시나.

paṭibhāga nimitta〔빠띠바-가 니밋따〕 닮은 표상.

paṭiccasamuppāda〔빠띳짜사뭅빠-다〕 연기의 교리. 연기.

paṭipadā-ñāṇadassana-visuddhi〔빠띠빠다- 냐-나닷사나 위숫디〕 4가지 도를 알고 보는 것에 의한 청정.

paṭisandhi-kāla〔빠띠산디 깔-라〕 재생연결심이 일어나는 순간에.

paṭisankhāñāṇa〔빠띠산카-냐-나〕 모든 형성들을 조사함으로써 해탈하려고 하는 노력의 지혜.

pattānumodana〔빳따-누모-다나〕 남의 공덕을 기뻐함.

paṭṭhāna-naya〔빳타-나 나야〕 빳타나의 방법. 조건관계의 법칙.

pattidāna〔빳띠다-나〕 공덕을 공유함.

pavatti-kāla〔빠왓띠 깔-라〕 재생연결심이 존재하는 순간부터 죽음의 순간까지 살아 있는 동안.

peta〔뻬-따〕 비참한 유령.

phala-citta〔팔라 찟따〕 과의 마음.

phala-ñāṇa〔팔라 냐-나〕 과의 지혜.

phala-samāpatti vīthi〔팔라 사마-빳띠 위-티〕 과증득의 인식과정.

pharanā-pīti〔파라나- 삐-띠〕 온몸에 스며드는 충만한 희열.

pharusa-vācā〔파루사 와-짜-〕 무례하거나 거친 말. 욕설.

phassa〔팟사〕 접촉, 감각인상

phoṭṭhabbārammaṇa〔폿탑바-람마나〕 감촉 대상(땅, 물, 바람). 감촉

phusana-kicca〔푸사나 낏짜〕 접촉하는 기능.

pisuṇavācā〔삐수나와-짜-〕 중상모략.

pīta-kasiṇa〔삐-따 까시나〕 노란색 또는 금 색깔의 까시나.

pubbenivāsānussati abhiññā〔뿝베-니와-사-눗사띠 아빈냐-〕 숙명통. 이전의 존재나 이전의 세계를 기억하는 능력.

puggala〔뿍갈라〕 개인. 사람.

puggala bheda〔뿍갈라 베-다〕 개인/사람의 분류.

puḷuvaka〔뿔루와까〕 벌레가 버글거리는 시체.

purisa-bhāva〔뿌리사 바-와〕 남성 물질.

purejāta-paccayo〔뿌레-자-따 빳짜요-〕 선행 조건.

R

rāga〔라-가〕 욕탐. = lobha〔로-바〕 탐욕.

rāga-carita〔라-가 짜리따〕 탐욕의 기질.

rasa〔라사〕 맛.

rasārammaṇa〔라사-람마나〕 맛. 맛 대상.

rūpa〔루-빠〕 물성〔物性〕, 물질과 에너지.

rūpa-bhūmi〔루-빠 부-미〕 색계. 색계의 범천계.

rūpa-kalāpa〔루-빠 깔라-빠〕 크기가 전자나 양자에 비교될 수 있는 작은 물질의 그룹.

rūpakkhandha〔루-빡칸다〕 색온(色蘊).

rūpa-loka〔루-빠 로-까〕 16가지 색계의 범천계로 이루어진 색계 세상.

rūpārammaṇa〔루-빠-람마나〕 형색대상. =

vaṇṇa〔완나〕 형색.

rūpasamuddesa〔루-빠사뭇데-사〕 물질의 열거.

rūpasamuṭṭhāna〔루-빠사뭇타-나〕 물질의 원인(업, 마음, 온도, 음식)

rūpassa-kammaññatā〔루-빳사 깜만냐따-〕 물질의 적합함.

rūpa-pavattikkama〔루-빠 빠왓띡까마〕 개인에게 물질 현상이 일어나는 것.

rūpassa-lahutā〔루-빳사 라후따-〕 물질의 가벼움.

rūppassa-mudutā〔루-빳사 무두따-〕 물질의 탄력성/부드러움.

rūpāvacara citta〔루-빠-와짜라 찟따〕 색계의 마음.

rūpāvacara kusala kamma〔루-빠-와짜라 꾸살라 깜마〕 색계의 유익한 업.

rūpa-vibhāga〔루-빠 위바-가〕 물질의 분석.

S

sabba〔삽바〕 모든.

sabba-citta sādhāraṇa〔삽바 찟따 사-다-라나〕 모든 마음과 결합하는 필수적인 마음부수들.

sabbaññuta-ñāṇa〔삽반뉴따 냐-나〕 알아야 할 모든 것을 아는 일체지.

sabhāva-rūpa〔사바-와 루-빠〕 내재적 성품을 갖고 있는 물질.

sacca〔삿짜〕 진리.

sadda〔삿다〕 소리.

sadda-paññatti〔삿다 빤냣띠〕 소리 개념. 구어.

saddārammaṇa〔삿다-람마나〕 소리 대상.

saddhā〔삿다-〕 믿음. 확신. 마음의 명료성.

saddhā-carita〔삿다- 짜리따〕 믿음의 기질.

sahagataṁ〔사하가땅〕 =

sahitaṁ〔사히땅〕 함께하는. 동반하는.

sahajāta-paccayo〔사하자-따 빳짜요-〕 함께 생긴 조건.

sakadāgāmi-magga citta〔사까다-가-미 막가 찟따〕 일래도의 마음.

sakadāgāmī〔사까다-가-미-〕 일래자. 두 번째 성자의 단계.

sakkāyadiṭṭhi〔삭까-야딧티〕 유신견. 몸과 마음을 나 혹은 사람으로 간주하는 견해.

salakkhaṇa-rūpa〔살락카나 루-빠〕 특성의 물질.

samādhi〔사마-디〕 삼매. 정신집중. 고요.

samanantara-paccayo〔사마난따라 빳짜요-〕 빈틈없는 조건.

samatha〔사마타〕 고요.

samatha bhāvanā〔사마타 바-와나-〕 고요명상.

samatha-yānika〔사마타 야-니까〕 고요명상을 수단으로 하는 것.

samāpatti〔사마-빳띠〕 증득.

saṅgha〔상가〕 승가. 붓다가 인도하는 수행승 공동체. 성자(ariyā)와 성자가 되려고 노력하고 있는 수행승으로 구성되어 있는 공동체.

saṅghānussati〔상가-눗사띠〕 승가의 공덕에 대한 수관.

sammā-ājīva〔삼마- 아-지-와〕 바른 생계. 중생에게 해를 일으키는 그릇된 생계를 삼가는 것.

sammā-diṭṭhi〔삼마- 딧티〕 바른 견해. 업과 업의 과보를 믿는 것.

sammā-kammanta〔삼마- 깜만따〕 바른 행위. 3가지 사악한 몸의 행위를 삼가는 것.

sammā-vācā〔삼마- 와-짜-〕 바른 말. 4가지 사악한 말을 삼가는 것.

sammā-samādhi〔삼마- 사마-디〕 바른 삼매.

sammā-saṅkappa〔삼마- 상깝빠〕 바른 사유.

sammā-sati〔삼마- 사띠〕 바른 마음챙김.

sammā-vāyāma〔삼마- 와-야-마〕 바른 정진.

sammappadāna〔삼맙빠다-나〕 최상의 노력.

sammasana-ñāṇa〔삼마사나 냐-나〕 명상의 지혜. 정신·물질을 무상, 고, 무아로 보는 지혜.

sammasana-rūpa〔삼마사나 루-빠〕 무상, 고, 무아로 명상해야 하는 물질.

sampaṭicchana〔삼빠띳차나〕 받아들이는 마음.

sampaṭicchana-kicca〔삼빠띳차나 낏짜〕 받아들이는 마음의 기능.

sampayuta-paccayo〔삼빠윳따 빳짜요-〕 관련 조건.

samphapplāpa〔삼팝빨라-빠〕 잡담.

saṁsedaja-paṭisandhi〔상세-다자 빠띠산디〕 습생의 재생연결. 나무줄기, 과일, 꽃, 습지, 고여 있는 물 등에서 잉태하는 것.

saṁyojana〔상요-자나〕 족쇄.

saṅgaha〔상가하〕 개요.

sanidassana-rūpa〔사니닷사나 루-빠〕 볼 수 있는 물질.

sandhi〔산디〕 연결.

saṅkhāra〔상카-라〕 업의 형성 또는 정신의 형성.

saṅkhārakkhandha〔상카-락칸다〕 행온(行蘊).

saṅkhārupekkhā-ñāṇa〔상카-루뻭카- 냐-나〕 형성에 대한 평정의 지혜.

saṅkhepa〔상케-빠〕 요약.

saññā〔산냐-〕 인식/지각. 각 감각대상의 상세한 특성을 알아차리고 컴퓨터처럼 그 자료를 정신의 흐름에 저장하는 것.

saññākkhandha〔산냑-칸다〕 상온(想蘊).

santati-rūpa〔산따띠 루-빠〕 뒤이어 일어나는 물질.

santīraṇa〔산띠-라나〕 조사하는 마음.

santīraṇa-kicca〔산띠-라나 낏짜〕 조사의 기능.

santisukha〔산띠수카〕 영원한 행복.

sasaṅkhārika〔사상카-리까〕 자극받은. 남이나 자신에 의해 설득된. 자발적으로 행위 하지 않는. 소극적인.

sati〔사띠〕 마음챙김. 유념.

satipaṭṭhāna〔사띠빳타-나〕 마음챙김의 확립.

savana-kicca〔사와나 낏짜〕 듣는 기능.

sāyana-kicca〔사-야나 낏짜〕 맛보는 기능.

sīla〔실-라〕 계 또는 덕성.

sīlānussati〔실-라-눗사띠〕 계의 덕에 대한 수관.

sīlavisuddhi〔실-라위숫디〕 계의 청정.

sobhana〔소-바나〕 아름다운.

sobhana cetasika〔소-바나 쩨-따시까〕 아름다운 마음부수.

sobhana citta〔소-바나 찟따〕 아름다운 마음.

somanassa〔소-마낫사〕 기쁨.

sota〔소-따〕 귀.

sota dvāra〔소-따 드와-라〕 귀의 문. 이문.

sota-dvāra vīthi〔소-따 드와-라 위-티〕 이문 인식과정.

sotāpanna〔소-따-빤나〕 예류자. 첫 번째 성자.

sotāpatti-phalaṭṭha〔소-따-빳띠 팔랏타〕 예류과. 예류자.

subha〔수바〕 즐거운. 아름다운. 깨끗한.

sucarita〔수짜리따〕 좋은 행위.

sugati-bhūmi〔수가띠 부-미〕 선처.

sugati-ahetuka puggala〔수가띠 아헤-뚜까 뿍갈라〕 선처의 원인 없는 개인.

sukha〔수카〕 즐거운 느낌. 즐거운 몸의 느낌. 행복.

sutta〔숫따〕 = suttanta〔숫딴따〕 경(經).

T

tadālambana-kicca〔따달-람바나 낏짜〕 등록하는 기능. 계속 감각대상의 맛을 즐기는 것.

tatramajjhattatā〔따뜨라맛잣따따-〕 = upekkhā〔우뻭카-〕 평정. 정신적 균형.

tejo〔떼-조-〕 불의 요소. 열의 요소.

tejo-kasiṇa〔떼-조- 까시나〕 불 까시나.

ṭhāna〔타-나〕 작용하는 장소.

thina〔티나〕 해태.

ti〔띠〕 3.

tihetuka〔띠헤-뚜까〕 3가지 원인/뿌리 있는.

tihetuka kusala kamma〔띠헤-뚜까 꾸살라깜마〕 3가지 원인/뿌리 있는 유익한 업.

tija-rūpa〔띠자 루-빠〕 3가지 원인에서 생긴 물질.

tilakkhaṇa〔띨락카나〕 3가지 특성(무상, 고, 무아)

tipiṭaka〔띠삐따까〕 삼장(三藏). 붓다 가르침을 경, 율, 논 3가지로 묶은 것.

tiratana〔띠라따나〕 삼보(三寶). 붓다, 법, 승가.

U

ubbegā-pīti〔웁베-가- 삐-띠〕 용약하는 희열. 몸을 들어 올려 공중에 뛰어오르도록 하는 희열.

ubhayakkhaya-maraṇa〔우바약카야 마라나〕 수명이 다하거나 생산하는 업력이 다한 죽음.

udayabbaya-ñāṇa〔우다얍바야 냐-나〕 생멸의 지혜. 존재의 3가지 특성〔三法印〕으로 정신·물질이 일어나는 순간뿐만 아니라 소멸하는 순간을 정확하게 이해하는 지혜.

uddhacca〔웃닷짜〕 들뜸. 마음을 들뜨게 하는 것.

uddhumātaka〔웃두마-따까〕 썩고 부푼 시체.

uggaha-nimitta〔욱가하 니밋따〕 익힌 표상.

ukkaṭṭha〔욱깟타〕 수승한.

upacāra bhāvanā〔우빠짜-라 바-와나-〕 근접단계의 명상.

upacāra samādhi〔우빠짜-라 사마-디〕 근접삼매.

upaccedaka-maraṇa〔우빳쩨-다까 마라나〕 파괴하는 업이 끼어드는 것으로 인한 죽음.

upacaya-rūpa〔우빠짜야 루-빠〕 처음 일어나는 물질.

upādāna〔우빠-다-나〕 취착. 강한 집착.

upādānakkhandha〔우빠-다-낙칸다〕 취착의 무더기. 취온(取蘊).

upādāya-rūpa〔우빠-다-야 루-빠〕 파생된 물질.

upaghātaka-kamma〔우빠가-따까 깜마〕 파괴하는 업.

upanissaya-paccayo〔우빠닛사야 빳짜요-〕 강한 의지 조건.

upapajjavedanīya kamma〔우빠빳자웨-다니-야깜마〕 두 번째 삶에서 과보를 맺는, 뒤이어서 효력이 있는 업.

upapatti-bhava〔우빠빳띠 바와〕 재생 과정.

upapīḷaka-kamma〔우빠삘-라까 깜마〕 재생의 업의 과보를 더디게 하는 방해하는 업.

upasamānussati〔우빠사마-늣사띠〕 열반의 공덕에 대한 수관.

upatthambhaka-kamma〔우빳탐바까 깜마〕 재생의 업을 지원하는 업.

upekkhā〔우뻭카-〕 중립적인 느낌. 무관심.

upekkhā bhāvanā〔우뻭카- 바-와나-〕 평정명상.

uppāda〔웁빠-다〕 일어남.

utuja-rūpa〔우뚜자 루-빠〕 열/온도에서 생긴 물질.

V

vacī dvāra〔와찌- 드와-라〕 언어행위를 수행하는. 말을 만들어내는 입의 움직임. 말의 문.

vacī-kamma〔와찌- 깜마〕 입의 특별한 움직임에 의해 일반적으로 수행되는 언어행위. 구업(口業).

vacī-viññatti〔와찌- 윈냣띠〕 남이 자신의 의도를 알게 하도록 말을 하는 입의 특별한 움직임. 말의 암시.

vaṭṭa〔왓따〕 회전. 바퀴가 돌아가듯이 돌고 도는 것.

vatthu〔왓투〕 마음이 일어나기 위해 의지하는 물질적인 토대.

vatthu-dhamma〔왓투 담마〕 자체의 특성을 갖고 있는 궁극적인 물질. 토대법.

vāyo〔와-요-〕 바람의 요소. 움직임의 요소.

vāyo-kasiṇa〔와-요- 까시나〕 바람 까시나.

vedanā〔웨-다나-〕 느낌. 감각.

vedanākkhandha〔웨-다낙-칸다〕 느낌의 무더기. 수온(受蘊).

veyāvacca〔웨-야-왓짜〕 섬김. 유익한 행위로 섬기는 것.

vicāra〔위짜-라〕 마음을 감각대상에 지속적으로 적용하는 것. 지속적 고찰. 지속적 적용.

vicchiddaka〔윗칫다까〕 끊어진 시체. 두세 조각난 시체.

vicikicchā〔위찌낏차-〕 회의적 의심.

vigata-paccayo〔위가따 빳짜요-〕 떠난 조건.

vikāra-rūpa〔위까-라 루-빠〕 변화의 물질.

vikkhāyitaka〔윅카-이따까〕 개 등에 의해 물어뜯기고 심하게 훼손된 시체.

vikkhittaka〔윅킷따까〕 개 등에 의해 물려서 조각나 흩어진 시체.

vimokkha〔위목카〕 고통의 회전에서 벗어나는 것. 해탈.

vinaya〔위나야〕 수행승의 규칙이나 규율. 율(律).

vinīlaka〔위닐-라까〕 변색되어 검푸른 시체.

viññāṇa-citta〔윈냐-나 찟따〕 마음.

viññāṇa-dhātu〔윈냐-나 다-뚜〕 의식의 요소. 의계(意界).

viññāṇakkhandha〔윈냐-낙칸다〕 의식의 무더기. 식온(識蘊).

viññāṇañcāyatana-bhūmi〔윈냐-난짜-야따나 부-미〕 식무변처의 세상.

vipāka〔위빠-까〕 과보의.

vipāka-nāmakkhandha〔위빠-까 나-막칸다〕 과보의 정신의 무더기. 과보의 마음과 그것의 마음부수.

vipāka-niyāma〔위빠-까 니야-마〕 과보의 마음의 법칙.

vipāka-paccayo〔위빠-까 빳짜요-〕 과보 조건.

vipubbaka〔위뿝바까〕 피부가 갈라지고 고름이 새어 나오는 시체.

vippayutta〔윕빠윳따〕 = vippayuttaṁ〔윕빠윳땅〕 결합하지 않은.

vipassanā bhāvanā〔위빳사나- 바-와나-〕 통찰명상.

vipassanā-ñāṇa〔위빳사나- 냐-나〕 통찰 지혜.

vipassanā-yānika〔위빳사나- 야-니까〕 통찰명상(근접선정)을 수단으로 하는 것.

vīriya〔위-리야〕 노력. 에너지.

visayappavatti〔위사얍빠왓띠〕 감각의 문에 대상이 나타나는 것.

visuddhi〔위숫디〕 청정.

vitakka〔위딱까〕 마음을 감각대상에 처음으로 적용하는 것. 일으킨 생각. 최초의 적용.

vitakka-carita〔위딱까 짜리따〕 사색하는 기질.

vīthi〔위-티〕 인식과정.

vīthi-citta〔위-티 찟따〕 인식과정의 마음.

vīthi-vimutti citta〔위-티 위뭇띠 찟따〕 인식과정에서 벗어난 마음.

vyāpāda〔워야-빠-다〕 악의. 남의 생명이나 재산을 불법적으로 파괴하려는 계획.

Y

yoga〔요-가〕 결합.

yathākammūpaga-ñāṇa〔야타-깜무-빠가냐-나〕 31가지 존재계의 존재들을 볼 수 있고 그들의 현재 삶을 일으킨 그들 각각의 업을 아는 지혜.

<도표 1> 마음의 모든 것

마음의 이름		해로운	유익한	과보의	작용만 하는	전체 마음들					
탐욕에 뿌리박은	8	사견O, 사견X + + + + — — — — 자X, 자O자X, 자O				해로운 마음 12	아름답지 않은 마음 30	욕계 마음 54	세간의 마음 81	간략한 마음 89	상세한 마음 121
성냄에 뿌리박은	2	적의O * * 자X, 자O									
어리석음에 뿌리박은	2	의심O — — 들뜸O									
해로운 과보의	7			안·이·비·설·신·받·조 — — — — ∧ — —		원인 없는 마음 18					
원인 없는 유익한 과보의	8			안·이·비·설·신·받·조 — — — — ∨ — —							
원인 없는 작용만 하는	3				오전·의전·미소 — — + 의문						
큰 유익한	8		지혜O,지혜O + + + + — — — — 자X,자O자X,자O			욕계 아름다운 24					
큰 과보의	8			+ + + + — — — —							
큰 작용만 하는	8				+ + + + — — — —						
색계 유익한	5		일·지·희·행/평·집 + + + + — 초·이·삼·사·오			색계					

작용만 하는	[illegible]							
무색계 유익한	4		공·식·무·비 — — — —			무색계 12	고귀한 선정 27	선정의 마음 67
무색계 과보의	4			— — — —				
무색계 작용만 하는	4				— — — —			
출세간 유익한	4		예·일·불·아 ± ± ± ±			출세간 8		
출세간 과보의	4			± ± ± ±				
예류도 일래도 불환도 아라한도	5 5 5 5		일·지·희·행/평·집 + + + + — 초·이·삼·사·오 + + + + — + + + + — + + + + —			선정-도 20	출세간 선정 40	
예류과 일래과 불환과 아라한과	5 5 5 5			+ + + + — + + + + — + + + + — + + + + —		선정-과 20		
간략한 마음		12	21	36	20	총 89		
상세한 마음			37	52		총 121		
기호의 이름	+ : 기쁨이 함께하는 — : 평온이 함께하는 * : 슬픔이 함께하는			∧ : 고통이 함께하는 ∨ : 행복이 함께하는 ± : 기쁨과 평온이 혼합된				

<도표 2> 마음부수와 마음의 결합 방법

<table>
<tr><th rowspan="3" colspan="3">마음부수</th><th colspan="12">욕계 마음 54</th><th colspan="5" rowspan="2">고귀한 선정 27</th><th colspan="5">출세간 8</th><th rowspan="3">간략한 결합</th><th rowspan="3">상세한 결합</th><th rowspan="3" colspan="2">결합 방법</th></tr>
<tr><th colspan="4">해로운 12</th><th colspan="5">원인 없는 18</th><th colspan="3">욕계 아름다운 25</th><th colspan="5">출세간 선정 40</th></tr>
<tr><th>탐욕에 뿌리박은 8</th><th>성냄에 뿌리박은 2</th><th>의심 1</th><th>들뜸 1</th><th>전오식 10</th><th>받아들임 2</th><th>조사 3</th><th>오문전향 1</th><th>의문전향+미소 2</th><th>큰 유익한 8</th><th>큰 과보의 8</th><th>큰 작용만 하는 8</th><th>초선정 3</th><th>이선정 3</th><th>삼선정 3</th><th>사선정 3</th><th>오선정 15</th><th>초선정 8</th><th>이선정 8</th><th>삼선정 8</th><th>사선정 8</th><th>오선정 8</th></tr>
<tr><td>접촉,느낌,인식,의도, 집중,생명기능,주의</td><td>필수 7</td><td rowspan="7">중립적 13</td><td colspan="4">‖</td><td colspan="5">‖</td><td colspan="3">‖</td><td colspan="5">‖</td><td colspan="5">‖</td><td>89</td><td>121</td><td>1</td><td rowspan="7">총 7</td></tr>
<tr><td>일으킨 생각</td><td rowspan="6">특별 6</td><td colspan="4">‖</td><td>×</td><td colspan="4">‖</td><td colspan="3">‖</td><td>‖</td><td colspan="4">×</td><td>‖</td><td colspan="4">×</td><td></td><td>55</td><td>1</td></tr>
<tr><td>지속적 고찰</td><td colspan="4">‖</td><td>×</td><td colspan="4">‖</td><td colspan="3">‖</td><td>‖</td><td>‖</td><td colspan="3">×</td><td>‖</td><td>‖</td><td colspan="3">×</td><td></td><td>66</td><td>1</td></tr>
<tr><td>결정</td><td colspan="2">‖</td><td>×</td><td>‖</td><td>×</td><td colspan="4">‖</td><td colspan="3">‖</td><td colspan="5">‖</td><td colspan="5">‖</td><td>78</td><td>110</td><td>1</td></tr>
<tr><td>정진</td><td colspan="4">‖</td><td colspan="4">×</td><td>‖</td><td colspan="3">‖</td><td colspan="5">‖</td><td colspan="5">‖</td><td>73</td><td>105</td><td>1</td></tr>
<tr><td>희열</td><td>Sob 4</td><td colspan="3">×</td><td colspan="2">×</td><td>Sob 1</td><td>×</td><td>Has 1</td><td colspan="3">아름다운 12</td><td colspan="3">‖ 9</td><td colspan="2">×</td><td colspan="3">‖ 24</td><td colspan="2">×</td><td></td><td>51</td><td>1</td></tr>
<tr><td>열의</td><td colspan="2">‖</td><td colspan="2">×</td><td colspan="5">×</td><td colspan="3">‖</td><td colspan="5">‖</td><td colspan="5">‖</td><td>69</td><td>101</td><td>1</td></tr>
<tr><td>어리석음,부끄러움 없음,두려움 없음, 들뜸</td><td>미혹 4</td><td rowspan="4">해로운 마음부수</td><td colspan="4">‖</td><td colspan="5" rowspan="4">×</td><td colspan="13" rowspan="4">×</td><td>12</td><td rowspan="4"></td><td>1</td><td rowspan="4">총</td></tr>
<tr><td>탐욕</td><td rowspan="3">탐욕 3</td><td>‖</td><td colspan="3">×</td><td>8</td><td rowspan="3">1</td></tr>
<tr><td>사견</td><td>사견○</td><td colspan="3">×</td><td>4</td></tr>
<tr><td></td><td>사</td><td colspan="3"></td><td></td></tr>
</table>

	4																											
해태, 혼침	끝 3		자극5		×																				5		1	
의심			×		‖	×																			1		1	
믿음, 마음챙김, 부끄러움, 두려움, 탐욕 없음, 성냄 없음, 평정, 마음부수들과 마음의 (고요함, 가벼움, 부드러움, 적합함, 능숙함, 올곧음)	아름다운 필수 19	아름다운 마음부수 25	아름답지 않은 ×									아름다운 마음 ‖													59	91	1	총 4
바른 말, 바른 행위, 바른 생계	절제 3											때, 따	×		×					항상 ‖ 함께					16	48	1	
연민, 더불어 기뻐함	무량 2											때, 따	×	때, 따	때때로 ‖ 따로				×	×					28		1	
통찰지의 기능	통찰지 1											지혜○12			‖					‖					47	79	1	
		52	19 19	20	15	15	7	11	11	10	10	38	33	35	35	34	33	32	30	36	35	34	33	33	총		16	
조합 방법			18 18	20					10		12	37	32	34														
			21 21									37	32	34														
			20 20									36	31	33														
조합 방법 총			7				4					12			5					5					총		33	

<도표 3> 마음부수의 조합 방법

<table>
<tr><th colspan="2" rowspan="2">마음의 이름</th><th colspan="7">중립적 마음부수들 13</th><th colspan="7">해로운 마음부수들 14</th><th colspan="4">아름다운 마음부수 25</th><th rowspan="2">마음부수의 번호</th><th colspan="2" rowspan="2">결합 방법</th></tr>
<tr><th>필수 7</th><th>일으킨 생각</th><th>지속적 고찰</th><th>결정</th><th>정진</th><th>희열</th><th>열의</th><th>해로운 필수 4</th><th>탐욕</th><th>사견</th><th>자만</th><th>성냄 4</th><th>해태, 혼침</th><th>의심</th><th>아름다운 필수 19</th><th>절제 3</th><th>무량 2</th><th>통찰지의 기능</th></tr>
<tr><td rowspan="4">탐욕에 뿌리박고 자극받지 않은</td><td>첫</td><td colspan="7">‖</td><td>‖</td><td>‖</td><td>‖</td><td>×</td><td colspan="3" rowspan="4">×</td><td colspan="4" rowspan="5">×</td><td>19</td><td rowspan="2">1</td><td rowspan="9">총 7</td></tr>
<tr><td>둘</td><td colspan="7">‖</td><td>‖</td><td>‖</td><td>×</td><td>‖</td><td>19</td></tr>
<tr><td>셋</td><td colspan="5">‖</td><td>×</td><td>‖</td><td>‖</td><td>‖</td><td>‖</td><td>×</td><td>18</td><td rowspan="2">1</td></tr>
<tr><td>넷</td><td colspan="5">‖</td><td>×</td><td>‖</td><td>‖</td><td>‖</td><td>×</td><td>‖</td><td>18</td></tr>
<tr><td>탐욕에 뿌리박고 자극받은
(자극받지 않은 것과 같은 방식)</td><td>4</td><td colspan="7"></td><td></td><td colspan="4"></td><td>‖</td><td></td><td>21,21
20,20</td><td>1
1</td></tr>
<tr><td rowspan="2">성냄에 뿌리박은</td><td>자극X</td><td colspan="5">‖</td><td>×</td><td>‖</td><td>‖</td><td colspan="3" rowspan="2">×</td><td>‖</td><td>×</td><td>×</td><td colspan="4" rowspan="4">×</td><td>20</td><td>1</td></tr>
<tr><td>자극0</td><td colspan="5">‖</td><td>×</td><td>‖</td><td>‖</td><td>‖</td><td>‖</td><td>×</td><td>22</td><td>1</td></tr>
<tr><td>어리석음에 뿌리박고 의심과 결합</td><td>1</td><td colspan="3">‖</td><td>×</td><td>‖</td><td>×</td><td>×</td><td>‖</td><td colspan="5">×</td><td>‖</td><td>15</td><td rowspan="2">1</td></tr>
<tr><td>어리석음에 뿌리박고 들뜸과 결합</td><td>1</td><td colspan="5">‖</td><td>×</td><td>×</td><td>‖</td><td colspan="6">×</td><td>15</td></tr>
<tr><td>전오식</td><td>10</td><td>‖</td><td colspan="6">×</td><td colspan="7" rowspan="5">×</td><td colspan="4" rowspan="5">×</td><td>7</td><td>1</td><td rowspan="5">총 4</td></tr>
<tr><td>기쁨의 조사</td><td>1</td><td colspan="4">‖</td><td>×</td><td>‖</td><td>×</td><td>11</td><td rowspan="2">1</td></tr>
<tr><td>의문전향</td><td>1</td><td colspan="5">‖</td><td>×</td><td>×</td><td>11</td></tr>
<tr><td>미소 짓는</td><td>1</td><td colspan="6">‖</td><td>×</td><td>12</td><td>1</td></tr>
<tr><td>평온한 조사 2, 의계(意界) 3</td><td>5</td><td colspan="4">‖</td><td>×</td><td>×</td><td>×</td><td>10</td><td>1</td></tr>
</table>

‖ 셋 2	2	‖					×	‖				×				‖				37	1	
‖ 넷 2	2	‖					×	‖								‖			×	36	1	
큰 과보의 첫 2	2	‖														‖	×	×	‖	33	1	
‖ 둘 2	2	‖														‖	×	×	×	32	1	총 12
‖ 셋 2	2	‖					×	‖								‖	×	×	‖	32	1	
‖ 넷 2	2	‖					×	‖								‖	×	×	×	31	1	
큰 작용만 하는 첫 2	2	‖										×				‖	×	‖		35	1	
‖ 둘 2	2	‖														‖	×	‖	×	34	1	
‖ 셋 2	2	‖					×	‖								‖	×	‖		34	1	
‖ 넷 2	2	‖					×	‖								‖	×	‖	×	33	1	
고귀한 초선정	3	‖														‖	×	‖		35	1	
‖ 이선정	3	‖	×	‖												‖	×	‖		34	1	
‖ 삼선정	3	‖	×	×	‖							×				‖	×	‖		33	1	총 5
‖ 사선정	3	‖	×	×	‖		×	‖								‖	×	‖		32	1	
‖ 오선정	15	‖	×	×	‖		×	‖								‖	×	×	‖	30	1	
출세간의 초선정	8	‖														‖	‖	×	‖	36	1	
‖ 이선정	8	‖	×	‖												‖	‖	×	‖	35	1	
‖ 삼선정	8	‖	×	×	‖							×				‖	‖	×	‖	34	1	총 5
‖ 사선정	8	‖	×	×	‖		×	‖								‖	‖	×	‖	33	1	
‖ 오선정	8	‖	×	×	‖		×	‖								‖	‖	×	‖	33	1	
결합 방법		89	55	66	78	73	51	69	12	8	4	4	2	5	1	59	16	28	47	총	33	

<도표 4.1> 혼합 - 원인[뿌리] 조합 방법

원인의 이름	해로운 12		원인없는 18	욕계 아름다운 24		고귀한 27 출세간 8		총	원인
	탐욕8, 성냄2	어리석음 2	원인없는 18	지혜○ 12	지혜× 12	고귀한 27	출세간 8		
원인 없는			‖					18	×
1가지 원인 있는		‖						2	어리석음
2가지 원인 있는	‖				‖			22	탐욕-어리석음, 성냄-어리석음, 탐욕 없음-성냄 없음
3가지 원인 있는				‖		‖		47	탐욕 없음, 성냄 없음, 어리석음 없음

삼개조 구분						
삼개조		유익한	해로운	무기의		9
		3	3	3		
태어남		유익한	해로운	과보의	작용만	12
		3	3	3	3	
세상		욕계	색계	무색계	출세간	15
		6	3	3	3	
개인	범부	예류자	일래자	불환자	아라한	26
	6	6	6	5	3	

<도표 4.2> 기능의 조합 방법

작용의 이름		원인 없는 18												욕계 아름다운 27		고귀한 27		출세간 8	총	작용	마음
장소의 이름	해로운 12	눈 2	귀 2	코 2	혀 2	몸 3	받아들임 2	평온-조사 2	기쁨-조사	오문전향	의문전향	미소 짓는	큰-유익한-작용만 하는	큰 과보의 8	고귀한-유익한-작용만 하는	고귀한 과보의	출세간 8		1	68

전향										(‖	‖)							2	3	9
봄, 들음, 냄새 맡음, 맛봄, 감촉		‖	‖	‖	‖	‖												각2		
받아들임							‖											2		
조사								(‖	‖)									3	4	8
결정											‖							1		
속행	‖											‖	‖		‖		‖	55		
등록								(‖	‖)						‖			11	5	2
작용의 수	1	1					1	5	2	1	2	1	1	4	1	3	1			
마음의 수	12	10					2	2	1	1	1	1	16	8	18	9	8			

<도표 4.3> 문의 조합 방법

문의 이름	오문전향	안식 2	이식 2	비식 2	설식 2	신식 2	받아들임 2	기쁨의 조사 1	평온의 조사 2	결정 1	욕계 속행 29	본삼매 속행 26	등록 8 / 11	고귀한 과보의 9	총
안・인・비・설・신 (五門, 물질의 문)	‖	‖	‖	‖	‖	‖	‖	(‖	‖)	‖	‖		‖		46 각각
의문(정신의 문)										‖	‖		‖		67
문에서 벗어난									‖				‖	‖	19
문의 수	5	1	1	1	1	1	5	6 항상	6 때로	6 항상	6 항상	1	6 때로	6 자유	
마음의 수	1	10					2	1	2	1	29	26	8	9	

문	마음
1	36
5	3
6 항상	31
6 때로	10
6 자유	9

<도표 5.1> 대상의 조합 방법

	대상, 조건 = 감각대상						조건에 따라 형성된 법 = 대상을 취하는, 마음	총	비고	
1	현재의 형색, 소리, 냄새, 맛, 감촉 대상					현재의 5가지 감각대상	안식 2, 이식 2, 비식 2, 설식 2, 신식 2	10	욕계 한 가지 25	
2	현재의 5가지 감각대상					현재의 5가지 감각대상	의계 3 (오문전향+받아들임 2)	3		
3	욕계 마음 54	마음부수 52	물질 28			6가지 욕계의 감각대상	등록 11, 미소 짓는 1	12		
4	세간 마음 81	마음부수 52	물질 28	개념		6가지 세간의 감각대상	해로운 12, 큰 유익한 지혜와 결합하지 않은 4, 큰 작용만 하는 지혜와 결합하지 않은 4	20	욕계의 고귀한 개념	
5	아라한의 도・과의 마음을 제외한 모든 마음 87	마음부수 52	물질 28	개념	열반	아라한의 도・과의 마음을 제외한 6가지 모든 감각대상	큰 유익한 지혜와 결합한 4 물질의 유익한 신통지 1	5	여러 가지 31	열반 여러 가지 11
6	마음 89	마음부수 52	물질 28	개념	열반	6가지 모든 감각대상	큰 작용만 하는 지혜와 결합한 4 작용만 하는 신통지 1, 의문전향 1	6		
7	까시나 10	부정 10	몸에 대한 마음챙김 1	들숨날숨에 대한 마음 [illegible]	범주 4	개념 (법대상) 26	색계의 마음 15 (신통지 2 제외)	21	개념 한 가지 21	

9	공무변처의 유익한, 작용만 하는 마음 무소유처의 유익한 작용만 하는 마음	법대상	식무변처의 마음 3 비상비비상처의 마음 3	6	고귀함 한 가지 6
10	열반	법대상	출세간의 마음 8	8	열반 한 가지 8
	업, 업의 표상, 태어날 곳의 표상	6가지 감각대상	재생연결, 바왕가, 죽음 각 19	19	

<도표 5.2> 토대의 조합 방법

	해로운 12			원인 없는 18									욕계 아름다운 24			색계 15	무색계 12			출세간 8		세상 토대 識界				
토대의 이름	탐욕에 뿌리박은 8	성냄에 뿌리박은 2	어리석음에 뿌리박은 2	안식 2	이식 2	비식 2	설식 2	신식 2	의계 3	의문전향 1	조사 3	미소 짓는 1	큰 유익한 8	큰 과보의 8	큰 작용만 하는 8	색계 15	무색계 유익한 4	무색계 과보의 4	무색계 작용만 하는 4	예류도 1	더 높은 도·과 7	총	토대에 의지 0X	욕계 11	색계 15	무색계 4
안, 이, 비, 설, 신				‖	‖	‖	‖	‖														10	43	6	3	×
심장(항상)		‖							‖		‖	‖		‖		‖				‖		33		7	4	1
심장(때때로)	‖		‖							‖			‖		‖		‖		‖		‖	42	42			
토대에 의지하지 않은																		‖				4	4			

<도표 6> 존재계

세상							
4가지 세상 + 4가지 재생연결							
재생연결	세상				수명		
비상비비상처 과보	비상비비상처 세상				84,000	각 5508000요자나	인간세상에서 가장 높은 세상까지 : 7185600000요자나
무소유처 과보	무소유처 세상				60,000		
식무변처 과보	식무변처 세상				40,000		
공무변처 과보	공무변처 세상				20,000		
오선정 과보	사선정의 7가지 세상	색구경천	정거천의 5가지 세상		16,000		
		선견천			8,000		
		선현천			4,000		
		무열천			2,000		
		무번천			1,000		
무상유정천의 생명기능 구원소	무상유정천		광과천		500		
사선정 과보	3가지 삼선정 세상				16, 32, 64 대겁		
	소정천	무량정천	변정천				
이·삼선정 과보	3가지 이선정 세상				2, 4, 8 대겁		
	소광천	무량광천	광음천				
초선정 과보	3가지 초선정 세상				1/2, 1/3, 1 아승지겁		
	범중천	범보천	대범천				
7가지 욕계선처: 8가지 큰 과보 마음	6가지 천상	타화자재천	7가지 욕계	16000	9216백만	각 42000요	
		화락천		8000	2304백만		
		도솔천		4000	576백만		
		야마천		2000	144백만		
		[illegible]		[illegible]	[illegible]		

해로운 과보의 평온한 조사					
사악처: 해로운 과보의 평온한 조사 (악처의 재생연결)	사악처 대지옥 앞에 각 4가지 소지옥 총 4×4×8=128	등활지옥 흑승지옥 중합지옥 규환지옥 대규환지옥 초열지옥 대초열지옥 무간지옥	4가지 작은 지옥: 오물 늪, 뜨거운 재가 있는 들판, 가시나무 숲, 뜨거운 강		지옥 내부의 길이 : 각 15000요자나
지구 두께 : 240000 요자나		빤수 땅 : 120000요자나			
		실라 땅 : 120000요자나			
물 두께 : 480000요자나					
공기 두께 : 980000 요자나					
빈 공간 → 무한					

4가지 겁				4가지 아승지겁				
수명겁	중간겁	아승지겁	대겁	Saṁvatta	Saṁvatta thayi	Vavatta	Vavatta thayi	대겁 (세계주기)
10년에서 아승지겁 아승지겁에서 10년	늘어나는 겁 + 줄어드는 것	64가지 중간겁	4가지 아승지겁	세계가 파괴되는 것	세계가 파괴되어 머무는 것	세계가 형성되는 것	세계가 형성되어 머무는 것	

세계의 붕괴				3가지 시대		
불	물	바람	세계의 파괴	Jāti 시대	Ānā 시대	Visaya 시대
7 (56)			3가지 초선정	1000 우주	10000 우주	무한수의 우주
	8번째		3가지 이선정			
		64번째	3가지 삼선정	Ānā 시대의 우주들은 함께 형성되고 파괴된다.		

<도표 7.1> 세상 – 업이 과보를 맺는 방법

4가지 유형의 업	마음의 의도		재생연결시	살아있는 동안	세상		해로운 평온한 조사	6가지 해로운 과보	유익한 과보의 평온한 조사	7가지 원인 없는 유익한 과보	큰 과보와 함께하지 않은 4	큰 과보와 함께하는 4	색계 과보	무색계 과보	과보의 총수	재생연결의 이름
해로운 업	들뜸을 제외한 해로운 의도	11	‖		악처	4	‖								1	악처 원인 없는
	해로운 의도	12		‖	욕계	‖	‖								7	
					무상유정천을 제외한 색계	15	Ghadi 제외 4								4	
욕계의 유익한 업	2가지 원인 있는 저열한 큰 과보의 지혜와 결합하지 않은 마음부수	4	‖		인간, 사대왕천	2			‖						1	욕계 선처 원인 없는
				‖	욕계	11			‖						8	
					색계	15			Ghadi						5	
	2가지 원인 있는 수승한 큰 과보의 지혜와 결합하지 않은 마음부수	4	‖		욕계 선처	7					‖				4	욕계 선처 2가지 원인 있는
				‖	욕계 선처	7			‖		‖				12	
	3가지 원인 있는 저열한 큰 유익한 지혜와 결합한 마음부수	4			악처	4			‖						8	
					색계	15			Ghadi 제외						5	

	큰 유익한 지혜와 결합한 마음수부	4		‖	악처	4	‖			8	원인 있는 욕계
					색계	15	Ghadi 제외			5	욕계 재생연결 총 10
색계의 업	욕계 초선정 유익한 업	저열	‖	‖	범중천			초선정의 과보		1	6가지 색계의 재생연결 (5가지 정신+1가지 물질)
		중간	‖	‖	범보천						
		수승	‖	‖	대범천						
	이선정의 유익한 업 삼선정의 유익한 업	저열	‖	‖	소광천			이·삼선정의 과보		2	
		중간	‖	‖	무량광천						
		수승	‖	‖	광음천						
	사선정의 유익한 업	저열	‖	‖	소정천			사선정의 과보		1	
		중간	‖	‖	무량정천						
		수승	‖	‖	변정천						
	오선정의 과보의 업	보통	‖	‖	광과천			오선정		1	
		인식 없는	‖	‖	무상유정천			생명기능 구원소			
		불환자	‖	‖	5가지 정거천			오선정			
무색계의 업	공무변처	1	‖	‖	공무변처				공무변처 과보	1	4가지 무색계의 재생연결
	식무변처	1	‖	‖	식무변처				식무변처 과보	1	
	무소유처	1	‖	‖	무소유처				무소유처 과보	1	
	비상비비상처	1	‖	‖	비상비비상처				비상비비상처 과보	1	

<도표 7.2> 75가지 마음에 의해 수행되는 기능

마음의 이름			물질만	4가지 몸의 자세	2가지 암시 물질	미소 범부	미소 유학	미소 아라한	슬픔 눈물	형성 없음	기능 총수
意界 3, 등록 11, 색계 과보 5		19	∥								1
신통지를 제외한 본삼매 속행		26	∥	∥							2
의문전향 1, 욕계의 속행 29, 신통지 2		32	∥	∥	∥						3
탐욕에 뿌리박은 기쁨 4, 큰 유익한 기쁨 4	욕계 기쁨 13	8	∥	∥	∥	∥					4
탐욕에 뿌리박은 사견과 결합하지 않은 기쁨 2, 큰 유익한 기쁨 4		6	∥	∥	∥		∥				4
미소 짓는, 큰 작용만 하는 기쁨 4		5	∥	∥	∥			∥			4
성냄에 뿌리박은 마음		2	∥	∥	∥				∥		4
전오식 10, 무색계 과보 4, 아라한 죽음, 모든 재생연결식		14								∥	X
물질 등을 형성하는 마음 총수		77	77	58	12	8	6	5	2	14	198

<도표 8> 물질

	구체적, 본성을 지닌, 특징을 지닌, 명상의 물질																			추상적인, 본성을 지니지 않은								분석	
물질 28 27 25	근본물질 4				감성 5					대상 물질 4 [7]					성 물질 2		토대	생명	영양소	허공	변화 물질			특징 물질 4				평온+조사=태어남(Take 1) 땅, 불, 바람=감촉(Take 1)	
																					암시 물질		가벼움 등 물질	태어남					
열거	땅	물	불	바람	눈의 감성	귀의 감성	코의 감성	혀의 감성	몸의 감성	형색 대상	소리 대상	냄새 대상	맛 대상	감촉 대상	여성	남성	심장토대	생명기능 물질	음식 물질	제한	몸의 암시	말의 암시	물질의 가벼움 물질의 부드러움 물질의 적합함	일어남	상속	쇠퇴의 물질	무상의 물질	이름	나머지
물질에 대한 분석	=	=	=	=																								4 사대	23 취착의 물질
					=	=	=	=	=																			5 안의 대상 물질	23 밖의 대상 물질
					=	=	=	=	=								=											6 토대 물질	22 토대 아님
					=	=	=	=	=												=	=						7 문의 물질	21 문 아님
					=	=	=	=	=						=	=		=										8 기능 물질	20 기능 아님
					=	=	=	=	=	=	=	=	=	=														12 거친 부딪히는 가까운	16 미세한 부딪히지 않은 먼
					=	=																						2 닿는 것	23 닿지 않음
							=	=	=																			3 닿지 않는 것	
	=	=	=	=						=		=	=						=									8 분리되지 않은 물질	20 분리되는 물질
										=																		1 볼 수 있는 물질	27 볼 수 없는 물질
물질과 함께 일어나는 것	업, 마음, 온도, 음식				업에서 생긴 1가지 원인					4	마음, 온도	5			업에서 생긴 1가지 원인				4	4	1가지 원인 마음에서 생긴		마음, 온도, 음식	4가지 벗어난				업에서 생긴= 한 가지 원인 9+여러 가지 원인 9 마음에서 생긴= 한 가지 원인 2+여러 가지 원인 13 온도에서 생긴= 한 가지 원인 2+여러 가지 원인 13 음식에서 생긴=	

물질 그룹(깔라빠) 에서 생긴 9	없는 8										‖						9	생명기능 9원소 깔라빠
	‖	‖	‖	‖	‖	‖		‖	‖	‖	‖						10	눈 십원소 등 8
마음에서 생긴 6	분리할 수 없는 8																8	마음에서 생긴 순수 8원소
	‖												‖				9	마음에서 생긴 몸의 암시 9원소
	‖						‖							‖			10	말의 암시 소리 10원소
	‖														‖		11	가벼움 등 11원소
	‖												‖		‖	깔라빠에서 벗어난	12	몸의 암시 가벼움 등 12원소 깔라빠
	‖						‖							‖	‖		13	말의 암시 소리 가벼움 등 13원소
온도에서 생긴 4	분리할 수 없는 8																8	온도에서 생긴 순수 8원소
	* ‖						‖										9	온도에서 생긴 소리 9원소
	* ‖														‖		11	온도에서 생긴 가벼움 등 11원소 깔라빠
	* ‖						‖								‖		12	온도에서 생긴 소리 가벼움 등 12원소
음식에서 생긴 2	분리할 수 없는 8																8	음식에서 생긴 순수 8원소
	* ‖														‖		11	음식에서 생긴 가벼움 등 11원소 깔라빠
21																		깔라빠 총수 21

참조: 2가지 마음에서 생긴 깔라빠인 (1) 소리 9원소와 (2) 소리 가벼움 등 12원소는 대주석서에 따라 추가되어야 한다.

<도표 9> 안문의 매우 큰 대상의 인식과정

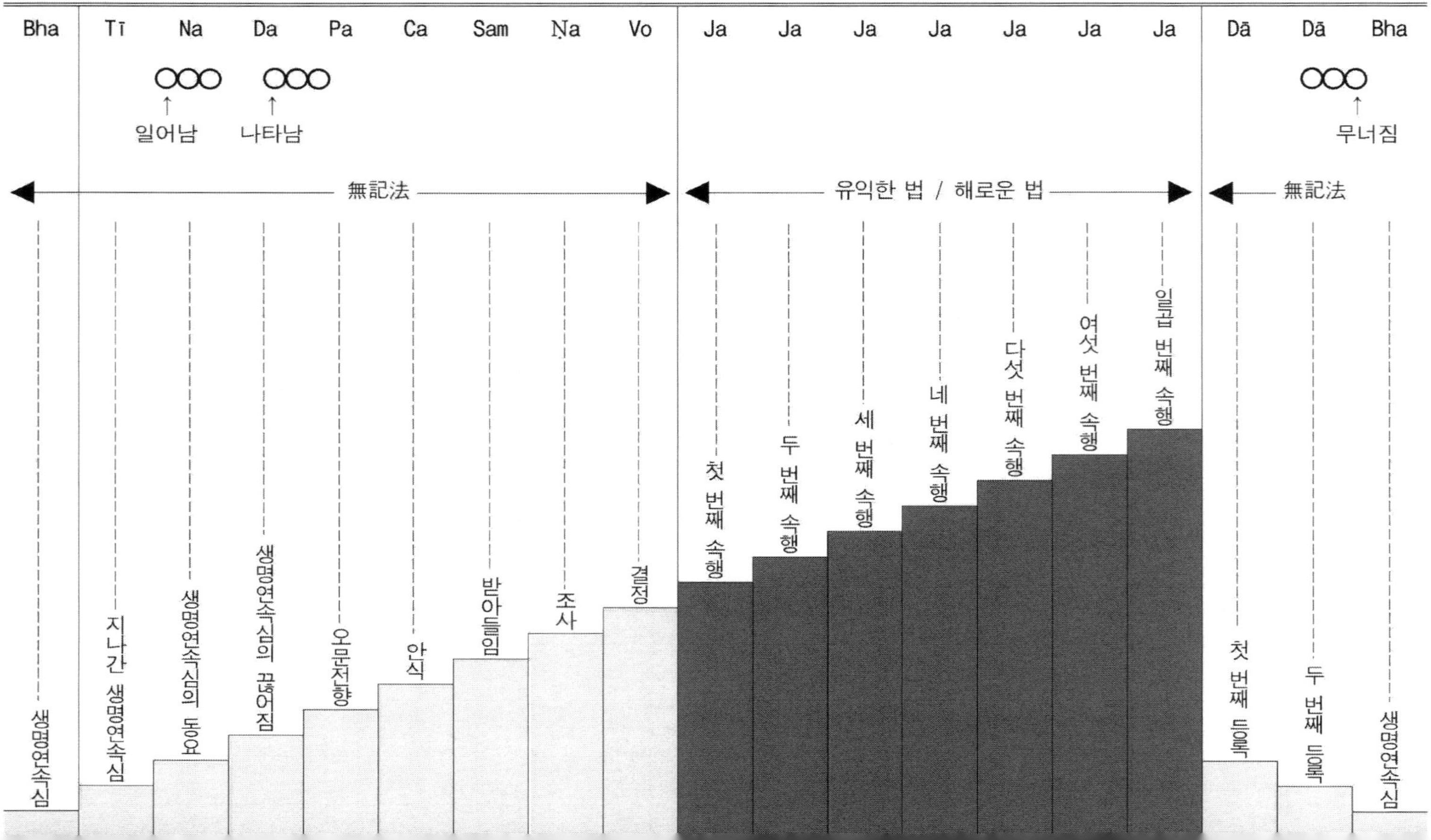

t = 17일 때, 17가지 마음이 일어났다가 무너지고, 형색과 눈의 감성물질이 무너진다.
인식과정이 끝나고 생명연속심은 계속해서 흐른다.

물질의 일어남과 무너짐

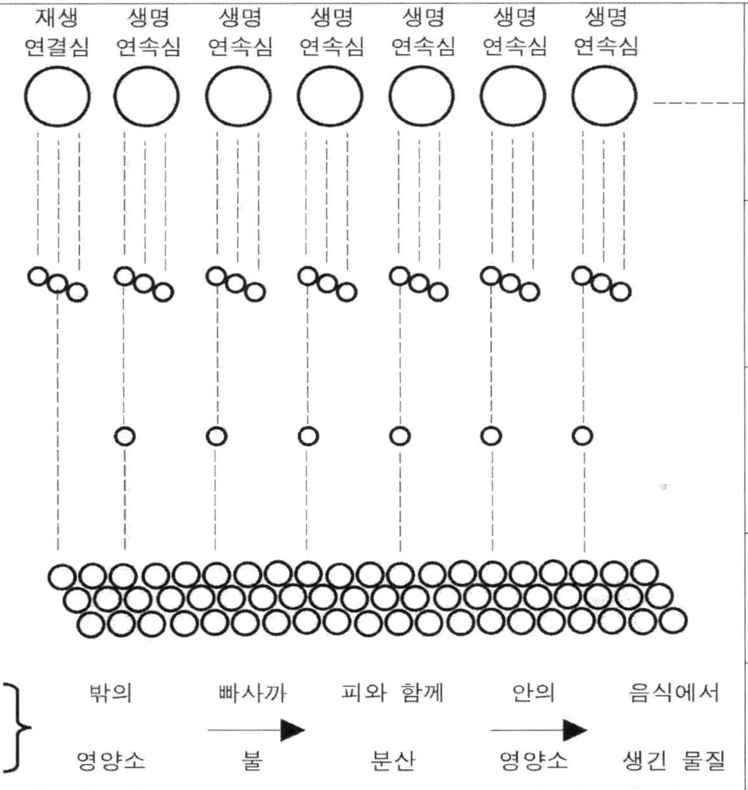

	물질의 일어남	물질의 무너짐
일련의 마음들		
업에서 생긴 물질	재생연결시에 형성되기 시작, 모든 아순간에 끊임없이 계속 형성됨	열일곱 번째 마음에서 마지막에 형성됨, 죽음의 마음에서 뒤로 계산됨, 마지막 업에서 생긴 물질은 죽음의 마음이 무너질 때 무너짐
마음에서 생긴 물질	첫 번째 생명연속심이 일어나는 순간에 처음에 형성됨, 뒤이은 마음들이 일어나는 순간에 끊임없이 형성됨	죽음의 마음이 일어나는 순간에 마지막으로 형성됨, 이 마지막 마음에서 생긴 물질은 죽은 후에 16가지 마음순간 동안 계속됨
온도에서 생긴 물질	재생연결심이 머무는 순간에 처음에 형성됨, 다음에 모든 아순간에 끊임없이 형성됨	시체가 뼈로 다음에는 먼지로 변할 때까지 계속 형성됨
음식에서 생긴 물질	안팎의 영양소가 결합되어 머무는 순간에 시작됨, 그것은 모든 아순간에 끊임없이 형성됨	죽음의 마음이 무너지는 순간에 마지막으로 형성됨, 죽은 후 50가지 아순간 동안 계속 됨

역자 후기

몸과 마음에 깊은 피로감이 느껴지던 어느 해 겨울, 일상의 논리를 뒤로 한 채 떠난 명상여행에서 전에는 한 번도 경험해보지 못한 깊은 편안함과 고요가 찾아들었습니다. 가상의 '나'를 묶고 있던 밧줄 같은 어떤 것이 뚝 끊어지면서 마음이 한량없이 넓어져 평화의 지복으로 넘쳐났습니다. 이 짧은 명상여행은 '나'의 삶을 극적으로 변형시키는 시발점이 되었습니다. 가장 큰 변화로, 오계가 어렵지 않게 지켜지기 시작했습니다. 또 다른 변화로, 붓다의 담마를 점점 더 깊이 통찰할 수 있게 되었습니다.

그 즈음부터 빅쿠 보디(Bhikkhu Bodhi)의 『아비담마 종합 해설서』(A Comprehensive Manual of Abhidhamma)와 초기불전연구원에서 편찬한 『아비담마 길라잡이』를 교재로 아비담마를 공부하면서 삶의 변형과 법의 이해가 깊어짐을 체험할 수 있었습니다. 아비담마 속에는 역자가 꽤 긴 기간 동안 공부하고 명상한 경험을 모두 풀어낼 수 있는 진실한 지식과 지혜가 고스란히 담겨 있었습니다. 그것은 제가 목도해왔던 '불교'라는 익숙하지 않은 '종교'에서 이전까지는 전혀 얻을 수 없었던 담마, 즉 궁극의 과학, 최고의 심리학, 최고의 철학이었습니다. 아비담마에서 제시하는 궁극적 실재의 진리를 알고 보면서 붓다와 그의 가르침에 대한 확신이 깊어졌습니다. 따뜻한 봄날에 눈이 녹듯이 젊은 날의 방황과 아픔이 녹아내리는 느낌이었습니다. 이런 경험이 아비담마 공부를 놓을 수 없었던 이유입니다.

그 후 『청정도론』을 아비담마 관점으로 공부하게 되었습니다. 한동안 아비담마와 『청정도론』이 공부의 두 가지 큰 중심축이었습니다. 교학과 명상을 겸한 공부를 하면서 수년이 지나고 나서 붓다의 원음 가르침인 4부 니까야를 전부 읽게 되었습니다. 매우 빠른 속도로 니까야를 읽었음에도 그 내용이 매우 선명하게 이해되는, 신기롭고 놀라운 경험을 했습니다.

역자가 법사로 있는 지견(知見)명상원에서 아비담마, 『청정도론』, 니까야, 「대념처경」, 「들숨날숨에 대한 마음챙김 경」, 「초전법륜경」, 「무아의 특성 경」, 『담마빠다』 등을 강의하는 사이사이, 상좌부에서 수행하신 훌륭한 반떼(Bhante, 출가 수행승)들을 모셔서 법문도 듣고 수행도 배우는 기회가 있었습니다.

2014년 가을, 역자는 한 법회에서 두 분의 존경하는 스승을 만나게 되었습니다. 한 분은 미얀마의 국제파욱숲속명상센터에서 오신 명상 스승 우 실라(U Sīla) 반떼셨고, 다른 한 분은 역자가 만난 재가 수행자들 가운데 가장 공덕이 많고 훌륭해 보이는 정신과전문의 전현수 박사님이었습니다. 법회에서 전현수 박사님은 우 실라 반떼의 법문 중간에 아비담마와 박사님의 수행 경험을 전하는 역할을 하셨습니다. 역자는 전현수 박사님의 해박한 아비담마 지식과 심오한 수행경험을 들으면서 깊은 감동을 받았습니다. 제가 공부한 아비담마의 지식을 실제로 체험한 스승으로부터 확인할 수 있는 놀라운 법문이었습니다. 박사님의 법문은 아비담마를 엔지니어링하는 내용이었습니다. 이 법회를 통해 아비담마가 심오한 지식과 지혜 체계일 뿐만 아니라 심오한 수행 체계를 겸하고 있다는 사실을 다시 확인할 수 있었습니다.

법회가 시작되고 며칠이 지난 즈음, 전현수 박사님이 미얀마의 천재 과학자이며 탁월한 담마 스승이자 수행자인 멤 틴 몬 박사님에 대해 소개하고, 그분이 쓴 『체계적으로 배우는 붓다 아비담마』(The Essence of Buddha Abhidhamma)를 번역할 것을 권하셨습니다. 저는 그 자리에서 최선을 다해 번역해보겠다고 말씀드렸습니다. 이것이 이 경이로운 책을 번역하게 된 인연입니다.

저는 『체계적으로 배우는 붓다 아비담마』를 번역하면서 2가지 원칙을 염두에 두었습니다.

첫째, 『체계적으로 배우는 붓다 아비담마』를 어설프게 의역하지 않고 정확하게 직역하려 했습니다. 전현수 박사님도 저자가 의도하는 바를 정확하게 옮길 것을 바랐습니다. 번역 원고를 정리하는 과정에서 불필요해 보이는 부분을 일부 정리하고, 의역하지 않고는 이해되지 않는 부분은 불가피하게 의역했지만, 원문의 뜻을 해치지 않도록 주의를 기울였습니다.

둘째, 보통 아비담마 개론서들은 빠알리 원문을 싣고 그 원문을 여러 언어로 해석하는 구조입니다. 하지만 『체계적으로 배우는 붓다 아비담마』에서 저자는 담마에 대한 해박한 지식, 많은 강의 경험, 깊은 과학지식, 오랜 수행 경험을 바탕으로 빠알리 원문을 풀어서 영어문장에 혼합하여 기술하는 차원 높은 방법을 채택했습니다. 이는 아비담마라는 수승한 법을 깊이 통찰한 스승만이 해낼 수 있는 방식입니다. 빠알리 경전은 붓다의 말씀이라고 합니다. 그리고 붓다의 담마를 빠알리어로 전하는 방식은 붓다 가르침의 원본을 전하는 하나의 잣대로 쓰이기도 합니다. 이런 관점에서 역자 역시 되도록이면 빠알리어를 우리말과 함께 싣는 방식을 채택했습니다. 이 방법은 역자의 강의 자료를 정리하는 하나의 기본원칙이기도 했습니다. 이렇게 했을 때, 빠알리어에 익숙하지 않은 수행자들도 붓다의 원음에 대한 더욱 깊은 확신을 갖게 되는 것을 많이 보았습니다.

아비담마는 아주 차가운 물에 비유됩니다. 많은 수행자들이 아비담마의 중요성과 가치에 대해 듣고 아비담마를 공부하려고 한 발을 그 차가운 물에 담갔다가 재빨리 빼고는 합니다. 저자도 아비담마는 재가자가 공부할 수 있는 영역이 아니라고 생각했다고 합니다.

그러나 이 차가운 물이 진리에 갈증을 느끼는 자에게는 그 갈증을 근본적으로 해결해줄 수 있는 청량한 물이 됩니다. 저자는 46세에 아비담마 공부를 시작하면서 이 공부가 굉장히 흥미롭고 가치 있다는 사실을 깨달았다고 합니다. 역자도 진리 탐구를 거의 포기하려는 절망적인 상황에서 아비담마를 만나 존재의 아픔과 방황을 뒤로하게 되었음을 고백했습니다.

독자분들은 한 번에 이 책을 이해하려고 욕심내지 마시고 여러 번 부드럽게 읽어서 전체 내용을 파악해주셨으면 합니다. 역자는 지혜가 부족해서인지 아비담마를 수십 번 읽고 필요한 책을 번역하여 공부한 경험이 있습니다. 그리하여 이제 아비담마의 전체 모습을 다소 이해할 수 있게 되었습니다.

아비담마의 주제는 무엇일까요? 아니 4부 니까야에서 붓다가 우리에게 말하고자 한 요체는 무엇일까요? 저는 그것이 정말 궁금했습니다.

담마의 모든 차원을 여는 열쇠는 무엇일까, 아비담마와 니까야의 비밀을 밝혀줄 열쇠는 무엇일까 하고 오랫동안 숙고했습니다.

그 열쇠는 다름 아닌 '무아(anatta)'입니다. 이 '무아'가 붓다의 모든 가르침의 비밀을 풀 수 있는 유일무이한 열쇠입니다. 이 열쇠를 돌려서 열리면 그것은 붓다의 가르침이요, 이 열쇠를 돌렸는데도 열리지 않으면 그것은 붓다의 가르침이 아닙니다. 특히 아비담마의 가르침은 '무아'에 초점을 맞추고 있습니다. 아비담마에서 소위 '나'라는 존재를 오온(pañcakkhadha)으로 해체하여 설명하는 이유는 무엇일까요? 그것은 '무아를 논증'하기 위함입니다. 아비담마의 백미는 이 책 제4장에 나오는 인식과정(vīthi)입니다. 이 인식과정을 공부하면 눈 깜짝할 사이에 수많은 다양한 마음(citta)들이 일어나서 머물다가 사라진다는 것을 알 수 있습니다. 마음은 하나의 덩어리 또는 자기 동일성을 가진 실체가 아닙니다. 이런 실체적·자아적 개념은 모든 종교가 지향하는 바이지만, 아비담마는 그것이 가장 심각한 미혹 또는 무명(moha)이며 그릇된 견해임을 가르칩니다.

그럼 수행 또는 명상의 열쇠는 무엇일까요? 수행 또는 명상을 잘할 수 있게 만드는 열쇠는 무엇일까요? '나'는 집중(samatha)해야 명상을 잘할 수 있을까요, 관찰(vipassanā)해야 명상을 잘할 수 있을까요? 명상은 '내가 하는 것'이 아닙니다. 명상은 '나' 또는 '주인공'을 찾는 것 또한 아닙니다. 붓다께서 칭찬한 선정(jhāna)이라는 명상은 한마디로 '무아의 회복'이라고 할 수 있습니다. 명상에서는 '내'가 집중하여 관찰하는 것이 아니라 52가지 마음부수 중 5번째 집중(ekaggatā)과 52번째 통찰지(paññā)가 최대로 활성화되는 것입니다. 수행 또는 명상의 정점에서 얻게 되는 열반(Nibbāna)은 '무아를 성취하는 것'입니다. 따라서 교학과 수행 둘 다에서 중심축은 '무아'임이 분명합니다. 이 무아라는 열쇠를 잊지 않는다면 교학과 수행의 문이 활짝 열릴 것입니다.

가장 먼저, 『체계적으로 배우는 붓다 아비담마』가 나오도록 권하고 꼼꼼하게 교정하고 감수해주신 존경하는 전현수 박사님께 심심한 감사 마음을 전합니다. 이 책에서 훌륭한 번역은 박사님 몫이고, 흠 있는 번역이 있다면 그것은 역자의 공부 부족임을 고백하지 않을 수 없습니다.

초기불전연구원의 각묵 스님과 대림 스님께 감사 말씀을 드립니다. 역자는 붓다 다음으로 초기불전연구원에 담마의 빚을 지고 있음을 고백하곤 합니다. 『체계적으로 배우는 붓다 아비담마』에 나오는 거의 모든 빠알리어의 의미는 초기불전연구원의 정의(定義)에 따른 것임을 밝힙니다. 이런 정형화된 빠알리어 정의는 붓다의 담마를 혼돈 없이 이해할 수 있는 초석입니다.

붓다의 진정한 아들이자 제자의 삶을 살아가면서, 때로는 건강이 매우 좋지 않은 가운데도 전혀 내색하지 않고 감내하며 지견명상원에 들러 좋은 법문과 진정한 수행자의 모습을 자주 보여주신 존경하는 상가락키따(Saṅgharakkhita) 반떼께 깊은 감사 말씀을 드립니다. 반떼의 해박한 빠알리어 구사와 완벽에 가까운 빠알리어 독송은 이 책에 나오는 빠알리어 음을 적는 데 많은 도움이 되었습니다.

방송국에 근무하면서 지견명상원을 아름다운 수행처로 만들어주신 보안(Samanta-cakkhu) 원장님께 깊은 감사를 드립니다. 이 고귀한 수행처가 있어서 붓다의 담마를 계속 공부할 수 있게 된 것은 보안 선우(kalyāna-mitta, 좋은 도반)님의 헌신과 노력의 결과임이 분명합니다.

높은 지성과 지혜를 갖추고 있으면서도 매우 겸손한 모습으로 역자의 법문을 듣고, 『체계적으로 배우는 붓다 아비담마』 번역 과정에서 현명한 조언과 세심한 교정을 해주신 지성구 교수님께 깊은 감사를 느낍니다.

오랜 기간 동안 역자의 부족한 법문을 들어준 모든 선우님들께 감사를 드립니다. 그리고 선우님들의 식사를 항상 맛있게 준비하고 지견명상원의 많은 일을 헌신적으로 하시는 영원 선우님, 법문에 필요한 것이 있으면 아낌없이 보시해주신 대광명 선우님, 다정 선우님, 무진향 선우님, 진성 선우님, 고봉 선우님, 무상 선우님을 비롯한 모든 선우님들께도 감사를 드립니다.

부족한 남편의 번역을 세심하게 교정해주고 그 공덕으로 아비담마를 읽을 기회를 갖게 된 역자의 가장 가까운 선우인 아내에게, 진리에 더 가까이 다가갈 수 있는 계기가 되기를 바라는 마음과 감사하는 마음을 보냅니다. 그리고 훌륭한 지성과 지혜를 갖춘 아들과 딸도 아비담마의 가르침을 이해하고 진리의 삶을 살아가기를 기원합니다.

어렵고 거친 원고를 꼼꼼하게 정리해주신 불광출판사 편집부에도 감사드립니다.

이 책을 읽는 모든 이가 담마의 열쇠인 '무아'를 통찰하여 윤회에서 벗어나는 해탈과 열반의 삶을 영위하기를 기원합니다!

법륜(Dhamma-cakka) 합장